天

Borderless

下

博稽古今　融汇天下

風骨

新舊時代的政法學人

陈夏红 著

法律出版社 LAW PRESS·CHINA

献给母校法大

序

翻开手边的这本陈夏红的新著《风骨——新旧时代的政法学人》，映入眼帘的都是我所知道的人物，有的还能清晰地辨认他们的相貌、音容、举止，有的连他们的相貌都记不清了。

现在年轻的法学工作者称呼我们年老的学者为“老”，“新”和“老”的关系，只体现了年龄的差距，“老”可能还跟尊敬有关。但我们年轻的时候，正值新中国建立之际，我们被称为“新”，而年老的学者被称为“旧”，“新”和“旧”的关系，所体现的是时代的不同：“新”代表的是新中国，“旧”代表的是旧中国。在人文社会科学领域，“旧法”尤其带有歧视性质，旧法学者在新中国根本登不上讲台。记得我们当初出国到苏联学习法律时，一条禁令就是不许带旧法书籍。我们学的是“革命”的法律，与旧法完全无关，学完苏联的法律后才恍然大悟，苏联的民法与民国时期的民法，都源自于德国民法。

我们也曾以“新”骄傲自居，轻视那些“不能上讲台”的旧法教授。我们读完这本书后可以看到，哪一位民国时期的法学教授不是清华、北大等著名院校毕业，又在美、英、德、法、日等国家留学多年，获得博士学位，又有丰富教学和社会实践的精英人才！

法律的继受性在今天不是什么问题了，但在1957年反“右”时，这是一条界限，它是打成“右派”的一个标准。说法律有继受性，就是认为旧法有继受性，而我们新中国成立初期明讲了“废除六法全书”，你现在讲“继受性”，那不是“为旧法招魂”吗？其实，法律是理念，是制度，是方法，也是一种文化，这四者不可或缺。我们废除的“六法”，仅仅是指制度上的“六法”，而且制度上的“六法”也不可能全废除，婚姻、家庭、契约、财产仍然有继受性，至于法律作为一种理念，作为一种方法，尤其作为一种文化，它的继受性就更是显而易见的了。

知识分子很大一个特点就是学有专长，学有新用，很在意他的专长能否有用，所以“弃”和“用”代表了知识分子的价值能否被社会所承认。以我本人的经历而言，27岁被“弃”，49岁被“用”，二十二年期间自己的专业所长没有得到发挥，简括来说，可以说“三十而弃”，“五十而用”，这被弃的滋味是刻骨铭心的。陈夏红书中所提到的十位旧时代的政法学人，也都遭到“弃”，都曾遭到旧法的“弃”，也有几位更遭到我那种反“右”时期的“弃”。他们有些是“四十而弃”，有些是“五十而弃”。我不知道“五十而用”比起“五十而弃”，哪一个心情更忧郁？但可以肯定二者心中都受到了创伤！旧法的创伤和反“右”的创伤，在这十位旧时代政法学者的人生旅程中是明显可见的。现在的读者已经不可能再见到这两种创伤，但让读者重新回忆一下一百年前民国初建时期那些以政治法律为专业的知识分子，力图以法振兴国家所走过的曲折道路，是很有好处的。

我在主编《20世纪著名法律学者》这本书的时候说过，20世纪有一半是中华人民共和国,有一半是中华民国或更早。民国时期的法律人才总数虽然不多,但精英却不少,把这些埋没的精英传记整理出来,那就是很大的贡献,陈夏红就是开拓这片处女地的先锋,我希望他在挖掘北京政法学院的十位老教授的传记后,能再去挖掘更多民国时期的法律学者贡献给读者。是为序。

江平

2015 年 1 月 9 日

目

录

功过是非，留待来者评说

——钱端升的人生路

钱端升先生

钱端升 1900 年 2 月 25 日生于上海，祖上为中医世家。1910 年就读于上海敬业学堂，1913 年就读于江苏省立三中。1916 年秋入上海南洋中学，次年考入北京清华留美预备学堂。

1919 年夏，钱端升赴美留学，先后就读于美国北达科他州立大学和哈佛大学。1924 年以《议会委员会》为题的博士论文，获得哈佛大学博士学位。

亲历“三·一八惨案”

24 岁时，钱端升自哈佛大学拿得博士学位归国，可谓春风得意，用许章润先生的话说，“钱氏弱冠放洋，风华正茂归国，一九二四年秋，二十五岁执教清华，由常春藤盟校的天之骄子，成为中国最高学府的大牌教授”。

“三·一八惨案”发生时，钱端升时年 26 岁，系清华大学教授。在“三·一八惨案”发生之前，钱端升先生已经成为清华校内有影响之人物，在清华改制、国学研究院的废止、清华易长风波等重大事件中，发挥过重要作用。

对于钱端升为什么被裹挟到“三·一八惨案”中，他本人的文字并未交代。笔者在阅读杨步伟著《杂记赵家》时，偶尔发现了其笔下的“三·一八惨案”，其中涉及钱端升。众所周知，杨步伟女士系著名语言学家赵元任之夫人，当时在市内开设“森仁”医院。“三·一八惨案”事发当时，杨步伟女士并不在诊所而在远在城郊的清华校内。

闲言不赘，我们且看杨步伟笔下的“三·一八惨案”和钱端升先生：

> 出事以后（有少数我的朋友在内）受伤的有的就逃到我的医院来，而少数学生也跟着跑来了，大家都狼狈不堪，血淋淋地撞门而入，给我的嫂嫂和看护都吓得要死，还不清楚是怎么一回事呢。（记得有顾淑型、钱端升在内。）我嫂嫂告诉我：并且有些人就到我诊室内去拿起药棉、纱布等就用起来了，看护

叫着来帮忙，他们也不听，打长途电话到清华园。我和元任坐车进城，到了西直门，而城门又不开了。因为他们怕清华学校有更多的人加入请愿。第二天一大早，我一个人进城，到诊所门口一看，还有一个巡警站在那里问我是何人，不准进去。我说这是我自己的诊所，如何不准我进去。他说你为何窝藏匪人，你是不是也在内起事的人？我真气得不得了，我回答他说教育界的人对国家利害关系的请愿，怎么是匪人？我若在内为何才从城外跑来，青红皂白不分还做巡警吗？我打门进去看见诊所屋内乱得一塌糊涂，血布一地到处都有，顾和钱两个人还未走，脸色还是苍白的，钱还可以说话，而顾连话都说不出来了。他们以后说因为他们站在前面听见里面上头叫放实枪的，他们就关照学生后退，但是来不及了。他们五六人往里面一退，所以没正式受伤，只是惊吓和气得失魂落魄而已。我给顾送回西河沿他姐姐处，我和钱就回清华园了。

杨步伟女士的记叙具体而真实。尤其对于在枪声和血泊中困守诊所一夜之后顾淑型和钱端升状况的描述，的确是相当传神。但是钱端升可能也仅仅是受惊吓而已，《三·一八惨案资料汇编》中所载的《三·一八受伤者调查表》中，并没有钱端升的大名。

学高为范

钱端升学成回国后，先后任教于清华大学、北京大学、中央大学、西南联合大学等高校。1948 年前后出任北京大学法学院院长。

1949 年之前的钱端升，其学术水平得到各方面的公认。1948 年 3 月，中华民国首次评选出 81 名中央研究院院士，钱端升即作为人文组的 28 名院士之一，与王世杰、王宠惠、周鲠生、萧公权等政法学界的同行一道，分享了这一中华民国的最高学术荣誉。

钱端升从 1924 年游学归来，到 1948 年被评为院士，他就“以教书为业，也以教书为生”。作为一个政治学、法学教授，钱端升无疑是成功的，整整二十八年间，钱端升先后或同时任职于清华大学、北京大学、中央大学、西南联合大学。1947 年 10 月，钱端升应邀赴美，任哈佛大学客座教授一年时间。

在任教同时，钱端升先后撰写《法国的政治组织》（1930 年）、《德国的政府》（1934 年）、《法国的政府》（1934 年）、《比较宪法》（1938 年）、《民国政治史》（1939 年）、《战后世界之改造》（1943 年）、《中国政府与政治》（1947 年）等学术专著。

这里面，先由王世杰独著、第三版时由钱端升与王世杰合著的《比较宪法》，至今依然享有盛名，既叫好又叫座，1997 年商务印书馆百年纪念时，翻印的学术名著中就选了《比较宪法》重新出版；此后中国政法大学出版社编订“二十世纪中华法学文丛”时，亦将《比较宪法》列为该丛书第一号重新出版。

“代表一个时代的专著”

“1930 年秋，我再度回到清华教书，同时在北大兼课，直到 1934 年初离北平去天津《益世报》为止。这期间，除教书备课之余，我还撰著了《德国的政府》一书，此书原为译述 1919 年魏玛宪法下德国政制和政治生活而作，参考德文资料和德文原著较多，基础较厚，在我所著浅薄不足称道的书籍中，尚不失为有价值的一本。”晚年钱端升总结一生，特意提及这本《德国的政府》。

商务印书馆 1934 年版的《德国的政府》，分为十三章，总共 334 页。此外还有长达 17 页的参考资料目录，绝大部分都是德语文献。

第一章讲德国的宪法史。该章的论述，主要结合德国历史，从神圣罗马帝国讲起,并对构成德国的各邦的宪法史亦有较为深入浅出的介绍,最终详细地介绍了魏玛宪法制定的过程以及部分修改。

第二章讲魏玛宪法关于德国公民的权利和义务的制定过程,以及最终赋予德国公民的权利义务。介绍整体上以权利为主,诸如平等权、个人自由、通信自由、意见自由、集会权、结社权、诉愿权、宗教自由、经济生活的自由权等。

第三章讲德国的政党。该章内容广泛,叙述深入,对于德国大大小小的政党的历史、现状、政纲变化等事无巨细,均有涉及。

第四章讲莱希总统。主要分两大块内容:其一,讲魏玛宪法制定时对"总统"的相关讨论以及总统选举、职权、弹劾、代理、报酬等事宜;其二,讲总统的职权,主要涉及任免权、海陆军统帅权、外交权、命令权、强制权、公布法律权、赦免权等。

第五章讲莱希政府及莱希行政。主要讲德国政府的组成、国务员的选任、议事规程以及莱希政府各个下设机构的权限,此外亦涉及政党政治在莱希政府中的影响、公务员制度等。

第六章讲莱希院。莱希院是德意志联邦各邦派代表组成的权力机构。该章主要讲莱希院内部各个部门及其权限、票数分配、各邦的代表、主要职官等。

第七章讲经济院。主要讲魏玛宪法中经济院的由来、制宪时的讨论、经济院的组成、表决及其权力等。

第八章讲国会。主要涉及三大部分内容:其一,国会的地位、国会议员的选举、国会的解散、国会集会;其二,国会的规程以及各个具体部门的职权;其三,议员状况的统计、议员的特权与惩戒。

第九章讲国会的职权。就立法权而论,涉及提议、议决、讨论、表决、初决、委员会审查、二读、三读、公布、总统的签署等,尤其是宪法的制定程序则更为特殊。就财政权而论,涉及预算、预算编造、讨论、议决、复议、决算等。就监察权而论,有要求政府人员出席、发表、质问、询问等。此外,还有常务委员会的职权,主要涉及查究委员会、常设委员会、外交委员会以及监视委员会等。

第十章讲司法体制。内容主要有五大块:其一,德国的法律,比如民法典以及其他法典;其二,德国的法院设置,从普通法院到地方法院再到邦法院、高等邦法院、莱希法院等,从基层到中央一览无余;其三,德国的基本司法程序,主要介绍了民事、刑事的基本程序;其四,德国的特殊法院,从中央到地方都有,比如领事法院、劳工法院、混合公断法院、刑事特殊法院、邦特殊法院、行政法院等;其五,德国的法律人,如法官、检察官以及律师。

第十一章讲联邦制度。内容主要围绕对于德国究竟是不是一个联邦国家的讨论,以及联邦中央与地方之间的权限划分展开,并对地方各邦之间的关系有所介绍。

第十二章讲各邦政府。内容大致分为三大块:其一,各邦宪法的制定、修正以及各邦宪法对于选举权与选举制度的规定;其二,各邦议会的设置、解散、组织及其程序、立法权、创制权、复决权、预算权、监察权等;其三,邦务院的设置以及邦务总理、邦务员、邦务员的责任、职权、弹劾等,钱端升还特意介绍了普鲁士的参政院。

第十三章讲地方政府。先介绍了设置地方政府的目的、德国的地方自治、中央政府对地方政府的监督、地方制度的概况、普鲁士以及其他各邦的地方制度,然后讲地方政府的组织原则,并次第介绍了省政府、行政区政府、县政府以及市集、乡集等基层政府的运行情况。

比钱端升小 8 岁的同时代政治学家陈之迈,曾对《德国的政府》一书给予很高评价。在陈之迈看来,当时关于德国的魏玛宪法体制,“阐明该宪法的书籍虽有如汗牛充栋,但一方面解释宪法一方面注意该宪法十数年来实行的经验的著作则尚少见”,而钱端升的《德国的政府》一书则“能注重实行的经验，且均为悉心研究的结果，实为可足庆幸的佳作”。

在评论中，陈之迈意味深长却巧妙地指出《德国的政府》的成书背景：钱端升动笔写《德国的政府》一书时是四年前；而四年后，当这本能够“代表一个时代的专著”出版的时候，魏玛宪法却日暮途穷，“可谓‘无巧不成书’”。

对于钱端升在《德国的政府》一书中所表现出来的学术功夫，陈之迈赞不绝口：

> 该书的取材异常丰富，观乎书后所附十七页的参考书目便知作者学问的渊深，除法律命令等材料外，德、法、英文中的重要典籍几浏览无遗，实为我国著作界中所罕见。除盈篇的小注外，并制有若干表格，如历届国会选举各政党所取得的议席表（页五六——五七）、历届国会选举投票者与选民总数的百分比例表（页一八五）、议员的年龄及职业分析表（页二零七——二一零）等，均为吃力工作的结果，极便于参考。

可惜的是，钱端升的《德国的政府》自初版后，即被埋没在历史的尘埃中，距今已近七十年，在孔夫子旧书网上，这本书已经被炒作到近乎天价。2010年，这本《德国的政府》经笔者重新校对后，由北京大学出版社出版。

《法国的政府》的变与未变

1929年5月，钱端升任教于清华大学政治系五年后，曾在《法国的政治组织》序言中，表达其学术雄心：“这本小书不过是欧美日本的政治组织的一部分。著者的计划，想把英、美、法、德、日、俄的政府合著成一本书。”只是由于“全书的完成尚需时日,所以先把法国那部分先行刊印”。基于此,钱端升曾于1929年出版了《法国的政治组织》。

嗣后于1933年,将《法国的政治组织》一书予以修订,并更名为《法国的政府》再版。《法国的政府》与《法国的政治组织》究竟有多大的变化?前者究竟是完全替代后者还是部分重合?后者的学术价值到底有多大?据钱端升在“再版序”中交代,除了原书的第一、第三、第五及第八章大体保留外,其余几乎重写一遍。

如果仅看《法国的政治组织》与《法国的政府》的目录的话,两本书并没有实质性的区别。《法国的政治组织》共计九章内容:第一章讲述法国的立宪史;第二章讲总统;第三章为国务员及行政制度;第四章为参议院;第五章论述众议院;第六章论述国会的职权;第七章讲法律及法院系统;第八章讲地方政府及属地政府;第九章介绍法国的党派。而《法国的政府》亦分九章:第一章为法国的宪法及宪法史;第二章为政党;第三章为总统;第四章为内阁及中央行政组织;第五章为参议院;第六章为众议院;第七章为国会职权的行使;第八章为法律及法院;第九章为地方政府及属地政府。从这些章节标题我们不难看出,最主要的变化即党派一章,在《法国的政治组织》中被放入最后一章,但在《法国的政府》中却变成了第二章。

那么内容方面,两书差别究竟怎样?钱端升曾交代原书第一、三、五、八章大体保留,其他几乎重写一遍。我们且择例看看,大体保留的章节与重写的章节究竟有无区别,以及如果有的话,这种区别究竟有多大。

先看大体保留的章节。我们以《法国的政治组织》第五章“众议院”为例。通过逐段对比阅读发现,在《法国的政治组织》中,钱端升对于“众议院”的论述与其在《法国的政府》中大体一样,有限的区别表现在三个方面:其一,在《法国的政府》中,不再是章名一统天下,而是增加了许多小标题，诸如“选举权”“选民册”“选举制度的变迁”“比例选举制”“现行选举法”“候选”“第二次投票”“选举票”“投票及开票”“选举纠纷”“选举费用”“竞选”“当选资格”“参议员的任期”“两院的集会”“议场”“参议员的才具”“参议员的职业分析”“议员的俸给”“议员的特权”等，这种情形在《法国的政治组织》中是看不到的。其二，研究结论稍有变化，诸如关于“参议员的职业分析”，在《法国的政治组织》中其研究结论是“这样的职业分析很可证明众院的能代表全体人民”，而在《法国的政府》中，研究结论则稍易数字，“这样的职业分析很可证明众院所代表者也是法国的有势力阶级及他们的附庸”。其三，增加了部分内容。在《法国的政府》中，作者增加了一个题为“法国众院各派势力消长表”，对于众议院内各方力量的对比做了详尽而清晰的比较，较之文字更有说服力。其他各章中，增加小标题的变化极为普遍，而这也是《法国的政府》在形式上区别于《法国的政治组织》的重要特征。

次看几乎重写的篇章。我们可以“总统”这一章为例，试做逐段的阅读。通过对比不难发现，在《法国的政治组织》中，涉及“历任的总统”，在只列举历任总统名字后便一段带过，寥寥几百字而已；而在《法国的政府》中，钱端升对“历任的总统”每个人都做了详尽的介绍，占了近6页的篇幅。不仅如此，在行文中重新写过的篇幅亦不在少数。这也就是说，《法国的政府》中，至少有三分之二的篇幅，较之《法国的政治组织》有着比较大的区别，而且对于《法国的政治组织》中的错讹部分，均做了详细的校对和修正。

此外还需要申说的是，《法国的政府》一书出版时，钱端升伤感地表达了其学术计划未能全部实现的遗憾：“将英、美、德、法、日、俄政府合著一书的计划，因年来心神无宁，迄未能实现。说来亦真有老大徒伤之感。”“关于英美两国的政府，英文的书籍甚是充分。国人懂英文者甚多，故欲知该两国政府的情形容尚不难。惟德法政制的实施情形，即德法的著者亦因偏重公法，未能予以充分注意者。故今将该两国的政府尽先成书，分别付印。日俄的政府则只能暂付阙如。”

2010 年，钱端升的《法国的政府》及《法国的政治组织》，亦由笔者重校后，由北京大学出版社出版。

“国体攸关”

“何况国体攸关？”这是钱端升先生在美国展开民间外交时，最常说的一句口头禅。

1937 年 7 月 7 日，日本侵略者发动“七七事变”，全面加快侵华节奏。这年 9 月，国民政府派遣胡适、钱端升、张忠绂三位教授，前往美国展开民间外交，希望“一面使美国政府能了解我们的国情和我们政府被迫而抗战的苦衷，一面在加强美国民间对中国的同情，并唤起美国民众对孤立政策知所警惕，等待时机成熟，然后可以有所举动。”（张忠绂：《迷惘集》，双子星出版社，第 87 页）在这次民间外交行动中，钱端升、张忠绂俱为当时著名的政治学家，这恐怕是近现代中国政法学人一次不多见的荣耀。

钱端升等一行，住在 Ambassador Hotel。按照惯例，旅客上车前应给服务员小费 0.25 美元。胡适一行代表国民政府出访，经费实报实销，不用记账，按理说战时轻车简从可以理解，但请服务员代招呼出租车并略施小费，并不算奢侈。可是，钱端升等却很少从旅馆门口打车，“适之和我们外出时，总不肯在旅馆门口叫汽车，情愿走出街口或转一个小弯，不让旅馆的侍者看见，然后再叫汽车。虽然麻烦一点，而且行动有点鬼祟，但每次可以代公家省二角五分美金”。张忠绂指出，之所以如此，只是觉得这点小费，少了拿不出手，多了拿不出，而且“国体攸关”。

此次张忠绂在美国时，所穿的棉大衣还是 1923 年留学美国时定做的，已然穿了14年。一件棉大衣穿14年是什么概念呢？张忠绂自己说，“这件大衣正面穿了八年，反面又穿了六年”。某一天，钱端升前往纽约Macy百货公司买大衣，张忠绂随行。钱端升挑好了一件，也要张忠绂买一件，钱端升告诉张忠绂：“你这件大衣已经见不得人了！好意思再穿吗？何况国体攸关？”在钱端升的这种激将下，张忠绂方才买了件新大衣。

还有一个细节。当时在旅馆，早餐因为就餐地点不同而价格有所差别，据说最贵的吃法，是在房间用电话预约并由服务员送餐上门，其次是自己去楼下餐厅就餐，而最便宜的则是到旅馆附设的咖啡馆就餐，连小费都可以少给点。有一次钱端升、张忠绂一道约好去咖啡馆吃早餐。一进门，钱端升就拖着张忠绂，忙不迭地跑出来。张忠绂纳闷，出门后钱端升才解释：“这地方再去不得了，国体攸关。你没有看见吃早餐的人全是我们旅馆的侍者和开电梯的吗？”

张忠绂还回忆说：“到了美国，适之要端升和我每月拿九百元的薪金作为国内家中用度，此外个人在美费用实报实销不用记账。他自己不准备拿学院薪，端升和我也都谢绝领取月薪。”

常言道，外交无小事。按理说胡适、钱端升、张忠绂一行注意细节，捍卫国家尊严是无可厚非的。可短短一句“国体攸关”，囊括了多少没有见诸笔墨的细节处理。这种朴素而又发自内心的爱国情怀，七八十年后重温这些细节，着实让人感佩不已。

铁骨钱端升

1949年以前的钱端升，其贡献及成就并不仅仅止于学术。在近现代自由主义思想史以及近现代新闻史中，钱端升无疑应占有重要的地位。

1927年4月至10月，钱端升是《现代评论》的重要编辑和作者之一;1939 年至 1941 年《今日评论》亦有钱端升的印记;而钱端升此方面最为显要者,则是 1934 年接替罗隆基,出任天津《益世报》主笔。在《益世报》的八个月时间内,写了一百七十多篇社论。此外,钱端升在 1947 年之后,还是储安平主编的《观察》的撰稿人之一,写了不少“抨击国民党的法西斯统治”的文字。

钱端升在 1949 年前的独立性,表现在对“当官”天然的排斥。谢泳先生在《寂寞钱端升》一文中提及:

> 钱先生要是想做官,机会多得很。《胡适来往书信选》中有一封钱先生致胡适的信,说他和陈布雷见蒋介石的情况。钱先生告诉蒋介石他将回北大继周炳琳作法学院院长,蒋说这样很好。“但自蒋处出来时,布雷大感其窘,盖布雷曾受人之托,欲令为我设法者也。”陈布雷何许人也,弄个官当不难,但钱先生还是想回学校教书。在另一封给胡适的信中就说:“弟既蓄志教书,自不能不想法求工作,以求有前进之可能。”整个 40 年代钱先生先服务于西南联大,之后又回北大,直到 1952 年院系调整才离开。

除了坚持学术报国、言论救国之外,钱端升偶尔也“客串”参政。1937 年卢沟桥事变后,上海“八·一三”战事骤起,日本侵华势力大举进犯。南京国民政府特意派出胡适、张忠绂和钱端升三位北大教授,赴美、英、法等国宣传抗日,争取各方的援助,到 1938 年才返回国内。

据说,后来在国民参政会上,蒋介石最害怕钱端升、张奚若、罗隆基和周炳琳四人起立质询。

1945 年 8 月日本投降后,毛泽东赴重庆和蒋介石谈判。10 月 1 日,钱端升和西南联大的另外九位教授,联名致电蒋介石和毛泽东,要求国共双方停止内战，实现国内和平。“双十协定”在桌面上签字后，背地里内战却箭在弦上，不能不发，西南联大这个民主堡垒，也成为国民党特务的眼中钉、肉中刺。

由于有关方面的干涉，原定于是年11月25日晚在云南大学致公堂召开的时事晚会被禁，不得不改在西南联大图书馆草坪上。当天晚上，钱端升无畏国民党军警宪特的威胁，在主持人王瑞源简短致辞后，钱端升便第一个挺身而出，以《对目前中国政治的认识》为题发表演讲，疾呼“内战必然毁灭中国”，“我们需要联合政府”。

除了西南联大的学生外，社会各界也有不少人冲破军警特务的重重阻挠，有六千多人前来聆听时事演讲。西南联大草坪上掌声雷动。

突然间，一声枪响，紧接着枪声大作，子弹“啾啾”地飞过师生们头顶，当局出动军警，团团包围住师生，企图驱散时事报告会。钱端升并没有因此终止他的演讲。国民党军警此计不成，又突然停电，试图结束时事报告会。钱端升和其他师生一道，点起汽灯，继续发表他们的看法，一直到会议结束。

11月27日，昆明各大中学校代表决议全市总罢课，钱端升出席了29日的联合大学教授会，通过公开抗议，支持学生的行动。12月1日，国民党军政当局制造“一二·一惨案”，在联大师范学院大门前开枪并投掷手榴弹，联大学生潘琰、李鲁连等四人当场死亡，重伤二十多人。

12月2日联大教授集会，推选钱端升、周炳琳、费青、燕树棠、赵凤喈5位教授组成了法律委员会，准备起诉。此举得到成都、上海各界纷纷响应后，国民党特务甚至寄给钱端升一颗子弹，以此相威胁。

应该说，面对国民党政权的铁血统治，钱端升表现出了知识分子的骨气和勇气，他几乎从来没有退缩过。

迎接解放

此后不久,钱端升应邀前往哈佛大学访学。1948 年 11 月,寄居在费正清家里的钱端升,闻知"国内解放战争进展十分迅速,形势发展令人快慰",遂不顾友人挽留,多方设法回到中国。

回国后不久,钱端升就被推举为北大法学院院长。这之后到北平解放前,钱端升所做的一切,在自述中只有短短的一句话:"此时,北平即将解放,我已做好了思想准备并配合地下党组织和进步同学做好了一切护校准备。"

迎接解放到来的过程中,钱端升做了不少工作。他拒绝国民党邀其南下的安排,积极与中共地下党取得联系,并按照党的意图,保护革命学生,做教职员工的工作,维护接管学校,"对北平解放后稳定北京大学的正常秩序作出了贡献"。

在担任北大法学院院长的同时,钱端升还担任北大校务委员会常务委员。据赵宝熙回忆,"当时学校内的一切大事,均经校务委员会讨论研究。据那几年参与校委会工作的同志回忆,在多次校委会上,钱端升先生是最积极发言而发言又有见地的少数教授之一"。

结合其在 1949 年之后的遭遇,我们可能会非常困惑:钱端升为什么当时拒绝美国几个大学的邀请坚决回国,而在回国后又坚决地拒绝了国民政府送来的飞机票,豪情万丈地迎接新政权的到来?这仅仅是由于钱端升的书生意气吗?还是面对新政权的诞生,丧失了自己的判断力?

美国学者恰末尔·约翰逊指出:

> 钱不但未在 1949 年逃离北京,反而支持人民共和国的建设。他所以留下来不走,原因并非他有特殊的从事社会活动

> 的兴趣。因为在1949年以前，他除去以学术知名外，人们认为他不是一个极富政治野心的人。可以认为，他所以留在大陆，是因为他希望能在国家未来的政治生活上大有作为。

恰末尔·约翰逊还指出，“1949年，他并未张开双臂欢迎共产党人”。这显然不是事实。正如上文所述，钱端升通过与北平地下党取得联系，并按照党组织的意图，保护革命师生，作教职员工的思想工作，维护并接管学校，对解放后的北大正常秩序作出贡献。

1949年3月9日，钱端升给美国的老朋友费正清写信：“以一个想要适应这个变动时代的中国人来说，我衷心赞赏这新秩序的创造者。虽然我自己……被误解。”

钱端升在新中国

1949年1月，北平和平解放。是年上半年，北平各大高校纷纷掀起学习高潮。

作为高级知识分子，钱端升衷心迎接全国的解放，主动开始对政治以及形势的学习。在他执掌的北大法学院，6月中旬即组成教授为主的“新思想新政策研究会”，学习计划包括辩证唯物论、历史唯物论、新经济学、新民主主义理论与政策和《论人民民主专政》。

在自发地进行思想改造的同时，1949年9月，中国人民政治协商会议召开，钱端升以社会科学界代表的身份，参加这一盛会。钱端升后来即以这次政协会议的观感为主，为“说明人民政协的意义和记录人民政协的成果”，撰写《统一战线·人民政权·共同纲领》一文，“以政治学家的身份阐发新中国的政治设想”。

1949年10月1日，钱端升被邀请登上天安门城楼，参加开国大典。对此，钱端升心潮澎湃：“1949年10月1日，我荣幸地登上了天安门城楼参加新中国的开国大典，看到象征着中国真正独立的五星红旗冉冉升起，听到《义勇军进行曲》威严的声音，不禁热血沸腾。我意识到，为了中华民族的富强昌盛和自立于世界民族之林，我将会不知疲倦地从事祖国需要我做的工作。”

此后不久，钱端升又当选为北京市各界人民代表会议代表和北京市政治协商会议副主席。除此之外，还担任中央人民政府政务院文化教育委员会委员。

“为改造自己更好地服务祖国而学习”

除担任北京市各界人民代表会议代表、北京市政治协商会议副主席及中央人民政府政务院文化教育委员会委员，1950 年，钱端升还被推选为中国人民外交学会副会长和中国对外友协副会长。相对于大多数被迫靠边站的旧知识分子而言，钱端升可谓顺风顺水。

即便如此，钱端升亦未放松对自己“资产阶级思想”的批判，他极力想通过自我批判，使自己政治上更加进步。1951 年，钱端升参加中央土地改革工作团，到四川大邑县现场观摩土地改革，回学校后，向北京大学政治系的师生谈了心得体会，并写下题为《为改造自己更好地服务祖国而学习》的感想，发表于 1951 年 11 月 20 日的《光明日报》。

钱端升的文章，发表在首都高校知识分子进行自我改造之后、中央着手全面思想改造之前。次年，该文被收入 50 年代出版社出版的《批判我的资产阶级思想》一书，一同被收入的还有费孝通、金岳霖、周培源、梁思成、夏衍、舒芜、陈鹤琴等，“而这些作者，又是在各方面具有一定的代表性的”。

钱端升是怎样“为改造自己更好地为祖国服务而学习”的呢？钱端升认为，其“是在这样一个可说是初步觉悟的基础之上”，来欢迎高等学校教师的学习运动的。

那么，钱端升的“初步的觉悟”是一个什么样的水平？我们且来看看钱氏本人的述说：

我有一般小资产阶级出身的知识分子的思想意识。至于资产阶级的教育的影响，对于我可能比一般旧知识分子更要大些。但在不久以前，我是麻痹的。我自以为在七八年前，我已经抛弃了旧民主主义和个人主义。解放以后，我自以为一心一意地跟着毛主席、共产党走。我所需要的只是多读马克思列宁主义和毛泽东思想的书籍，多了解共产党的政策，多学习共产党员的作风而已。于是解放之初、我单单想读新书，以后工作影响了我的读书时，则单单想从工作中求进步。我满以为这样做便可稳步前进地自我改造。

可是我错了，我大大地错了。像我这样一个旧知识分子决不是这样的容易改造得过来的。旧的不先除掉，新的是进不来的。而什么是旧的、坏的，自己往往是认识不清的。在土地改革的革命实践中做了比较深刻的反省后，我才比较深刻地认识了解放以前我犯过的错误，和解放以后仍然遗留着的缺点。这种错误是不应当以“环境使然”或“动机良好”等等没出息的理由来自宥的；这种缺点也不是不应当被自以为正在进步的错觉所蒙蔽，而不及时发掘并迅速纠正的。尤其值得指出的是，尽管我愈勤反省，愈多发觉，愈增惭愧，但对于很多缺点，我自己是常常感觉不到的。到了土地改革工作将要结束，在批评自我批评中，我才开始认识到这种缺点。举一个例子：我向来自以为是一个责任心很重而并不主观的人，但很多土地改革工作的同志们公开地批评了我的主观时，我就感觉到我有好坚持己见的严重毛病。我体验到批评自我批评这一

> 武器的锐利后，我懊悔我未能及早地学会使用这一武器。我更恍然大悟，不但单单读马克思列宁主义的书籍是学院式的，脱离实际的；单单想从工作中改善作风也是不能成功的，两者都不是正确的学习态度而有效的学习方式。必须读书而能联系自己，联系实际，又采用了批评自我批评的方法，以求暴露缺点，才能真正分辨新旧，分辨是非，分辨好歹，才能真正改造自己，取得进步。

应该说，钱端升在1949年之后短短两年间，思想上完成这么快的转变，非常不易。在该文中，钱端升还用很大的篇幅，从五大方面对其身上所表现出来的资产阶级思想做了剖析。

揭批汤用彤、蔡元培

剩下的内容中，钱端升中止对自己所谓资产阶级思想的批判，而将批判的矛头，转向北京大学甚或其他方面。钱端升用这样的词句实现转折："在这里，也应当指出，比我负更大作用的是前校务委员会主席汤用彤先生。"钱端升随即指出：

> 汤先生向来是明哲保身的，与人不争的，对疑难之事也轻易不表示可否的。在他的领导之下，北京大学长期存在着的自由散漫基本上是没有被纠正的。汤先生自任副校长以来，作风已有些改善，但也还不够。我如果一向真正能对人民负责，我早应当面或公开批评他，指出他的缺点，要求加强领导。使得校务的改进可以多些快些。但是为了面子，为了顾虑私人情感，在此以前，我从没有这样做过、这也说明了我是怎样一个旧的知识分子。

如果钱端升对汤用彤的批评和揭发，是因为私人感情不好而尚可理解，钱端升将矛头转向蔡元培，则令人十分费解：

北京大学的自由散漫，蔡元培先生是要负一部分责任的，而将他在北京大学的主要教育思想——所谓“思想自由”和“学习自由”——长期地保留在北京大学之中的老一辈的教师们，包括我自己在内，则应负更大的责任。人民的思想和学术是应当自由的。但是，在蔡先生掌校的时候，思想自由的具体表现是“兼容并包”，更具体的表现则是资产阶级的思想占有统治的地位。在新民主主义的国家的大学中，如果有人企图以当年占着统治地位的资产阶级的思想和工人阶级的思想分庭抗礼，是不是可以的呢？我想是不可以的。至于“学术自由”，不但一开始就和实际脱离，以后更演变为院系各自为政，以及学术与政治对立，技术与政治对立，为学术而学术等种种严重的而且至今还没有肃清的错误思想。

除此之外，钱端升更进一步，对北京大学发出指责：

北京大学毕业的人们和在北京大学工作多年的人们容易为北京大学的光荣传统所迷惑。应当问，除了“五四”以外，北京大学的光荣传统究竟在哪里？是的，在“一二·九”、“一二·一”和一九四六年底的反抗美军暴行运动中，以及其他由中国共产党所领导的学生运动中，我们北京大学的同学都是站在战斗的前列的。但是，其他一些学校的同学难道不是同样站在前列的吗？即以“五四”来说，它诚然是在北京大学首先发动的，北京大学领导或参加的师生也特别多，但要继承“五四”

的光荣传统,我们教师们首先应当分清"五四"运动的革命思想和"五四"右翼的反动思想。我们除了宣布胡适的思想为敌人的思想外,还应该好好地批判蔡元培的思想和这思想所遗留在我们中间的影响。

通过这段话中钱端升的逻辑,似乎蔡元培的思想,就等同于"五四"右翼的反动思想。我们可以整理下钱端升的思路:否定汤用彤,就是否定蔡元培;否定蔡元培,就是否定"五四";否定"五四",就能够否定北大的传统;而否定北大传统,最终目的则是使北大走下神坛,进行深入骨髓的自我改造。

钱端升在该文章的结尾,声泪俱下地表达其本人的焦灼和忏悔:"为了求自己的进步,为了改革高等教育,更为了对得起人民,对得起毛主席,让我们高等学校的教师们以最热烈的情绪卷入用批评自我批评方法进行自我教育和自我改造的运动的高潮吧!"

即便在这种战战兢兢的心态下,钱端升的公共生活亦有声有色。是年,钱端升先后当选为北京大学教育工会主席、中国教育工会全国委员会副主席和北京市委员会主席。

组建北京政法学院

对于高等学校学科专业的调整,1949 年下半年已开始。各地高校开始小规模地调整院系,清华法律系并入北大,同济法学院并入复旦大学。

1949 年 12 月,第一届全国教育工作会议提出当时的教育改革的方针,要求"以老解放区教育经验为基础,吸收旧教育的有用经验,借助苏联经验,建设新民主主义教育"。1951 年 11 月召开的全国工学院院长会议,则揭开了院系调整的序幕。

教育部为贯彻中央“对政法财经各院系采取适当集中，大力整顿”的指示，按照“每大区如有条件具备时得单独设立一所政法院校”的原则，于 1952 年暑期，作出成立北京政法学院的决定。

1952 年 8 月 23 日，根据中央的命令，由中央政法委、华北行政委员会、最高人民法院华北分院及北京大学、清华大学、燕京大学政治系、法律系、社会系等单位代表于振鹏、刘昂、朱婴、严景耀、陈传纲、夏吉生、程筱鹤、费青、钱端升、戴铮、韩幽桐等，组成北京政法学院筹备委员会。筹备委员会在三个月内召开四次会议。11 月 11 日，在筹委会第四次会议上，宣告筹备工作完成。

北京政法学院由钱端升担任首任院长，戴铮任代理副院长，刘昂任教务长，雷洁琼、费青任学院副教务长。从成立之日起，钱端升担任院长的北京政法学院，就担负起尽快培养司法行政干部、在职人员，以组织起人民民主专政急需的政法干部队伍的任务。

钱端升正式获得政务院批准担任北京政法学院院长已经是 1953 年 1 月 16 日。而在此后不久，钱又被征调为宪法的法律顾问，大量的时间被用于参与各种社会活动。

我们可以以钱端升在 1952 年、1953 年的经历来说明这一点。在担任北京政法学院院长的同时，钱端升参与不少“新中国的法制建设和外交事务”。1952 年，钱端升除负责筹建北京政法学院之外，还参加中国人民第三次赴朝慰问团、担任第一分团长，到柏林出席世界和平大会并当选为世界和平理事会理事。这一年，钱端升还在《中国建设》以及《世界知识》上，分别发表《人民政府如何运作》（英文）以及《为了人民的教育而争取和平》等文章。1953 年，北京政法学院由北京沙滩迁往学院路新址。是年 4 月 22 日中国政治法律学会成立，钱端升又当选为副会长。

1954 年宪法法律顾问

1954 年是钱端升在 1949 年之后,公共生活极为丰盛、极为忙碌的一年。

钱端升作为全国人民代表大会宪法起草委员会顾问,参与了中华人民共和国第一部宪法的起草工作。

制定宪法的程序启动,以中华人民共和国宪法起草委员会成立为标志,这是 1953 年 1 月 13 日。宪法起草委员会成立后,将近一年多时间没有具体活动,1954 年 3 月 23 日召开宪法起草委员会第一次会议之后开始正式运作。此后共召开七次会议。

从 1954 年 3 月 31 日开始,全国政协组织宪草座谈会,按照各民主党派、无党派民主人士、各人民团体、教科文等为单位,划分十七个座谈小组,对草案进行广泛深入的讨论。钱端升作为各小组召集人联席会议的顾问,积极参与各团体对宪法草案的讨论。

1954 年 3 月 8 日,经中央政治局扩大会议的反复讨论、修改,宪法草案的草拟工作正式结束。3 月中旬,周恩来、董必武又邀请非中共党员的宪法起草委员会委员讨论。在此期间,中央指派董必武、彭真、张际春等组成研究小组,并请周鲠生、钱端升为法律顾问,叶圣陶、吕叔湘为语文顾问,专门讨论宪法草案,钱端升在此过程中提出大量真知灼见。韩大元教授编辑的《1954 年宪法与中国宪政》一书中,录有详情。

钱大都回忆:"解放后爸爸很忙,尤其是在 1954 年以后,白天要到政法学院去,下午又要开什么会,晚上又要接待外宾,回到家后还要向中央写接待报告,困了就喝咖啡,等到上床要睡觉时又睡不着。"

"资产阶级宪法的反动本质"

钱端升在积极参与 1954 年宪法制定的同时,还和楼邦彦合写一本小册子,名为《资产阶级宪法的反动本质》。尽管以书的形式出版,但这实际上是一篇文章。

楼邦彦1956年3月写的该小册子的“重校后记”中，交代了缘起：“这本小册子基本上是钱端升同志和我合写的《论资产阶级宪法的虚构性和反人民本质》一文（载《新建设》1954年7月号）的重印，书名改为《资产阶级宪法的反动本质》。在重校时，我曾对原文作了一些文字上的修改和若干补充。”这本书于1956年由湖北人民出版社出版，只有37页。

这本小册子从四个方面论述“资产阶级宪法的反动本质”：其一，资产阶级宪法的产生和它的本质；其二，资产阶级宪法中所谓“分权”与“制衡”的原则；其三，资产阶级宪法中的所谓“权利书”；其四，现代资产阶级宪法的危机。

钱端升在1957年

《资产阶级宪法的反动本质》出版时，已到1956年。

此前的一年里，钱端升非常忙碌。1955年1月，钱端升率中国科学院代表团，到新德里出席印度第42届科学大会，并围绕新中国宪法，做主题报告。在印度期间，钱端升专门拜会了印度总理尼赫鲁。此后，钱端升一行赴卡拉奇，参加巴基斯坦科学促进大会第7届会议。1955年6月，钱端升前往赫尔辛基，出席世界和平代表大会。1955年11月，日本前首相片山哲率领日本宪法联盟代表团访华，钱端升负责接待并主持宴会。

1956年春，钱端升同刘宁一、程潜、傅作义等人，到斯德哥尔摩出席世界和平代表大会特别会议。钱端升次子钱仲兴文中还提及钱端升参加中、美、英、苏四国科学家在加拿大的聚会：“当时外交部认为我国没人可去，就压着邀请信没有及时报告周总理，后来被总理知道了，他说怎么就没人可去？钱端升就可以去嘛！当时爸爸还担心有人不放心他独自去，就请示总理要不要带秘书。总理很放心地说，就是你一个人去。结果爸爸不辱使命地完成了这次任务。”

钱端升代表中国参加某国际会议

钱端升在加拿大参加国际会议间隙

1956 年 10 月，英国工党领袖希思访华，钱端升负责接待，并陪同前往全国各地参观。1957 年年初，钱端升对锡兰（斯里兰卡）进行友好访问。这是钱端升公共生活的绝唱。从锡兰回国后，钱端升即投入整风运动，随后在反右派斗争初期即被划为“右派”，免去一切行政职务。

“批评‘三害’”

1957 年 5 月 9 日，北京政法学院党委邀请民主党派和党外人士座谈，以揭发本院工作中，特别是党领导工作中的官僚主义、宗派主义和主观主义。全院由此揭开整风运动的序幕。

2002 年出版的《中国政法大学校史》载：“在整风运动期间，学院的一些教职工利用大字报等方式，对学院党委的工作提出了尖锐的意见。”并不是所有提出“尖锐的意见”的人都成“右派”，但可确定的是，担任院长的钱端升作为民主人士，提出的意见却直接导致其成为“右派”分子。

由法律出版社 1957 年出版的《政法界右派分子谬论集》中，收录钱端升的“谬论”一篇。这篇“谬论”即钱端升 1957 年 5 月 29 日在北京政法学院教授座谈会上的发言。全文如下：

批评“三害”

我校肯定有三个主义，通过这次整风能否整好，我看不可能，因为我们的领导机关——国家的政法部门和高教部有严重的问题。一个是严重的宗派主义，一个是严重的教条主义，必然会影响我们的工作，如果上边不严格去掉这些毛病，我校孤立地除“三害”是很困难的，例如政法部门使用知识分子方面有严重的宗派主义，大学毕业生得不到应有的重视，高级知识分子更受歧视，积极性未得到充分的发挥，地方的政法部门较负责的非党同志很少。党员总是少数的,工作做好应该依靠大家,政法部门有什么道理把门关得那么紧呢?部队中和外交部门中还有较负责的非党人士,难道政法部门一定要这样紧?我校五四年毕业生去天津的几乎全没搞政法,五五年毕业的稍好,但也有问题。因此希我校整好必须把上边整好。

我校五年来工作有不少改进,但还不够,还有很多不正常现象,我今天着重谈谈宗派主义和与此不可分的工作上的若干重大缺点。

(一)我院成立后的几个阶段

从工作的改进和党群关系、宗派主义的轻重和建校以来分为四个阶段:

1. 筹备、定型阶段:从筹备到戴铮同志离开、武付院长来校。

五二年八月二十日左右开始筹备,那时我曾多方奔走三个上司处(中央政法委、华北行政委员会、教育部),但问题解决很慢,同时在配备干部时过分地忽视这样一个事实:即当时有四个大学的教职员和学生来了我院。

当时的教师和学生都不是为了干训,那么在配备新的领导干部时必须能照顾到合作的可能性,不然就等于大体上滞定了四大学来的人。对这点,我也有责任,我的责任就是当时看到了合作上的问题而没有能提出或提出而坚持意见。九月中,戴铮、刘昂等三位同志来校,我有两个星期全力搞筹备,但因参加亚洲太平洋和平会议不得不放手了,同时也产生了党对我职权尊重不够的情况,这点可以检查一下。此时训练班的型已定下来了,作风以革大的为主。

2. 定型巩固加深阶段:武付院长来校到五四年初,党群关系特别不好。

戴铮同志走和武振声同志来，到五四年初训练班的型更加深刻化，更加巩固，在我是最苦闷的时期与党的负责同志关系不好，曾想法改进而没能做到。在这个时期内我同武振声同志吵了好几次架，互相扣帽子，不谅解。

3. 五四年初到去年知识分子报告前我们关系上有好转。主要原因是五四年决定由干训班改为四年制。其次是刘镜西同志来了，作风较好，同时专家来了对我们帮助很大。

4. 去年春天到现在有更多的好转。去年党委曾作过检查，但我看只能说是初步的检查。

（二）宗派主义

1. 党内宗派主义太多。有三方面来的党员（北大等校、革大和华北各地调来的）。在三批党员中处于领导地位的是革大来的，我那时有些敏感，嗅到一些问题，我曾跟刘昂、武振声和刘镜西三同志都谈过，党内应该团结。这个问题可以检查。

2. 轻视民主党派、敬而远之，对民主党派虽没说不合法但发挥作用很不够，而且武振声同志还给民主党派浇过水，王润同志也没给民主党派以重视和帮助，有的同志（如张文林）并说入了民主党派会影响入党，刘昂同志也曾经露过这种口气。

3. 对工会不重视相当突出，此风至今仍未改进。

4. 党的汇报制度和如何对待汇报问题：汇报制度必须要，但听汇报必须选择，过去听党员和积极分子汇报好像无边无际，如武振声同志常从高连贵处听汇报，我认为很不好，这是对我是否信任的问题，从司机处片面地了解我的情况必然造成很不好的影响，这个办法很不高明，容易惹是生非。

5. 对老教授的宗派主义：老教授中除了几个担任行政工

作以外，成立了研究组。五二年夏社会上搞司法改革运动，我院成立后上级也有意要我们搞司法改革，但后来一再反复，费青同志曾建议我们自己搞，但领导不同意，直到全国普选时才正式作罢。在研究组不让老教师搞专业课而叫他们搞"杂业"，这一思想武振声同志较严重，刘昂同志也如此，如张锡彤教授到要离开我校前刘昂同志还要他搞编译组。后来逐渐让他们搞法权史、国家法等，但核心课如民、刑法，民、刑诉还不放手，不但对老教授而且对其他人如杜汝楫、罗典荣、余叔通也情愿放在政治课而不放在四大专业课。五六年夏有较大的好转，这时才允许他们自己选择事业。

到现在是否完全解决问题呢？严景耀同志出国到苏联和人民民主国家，回来作了报告，报告后党内立即汇报，并且党委发现这一情况也没有按知识分子政策去纠正，这也是宗派主义的遗风。此时此地而对严景耀同志报告有些反映，是很不正常的，今后应避免不应有的类似的反映，否则教授和我是不愉快的。

6. 照顾问题：评工资时按类排队，也很细心，对靠近我们的人照顾比较周到，对不那么靠拢的照顾的就差些。对照顾爱人问题，徐敦璋教授的爱人要出来工作，我和王润同志谈过，考虑把她放在图书馆，但无下文。

人事处的工作整个都带有神秘性，这不对。开始时张苏同志曾对我说，要搞好工作必须抓人事工作。但我抓很困难，武振声、王润同志并未能体会张苏同志指示的精神。我对人事处谈的事往往无下文，对我职权不尊重，这可能与王润同志的宗派情绪分不开。有人给我来信说，武振声、刘昂照顾革大的人多而你为什么不照顾四个大学的人？我把这信给武振声同志，武说他接到一封信，意思正相反，但却不把信给我看，我对他推心置腹，而他却不以平等待我。又如林国才的工资问题不合理，他五一年毕业，在五六年大调整以前有两次调整，不但没有提级反而把行政二下一级转为教学二十二级，工资也减少了，我提过意见，但置之不理，去年大调整后比外边可能仍低一点。我认为林国才工作不错，也安心，我虽提意见，但因是我学生而未坚持。又如刘芝莲在大调整前我两次提出提级，而王润、武振声等不同意，刘芝莲四六年大学毕业，四八年到北大，是图书馆领导的得力助手，去年提级我提出加两级以补以前的不足，刘院长同意而党员不同意，意见是说她自高自大，脱离群众，我认为这是乱扣帽子，今天请党检查她有哪些自高自大？这是某些同志严重的宗派主义。

（三）工作

我认为正规化太慢，我们每人都应该认识原来所定的型是不对头的，革大在解放初那样做是对的，但现在应该整革大遗风。五三年初刘裕中曾提过有革大的经验主义，当时对他这种说法大加批判，由于认为过去不错，因而就可以不学，不懂装懂，保留了拖拖拉拉的游击作风。

（四）略

（五）几点建议

对高等教育的特点应该有深刻的认识，这样工作才可以做好。发挥教授的作用，变离心力为向心力。各部门要安定下来，干部在院内的工作岗位也不要时时调动。

对等级森严这一问题应该注意，可能党内对级别更起劲，要尽快地取消等级，行政上减少一些层次更好。

改进领导应该接近下层，接近同学，现在这方面问题严重,下去也不要形式主义地去。

（摘自北京政法学院"整风简讯"第9期,原编者略加删节）

以钱端升在1949年之后的谨慎和小心来看,如果不是十二万分的委屈和掣肘,不管当时鼓励"鸣放"是真情还是假意,他是不会"鸣放"这些言论的。这次发言后,长达二十多年的悲惨境遇亦证明,这些言论,在当时多么不合时宜。钱端升不光因此被划为"右派"并列入"章罗联盟"大名单,用许章润先生的说法,连狐假虎威的汽车司机们,也敢"想打就打！想骂就骂!",并在漫漫无期的炼狱中油尽灯灭。

钱端升为什么被划为"右派"?

1957年6月,北京政法学院反右斗争全面展开。按照2002年《中国政法大学校史》,"钱端升等师生受到错误批判"。

钱端升为什么在反"右"初期就被划为"右派"并"受到错误批判"?钱大都在接受《新京报》采访时表示:

要说具体的原因,也有。当时周恩来对于父亲是很欣赏的,于是父亲猜想是不是因为跟彭真的关系不好所致,这些猜想当然也有一些原因,但也不过是猜想而已。毕竟有那么多人被打成了"右派",他也拿不准到底是为什么沦为"右派"。……后来事情才渐渐弄清楚了,想把父亲置之死地的,是他们学校当时的党委领导人。这是父亲一直到去世也没有想到的。前几年,我听到一个当年的当事人对我说起那些事,他说事情过去了这么多年你们也不会再去追究了。我说不会不会。然后那人才跟我说明整个事情的原委。说当时某某人一再到市委去告父亲的状。父亲当时怀疑是彭真,倒真是冤枉错了。虽然彭真是当时北京市委的负责人，但是他太繁忙了，对于这些具体的事情并不是太过问，而是交给副手刘仁去处理。刘仁对于知识分子一向很爱护，但是经不起那个人一而再再而三地到那里去说，去告状，去要求把钱端升打成“右派”。刘仁一开始说：“不行。”但是那不是一个人在那里一再请求，而是一个学校的党委，一个组织。

“以钱端升为首的小集团和一些右派分子躲藏不住了”

1957年6月21日，新华社发布通稿，题为《首都法学界披荆斩棘搜索右派》，在副标题中特别提及钱端升：“以钱端升为首的小集团和一些右派分子躲藏不住了”。

该报道的焦点是对政法界“右派”的揭批。提及的政法界“右派”有：最高人民法院顾问俞钟骆、法制局财贸法规组副组长吴传颐、北京市司法局副局长楼邦彦、北京市高级人民法院研究室干部陈建国；政法学界“右派”有：北京政法学院院长钱端升、北京大学教授王铁崖、兰州大学副教授吴文翰（当时在中国人民大学进修）、中国人民大学讲师吴宗麟、中央政法干校教员谢怀栻等。

该报道正文中，直接涉及钱端升的部分有三处。第一处：

在座谈会上揭发的“右派”分子中还有政法院校的教授、讲师，如北京政法学院院长钱端升、北京大学教授王铁崖、现在中国人民大学进修的兰州大学副教授吴文翰、中国人民大学讲师吴宗麟、中央政法干校教员谢怀栻等。他们中有的企图否定司法改革运动的伟大成绩和政法院系调整的积极作用，他们认为在这些工作中，“旧法学人员被一棍子打死”，提出要“招魂”。有的诬蔑政法教育事业，说“目前政法界的主要问题是宗派主义”……

第二处：

法学界中以钱端升为首的“右派”反动集团在最近已被法学界人士揭露出来了。这个集团的成员有楼邦彦、王铁崖等“右派”分子。他们共同阴谋策划“院系再调整”，组织“大法学院”，企图夺取政法部门领导权。他们这个反动集团是在“章罗联盟”策划之下进行阴谋活动的。钱端升在大家的揭发下，已承认他是“接受了章罗的领导，走上了反党反社会主义的道路”。

第三处：

法学界右派反动集团中的钱端升、楼邦彦、王铁崖，过去都和美国特务有密切的关系。

“钱端升是政法学界的右派阴谋家”

作为全国政法界第一批“右派”之一，随着运动深入，钱端升被批判的火力明显升高了。另一篇关于钱端升的报道是发表在1957年7月20日《人民日报》，大标题《钱端升是政法学界的右派阴谋家》，辅以“妄图帮助罗隆基成立反社会主义的知识分子政党”的肩题，指斥钱端升是“章罗联盟”的成员。

这篇报道被做了五个小标题：“早已怀有同共产党分庭抗礼的鬼胎”“四处点火，公开煽动，个别拉拢”“挑拨党群关系，硬把党员分成宗派”“打算推翻原来的院系调整和课程改革”“欺世盗名的学者——政法学界的右派阴谋家”。报道指出，“在整风前后，他（钱端升）和‘章罗联盟’向党进攻的语言和行动相一致，在政法方面进行一系列的挑拨煽惑活动，阴谋篡夺党对政法工作和政法教育的领导权，改变法制工作和政法教育的社会主义方向，使其走上资产阶级老路”。

在“早已怀有同共产党分庭抗礼的鬼胎”部分，报道指出，据北京政法学院的师生们揭露，钱端升早在整风以前，就隐蔽地进行反党活动。北京政法学院师生的揭露如下：

> 徐敦璋教授说，钱端升早已怀有鬼胎。在周总理关于知识分子的报告后，钱端升就与罗隆基共同具名邀请各大学的盟员在文化俱乐部吃饭和座谈老知识分子的安排问题。探明这样做是为了什么？在大家的批判和质问下，钱端升承认：“罗隆基以知识分子的大好老自居。总理关于知识分子问题的报告出来以后，他建议成立知识分子问题小组，摸摸知识分子的情况，乘机成立知识分子政党，以便与共产党分庭抗礼。罗隆基说他对政法界知识分子不熟悉，要我找一些有问题有情绪的人在一起谈谈，我就开了一个名单。”他说，这正是所用的费孝通所建议的串联办法。

我们且继续看北京政法学院师生对钱端升的揭发。报道指出：

> 自此以后，钱端升也就在如何拉拢知识分子同党对抗上大做起文章来了。中共“八大”以后，他忽然对学校工作感到兴趣了，抛开学校党委准备好的检查工作的总结报告不顾，自己召开了一系列的教职员工座谈会，要大家只讲缺点，不讲成绩。曾被钱端升“拉拢和利用”过的周仁说：“钱端升召开这座谈会的目的，在于另搞一套，与党对抗；并通过鼓励大家对学校的缺点提意见来证明学校的工作是一团糟，也可借此对教

员进行拉拢。”

钱端升担任中央常务委员和北京政法学院区分部主委的民盟,也有人揭发说钱端升平时对盟务很不关心,整风前后忽然积极起来。报道指出:

民盟盟员刘裕中说:“今年2月,钱端升突然一股劲儿要开会,讨论为什么民盟这几年发展得这样慢,起的作用不大。他急急于要在高级知识分子里发展盟员。”民盟组织委员于振鹏揭露,他之所以这样积极,是想把民盟组织当作自己对抗党的领导的政治资本。自称为钱端升“口袋中的人”的楼邦彦也说:钱端升早就想把政法学院的九三学社、民主促进会和民主同盟合并起来,成立一个大民主党派和共产党对抗。

此时的钱端升,显然遭遇“墙倒众人推”。如果说“早已怀有同共产党分庭抗礼的鬼胎”,尚属钱端升整风前的所作所为,那么,揭发钱端升“四处点火,公开煽动,个别拉拢”部分,重点则是整风开始后钱端升的行为。报道指出:“整风开始后,钱端升就四处点火,公开煽动,个别拉拢,企图造成舆论,使天下大乱。”这则报道列举如下证明钱端升“四处点火,公开煽动,个别拉拢”的例子:

讲师杜汝楫在肃反中因有严重的错误思想受到了批判,钱端升以为有机可乘,就对他进行挑拨,杜汝楫表示不愿意谈这个问题,钱端升便别有用心地说:“肃反是搞反革命,思想批判超过了范围。”杜汝楫问道评学衔的问题,他又乘机挑拨说,“党的领导方面不给你评,后来我坚持才评了,不是我替你说话,你连书也教不成了”。

报道还提及,钱端升试图就此自圆其说,“他说杜汝楫是胡说八道。杜反问他:‘那你说我们都说了什么呢?’他答不上来”。

在报道的第二部分,钱端升的学生也站出来了:

> 有个学生叫章文岳,经常在班中发表谬论,钱端升立即接上了火种。章问他党的错误是否可以批评,他立刻答道:“这算什么话,党中央错了,也要反对!”5月20日章致钱一封信,大有“草木篇”之味,把今天的社会说成一团黑,说正直的人会碰得头破血流,受到排挤,甚至被迫害至死,而阿谀奉承者却能得到信任。钱在5月22日复章一信,对这种反动言论采取大力支持的态度,叫他“要做到富贵不能淫,贫贱不能移,威武不能屈”。

由此,章文岳与钱端升之间的通信,亦成为钱端升“右派阴谋”的证据。

报道的最后一部分“欺世盗名的学者——政法界右派阴谋家”,则完全成为对钱端升个人品行的指责,斥其为“政法学界的右派阴谋家”。报道云:

> 钱端升自诩为“政法界的凤毛麟角”之士,但他到底是怎样一个学者呢?国务院参事李祖荫说:钱端升是靠他和王世杰合著的《比较宪法》起家的,而这本书不过是“掠夺式”的作品罢了。钱端升对人夸耀他手下有“三大将”“三剑客”——他的学生、北大教授龚祥瑞、王铁崖、北京市司法局副局长楼邦

> 彦。自“三反”以来就认识了钱端升阴险面目的龚祥瑞,在谈到钱端升的学问时说:《比较宪法》是王世杰著的,并不是钱端升著的。还必须指出,《比较宪法》也不是王世杰的创作,而是法国人爱斯曼著作的翻版。钱的其他著作如《法国的政府》等是在某种特殊条件下写出来的,并非出于好学。《民国政制史》是他组织人写的。钱端升的学术高不高?他的门徒对外推崇他,但背后却骂他一文不值,如楼邦彦说钱端升是空疏的形式叙述,毫无己见;王铁崖说钱端升笨,食而不化。龚祥瑞又说:钱端升不是学者,向来是个披着学者外衣的政客。

关于北京政法学院师生对钱端升的揭发和批判,不能不提卢一鹏的文章《政法界的右派大将——钱端升》。卢文所揭发钱端升的“罪行”,与前引报道所揭事实大体相同,不外乎钱端升“乘着党整风的机会,向学校党组织投射了一连串的毒箭”。卢文认为,这些“毒箭”有诸如“叫嚣要取消学校党的领导”,“想要篡改学校工作的方向,用资本主义的道路去代替社会主义的道路”,“恶意地歪曲了我们的肃反政策和成绩,挑拨肃反运动中被批判和审查的对象向党翻案进攻”,“他还抓住了群众所共同关心的问题,用歪曲和捏造事实的卑鄙手法来分裂党和群众的关系,企图煽起群众向党进攻”。

钱端升:“我的罪行”

在连篇累牍的批判之下,钱端升的确“清醒”多了。钱端升的“清醒”,是从在北京市第二届人民代表大会第二次会议上开始认罪的。而认罪付诸文字,就是 1957 年 8 月 6 日在《人民日报》发表的《我的罪行》。

钱端升的“认罪”,是这样开始的:

解放以前，我有过长期的反共反苏、拥护国民党反动派、亲美崇美的罪恶活动。解放后，党和人民不念旧恶，给我以很大的信任和很重要的工作，原希望我能够不断地进行思想改造，全心全意地为人民服务。但是我站在资产阶级反动派的立场上，心怀不满、不忠于党、不忠于人民。解放初期还和留京的美国特务记者见面多次，1949年和1950年还和美国特务教授费正清等通信。最近更趁党整风的机会，向党进攻，妄图在政法学院削弱、摆脱党的领导，使政法学院离开社会主义的道路，拉回到资本主义道路上去，并且诋毁政法部门和高教部门的党所领导的工作，企图从而削弱党对政法工作和教育工作的领导。我是罪人，我的罪行对于国家、对于人民具有极其严重的危害性。我谨向市人民代表大会、全市人民和全国人民低头认罪。

钱端升的认罪书五千余字，共分为三大部分：接受“章罗联盟”领导、在政法学院破坏党的领导、同美国特务结成“亲密朋友”等。

关于“章罗联盟”，钱端升说：

章罗联盟是一个“右派”分子的罪恶集团。章伯钧是我所瞧不起的马路政客，但从我入盟以后，章恭维我是大知识分子，是高教界的重要人物，并说我在盟内应该连升三级。尽管他没有同我谈过他企图破坏我们国家基本制度的所谓“政治设计院”这一阴谋，可是我和章伯钧在政治上没有发生过争论。3月12日当章说盟今后应多讨论国家大事时，我还表示过赞佩。他谈到我们政协起上院作用时，我还以为他很有见地。

罗隆基和我受过相同的资产阶级的教育，在昆明时早就有过频繁的往来。

1955年4月他要我联名在文化俱乐部请理工文法的大学教授（从前我说是政法方面未上课的教授，因为是临时答复质问，记忆上有了错误）座谈学习苏联、教研条件、工作安排、新老关系等问题时，我也欣然同意。

自章、罗抓知识分子问题以来，由于我自己有罪恶思想，妄以为章罗的领导（这次领导实际上是阴谋反党、反社会主义道路）是正确的。我接受了章罗在盟内的领导。这样使我越陷越深地走入反党反社会主义的道路，也越来越走入章罗联盟的道路。由于我和章罗联盟思想上的共鸣，客观上就产生了行动上的配合。

钱端升甚至将自己在北京政法学院开始的“罪恶活动”，也归因于“章罗同盟”：“‘章罗联盟’自封为大知识分子的领导者，他们包藏祸心，首先企图在高等学校中赶走党。由于我自己也有反党的罪恶思想，所以听到了他们的假传达后，便信以为真，便以为有机可乘。整风一开始，我就公然提出学校可以不要党委来领导。由以我为首的校务委员会一类机构来领导。”

关于“接受章罗联盟的领导走上反党反社会主义道路”部分，在全文中占的比重最少，但是在文章中的位置却最为靠前。钱端升把自己与“章罗联盟”联系在一起，可能一方面是向揭发者们表示自己的老实认罪的态度，另一方面亦希望通过对“章罗联盟”的揭发立功。

钱端升认为，他的罪行之一，是“在政法学院开始了罪恶的活动，多方面破坏党的领导”。钱端升几乎对所有揭发都供认不讳，“我由于对政法学院的党有严重的不满和对立，我就在政法学院和政法方面进行了反党的罪恶活动”。“为了最后达到削弱政法学院党的领导和提高我自己的地位，满足我自己的野心的肮脏目的，我进行了一系列的罪恶活动。”

钱端升供述，“我企图破坏政法学院党组织坚强的团结……妄图实现使党内闹不团结和削弱党的阴谋”。而用以证明此点的材料，即是被揭发出来的钱端升的言行，“说党内‘宗派主义太多，有三方面来的党员，处于领导地位的是革大来的，现在应该整革大的遗风’”。

钱端升承认，汇报制度、档案、鉴定都是党的人事制度，“我诬蔑这些制度，说汇报有一部分是不真实的，因此关于学生的档案和鉴定也成了问题”。

“为了削弱党的领导，我又寻找对党不满的对象，进行挑拨、离间和煽动。”钱端升说，“我看中老教授和老的司法人员，恶毒地说他们受到歧视。我对青年教师也同样进行挑拨，说他们不受重视。更突出的是，我利用政法学院讲师杜汝楫对肃反的不满情绪，示意他在整风中‘大鸣大放’大闹特闹。”

钱端升自供，“在我院的毕业生中，有些人对工作分配是有不满情绪的。针对这一情况，我捏造事实，说1954年分配到天津的毕业生除一人外，都没有分配到政法部门，而实际情况是绝大多数是在政法部门工作，而且我是知道这个事实的”。

钱端升承认，“在整风初期，我在学生中进行的破坏活动，最突出的是我鼓动一个一贯对党不满的学生章文岳向党进攻。章写给我一封充满了反动内容的信。我支持了他对班领导以至党组织的狂妄攻击。我还肆无忌惮地给了他一封回信，让他坚持反动的立场，向党进攻”。

对于被揭发的钱端升“破坏党的威信，从而达到削弱、摆脱党的领导的阴谋”，钱端升供认说：

> 单枪匹马是不行的。我于是寻找助手。除了煽动、拉拢个别的人进行反党活动外,我还企图利用学校民盟和工会组织来做我的助手。我强调盟和工会就要对党进行监督,实际上就是要盟员和工会会员寻找工作上的缺点来作为攻击党的根据,我还要求发展盟员,企图使盟有力量来和党分庭抗礼。此外,我还长期地、明确地有着这样一个和党闹独立的思想,我企图通过盟员来了解各有关单位的工作情况。这个思想自1952年起就存在,也充分说明在这一点上我的反党思想也是长期存在的。

此外,钱端升对于被揭发要把政法学院变成他的独立王国,也未否认,“要最后把政法学院变成我的独立王国,也不仅仅为了大权独揽,而是有把政法学院拉回到资本主义道路上的企图的”。

钱端升唯一否认的是被揭发他要建立“大法学院”:“关于大法学院的各种方案,我没有谈过,在回国以前也没有听人谈过。但我的确是企图拉些原来教过政法的人到政法学院来担任教学工作的。如楼邦彦,也同他谈过几次;复旦大学的张企泰,我虽没有同他谈过,心中也希望他能来;尚在德国的陈育凤,我也希望他来。这几个人都是我从前的学生。这些人我都希望他们会自己要求回国,要求来院,这样就可以掩盖我的拉人的意图。因为我知道明目张胆地拉人是会露马脚的,这种愿意为我的不走社会主义道路的学校服务的人来得多了,资本主义的学校的复辟也必然成唯一可能的结果。”

钱端升指出,“我诬蔑政法部门有严重的宗派主义,诬蔑高教部门有严重的教条主义,也不是为了别的,而是为了使我心目中的学校的毕业生能够很容易有工作。”

最后,钱端升几乎声泪俱下:

我是一个披着“学者”外衣的政治野心家，长期以来，企图利用“教授”的好名称，来满足我的政治欲望，企图把学校作为地盘而增加我的政治资本。政治野心家的野心总是得寸进尺，总是没有止境的。尽管我在整风初期胡鸣乱放，大放毒素时，我还不自觉地意识到这样大的政治野心，但政治野心是水涨船高的，野心有它客观的发展规律。我有篡夺政法学院领导权的野心，更从而发展到具有篡夺政法部门的领导权的野心，也是客观的发展规律。我的罪恶活动的危害性，今天我认识到了，要远比我在作出罪恶活动时严重得多。我真是党和人民的罪人。

“披着‘教授外衣’的美国特务费正清”

钱端升所供述的“罪行”之二，是“同美国特务结成‘亲密朋友’，在解放以后仍有密切联系”。

美国的“中国通”费正清和钱端升，两人原本是很要好的朋友。1948年钱端升在哈佛大学做访问学者的时候，就寄居在费正清家里。1949年3月钱端升在闻知国共内战的形势准备回国时，费正清极力阻挠。尽管如此，钱端升还是坚定地踏上归程。回国之后，钱端升依然给费正清写信，“以一个想要适应这个变动时代的中国人来说，我衷心赞赏这新秩序的创造者。虽然我自己……被误解。”费正清与钱端升之间的交情非同一般。

谁也没想到的是，在50年代中、美两国同时展开的政治风浪中，费正清和钱端升居然彼此都成了不共戴天的“冤家”。

相对而言，钱端升带给费正清的麻烦要少一些。随着战后共产主义运动的发展，美国国内仇共情绪非常激烈，最终演化成“麦卡锡主义”。费正清被指责要为“丢失中国”负责，并因此而受到调查。有关部门从联邦调查局的档案中，找到一些没有出处的零星片断材料，最终形成至少十一项指控。这些指控中，其中第九项涉及钱端升："1948年你（费正清）的妻子要求把钱端升写的一篇文章的稿费寄给她，并由她转寄给中国的钱先生。"对于这项指控，费正清在回忆录中指出，"确有其事，这笔100美元的稿费帮助了他养家糊口"。

此事今天看似乎是鸡毛蒜皮，不值得神经过敏。但在白色恐怖之中，杯弓蛇影，草木皆兵，"像这一类活动，都有可能引起怀疑，如果其中涉及的人是可疑的话。株连一旦开始，一个小小的问题会像染色剂那样迅速蔓延开来，好像世界上到处都是阴谋活动"。

而费正清带给钱端升的，却是灭顶之灾。1957年8月4日《人民日报》报道指出，"钱端升……承认他和披着'中国近代史学专家'外衣的美国特务费正清从1937年起就有密切联系，在解放后还有信件来往。不过他对自己反动活动还没有深刻检讨"。

在《我的罪行》中，钱端升主要交代他同外国学者、记者等"美国特务"交往的情况，其中很大一部分是关于费正清的。对这段交往，钱端升有着妖魔化的描述：

> 我还和披着"教授外衣"的美国特务费正清有过长期的关系。自1937年起，我到美国必去访问他。在1947年冬到1948年冬，我到了现在看来是在敌国的哈佛大学。当时我就住在他家中。这还不够，解放后，在1949年和1950年，为了促成我用英文写的一本关于旧中国政府的书出版，并为了要他代购一些书籍和代领一部分所得税，我去过二十封信，他来过十八封信。信中还讲到许多一个爱国的中国人所决不会讲的话。1949年3月9日去信有这样一段："作为一个要求合乎时代的中国人，我诚意地钦佩新秩序的缔造者，尽管我本人可以遭受

一些不方便和不谅解,而且在今后还会遭受。”在9月6日去信有这样一段:“我的在贝克莱(加州大学所在地)和伦敦住过的朋友告诉我说,他们知道一些关于我的广为流传的信,我想这一定是指我给你的信。请将此信留给你自己(就是不要流传之意),因为,有时可能有复杂的事情发生。”这件事他于10月4日来信也承认了。在1950年6月30日的去信中介绍了国家经济好转情况。写这些信,不但敌我不分,丧失了民族的立场,而且使敌人可以从中取得情报,从而加以渲染曲解,以达到诬蔑我们党、我们人民的企图。祖国是已经解放了,但我仍然保持着极端顽固的买办思想,而且在批判白皮书的学习之后还继续保持下去。不但不值一文钱,而且对人民有害的书偏要出版,不义之财仍然要取回。我犯了极其严重的罪行,而且一直没有交代,更是罪加一等。

费正清教授披着“中国近代史专家”的外衣,长期为美国国务院服务,抗战期内更往来于中美两国之间,在高级知识分子中间有意识地为美国帝国主义培养一批白皮书中所谓的“民主个人主义者”,而我就是其中最突出的一个,我早年留学于美国,自1937年到1948年,十一年中去过四次,一次是跟胡适去的,目的是要求美国帝国主义为蒋介石反动派打气。第二、第三次是去出席美国反动的太平洋学会。第四次是卖身投靠式的教书。在此期中我成了费正清的亲密朋友。

从现有文字记录看,对于他和费正清的交往,钱端升是自己主动交代的。在此之前,只有卢一鹏将他斥为“美蒋的忠臣孝子,一贯反共的钱端升”。除此之外,任何一次揭发,都聚焦于钱端升的“野心”和对党组织的“诬蔑”。

钱端升的"认罪",很自然地从费正清身上,转到通过费介绍认识的美国记者们身上。这在《我的罪行》中,亦占很大篇幅。钱端升指出,"在解放之前,我是认识不到这些妖魔鬼怪是在中国进行特务活动的"。由此,"党对我不咎既往,给了我宽大的对待",使得钱端升感动万分。

对于"我的罪行",钱端升深刻总结到:

> 我不但在解放以前有着长期的罪恶活动,而且1952年经过忠诚老实学习,我又不彻底交代我的罪行,这更增加我的罪行的严重性。我现在谨再向人民低头认罪。我甘愿受一切应得的处分和惩罚。我痛下决心,我一定要算清自己的账,新的要算清,旧的也要算清,要彻底交代一切罪恶的活动,也要彻底交代一切错误的言行,特别是关于和美国帝国主义有关的罪恶活动。我记得的我一定要在几天之内逐件交代清楚。

1987年前后,钱端升在撰写《我的自述》时,对发生在三十年前的这场灾难,简单评价为"检讨不起作用,实事不能求是,呼吁不获同情,妻儿不能幸免的多灾多难的岁月"。

一件"值得一提却又令人痛惜"的事

自检讨之后,钱端升鲜有文字发表。有近二十年的时间,钱端升就像消失了一样。

据钱大都讲,钱端升被打成"右派"之后,除政协委员外,其他职位都被撤销。此后不久,钱端升被派到社会主义学院学习。"后来听父亲说起那里的情况,在那里还比较轻松,用他们的话来说,就是每天都开'神仙会',就是几个人没事在那里闲聊,也基本上没有什么劳动任务,管理上也是比较松散，"钱大都说，"但是父亲很苦闷，因为他是个闲不下来的人，没事干，对于他来说是一种莫大的痛苦。这样的状况一直延续到'文化大革命'开始"。

大约是60年代，钱端升亦经历一件"值得一提，却又令人痛惜"的事。《我的自述》提及：

> 值得一提，却又令人深感痛惜的是，1962年我在北京政法学院奉命主编一部高等教育部拟定的教材，书名是《当代西方政治思想选读》。其时，按原计划我从五十六名西方著名学者的书籍中酌择其要旨，由其他三人译成中文约一百五十万字，译后由我最后校阅，并对原著写简短的介绍。全书成七八篇，二三十章，每章每篇也由我作篇章介绍，最后加以编者的长序。此项工程颇大，到1966年"文化大革命"开始时，已译一百二十万言，其中约十分之六七已经经过我最后校阅；我还部分写出作者个人介绍。可叹"文化大革命"伊始，这一小小事业就成了"文化大革命"的对象，译稿至今不知去向。

这是钱端升留下的唯一关于反"右"之后经历的记述。钱大都解释说：

> 在"文化大革命"以前，教育部打算编一本西方政治学论文选读教材，这部教材即是由父亲组织学者来编写。当时我们国家的学生已经不学英语了，英文的图书也不容易查找，图书馆里还有一些，上面也尽可能提供材料。就这样，父亲和当时一批从旧大学出身的教师们开始编写，每章由一个学者编写，父亲进行统稿，在每一章的前面，父亲对于那一章所介绍

的西方政治学者写一个大概的介绍。但是这个教材没有编写完,“文化大革命”开始了,书稿也随着大革命的开始被红卫兵抄家抄走了。等父亲平反之后再找这个书稿,早已经不知所终。这让他很惋惜,不止一次地说到这个事情。编教材可以说是父亲在那个阶段唯一可以自慰的事情,然后就又是闲下来闲得发慌。

最尊重周恩来

在1957年后,因不愿迁祸于人,钱端升很少主动地与老朋友们来往。唯一的例外是时任教育部长的张奚若。钱仲兴写道:“而那时身为教育部长的张伯伯却仍然毫无避讳每年定期到我们家来看爸爸,给爸爸精神上以安慰,当然爸爸对这样的知己也无所顾忌作了回访。”

“在爸爸和国家领导人的交往中,给我们印象最深的就是和周恩来的交往,我们觉得爸爸最尊重的领导人就是周恩来。”钱仲兴写道。

钱端升和周恩来大约相识于1945年、1946年在重庆召开的国民参政会上。此后不久,钱端升还应周恩来之邀,去上海周公馆与之讨论国是。钱仲兴写道:“所以我们相信解放后让爸爸出任中国人民外交学会副会长一定是周恩来的主张。当时在抗美援朝的形势下,我国和许多西方国家都没有外交关系,与这些国家的往来都是通过民间组织——外交学会来进行的。记得那时爸爸常接待外宾,较有名的如日本前首相片山哲,英国前首相艾德礼。”

前文中提到的,1956年美国大资本家伊顿邀请中、美、英、苏四国的科学家在加拿大聚会,当时外交部认为我国没人可去,就将邀请信压着没有报告总理,后来被总理知道了,他说怎么就没人可去?钱端升就可以去嘛!周恩来很信任地让钱端升一个人去。

这个细节,在胡适日记中得到了证实。胡适1956年8月16日的日记中写道："刘锴大使从 Ottawa 打电话来说，听说钱端升到 Canada 的 Nova Scotia 的一个美国人 Cyprus Eaton 的庄子上，参加会议。Canada Gov't 特别(准)他入境。"

被打为"右派"之后，钱端升终日郁郁寡欢。周恩来知道李四光和钱端升私交不错，便让李四光找钱端升谈谈，安慰一下。钱端升当时门前冷落鞍马稀，对于被划"右派"，更是满腹冤屈，亦希望能够向人诉说。1958 年某日，钱端升与李四光约在颐和园见面散步。但由于李的秘书紧紧跟随，钱端升始终未能把心底话说出来。这次会面，的确让钱端升感到极大安慰。

1960 年的一天，钱端升带全家去政协礼堂吃饭。饭后他们一家正在二楼的大厅里，突见几个警卫催促人群快些离去。钱端升一家只好加快脚步，准备离开。突然电梯门开了，只见周恩来大步走来，口称"端公"，钱端升只能停下来。周恩来安慰钱端升一番，说人应该活到老、学到老、改造到老嘛，并对在场的家属一一问及。这是 1957 年之后钱端升首次见到周恩来。

钱端升和周恩来再次见面，就在 1973 年了。是时缪云台先生自美国来定居，总理宴请缪云台时，亦邀请钱端升作陪。也就是在这次见面后，周恩来决定让钱端升出任外交部顾问，并在外交部国际问题研究所上班。

钱仲兴指出，此前周恩来还授意钱端升到外交部国际条法司，参与研究为中美建交所面临的中美冻结资产解冻问题的谈判方案；邀乔冠华外长第一次赴美参加联合国大会前，到钱端升家再与钱商讨一下。

钱仲兴写道，"爸爸引以为憾的是再一次见总理时，竟会是在向总理遗体告别之时。此后他只是把总理一人的相片挂在客厅中，表示对总理永恒的怀念。"

晚年钱端升

1978 年钱端升由于一只眼睛患静脉血栓几乎失明,1979 年又患结肠癌。好在是时钱端升已经被平反,使得他精神上得到了很大的解脱,“所以他能克制病痛,仍然坚持读着从北京图书馆借来的及他的学生从美国寄来的书,并一直说要写作,但是终未能成”。

到 1980 年,钱端升又担任北京大学、外交学院兼职教授、中国政治学会名誉会长、全国总工会法律顾问、中国国际文化交流中心理事、欧美同学会名誉会长、北大校友会和西南联大校友会名誉会长、各国议会联盟大会人民代表执行委员会委员等职务。

次年钱端升已届 81 岁。然而钱端升亦就在 81 岁高龄时,加入中国共产党。在当时,老知识分子加入中国共产党,的确比较流行。对于钱端升而言,从 1949 年年初回到北京大学时,就追求进步,积极向中共靠拢,甚至对自己进行深刻的反省和忏悔,以求得党的接纳。但是事实上,党对钱端升的接纳过程,整整持续三十年。

1982 年的时候,钱端升不顾他的身体不好,硬是参加了一个追悼会。这是为了悼念一位解放后被他动员从美国回来为国效力,但由于受到不公正对待而死的学生。谢泳转引凌其翰回忆录《我的外交官生涯》,提及一个叫做田保生的人:

> 田保生当年曾和凌其翰在国民党外交部同事。凌其翰说,田保生出身清华,是钱端升的高足,后来参加第一届高等外交官的考试,录取后在国民政府外交部欧美司工作,四十年代末在联合国办事处工作。凌其翰对田保生的评价是:“为人质朴诚实,素为我所器重。他于返美前夕特到我寓所辞行,谈到国内时局,竟无言失声。”凌其翰劝他:“你千万不要悲伤了,

须知黑暗已到尽头，光明就在眼前，到了关键时刻，必须果敢地行动起来，抛弃旧世界，追求新世界，我们的前途是光明的。”

而田保生和钱端升的联系即在于，他当年之所以回国正是受钱端升的劝告才回来的。谢泳写道：

1948年，钱端升到美国讲学，许多人劝他留下来，胡适也劝过他，但钱端升还是放弃了优厚的生活待遇，回到了中国，不仅他回来了，还劝他的学生田保生也回来，学生一般都听老师的话，田保生毅然放弃了在联合国办事处的工作，奔归新中国。回来后在外交学会担任国际法的编译工作。凌其翰回忆说，“他埋首苦干，举凡奥本海《国际法》巨著，希金斯和哥伯斯合著的《海上国际法》等英文原著译成中文，都有他一份辛劳”。可惜后来田保生和钱端升一样，都成了“右”派，十年浩劫中，田保生和妻子一同自杀，后来才获昭雪。

未知谢泳所述田保生和钱仲兴所述一个学生的追悼会是否指同一个人？且立此存照。

而就在1982年这一年，钱端升接受东北法制心理函授学院顾问的聘书。许章润对此大为诧异，“晚年订定的《钱端升学术论著自选集》所撰‘自述’中，居然将皮包公司性质的‘东北法制心理函授学院顾问’这类名誉顾问都列上，又说明了他对世事的迷蒙”。

钱端升在1984年那年，接受了中国国际法学会、南开大学法学研究所名誉研究员和中国大百科全书政治学编辑委员会顾问的聘书。次年，钱端升在85岁高龄当选为中国法学会名誉会长。

晚年钱端升

1986 年 2 月 24 日，由北京大学、中国政法大学、外交学院等发起，在全国政协礼堂为钱端升执教 60 周年举行庆祝会。时任北京大学党委书记的王学珍主持，彭冲、钱其琛、邹瑜、柳斌、张友渔、陈岱孙、周培源、余叔通、曹子丹等分别讲话，西南联合大学校友会、南开大学等分别发来贺电。陈文秋编订的“年谱”，对庆祝会盛况有详细的记载：

> 他们都高度赞扬钱老在教育战线辛勤耕耘几十年，他对学生既严格要求，又热情扶掖，循循善诱，诲人不倦，为我国培养了大批人才，堪称桃李满天下，不少海内外知名人士都受过他的教益。有些老同学、老同事（如陈岱老、周培老）还指出，他具有许多优秀品行，如正直、无私、爱国、勤奋、待友真诚、谦虚谨慎、治学谨严、生活简朴和平易近人，一直从事教学工作和学术研究，为我国政治学、法学、人民教育事业和外交工作都做出了杰出的贡献。最后他的长子钱大都同志（其时钱师母和次子仲兴、季子召南同志也在座）代表老父致答词，经大家鼓掌，钱老本人也起立一再表示感谢！当时他的助教兼秘书，当时任司法部教育司司长的余叔通同志还着重指出，钱老早年就体弱多病，能活到今天，还能为人民做工作，这跟钱师母陈公蕙老师的精心照顾分不开，还应当感谢钱师母，祝二老双双健康长寿！

1988 年，钱端升接受中国政法大学名誉教授聘书。这是非常值得玩味的事件。一个曾经担任首任院长的教授，到头却成为这所学校的名誉教授。北京政法学院院长任上的钱端升，可谓来到了其一生中最有转折性的日子，由此开始其灰暗的后半生。未知钱端升接受此聘书时，作何感想。

钱端升晚年与夫人陈公蕙女士

不过确定的是，钱端升终其后半生，对于自己“政法学院”这一段人生并不认同，许章润甚至叹息：“可见一个非学术性的培训‘枪杆子刀把子’的机构，终不能成为书生托命的精神家园。”在80年代，钱端升分两次，把自己的藏书捐献给北京大学，完全忽视中国政法大学，这亦可见其终身的抉择。

1990年1月21日，钱端升在北京病逝。“至于我一生，经历了不同的时代，走过了曲折的道路，功过是非如何，窃以为还是留待来者评说为好。”

如今，钱端升已逐渐成为中国政法大学的招牌，慢慢从对钱端升的开发中尝到甜头。在2002年50周年校庆时，由校友唐自熙等捐建的钱端升像，在中国政法大学昌平校区揭幕，尽管钱端升并未踏入过昌平的这片土地；此后，中国政法大学重新命名教学楼，原来的A段教学楼，也摇身一变成为“端升楼”；而2006年由中国政法大学发起设立的钱端升法学研究成果奖，至今已评选五届，亦成为中国政法大学借钱端升的英名，在中国法学界呼风唤雨的绝佳招牌。

躲进红学成一统

——吴恩裕的涅槃

德国法学家拉德布鲁赫在其《法律智慧警句集》中，讲过这么一段话："写诗不会对法大唱赞歌——绝不会，因为很多诗人就是从法学院逃逸的学生。法属于最为僵化不变的文化构体，而艺术属于变动不居的时代的最为灵动的表现形式，两者处在自然的敌视状态之中。"

这种"自然的敌视状态"，其实是一种隐喻。放眼看去，法律与诗歌如此，法学与文学又何尝不是如此？政治学与红学呢？

本文传主吴恩裕先生，便是一位从政治学世界逃逸而遁迹于红楼的学者。

从吴恩裕的红学贡献说起

刘梦溪在其《红楼梦与百年中国》中，对吴恩裕在红学史上的贡献，给予极高评价：

> 不过，我想着重介绍一下吴恩裕和吴世昌两位先生，他们是考证派红学的两员大将，是五六十年代与周汝昌鼎足而立的著名红学家。周汝昌以考证曹雪芹的家世著称，吴恩裕以搜求曹雪芹的生平事迹见长，吴世昌以研究《红楼梦》的版本和成书过程为主。三个人最活跃的时期，是考证派红学最兴旺的时期。
>
> 吴恩裕以治西方政治思想史而涉身红学，始于 1954 年，《曹雪芹的生平》是最初的代表作。不久，便有专门考证有关曹雪芹文献资料的《有关曹雪芹八种》问世，1963 年，又扩展为“十种”，最后汇辑为《曹雪芹丛考》一书。和周汝昌一样，吴恩裕也很注意最新材料的发掘，敦敏的《懋斋诗钞》手稿、敦诚的《鷦鷯庵笔麈》手稿、永忠的《延芬室集》稿本，及抄本《四松堂诗钞》和《鷦鷯庵杂诗》，都是吴恩裕先生发现的。通过对这些新材料的考订，雪芹从南京回到北京后的行踪事迹得到了进一步说明。最突出的是对敦诚“当时虎门数晨夕”诗句的考证，使我们知道曹雪芹曾经在右翼宗学做过事，这是吴恩裕的一个独特发现，已为绝大多数红学家所承认。

这可能是红学界同行对吴恩裕在红学史上的地位，最客观的评价之一。吴恩裕在红学研究中的主要观点和成就，邓庆佑在《半生辛苦为红楼：怀念吴恩裕先生》一文中，已有梳理；吴恩裕在他晚年所著《曹雪芹丛考》一书“自序”中对自己的工作做了阐述。

早年吴恩裕

吴恩裕，原名吴惠人，1909 年 12 月 10 日生于辽宁省西丰县柳河村。

吴恩裕出世时,父亲吴世昆已 62 岁。吴恩裕在家排行第二,他还有一个同父异母的哥哥吴恩禄。吴恩裕的兄弟共五个人,——他母亲改嫁时,亦带来三个孩子:孙奉先、孙奉同、孙奉忠。

吴世昆原住在沈阳城北下五旗村。早年一贫如洗,后来靠赶大车拉货、拉粮,攒下一些钱,在距离沈阳三百多里外的荒郊"捣鹿",买了一大块荒地。十多年之后,聚居在"捣鹿"的人口越来越多,最终成为西丰县。在吴恩裕出生前,吴世昆便举家迁往西丰,通过出租土地维生。1927 年吴世昆病逝时,吴恩裕刚进入东北大学预科;吴恩裕的母亲于 1948 年过世。

1917 年,吴恩裕 8 岁。在私塾短期启蒙后,吴恩裕来到西丰县城,念完小学及初中第一年。1924 年,吴恩裕转学沈阳,继续读初中一年、高中半年。1926 年,吴恩裕高中尚未毕业,即考取北平某专科学校。但他并未入学,而是留在沈阳,备考东北大学。

就读东北大学

1927 年 9 月,吴恩裕考入东北大学文学院俄文系第三班读预科。

按照当时东北大学的学制,学生必须读满两年预科,才能读四年本科。但吴恩裕在俄文系预科只读了一年,即用伪造的高中毕业证,转入哲学系。

为什么会转入哲学系呢?这需从周天放讲起。1928 年,周天放出任东北大学文学院院长,开始组建哲学系。他给学生们训话时表示,他读《清史列传》,感到东北人在学术上有成就的太少,所以决心培养一批学术人才,为东北人在全国范围内的学术界争得地位。哲学系初建,自然要招生,吴恩裕便利用此契机,成为东北大学哲学系首批学生。

大学期间,吴恩裕曾在《东北大学校刊》发表文章《为研究哲学者进一言》,很有见地,颇为周天放及胡石青、梁漱溟等赏识。周天放的器重，为他大学毕业前后的工作乃至未来的留学，打下重要基础。

读大学时，吴恩裕曾与同学杨予秀、赵石溪、傅庚生等合办《夜航》杂志。该杂志主要刊载文艺理论方面的文章。可惜由于经费困难，出四期后即停刊。

在大学期间，吴恩裕已小有名气，很受同学们注意。在同学的印象中，吴恩裕爱读书，尤其喜欢读涉及新思想的书，他有点“怪”，有孤芳自赏的名士派头，对那些与国民党走得较近的同学敬而远之。在这前后，吴恩裕初步接触到唯物史观。

在清华延期毕业

1931 年 7 月，吴恩裕离开东北大学，投考清华大学哲学系二年级插班生继续求学，1933 年完成学业。

在清华期间，吴恩裕与哲学系教授张东荪来往颇多。在学理上，他颇欣赏张东荪、张君劢的理论。

另外，在同班同学乔冠华的影响下，吴恩裕对马克思主义哲学产生浓厚兴趣，开始涉猎马克思的学说。他们甚至在宿舍里挂起马克思的照片，尽管他们出发点的差异显而易见：乔冠华从革命的角度出发，而吴恩裕则从学理上关注。

1932 年，吴恩裕曾引用马克思在《资本论》中批判边沁的言论，撰文批判“功利主义”哲学，并作为贺麟教授“伦理学”一课的考试论文。

这之后，吴恩裕逐渐发现，研究马克思主义，是一条新的学术路径。他认为，除可引用马克思的观点批判其他学说外，亦可将马克思作为伟大的学者来研究，正如孔子研究、柏拉图研究等。他意识到，当时中国还没有学者从事这方面的研究，颇为自己学术上的独辟蹊径而自得。很明显，吴恩裕已超越对马克思的崇拜，而开始将马克思作为伟大的学者研究。这种学术取向，为时任哲学系主任冯友兰所反对，但吴恩裕依然乐此不疲。

当时,马克思的著作尚没有中译本。吴恩裕只好千方百计买到《哲学的贫困》《资本论》等书的英译本,作为入门读物。

在清华期间,吴恩裕大手大脚乱花钱的习惯,给一些同学留下深刻印象。当时吴恩裕不住清华校内,而是住在城里。每次来清华上课,都坐人力车包车往返,这绝非一般的经济条件所能支撑。这也是学界盛传吴恩裕是某督军之子的源头。晚年时,吴恩裕对自己这种行为也有反省:"在清华校史中,我是唯一的一个念了个毕业,但在学校只住过两个多月的学生!天天跑回北京的家里。"

吴恩裕不爱上课,喜欢自己研究。在金岳霖教授的"认识论"考试时,按照金岳霖的布置,写了篇文章,作为考试论文。但论文交给金岳霖后,金却表示,"你平时既然较少上课,就是退选;既然退选,我就没必要看你的论文",径直将吴恩裕的论文寄回,并未给其打分。

尽管吴恩裕不怎么去上课,但金岳霖并未按照教务处的规定,填写缺勤登记表。吴恩裕由此误认为金岳霖不在意是否去上课。而且,吴恩裕在陈寅恪、贺麟等的课堂上,也经常缺课,但考试时,总能拿到"超等""优等"的分数。由于这种误判及金岳霖的坚持,吴恩裕在毕业前夕,因该必修课无分数,而无法按时拿到学位。为此,吴恩裕很是恼火,甚至发誓"不念毕业算了"!

但两年后,即1935年下学期开学时,冯友兰向比吴恩裕低一级的孙道昇表示:"吴恩裕为了'认识论'一课,没毕业很可惜!"孙道昇将冯友兰的意见转达后,吴恩裕这才利用在《东北行健月刊》工作的闲暇时间,回校补修金岳霖的"认识论"。

如此一波三折,使得金岳霖的形式逻辑,成为吴恩裕在清华期间印象最深的课程之一。连他自己也承认,这门课对他形成思考重诡辩、不重实质问题,谈话、作文讲究转弯,并以此为高深自许的思维方式,有很大影响。

在清华期间，吴恩裕曾在《清华周刊》发表《韩愈、李翱与佛教之关系》一文。

东北行健学会

1933年春，吴恩裕即将从清华毕业。此时，刚成立不久的东北行健学会，派人送来一本英文杂志，委托吴翻译一篇评介《国际联盟盟约》第16条的文章。由此，吴恩裕与东北行健学会建立联系。

东北沦陷后，国民政府教育部从1933年起在北平设立“教育部东北青年救济处”，由周天放担任处长。利用教育部的资助，周天放发起创办东北行健学会。基于“民族自救，应从个人自救做起；国家图强，当以提倡学术为先”的认识，及东北沦陷的惨痛现实，东北行健学会以“砥砺学行、挽救危亡”为宗旨，共有以旅居北平的学界东北同乡为主体的会员456人。据中国国民党东北党务办事处1933年12月21日致“中央民众运动指导委员会”的公函显示，“该学会负责人等多系本党同志，其历次所出刊物对于本党主义不特极端信仰，并能随事阐扬，实为现在最纯正之文化团体”，因此请求发给许可证书。从东北行健学会会员录来看，该学会不乏国民党背景会员。会员中不光有刚刚大学毕业、初出茅庐的吴恩裕，更有吴铁城、蔡元培、孔祥熙、杜月笙、陈立夫、高惜冰、叶楚伧、齐世英等党国要人。东北行健学会的总干事长由周天放担任。

吴恩裕在这里找到人生中的第一份工作。他作为该学会下属民友书局编辑组主任，主要翻译英文稿件和资料，同时兼任《东北行健月刊》编辑，负责具体编务。当时，行健学会办有好几份刊物，诸如《东北行健月刊》《东北行健旬刊》《黑白半月刊》等。“月刊”注重学术性，以论文为主，发表过“计划经济”“国际问题”等专号；而“旬刊”更注重时效性，分短评、杂文、东北沦陷通讯等栏目。

在他的努力工作下,《东北行健月刊》办得有声有色。吴恩裕本人曾为《东北行健月刊》翻译过《经济制裁与国联盟约第十六条》《一九三四年:和平乎? 战争乎?》《史大林日常生活素描》《苏联的经济收获》《日本在中国势力之外论》《美国关税政策之探讨》《萧伯纳与威尔斯》《欧洲政治之新局面》《美国经济复兴与亚洲贸易市场》《阅拉斯基寄胡克教授书》《苏联电力与工业之发展》《十六年来之苏俄》《莫斯科的莎士比亚热》等文。

除翻译外,吴恩裕也为《东北行健月刊》写了不少文章,如《马克思批评实用主义》《一年来之美国产业复兴运动》《美国产业复兴计划之探讨》《希斯维克评直觉主义》《说"是"》《形式逻辑与辩证法》《马克思的方法论》《中国哲学之系统问题》《马克思的文化批评》等。

尽管吴恩裕始终未曾参与《东北行健旬刊》的编务,但在该刊物上发表了一些文章,诸如《两极端化之今日政治现象:共产主义与法西斯主义》《五花八门之中国共党:干部派与取消派》《机会主义之第三党:中华革命党与社会民主党》等。

编务之余,吴恩裕亦承担行健学会的其他编译任务。当时,行健学会组织力量编译《苏俄十二讲》,其中第一章《苏俄的政治制度》,即由吴恩裕翻译完成。

另外,在周天放的资助下,吴恩裕曾在 1935 年到 1936 年 8 月期间编辑过《文哲月刊》,其中亦发表过他译介实证主义和有关《论语》的作品。

这段时间里,吴恩裕还在国立东北中山中学担任逻辑教员,兼任北平《晨报》"思辨"副刊编辑。在"思辨"副刊,吴恩裕发表过《解析法与马氏哲学》《英译的〈马恩书简集〉》《朱梅庵与陈同甫在哲学年会中之对话》《文化演变的必然与当然》《反形而上学系统的哲学之讨论》等。吴恩裕作文的重心,在于中国哲学史上的问题、形式逻辑与辩证法的关系。

1934 年时,吴恩裕已读过马克思的《德意志意识形态》等著作。在朋友的印象中,每谈起马克思主义,吴恩裕便立马有了兴致。他对马克思的迷恋,有些钻牛角尖,很注意名词和概念等细节。他甚至会把马克思和恩格斯的言论,放在一起对比研究。吴恩裕将马克思主义当作学术来研究,态度中立,既无奉若神明的迷信,亦无视若洪水猛兽的偏激。联系到中国政局,吴恩裕认为,共产党是有理论的,马克思主义很难驳倒;而国民党没有理论,三民主义漏洞百出。

吴恩裕与张东荪

1932 年下学期,时为燕京大学教授的张东荪在清华哲学系兼课,吴恩裕即与张东荪认识。后来,他在上海《新中华》上看到张东荪批评辩证法的文章《动的逻辑是可能的吗?》,便把自己的《形式逻辑与辩证法》寄给张东荪求教。

张东荪接信后,复函约吴恩裕去其府上面谈。谈完后,张东荪对吴恩裕大为欣赏,曾向孙道昇表示:"东北有这样头脑清楚的青年,东北不亡!"

1935 年,吴恩裕写完处女作《马克思的哲学》一书后,请张东荪向上海商务印书馆推荐出版。张东荪读完书稿后,写了一篇序言,并亲自寄给上海商务印书馆。在序言中,张东荪认为,吴恩裕的书在感情上既不反对马克思也不赞成马克思,他很赞成这种态度;另外,张东荪还表示,他对日本、德国、苏俄、中国研究马克思都不赞成,不合马克思原意,他本想自己研究,可是没有功夫,现在遇到吴恩裕,不敢确定吴与他是否有完全相同的看法,但吴确实在做这方面的工作,并希望他能够将这项研究坚持下去。

对初出茅庐的吴恩裕来说,张东荪的褒奖是很大的鼓励。他更加确信,通过形式逻辑的方法来分析和考证马克思的著作,是一条正确的路。

尽管有张东荪的推荐,但不久后,吴恩裕还是接到商务印书馆的退稿信。吴恩裕并未气馁,而是利用在民友书局工作的便利,自己编辑印刷,并商得北平人文书店同意,用该社的名义出版。

该书出版时,吴恩裕在封底附上一页来自某英文报的插图。图上一个工人手托地球,下面印着马克思的一句话:“过去一切哲学家只是不同地解释了世界,而重要的是变革世界!”

在推广方面,吴恩裕颇为上心。书出版后,张东荪建议吴恩裕给梁实秋送去一本。此后不久,梁实秋主编的某刊物上便发表李长之的书评。此外,吴恩裕曾托行健学会同事任白戈在日本代售。

1935 年前后,张东荪为反对中共叛徒、三民主义理论家任卓宣(笔名“叶青”),主编一本名为《唯物辩证法论战》的书,约傅统先、牟宗三、孙道昇、张佛泉等人写文章。张东荪亦向吴恩裕表示,吴的《形式逻辑与辩证法》及另一篇《马克思的方法论》他也要收进去。对此,吴恩裕当然求之不得。

经吴恩裕协调,该书的出版亦放在民友书局。在该书即将付梓时,张东荪寄给民友书局一副自己的题字,内容是美国哲学家柯亨的两句话,大意为“如果要我在共产主义和法西斯主义两者中选择,我觉得,那无异于是选择死刑和绞刑”,要求收录在该书中。吴恩裕认为,《唯物辩证法论战》收入多人文章,张东荪的看法,不能代表所有作者的看法,专门致函商榷。尽管民友书局的出版者亦不赞同这么做,但在张东荪坚持下,最终如他愿出版。

出版前夕,吴恩裕颇觉不妥,专门致电张东荪,要求撤下自己的两篇文章,认为自己的文章以分析、考证见长,够不上“论战”的标准。但张东荪认为不必撤稿。吴恩裕见书已基本印成,便未坚持。

此后不久，吴恩裕写成《评罗素论辩证唯物论》一文，反驳罗素对马克思主义唯物史观的歪曲。删订润色后，吴恩裕将该文给张东荪，托其推荐给天津《大公报》上的《国闻周报》发表。张东荪读完其文章后，在文前加“按语”，认为罗素的说法并无问题，然后将文章和按语还给吴恩裕，并附上介绍信，嘱其直接寄《国闻周报》编辑部。此后不久，该文及张东荪的按语一并见报。

在此前后，北平大学闹校长风波。某一天，张东荪和胡石青曾专程找吴恩裕，委托他问周天放是否有意出任。吴恩裕遵嘱落实，但被周天放以北平大学事态复杂、能力不足胜任为由婉拒。

1935 年前后，《东北行健月刊》停刊，吴恩裕不得不重新谋职。此时，张东荪拟办一份哲学刊物，但缺经费，让吴恩裕向周天放筹措。在周天放的支持下，由张东荪、胡石青、瞿菊农和吴恩裕四人担任编辑的《文哲月刊》，很快便创刊面世。吴恩裕 1936 年去英国留学之前，都在该刊担任专任编辑。

几乎与《文哲月刊》创刊同一年，张东荪发起创办《北平晨报·思辨》副刊。在该副刊上，张东荪本人未写过文章，但当时国内哲学界的翘楚如冯友兰、张申府、彭基相等，均有论辩文章发表。吴恩裕与孙道昇亦在该副刊上，打过一次小小的笔仗。此外，吴恩裕还为该副刊写过几篇介绍马克思主义英文新书的书评。

在吴恩裕学术生涯的初期，张东荪扮演着一个良师与益友的角色。吴恩裕认为，在师从拉斯基之前，张东荪对他的学术研究产生过很重大的影响。

考试插曲

派遣东北籍青年前往欧美留学，是教育部东北青年救济处的职能之一。按规定，每年选派三名。选拔以考试方式进行，考试前公开登报招考,凡是东北籍学生均可报名。

1936 年年初,媒体发表消息,该届留英公费生招教育、历史和经济三门。周天放建议吴恩裕考教育门,但吴恩裕最后报考并考取了历史门。

考取后还有一些插曲。前已述及,吴恩裕于 1935 年下学期开始,回清华补修金岳霖的“认识论”课程。当时,“认识论”分一整年上,全部上完后,才能拿到学分。1935 年下半年秋季学期,是该课的开始学期,吴恩裕上完后,参加期中考试,顺利及格;但 1936 年第二学期快结束时,由于“古北口事件”,学校提前结课并放假,“认识论”亦随之结课并取消期末考试,而以期中考试的成绩,为该门课全学年的总成绩。即便如此,吴恩裕并未马上拿到毕业证。

此时,吴恩裕已顺利考取东北青年教育救济处官费留学。由于有竞争,有人便向教育部举报,说吴恩裕并未大学毕业,应该取消他的留学资格,而由成绩略低的考生递补。

周天放不得不与教育部紧急协商。协商结果如下:如果“认识论”一课在 1936 年 5 月留学考试报名前结束,就认定吴恩裕补毕业未修完的课,则留学资格无问题;但如果该课 5 月后结束,就取消吴恩裕的留学资格。由于“古北口事件”影响,“认识论”提前于 5 月之前结课。最终教育部认定,吴恩裕的“认识论”成绩,是在 5 月报名前决定的,其留学资格无问题。

拿到教育部留学证书及教育救济处公函后,吴恩裕便前往北平英国驻中国领馆办理签证,并在汇丰银行兑换好外汇,委托北京饭店内的通济隆旅行社买好船票及火车票,整装待发。

在英国

1936 年 8 月,吴恩裕前往上海,乘坐意大利的“康德 · 凡第号”轮船,前往英国伦敦政治经济学院学习。

吴恩裕 1936 年赴英国留学时在海轮上

与英国少年在一起

凭着每月300元的“东北官费”支持及行前变卖部分家产，吴恩裕行前将时在国民党辽宁省党部工作的爱人宋淑青和两个孩子，都带到伦敦陪读。官费资助只够一个人的生活费，吴恩裕及全家在伦敦生活颇拮据，时不时得向同学甚至向导师借钱。

抵达伦敦后，吴恩裕同周天放依然保持通信联系。在伦敦大学的“大学学院”，吴恩裕注册为哲学专业，随即向教育救济处汇报。但周天放来信拒绝，表示吴恩裕要坚持读哲学的话，按照章程规定，要取消留学资格。吴恩裕不得已，只好去伦敦政治经济学院读政治思想史，既与思想有关，又沾上“史”边，好向国内交代。周天放鼓励吴恩裕，表示其出国事宜费了“九牛二虎之力”，“要不读个学位，何以对江东父老”！

这个建议，与吴恩裕不谋而合——吴恩裕本就打定主意，非读博士不可！

与吴恩裕一道同船前往伦敦的中国学生，尚有龚祥瑞以及吴恩裕的同乡及清华校友宁嘉风、蒋孟引等。晚一年后，来到伦敦政经的还有王铁崖。

在伦敦政经，除上必修课和与导师讨论论文外，吴恩裕很少去学校，深居简出，将大部分时间，用于其博士论文写作。

当时伦敦的中国留学生可分三派：一派以王礼锡、傅筑夫、李泰华等为首的“抗战派”，响应中共提出的国共合作一致抗战的号召，坚决反对蒋介石所谓“攘外必先安内”政策；另一派以伍文权、储安平、宋宜山等为代表的所谓“拥蒋派”，支持国民政府的抗战方针；还有一派即不闻不问派，以吴恩裕、楼邦彦、龚祥瑞、王铁崖、戴克光、费孝通等为代表，终日埋头读书、写作，一心一意为学位论文而努力。

1939年夏，吴恩裕以一篇题为 *The Evolution of Marx's Social and Political Ideas with Special Reference to the Period* 1840－1848(《马克思的哲学、伦理和政治思想：1840—1848》，即后来的《马克思的政治思

想》)的论文,获得博士学位。在英国这三年,吴恩裕全身心扑在研究马克思上面,终于成就这篇被拉斯基教授称为“我迄今见到的最短的、最好的论文之一”。

据说答辩时,吴恩裕和拉斯基之间曾发生过如下一段被广为转引的对话:

> 拉斯基:吴,你认为延安共产党是真的在进行革命吗?
>
> 吴恩裕:是的,他们是真正在为人民谋幸福。
>
> 拉:他们懂马克思吗?
>
> 吴:我相信他们懂得。
>
> 拉:但是没有看到他们的理论著作。
>
> 吴:他们实际实行的的确是马克思的理论,虽然我们这里不易看到他们的许多著作。他们现在又正在忙于打日本侵略者。
>
> 拉:你认为他们的事业有希望吗?
>
> 吴:肯定有希望。中国的希望就在他们那里。

吴恩裕忆及,在伦敦时拉斯基曾问他:“你认为中国共产党的领袖对马克思的学说有研究吗?”当时并未读过解放区出版物的吴恩裕回答说:“这要看‘研究’二字做何解释。如果‘研究’专指书本上的研讨,必须把《马克思恩格斯全集》德文版四十多本都读完,我认为他们做不到,而且也没必要。反之,如果‘研究’是指对马克思所指示的路线、基本理论,我想他们当然清楚地晓得。”

回国后不久,吴恩裕即将博士论文修订并译成中文,以《马克思的政治思想》之名,交商务印书馆出版。

乔冠华曾将该文推荐给中共高层之一的董必武看。董必武评价不错,认为吴恩裕对生产力、生产方法和生产关系的论述,极为精辟清晰。但吴恩裕与董必武的"神交",也就到此为止。后来有传言说,吴恩裕在清华大学同班同学乔冠华的介绍下,曾与董必武长谈一次,董必武鼓励他将该研究继续下去;或者说,董必武想通过乔冠华和吴恩裕见面,甚至想让吴恩裕做他的秘书或去延安,这就全是传言了。但不管如何,1963 年商务印书馆重版此书;2008 年 12 月,为纪念吴恩裕的百年诞辰,商务印书馆将其列入口碑甚好的"商务印书馆文库"再次重版。这足以说明该书的学术质量。

1939 年 3 月,吴恩裕学成,打算归国。但由于国内迟迟未寄来路费,他只好蹭免费的英国货船回国。

吴恩裕博士照

在重庆

1939年4月,吴恩裕抵达昆明。他最初是打算在西南联大执教。由于西南联大无专任机会,不得不退而求其次,但阴差阳错,非首选的西北联大、东北大学及燕京等,亦未能去成。最后在赋闲七八个月后,经齐世英推荐,重庆中央政治学校教务长张道藩聘吴恩裕去该校大学部,讲授西洋政治思想史。

正式进入中央政治学校之前,张道藩让他从哲学角度,为时任教育部长陈立夫的《唯生论》提意见。吴恩裕一点也不客气,看完后提出若干问题,并应陈立夫之约,前往教育部谈过一个多小时。吴恩裕认为,"唯生论"不能包括自然界,只能讲孙中山的"民生史观",否则逻辑上讲不通。吴恩裕精通逻辑学,该意见能够站得住脚,却破坏陈立夫的体系,颇为对方所不快。

1939年12月,吴恩裕进入中央政治学校研究部,以研究员身份从事中国政治思想史研究,待次年新学期转教学。

尽管是学成归国后的第一份工作,但吴恩裕在中央政治学校并不得意。中央政治学校教务长陈果夫让他写反马克思主义的文章,他不愿意写,也看不惯陈果夫的排场和架子。另外,他不喜欢按要求参加总理纪念周活动,两次婉拒加入国民党的邀请。如此一来,便不甚欢畅,吴恩裕自觉无趣,四个月后即辞职。

此后,又是长达三四个月的赋闲。有一阵子,吴恩裕生活相当拮据,不得不靠卖东西及朋友的接济维生。这期间,吴恩裕接受东北大学之聘,准备前往时在四川三台的东北大学报到。

但关键时刻,峰回路转。前往三台的前一天,吴恩裕去中央大学社会学系,与老友李泰华道别。李泰华遂介绍其见中央大学政治学系主任张汇文。三人餐叙间,张汇文极力劝吴恩裕加盟中央大学,并请吴推迟两天去三台,他将与法学院院长马希繁商量。

对此良机,吴恩裕当然求之不得。此前他早就想去中央大学,曾经钱端升、张奚若等多人介绍推荐,但均未成功。而这次却无意中圆梦,真是“踏破铁鞋无觅处,得来全不费工夫”。

1940 年 8 月,吴恩裕前往中央大学执教。在柏溪分校,吴恩裕开设“政治学”和“西洋政治思想史”等课。在“政治学”课上,他用加纳的《政治学》作为教材,从柏拉图、亚里士多德以及摩尔等人的政治思想讲起,旁及洛克、霍布斯、卢梭、孟德斯鸠、边沁、密尔等,一直讲到拉斯基。吴恩裕在课堂上宣扬“经济平等、政治自由”的马克思主义社会政治理想,颇受年轻学子欢迎。在 1942 年前后,吴恩裕向政治学系新生开设“政治学与政府”。

在中央大学期间,吴恩裕的朋友圈主要在法学院内,要么是东北同乡,要么是清华校友。除童观贤、马希繁外,还有张汇文、吴干、何义均、李泰华、宁嘉风、楼邦彦、程仰之、王政、王书林等。此时,吴恩裕开始展示出中国古文方面的特长,时不时撰写旧体诗与同事们分享。在法学院外,吴恩裕与当时在重庆的“时与潮”“五十年代出版社”等东北籍同乡为主的出版机构来往亦颇多。

这期间,“水缸事件”的发生,使吴恩裕的声誉受到负面影响。1943 年前后,吴恩裕的孩子不慎打破理学院院长兼数学系主任孙光远家的一口水缸。孙光远前往吴家兴师问罪。两人一言不合,发生争执,进而肢体冲突,孙光远被吴恩裕打倒在台阶上。此后,孙光远找中央大学校长顾毓琇告状。而数学系学生谢启美、何旭初等替孙光远抱不平,群起将吴恩裕暴打至住院;吴恩裕一气之下,将孙光远控告到法院。经校方调解,孙光远和谢启美前往吴家赔礼道歉、谢启美记大过,此事以此结束。只是两位中大教授,为一口水缸而大打出手,满城风雨,甚至成为小报谈资,实在斯文扫地。

1943年9月,吴恩裕接替前往复旦大学执教的邓广铭,兼任中华文化服务社下属《读书通讯》半月刊的主编。

中华文化服务社的一段经历

此后不久,中央大学内部纷争,童观贤、马希繁等"清华派"先后去职,吴恩裕亦被中央大学解聘,遂转往中华文化服务社全职工作。

中华文化服务社为"官商合办"的出版机构。为使抗战期间流失的图书重现天日,国民党中宣部于1938年12月,联合商务印书馆等出版机构,设立中华文化服务社,下设总务、编辑、出版和发行等部,致力于各种图书的编辑、出版与发行,借此推进战时学术文化事业。中国文化服务社先后推出"青年文库""国民文库""国民党丛书"以及"大学文库",在社会上颇有名气。吴恩裕即"青年文库"的编委之一。

中华文化服务社社长刘伯闵对吴恩裕印象很好,认为他"能写文章,有学问"。除编辑《读书通讯》外,吴恩裕也积极组稿,王铁崖的文集《战争与条约》,即是在吴恩裕的推动下,于1944年由中华文化服务社出版。

执教三青团中央干部学校

但做出版,并非吴恩裕的兴趣所在,1944年2月开始,吴恩裕又前往新三青团中央干部学校教书。

中央干校新成立不久,第一期研究班学员三百余人。该校由蒋经国担任校长,教务长是吴恩裕在中央大学的同事、社会学系主任王政,而副教务长则是同样留学英国的龚祥瑞。

1944年3月至1945年3月间,吴恩裕先后开设"政治学原理""现代政治思想"等课程。

从1944年起,国民党发起知识青年从军运动,"一寸山河一寸血,十万青年十万军”，号召青年学生入伍，参加抗战。但从各中学选来的学生军，程度良莠不齐，有必要补习功课。于是，从 1945 年开始，由三青团中央干校负责，为应征入伍的学生军举办为期一月的“青年军第一大学补习班”，分为国文、英文、数学、史地、理化等课程小组授课，吴恩裕应邀担任英文组组长。在英文组，吴恩裕与商福家、张震先、何树棠以及骆静兰等八九位英文教师，组成教学团队。

抗战结束后，各单位都快马加鞭推动复员。1946 年年初，三青团中央干校与国民党中央政治学校合并，成立国立政治大学，即将迁往南京。吴恩裕不愿去南京，提出辞职。

执教北大

1946 年年初，应东北大学老校长臧启芳的邀请，吴恩裕被聘为国民政府教育部东北教育辅导委员会委员。该委员会由十一位文教界知名人士组成，主要任务是接收东北高等教育。

吴恩裕于 1946 年 10 月抵达北平。此时，北京大学已复员，应时任政治学系主任钱端升之邀，吴恩裕加盟北大政治学系，由此开始其新的学术生涯。

北大作为中国的最高学府和学术圣殿，吴恩裕能够在此执教，颇为喜悦，多年来他在名大学当教授的夙愿完全实现了。1947 年前后，东北中正大学校长张忠绂邀请他担任政治学系主任，东北大学校长臧启芳邀请他担任法商学院院长，吴恩裕均不为所动，他宁愿在北大当教授，也不愿意在一般大学当院长。

来北平之后，吴恩裕的朋友圈子逐渐扩大。与学界标志性人物胡适的交往，亦从此时开始。据时为胡适秘书的邓广铭回忆，有一次胡适在席间和别人说起吴恩裕，竟将之误为奉系军阀吴俊升之子。为此，事后吴恩裕还专门向胡适做了更正。在吴恩裕的记忆中，与胡适的交往并不多，无非向胡适借过足本《约·密尔自传》，并在《观察》杂志发表过一篇《读胡适之先生足本密尔自传书后》，以及为胡适治印一枚等。有段时间，吴恩裕经济拮据，四处卖书，胡适获悉后颇同情，曾由他担保，为吴恩裕在银行借出两千余元。1948年吴恩裕属意东北大学校长，曾请胡适向教育部长朱家骅推荐。

在北大，吴恩裕先后开设过一年级的必修课“政治学概论”、三四年级必修课“西洋政治思想史”、选修课“政治学名著研究”等。其中“西洋政治思想史”的第一课，便讲马克思的政治思想，在当时也算是特立独行。

这几年，吴恩裕兼课的机会也不少。起先，是北京师范大学请他兼“政治学”课程，他兼了一年。后来，清华大学教授张奚若休假，吴恩裕亦被母校清华请回去，兼任“西洋政治思想史”教授。

在这前后，吴恩裕曾在《观察》上发表《法律道德与大众需要》一文，认为社会变革时期，法律与道德都有阶级偏见，不必遵守，唯一可靠的就是人民大众的需要。这种观点颇令国民党媒体不满，《中央日报》专门刊发文章予以反驳。

1947年前后，吴恩裕后来的妻子骆静兰考取北大法学院研究生，北大法学院院长周炳琳认为，由于吴恩裕在北大执教，若骆静兰考取，影响不好，建议其弃考。最终，尽管骆静兰考分不低，平均分也很高，但其中一门考卷，却无故丢失数页，北大法学院最终未录取她。此事颇让吴恩裕不满。加上其他琐事，吴恩裕开始觉得受排挤，准备寻找新的出路。

内战中的东北行

1948年暑假，吴恩裕在东北大学的同学、时任辽宁省教育厅厅长吴希庸来北平访吴，表示东北学术空气不浓厚，要吴帮助，邀请北平的学者去做演讲,题目不限,时间一周左右,由他们承担机票费用,并送演讲费若干。

吴恩裕答应下来,不光自己去,还积极动员楼邦彦、王铁崖和杨人楩等一道前往。吴希庸安排好机票后,吴恩裕、王铁崖、杨人楩、楼邦彦一行,便浩浩荡荡前往沈阳。

抵达沈阳后,时任东北剿匪总司令部司令卫立煌、沈阳市长董文琦等,均专门宴请,略尽地主之谊。在东北,吴恩裕等一行除发表演讲、出席座谈会之外,还游览东北各地的名胜古迹和工厂,如东陵、沈阳兵工厂、橡胶厂、本溪煤矿等。

演讲会的听众以公务员、中学教师为主,选择在某剧场进行,每次演讲的听众,都维持在两千人左右。楼邦彦讲"法国的选举制度",杨人楩讲"法国革命"等题目。

吴恩裕的演讲题目有两个:"民主政治与教育"和"用和平方法不能实现社会主义"。第二个题目是吴恩裕当时的主要观点之一,他不仅在东北讲,在北大授课时讲,还专门在《新路》杂志发表一篇同题文章专门阐释。

与学生的交往

与吴恩裕交往较多的学生中,康敏心是其中之一。

康敏心原就读于西南联大政治系。1946 年北大复员后,他进入北大政治学系三年级。在北大政治学系,学生们大多偏爱外交学、政府制度,而喜欢西方政治思想史的学生则较少,但康敏心即其中之一。吴恩裕喜欢这个性格爽直的学生,师生间多有往来,讨论时局、臧否学术,尤其对各种与政治学有关的图书,都感兴趣。

1948 年春,时任北大学生自治会主席的康敏心找到吴恩裕,请他在国民党北平市党部担任监察委员的妻子宋淑青帮忙,看自己是否在黑名单上。八月初某晚,康敏心夜访吴恩裕,表示时局紧张,他不得不尽快离开北平。尽管不舍,但基于安全考虑,吴恩裕还是支持康敏心尽早离开北平。

就在康敏心即走未走的当口,国民政府军警从8月19日晚上开始,包围北京大学红楼及东斋长达三天三夜,搜捕进步学生。大约21日傍晚,康敏心等一行四人,从东墙翻墙进入吴恩裕居住的东斋。他们径直找到吴恩裕,请求让两个同学在他家暂避风头。吴恩裕爽快答应。但考虑到吴恩裕的房子临街,军警一进东斋,首当其冲便是吴恩裕的房子,这些学生改藏在女浴室里。

时间不长,即有东斋教职员宿舍管理会的工作人员质问吴恩裕:"他们躲在女浴室,出了问题谁负责?"吴恩裕不假思索即表示,"他们既然是来找我的,当然我负责。"

躲在女浴室的康敏心和另一位女同学闻此,觉得这样下去,对吴恩裕不好,且万一军警冲进来,东斋还不如红楼安全,所以当天夜里,他们又偷偷跑回红楼,并请吴恩裕前往红楼,看望躲藏在那里的学生。学生阵容很大,见到吴恩裕亦很激动,纷纷向吴恩裕打招呼。

8月22日一大早,康敏心一行五人再次来到吴恩裕家,借吴恩裕的衣服化妆,然后在军队撤走、警察接班的空当中逃离。当天,康敏心等顺利步行至车站,并搭车到天津。躲了几天后,辗转前往其他地方。1949年之后,康敏心改名"史筠",辗转在华北革大、北京俄语学院及内蒙古大学执教,后来在蒙古史方面颇有研究。

吴恩裕的"旧学"

走笔至此,很有必要梳理下吴恩裕的学术成果。

在1949年前,吴恩裕出版的专著有《民主政治的基础》《政治学问题研究》,以及在储安平主编的《观察》上发表的一系列文章;与马克思主义有关的书，有《马克思的哲学》《唯物史观精义》《马克思的政治思想》等。

从学术的角度来说，吴恩裕聪敏、勤奋，非常多产。他的个人学术史，就是一部编年史。在1949年前，吴恩裕主要出版过如下著作：

《政治思想与逻辑》，1943年出版。该书系1939年至1943年所写文章合集，题材广博，以西洋政治思想的方法论为主线，涉及历史、逻辑与政治思想的关系。比如《自由主义与确当的思考》一文，试图为自由主义确定其逻辑依据；《建立思想系统与逻辑》一文，以批评陈立夫的《唯生论》为基础，指出其逻辑上的谬误；此外，还包括记载掌故的《居蜀偶记》、与其刻印章有关的《负生印谱》等。其“自序”中提及：“学剧无所就，然自己吟哦既可以解当前之苦思，而观剧、听剧亦可以发思古之幽情。”“我对人生的另一方面，却也并不忽视。学书、习绘、治印等事，固然是我之所好；与知己纵谈宇宙、死生、美丑、善恶、悲欢、爱恶、成败等项，也是人生明心见性的乐事。”

《民主政治的基础》，1944年出版。该书系吴恩裕被中央大学解聘后，在重庆养病期间构思前四章，分别论及民主制度的经济背景、法治基础、基本道德和必要教育，并在病愈后写成。

《马克思的政治思想》，1945年出版。前文已有详述，此处不赘。

《唯物史观精义》，1948年出版。该书系吴恩裕执教北京大学后写成，从学术的角度，对唯物史观做了一定阐释，涉及基本含义、政治论、道德论、人性论、计划社会论、永久和平论等。

《政治学问题研究》，1948年出版。该书系吴恩裕1939年以来发表的文章合集，个别篇目与《政治思想与逻辑》相同。该书自序中，吴恩裕写道：“如果文章与时代不能离开的话，无疑地，北归后的许多文章是在失望、愤激的心情下写的。例如《论政治的服从》《法律、道德与大众需要》等。”除这两篇外，该书还收入《论自由与平等》《驳X教授〈用和平方法能实现社会主义〉》《驳 Y 教授〈社会主义的经济不需要计划〉》等论战文章。

这些书出版发行的背后，总会有波折。《马克思的政治思想》在商务印书馆出版之前，按惯例送国民党中宣部审查，这一审，就是好几个月。后来编辑反馈说："这本书要改，就得全部改，好在这部稿子还是'学术研究'性质，索性就让它一字不改地出版吧！"吴恩裕研究马克思主义的著作出版后，《中央日报》等报刊曾登过批判文章。《唯物史观精义》出版后，发行方面也遇到小波折，在天津被扣押禁售。

随着这些书的传播，吴恩裕作为马克思主义学术权威的形象，日渐广为人知，国民党安全系统开始对他有所关注。1946 年 10 月，吴恩裕前往北大执教时，就曾有人前往国民党北平党部，调查他与共产党的关系。1947 年，吴恩裕的学生李公天想在上海出国留学，但办理护照被阻，而阻挠的理由，居然是"你竟是同吴恩裕搞那套'唯物史观'"！由于出国受挫，李公天经吴恩裕介绍在北大旁听，最终真走上革命道路。

走进新时代

1949 年 10 月 1 日，中华人民共和国成立。吴恩裕依然在北大专心教书。

作为国民党治下研究马克思主义的权威，在新时代，吴恩裕受到党内党外人士的交口称赞。有人说："你是在白区唯一还讲马克思的人。"也有人说，"你讲马克思还是老前辈哩。我们最初得到这方面的知识，还是从你的书中看来的呢。"

新闻出版总署成立前，曾有计划让吴恩裕去主持马恩列斯著作研究和翻译室，专门从学术角度研究马列主义。这一想法惜未实现。1951 年上半年，新闻出版总署编译局请吴恩裕担任特别编审，他欣然前往兼职半年。

1951 年下半年，吴恩裕与北大法学院的师生一道，按照中央的统一部署,前往广西参加土地改革八个多月。土改本身,对吴恩裕并非难事。甚至在他的请求下,他的妻子、时为中宣部《学习》杂志编辑骆静兰,亦被批准加入四大学土改团,随团前往广西。

土改回来后不久,北京大学按照中央的部署,在 1952 年年初掀起“忠诚老实”运动。吴恩裕等旧知识分子,成为运动的主要对象。按照组织的要求,吴恩裕对自己的历史,作了“忠诚老实”的交代。

北京政法学院

院系调整紧随忠诚老实运动。此后,吴恩裕随同北大法学院的同事,被调往新成立的北京政法学院。

北京政法学院成立初期,依旧在北大法学院所在的沙滩红楼旧址。对于吴恩裕来说,土地还是那片土地,建筑还是那些建筑,但大学已经不是那所大学。

在北京政法学院,吴恩裕等来自北大、清华、燕京、辅仁四大学的老教授,并没有被安排在讲台上,而是被分配在研究组学习。这一学,又是两年多。

这期间,吴恩裕在 1953 年以工作人员的身份,参加西城区的普选工作;后来,又以副组长身份,参加东四区的普选。通过这些经历,他对中国共产党领导下的民主选举,有了直观的观察。

在这个崭新的时代,尽管各方对吴恩裕先前的马克思主义研究赞赏有加,但实际上,他并未春风得意。中国社会科学研究会的发起人中,王铁崖、楼邦彦等同时代的政法学者赫然在列,吴恩裕却被排除在外。这使他心里颇不平衡,先后找张东荪、张奚若诉苦。此后不久,中国新政治学研究会改组为中国政治法律学会,吴恩裕再次被剔除出理事名单,而北京政法学院的同事中,龚祥瑞、戴克光、于振鹏、曾炳钧等均留任。这让吴恩裕更加不满。

1954 年 5 月吴恩裕出席全国政协宪法草案初稿讨论会

最让吴恩裕不满的是他的待遇。有道是人比人,气死人,吴恩裕自认为他的学问并不比楼邦彦、王铁崖、龚祥瑞等差,而且他更懂马克思。但1949年后北大工资调整中,吴恩裕的工资不增反降,比前述任何人都低。教授评级时,吴恩裕依旧比这些人都低。到北京政法学院后,吴恩裕被评为高教十级,而楼邦彦、龚祥瑞则被评为八级。后来,吴恩裕在北京政法学院被评为四级教授,而王铁崖、芮沐等在北大则被评为二级教授。

一进入新时代,过去的一切,都变成负面因素。尽管吴恩裕在国民党治下公开研究、讲授马克思主义,理应成为加分项。吴恩裕觉得很难适应北京政法学院的气氛,萌生去意。

但以前,教授尚可自由流动,现在吴恩裕又能往何处去?

北京政法学院迁到学院路之后,在长达近一年的时间内,吴恩裕未到校报到,坚请调动,四处寻求离开的机会。1954年北大法律系复办,他设法调回北大,对内不惜和刘镜西、钱端升争执,对外也积极和于光远、陈守一、肖永清等潜在接收单位的负责人接触,甚至向政务院副总理陈毅写信诉苦。即便如此,工作调动依旧迟迟无下文。

1955年后,吴恩裕逐渐静下心来。无奈之下,他决定研究中国国家与法的历史。按照领导安排,吴恩裕在1956年北京政法学院第一次科学讨论会上,写了篇《中国国家起源的问题》。此外,吴恩裕还两次开设"政治学说史"课程,同时参与教研室内的一些资料编译工作。1959年到1960年间,吴恩裕还受北京政法学院派遣,前往北大,协助国务院一办编纂"西方资产阶级各派法学资料"。

呕心沥血的《历代西方政治论著选读》

1961年高教"六十条"发布后,吴恩裕看到一线希望。

教育部文科办公室委托北京政法学院,编撰一部《历代西方政治论著选读》,囊括从古希腊到1945年时,所有西方政治学者的学术论著。院党委决议将该工作交给吴恩裕。

按照分工,这部巨著的选、编工作由吴恩裕主持,除雷洁琼外,大部分同事都参与过其中的翻译。除翻译几篇文章外,吴恩裕还负责撰写每篇之前的说明,为全书撰写总序,并负责译文的校改。

这本五十多万字的巨著,花去吴恩裕和他的同事们近三年时间。大约到1963年,才算告一段落。编撰期间,吴恩裕的青光眼和神经官能系统疾病不时发作,可谓呕心沥血之作。

这部著作完成之后,教育部文科教材办公室组织了专门审查小组,对吴恩裕等人的工作成果审查验收。只是,旷日持久的验收尚未结束,“文化大革命”即已开始。

1964年之后,吴恩裕除参与钱端升主编的《当代西方政治学文选》部分工作外,亦帮助其所在教研室,编选英国资产阶级革命时期政治思想资料。

新时代的学术

进入新时代后,尽管吴恩裕在北京政法学院不太得意,但由于他是1949年之前少有的马列专家,中宣部对其还是很器重的,他与中共理论专家胡绳、清华同学于光远等,都很熟悉。

1950年前后,中宣部创办《学习》杂志,该杂志主编林澜青请吴恩裕推荐一些北大学生担任编辑,吴恩裕的妻子骆静兰,便因此成为该杂志编辑。

《学习》杂志开办后,编辑部即邀请吴恩裕为列宁的《国家与革命》撰写“简单明了”的评注。对此,吴恩裕颇不以为然,既然要“简单明了”,何须劳烦他这样的大学者动手?后来《学习》编辑部提出,无论详略,吴恩裕均可酌定,他这才答应下来。评注进展顺利,在《学习》杂志上陆续发表后，即由中国青年出版社出版单行本。此后，吴恩裕又与别人合作，完成《联共党史第九至十二章名词解释》等著作。

在传统的政治学领域，吴恩裕亦陆续完成不少译序，如亚里士多德的《雅典政治》中译本序；亚里士多德《政治学》序言《论亚里士多德的〈政治学〉》；托马斯·阿奎那的《阿奎那政治法律著作选》序言《托马斯·阿奎那的政治思想》；洛克《政府论》中译本序言《论洛克的政治思想》；凯尔森《布尔什维克主义的政治理论》一书中译本序言《凯尔森"纯粹法学"反马克思主义的实质及其手法》等。

《雅典政治》中译本序，脱胎于一篇吴恩裕与雷海宗商榷的文章。1957 年时雷海宗曾写道："恩格斯如果在生前看到亚里士多德的《雅典政治》一书，他在《家庭、私有制和国家的起源》中的主要结论就得改变。"基于此，吴恩裕写下《关于雷海宗先生提到的〈雅典宪法〉》一文，先发表于《人民日报》，后又被《新华文摘》转载。《雅典宪法》中译本以《雅典政治》为名出版时，吴恩裕便在该文的基础上，完成中译本序。

1954 年中国作协组织会议，批判俞平伯的《红楼梦研究》。会议组织者找到吴恩裕，要求其参会并发言。吴恩裕开始婉拒，一方面对此无兴趣，另一方面自己非文学界人士。但最后吴恩裕还是认真准备，在会上发言批判俞平伯，发言稿随后被《光明日报》刊登。

1957 年春，吴恩裕接到去中宣部理论局工作的邀请。中宣部计划研究伯恩斯坦和考茨基等修正主义者的理论体系，以应付即将到来的论战。于光远时任中宣传部理论宣传处副处长，他认为吴恩裕既有马克思主义的理论基础，又能看懂德文著作，很适合这项工作。但吴恩裕一方面盼望着离开北京政法学院，但又担忧去中宣部会受到种种限制，最后还是婉言谢绝。

“比国民党时代还苦闷”

对于知识分子来说,整风及反“右”运动是一场噩梦。像吴恩裕这样的老知识分子,则是这场“阳谋”的首要目标。

北京政法学院院党委罕见地放低身段,邀请吴恩裕等老知识分子“鸣放”,向党提意见。1957 年 5 月 14 日,吴恩裕应邀参加北京政法学院的教授鸣放会,发言说:

> 希望党在领导学校工作上,应该多征询在这方面有经验的老教师们的意见。过去虽然也征求过意见,但在最后的决策上,看不出采纳了显然值得重视的意见,如图书资料、教务处的职责范围太广,必须加强教务处的领导等问题。
>
> 我不同意办学校取消党的领导的看法,我认为应该加强党的领导,可是,要加强的都是创造性地领导,而不是“不求有功,但求无过”(借用吴之椿先生语)的领导,创造性地领导要抓住办好学校的中心任务,那就是要在学校的中心工作上,也就是在教学质量和科学研究上,不能安于现状,而要不断地提高,要注意质,不要光重量,体现创造性地领导学校工作的方式。我认为在目前一般情况下,如果不采取把领导成员扩大到包括党外有经验、有学识的教师,是不能收效的。

5 月 25 日北京政法学院的教授鸣放会,吴恩裕再次应邀出席并发言:

> 学校领导上没有发挥各方面的潜力,领导不算强,将来应该扩大领导成员的面,也可以吸收教授参加某种机构,参加研

究和讨论。在教研室领导方面，过去一般是老干部，现在又加上一批青年同志任教研室主任或组长，我感到今天对教研室的要求，不单纯业务上要求越来越少，教研室主任除了本门业务熟悉以外，对政法科学应有广泛的了解。能否采取老干部和老教师领导教研室，由青年同志任秘书，这样来加强教研室的领导？现在教研室的领导是否创造性地领导可以考虑，如国际公法组组长不是长期研究国际公法的人……

6月4日出版的北京政法学院《整风简讯》上，刊登了吴恩裕在6月1日应邀参加教授座谈会时的意见：

领导对一些人专看进步面，而对另一些人专看落后面，究竟这些人有无变化呢？不可能不变。如赵德洁同志工作勤勤恳恳，但待遇上照顾不够，我和朱奇武同志工作努力，思想上有毛病，但没有具体帮助我们，只有冷言冷语的批判。刘昂曾对芮沐说过："吴恩裕还研究马列主义，但他个人生活还处理不好。"因此，我们没有政治资本的人，想在业务上找出路的处处受打击，造成个人苦闷，甚至使人神经不正常，在国民党时代还有"梁山泊"思想，但现在谁也不想去台湾、去美国，因此，比国民党时代还苦闷。又如我过去想和领导接近，但领导不肯与我接近，希望领导分别情况考虑每人的问题。

肃反问题希望对我的结论再考虑。肃反当时在有些问题上，懒于调查研究却有兴趣于追逼，司青峰即说过我"装蒜"，但他掌握了多少材料，这里面有对人民是否认真负责的态度。

评级问题，成立评委会未经群众承认，讨论中互不了解，却能决定问题，因此这个组织不合理。在掌握标准上有"无才

> 便是德”的看法。如涂继武有德,为什么原北大图书馆的人对他有意见?对我评级问题,我提出意见,但不希望改变,当时不少人(如张鑫、程筱鹤等)认为我可评为二级,但因为牵涉面大(受老干部评级的影响),因此,给我评了四级,但却说明不了解我,我认为这是对人的看法问题,评级使我感到奇耻大辱,不能忍受,直到最近脑神经还不好,提出请领导检查。

在他的发言中,吴恩裕针对上海部分学者提出的“教授治校”问题,表示反对“教授治校”,以清华大学教授会为例,认为“教授治校”的结果,只会使几个有势力的“教授把头”治校。另外,针对当时的情况,吴恩裕认为,党委应该吃透学校的情况,并捎带着将北京政法学院院长钱端升批评一通。吴恩裕还认为,老干部在抗日战争、解放战争中有功劳,这是谁都应该承认的,但现在成立新中国后搞学校了,就得吃透学校的业务才行。

事实上,对于这类会议,吴恩裕并不热心,若非时任院党委副书记的鲁直屡次通知,他大概不会主动参加。这次座谈会后,吴恩裕在楼道偶遇鲁直,两人发生如下对话:“吴先生就提这个意见吗?可以放开说嘛!”吴恩裕答道,“我就是这些意见,没什么说的了。”

在另一次座谈会上,吴恩裕批评北京政法学院党委书记刘镜西的“专”。过去多年,吴恩裕嫌评级低,屡次要求调动工作,而刘镜西一直阻挠。说到激愤处,吴恩裕止不住大发牢骚:“在旧社会,我们还有个‘梁山泊’的希望,那就是延安。今天革命政权成立了,那个‘梁山泊’没有了;若有就是中南海,但我又去不了!”

在北京政法学院之外,中国政治法律学会的座谈会亦邀请吴恩裕出席并发言。在该座谈会上,吴恩裕批评《政法研究》:“进步不进步,要看拿得出还是拿不出货色来!”

另外,他在文化部的座谈会上,批评时任人民出版社副总编的王子野有“权威主义”:吕振羽、侯外庐的书中有极其常识性的错误,他连审查都不审查,就大量发行;而对吴恩裕翻译恩格斯的《共产主义原理》,却又挑出一堆在吴恩裕看来不成问题的错误。吴恩裕亦指出,何思敬的译文很难看懂。这番批评后,王子野亲自到吴恩裕家中拜访,畅聊两小时后承认错误,向吴恩裕致歉,并希望吴能为该社继续翻译稿件。

不自信的年代

吴恩裕的这些发言,尽管未使他被划为“右派”,但后来还是成为北京政法学院的师生揭批吴恩裕的资料。——1958 年“双反运动”中,就有人给吴恩裕贴大字报:“难道吴恩裕还想以台湾为‘梁山泊’吗?”

接连不断的革命运动,使吴恩裕对以前的研究,越来越不自信。1958 年吴恩裕有次偶遇胡绳,主动跟胡绳说,“我写的那套讲马克思的东西,应该大加批判一下了。”胡绳告诉他说:“没有必要,把自己认为哪些点错的,写出来,对旁人也有好处。”胡绳所理解的“错误”,是方法错误进而导致结论的错误。但吴恩裕所提及的错误,则属于立场问题:“其实,我之所讲的那套东西,最根本的还是立场问题。我根本是站在资产阶级的立场上讲马克思的。我割裂马克思同恩格斯、同列宁的联系,这是资产阶级典型的研究一个‘学者’的方法。马克思就是一位‘学者’而已么?为什么不把他作为一位伟大的革命导师来‘研究’呢?”

躲进红学成一统

至迟在 1954 年,吴恩裕即踏上红学研究之路。他早年研读哲学,又对马克思主义颇有研究,为什么在新时代不继续呢?“文化大革命”中吴恩裕的一段自述,或许可以提供答案:

我的成名成家的坏思想根很深。从念大学起,就一心想在学术上成名成家。这就是支配我几十年来行动的主导力量。最初我想在资产阶级哲学方面,后来又想以“研究”马克思的哲学、又想以“专攻”资产阶级政治思想成名成家。解放前搞得就是这些方面的东西。到解放后,最初阶段还自以为对马克思很熟悉、很懂哩,以后渐渐觉得完全不是那么回事,认识到自己一向脱离实际斗争,又是个资产阶级知识分子,用这种地地道道的教条式、书生式的方法搞马克思主义,不仅无益,而且有害于革命事业。所以决心放弃这条路子。

吴恩裕很早就对《红楼梦》产生兴趣。作为他最喜欢的文学作品之一,他喜欢《红楼梦》的悲剧性,喜欢作者的文字:描写人物、世事深刻细致。吴恩裕早就意识到,尽管《红楼梦》拥有极其广泛的读者,但研究《红楼梦》的人并不多,研究曹雪芹的人更少。吴恩裕认为,一定会有许多读者有“读其书而想知其为人”的想法,所以早在25岁时,就产生过写《曹雪芹传》的想法。

吴恩裕还发现,虽然历史上流传下来的曹雪芹本人的材料极少,但总还可以从与曹同时代人的书稿、笔记中,发掘一些资料。由于受梁启超《先秦政治思想史》、胡适《中国哲学史大纲》及王国维的《王静安先生遗书》等影响,吴恩裕颇迷恋于考据,逐渐萌生用“考据”方法写一部《曹雪芹传》的念头。从大学毕业后到1949年之前,凡是和曹雪芹或《红楼梦》有关的材料,吴恩裕都会找来阅读并做笔记。

动笔的契机出现在1954年。当时,学界应上级指挥,批判俞平伯对《红楼梦》的唯心主义繁琐考证。这之后,上级提出,应对《红楼梦》做现实主义的研究。当时周汝昌已出版《红楼梦新证》,考据曹雪芹祖辈的情况,但未涉及曹雪芹的身世。多年下来,吴恩裕已经搜集不少与曹雪芹有关的资料,完全可以动笔写一部前所未有的《曹雪芹传》。

1954年,吴恩裕与上海古典文学出版社签订出版合同,开始执笔写《曹雪芹传》。但实际动笔后,他发现材料还是不够,该书写作并不顺利,最后完全搁笔。

吴恩裕不得不改变写作思路。他放下全传,而开始从曹雪芹朋友的笔记中,寻找有价值的资料,写一些短文。1954年年底由这些短文组成的《曹雪芹的生平》系列,陆续在香港《大公报》发表。1956年后,吴恩裕即以此《曹雪芹的生平》为基础,将其扩充,并陆续撰写八篇新文章,最终形成《曹雪芹的故事》,于1962年12月出版成书。

需澄清的是,尽管名为"故事",但该书行文绝非虚构,而是严格依据史料展开的研究性写作。在原文中,吴恩裕加了很多注解,但这些注解在出版时,被出版社删除。

本来,这组文章是会继续写下去的。吴恩裕的写作计划中,还有与曹雪芹有关的事迹和故事,其中一篇《寄居萧寺》,"文化大革命"中被抄走时,已完成十之七八;另一篇准备专门聚焦于曹雪芹在香山的生活情况,但还没来得及动手。这两篇文章,原本打算在《曹雪芹的故事》重版时插入。此外,吴恩裕的"故事系列"写作计划中,还有这样一些主题:《红楼梦》一书在清末以前在婚姻问题上所发生的影响;批判清末和民国初年某些人用佛家思想附会《红楼梦》的错误;《红楼梦》一书怎样被胡适、俞平伯等人歪曲为一部曹雪芹的自叙传;经过1954年对胡适、俞平伯等人的批判,《红楼梦》为了在新中国得到重视,被肯定为一部现实主义反封建的伟大著作……但"文化大革命"的爆发,使得一切计划都成为泡影。

既然还有系列写作计划,为什么《曹雪芹的故事》会在1962年年底匆匆出版呢?原因即在于,中国作协和上海中华书局为配合曹雪芹逝世200周年纪念活动,鼓励调查,开展关于曹雪芹卒年的研究,大力推动该类著作的出版。

1961年时，北京市副市长王昆仑带秘书访吴恩裕，表示北京市有个“文物调查工作队”，正在调查曹雪芹的居住和墓地，希望吴恩裕能够给予指导，表示必要时工作队会来向吴恩裕汇报进展；另外，王昆仑转达周恩来、康生的意见：为纪念曹雪芹逝世200周年，要把曹雪芹的生卒年考证清楚，吴恩裕被寄予厚望，希望能够先写篇考证文章，引发争论。

这件事鲜为人知的背景是，周恩来认为，应该把曹雪芹的生卒年搞清楚，否则万一胡适等台湾学界率先考据出与大陆不一致的生卒年，大陆红学界会很被动。

王昆仑和吴恩裕的这次会面，即确定请吴恩裕用座谈会或者写文章的方式，专门考证曹雪芹的卒年。按此旨意，吴恩裕写下《曹雪芹卒年考》。该文发表后，一石激起千层浪，关于曹雪芹卒年考据的文章接二连三地见诸报端。

尽管在“文化大革命”中，《曹雪芹的故事》曾被批判为“一株影射现实、反党反社会主义的毒草”，但至少该书出版时，红学家吴恩裕的形象名满士林。1962年前后，学界隆重纪念曹雪芹逝世200周年，吴恩裕应邀出席一系列学术研讨会。作协主席阿英召集的纪念曹雪芹逝世200周年筹备会，先后在文联大楼和故宫召开，吴恩裕均与国内同行等一道出席，讨论曹雪芹的画像、新发现的曹家家谱等问题。有一次，阿英专门通知周汝昌、俞平伯、吴世昌、周绍良、邵荃麟以及吴恩裕等红学界同行集会合影，并由新华社以新闻照片的方式向全国播发。时任文化部部长茅盾，亦曾专门宴请过吴恩裕、钱钟书、何其芳、余冠英等人，讨论曹雪芹的生卒年问题。

吴恩裕本人可能也没有料到，这一匆忙的转向，直接奠定他在学术史上的地位。后来，吴恩裕又在严格考据的基础上，利用文字材料和实际考察，对曹雪芹的生平和为人做了严格的考据，在此基础上写成《有关曹雪芹八种》(后来扩充成《有关曹雪芹十种》)。

吴世昌与吴恩裕的交往

在本文开头,笔者即引述刘梦溪先生评价吴恩裕和吴世昌等"二吴",在红学研究上的贡献。

事实上,吴恩裕与吴世昌相识颇早。早在1945年前后,当时吴恩裕执教于中央大学法学院政治系,而吴世昌执教于中央大学文学院国文系,二人即有照面;但此时由于专业相去甚远,二人并无实质性交往。他们的真正交往,要到吴恩裕的红学研究专著发表之后了。

1947年,吴世昌应英国牛津大学邀请前往访学,此后一直滞留在英国至1962年。其间,他在伦敦专营中国出版物的柯立书店,买到吴恩裕的红学专著《有关曹雪芹八种》。当时,吴世昌正在忙于《红楼梦探源》英文专著的撰写,发现曹著中有许多材料,可以参考引用,遂购入备用。1961年2月,牛津大学出版社出版吴世昌的 *On The Red Chamber Dream*(《红楼梦探源》)。是年10月底,新加坡华侨报纸《南洋商报》向吴世昌约《我怎样写〈红楼梦探源〉一书》,以供"元旦特刊"发表。后来,该文中"脂砚斋是谁?""曹雪芹的生卒年"等章节,曾被《光明日报》转载,全文亦于1962年6月由《新华月刊》转载。

当时,为纪念曹雪芹逝世200周年,国内红学界就曹雪芹生卒年的讨论如火如荼,吴世昌的文章犹如一匹黑马,立刻引起红学界的注意。

1962年五六月间,吴恩裕开始与吴世昌通信,讨论有关《红楼梦》的一些问题。他在国内买不到《红楼梦探源》英文本,曾函索吴世昌寄赠,吴世昌欣然答应;吴恩裕亦应吴世昌之约,代购影印本《脂砚斋重评石头记》一套并寄往英国。此外,每当国内报刊上有红学讨论的重要文献,吴恩裕亦会随时寄给吴世昌。

吴恩裕在题写有关曹雪芹的文章题目

1962年深秋，吴世昌回到阔别近二十年的中国。吴世昌抵达北京后，吴恩裕和其他朋友曾前往其下榻的华侨大厦拜访。此后近半年间，由于纪念曹雪芹的缘故，展览会、座谈会不少，吴世昌和吴恩裕来往颇多。

大约1963年前后，吴恩裕还和吴世昌、骆静兰、周汝昌等，一道前往北京西山脚下某村，访问该村蒙古族老人张永海，询问有关曹雪芹在该村生活的信息；当他们听说曹雪芹还曾在离此不远的某村生活过时，又前往该村探访。未料到误入“军事重地”，吴恩裕等甚至被带到驻军办公室盘查半天，方才恢复人身自由。后来，吴恩裕将这次访问的情况，在一篇文章中做了详细记述，并收录在《有关曹雪芹十种》中。

其后，吴恩裕出版非学术性的《曹雪芹的故事》，但吴世昌对此并不支持，认为这种写作方式不可取。

吴恩裕的红学贡献

对于吴恩裕在红学领域的研究与学术贡献，学界见仁见智，是者视之为红学大家，非者质疑其学术可信度。

除本文前引刘梦溪先生的肯定之外，邓庆佑在其纪念文章《半生辛苦为红楼：怀念吴恩裕先生》中，对吴恩裕的红学贡献列举如下：第一，吴恩裕从追寻敦诚诗中“虎门”一词的解释开始，杂以无数旁证，最先发现曹雪芹于雍正六年随其叔从南京回北京后，曾在西单石虎胡同右翼宗学任职；第二，吴恩裕对曹雪芹离开右翼宗学之后的行踪，广泛考证和调查研究，收集了丰富的参考资料；第三，在访求曹雪芹佚著和遗物、采访一二十名知道有关曹雪芹传说的老人、从孔祥泽处获得《废艺斋集稿》的大致内容及部分具体材料、去南方访求与曹雪芹和《红楼梦》有关的故老与遗迹等方面，吴恩裕做了大量实地调查，收集了极为丰富的资料，为红学研究工作提供了方便。

林东海发表于2006年的文章《躲进红楼:记吴恩裕先生》一文中,一方面承认吴恩裕的睿智,但作者时时处处更流露出对其红学研究的质疑。林东海怀疑最多的,是吴恩裕对于与曹雪芹有关资料的轻信,比如轻易相信千方百计搜集的砚台笔山为曹雪芹的遗物,轻易认定西郊正白旗39号院就是曹家故宅等。林东海认为,吴恩裕的曹学研究“似乎老停留在想象阶段,很少进行推理判断”。

尤其是关于《废艺斋集稿》,林东海访其源头孔祥泽未遇,进而转引蔡义江的说法,认定是吴恩裕为确保资料源头的独家性,而将被管制的孔祥泽安排到西山躲起来,并给孔送钱送粮票,以使其能够源源不断地提供资料供其撰文发表。林东海认为,孔祥泽之所以不一次性将所有资料给吴恩裕,则是利用吴恩裕的心理,为了源源不断地获得粮票和钱,大吊其胃口;而吴恩裕将孔祥泽藏起来,则是为了保证其获得《废艺斋集稿》的独家性,两人在这种互相利用中形成某种同盟。甚至到最后,林东海确认,参与这个游戏的还有风筝专家费葆龄,“孔作线条的描摹,费设色涂抹,吴则撰写文章,三位一体”。

另外,对于吴恩裕发现并公布的曹雪芹佚诗《琵琶行传奇》,林东海指出,这只是周汝昌“因为平常找吴恩裕借资料,总是不肯痛快拿出来,所以有意作弄他”,因而将自己的续貂之作送给吴恩裕,而谎称是曹雪芹的佚诗;但吴恩裕依然轻信并传给吴世昌,由吴世昌公布后,遂引发红学界的周汝昌、吴世昌“二昌”交火。

由此种种,林东海认为,这一切都是因为吴恩裕“憨厚的外表下,潜藏着一种睿智”,在1949年之后“识时务”地放弃自由主义政治观,进而“躲进‘红楼’,因而没有招来无妄之灾”。林东海甚至认为,吴恩裕的“经历”,为其在“曹学”方面的一切作为提供了注脚:吴恩裕非学文学出身,自然不能从文学的角度研究《红楼梦》;而从经学、史学、政治学角度研究《红楼梦》的人又太多,“不免老是踩到别人的脚印,带出两腿泥。

于是他学古人的采风，到民间搜集资料，他不会不知道有些材料并不可靠，然而宁可信其有，不可信其无，否则便玩不下去了，文章也不用写了，总不能躲到‘红楼’里无所事事呀”。走笔至此，林东海“在佩服吴先生的睿智的同时，也为中国的文人感到悲哀”。

吴恩裕专案组

“文化大革命”开始后不久，即有人贴吴恩裕的大字报，将《曹雪芹的故事》斥为反党小说。

1966 年 8 月 22 日，是吴恩裕人生中最黑暗的一天。北京政法学院的红卫兵，第一次查抄他家，抄走他的所有诗歌手稿。吴恩裕颇为恐慌，因为诗歌中有不少涉及个人隐私的内容，一旦被宣扬，将斯文丧尽。惶惶不可终日之下，吴恩裕甚至动过自杀的念头。

随着“文化大革命”的推进，吴恩裕被视为“资产阶级反动学术权威”，揪出来作为敌我矛盾处理。北京政法学院红卫兵专门组成吴恩裕专案组，将他羁押在学院路校区一号楼内审查。

审查期间，吴恩裕老家的土地问题及这背后可能存在的剥削劳动人民等问题，一再被勒令交代。另外，吴恩裕还得接待外调小组，如实陈述自己与所调查人员的关系，尤其是 1948 年 8 月 20 日前后他送康敏心逃离一事，颇令他伤脑子。

这段时间，吴恩裕写下了大量的交代材料。这里仅以吴恩裕对关于自己是否是国民党员的交代为例：

> 党的政策对我们这样犯有滔天大罪的人，只要老实交代，就宽大处理。我院在工人阶级领导下的革命群众，又坚决执行党的政策。我心里万分着急，我即使有“血债”我都会交代出来，何况一个国民党员的问题呢?！只是由于这些王八蛋不

通知我，搞了些什么我也不知道，我可怎样具体“交代”法呢？

我只有这样一介想法：即凡是他们给我办的事，我都承认，并甘心情愿接受严重处分。但他们到底给我办的是些什么事？我既不知道，就干着急交代不出来。明知交代出来就一定得到相应的宽大处理，可就是不知交代什么（不知他们给我搞了些什么“名堂”！）！！我内心决不是“抗拒”，但行动上就是交代不出来，你说这不是必定会受“从严”的处分了么！我现在既自恨自己过去的反动同这些人打交道，我更恨国民党那些王八蛋真把我害死了。我痛苦万分，可是毫无办法！

是否是国民党员的问题，成为被审查期间压在吴恩裕心头的一块大石头，他几乎喘不过气来，时时刻刻在想这个问题。

被专案羁押期间，一个个无眠的夜晚，吴恩裕不得不绞尽脑汁回忆自己二三十年前生活中的每一个细节。对于自己在1949年之前研究马克思主义，吴恩裕做了如下交代：

我不是说过资产阶级知识分子有共性，也有特殊性吗？我不也说过我的特殊性在于着重生活上的问题，甚至为生活上的问题可以不热衷于政治上的向上爬吗？都对，但是，我的特殊性，我现在想到：最主要的是我在反动政权下“研究”马克思，而其他资产阶级知识分子没有这一点。因而，我的罪行最大的也便是站在资产阶级的立场，用资产阶级的观点和方法来“研究”和“宣传”我所误解和曲解的马克思对中国革命的危害。

不需要引用太多了。从这些多少有点语无伦次的交代中，吴恩裕所受的重压与他的无奈，跃然纸上。

吴恩裕被羁押在一号楼一段时间后，又被改押到五号楼。那里条件更差，有好几个晚上，吴恩裕都无法正常入眠，几乎每天都会很早就醒来。无眠的时刻，他绞尽脑汁，反复想专案小组要求他交代的历史事件。

吴恩裕的“罪行”中，还有一桩是“在立场未变、资产阶级世界观未变的情况下，一意追求个人名利，通过业余写作走资本主义道路”。吴恩裕笔耕不辍，为他带来很多稿约以及稿酬。甚至一些出版社为了拿到他的书稿，时不时向他预付稿费。大量的预付稿费，使得吴恩裕受审查时，已经预支各个出版社稿费多达四千多元。

不管怎么批判自己、认错悔改，但吴恩裕有一点表现值得大书特书，那就是他拒绝批判自己的导师拉斯基教授。“文化大革命”中，金岳霖要求吴恩裕批判拉斯基，吴恩裕巧妙地回答：“我受拉斯基的影响，还没有受您的逻辑学的影响深。”

1971 年，北京政法学院前往安徽宿县办五七干校。已经 60 岁的吴恩裕被迫舟车劳顿南迁。在安徽，吴恩裕视网膜脱落，但主事者依然不让其回京医治。久拖不下，吴恩裕的一只眼睛几乎失明。黑暗的时代，丝毫没有结束的迹象；而个人的世界，旋即也陷入长久的黑暗。

1973 年后，吴恩裕的政治压力稍减，恢复人身自由，并开始有机会继续做曹雪芹的研究。这年 11 月 13 日，吴恩裕曾应邀在历史博物馆礼堂做题为《关于〈红楼梦〉的民主思想和曹雪芹的世界观》的学术报告。

而与学术活动更相关的，则是吴恩裕开始在北京西郊大规模查访曹雪芹足迹。这之后两三年内，吴恩裕数度造访香山脚下的正白旗与白家疃，造访包括张永海在内的十多位当地高龄居民，了解其知道的有关曹雪芹的传说。为获取更多的资料，有段时间吴恩裕甚至在西山脚下租房，以更加方便地寻访曹雪芹的遗迹。1974 年夏，吴恩裕还专程前往南京、苏州、上海、杭州等地，考察江南织造府的遗迹及曹家的材料。

1976年唐山大地震后，吴恩裕南下河南郑州避震，与时在郑州大学教书的蓝翎多有往来。蓝翎忆及，尽管吴恩裕仓皇离京，但仍将其红学研究手稿和资料带在身边，避震之余，依然笔耕不辍。后来吴恩裕从亲戚家搬到郑州大学招待所，与蓝翎不仅谈红学，更谈政治形势，“不是有人想当皇帝吗？可是照封建社会的迷信说法，地震是天以示警，要纳忠谏，消奸谗，收拾坏人。可是，十恶不赦的大奸‘四人帮’却要借机灭忠良以登基了。我们谈的某些话，都不是用的政治术语，免得被人追查‘谣言’，然而心照不宣，都知道什么意思。‘地能陷，天不能塌。’‘天塌了，有女娲。’对前途是充满了信心的”。治学之余，吴恩裕亦应邀在郑州大学作学术报告，通过这种方式，驱遣无尽的黑暗。

“哭君归去太匆忙”

1978年年底，中共中央召开十一届三中全会，由此进入改革开放时代。

苦熬二十年的吴恩裕，时年近70岁，离开北京政法学院的梦想终于成真：1978年中他被借调到中国社科院，准备在筹设中的西方政治思想史研究室供职。这年6月10日，吴恩裕在致林方直的信中写道：“现在筹设一西方政治思想史研究室，属中国社科院。同时允裕仍搞曹传故事。老年获此机会从事写作，良非易耳。”枯木逢春之情，溢于言表。

与此同时，吴恩裕曾供职十多年的北京政法学院，在复办后，亦给他落实政策，作出彻底平反的决定，推翻一切加在吴恩裕身上的不实之词，宣告为其恢复名誉。

老牛明知夕阳短，不用扬鞭自奋蹄，吴恩裕兴致勃勃地想同时推进西方政治思想史和红学的研究。1979年4月、9月，吴恩裕不顾体弱多病，两次前往南京、上海、苏州、镇江、扬州一带，调查曹雪芹身世。回京后，积劳成疾，突发心肌梗死，经急救后方才脱险。

1979 年 11 月吴恩裕在第四次全国文代会上发言

七十古稀的吴恩裕与时间赛跑，不得不超负荷工作。当时，列在吴恩裕写作计划上的著作有三大本，分别是《无产阶级的政治学》《曹雪芹传记故事》和《西方政治思想史》。尤其是后两本，可以说是吴恩裕毕生之愿望。

在这种情况下，当时供职于内蒙古大学的后学林方直被吴恩裕相中，甚至启动借调其入京担任助手的程序。

此时，吴恩裕亦接到1980年6月在美国召开的首届国际红楼梦研讨会邀请函，近四十年未出过国的吴恩裕，亦决定认真撰文准备，参加该红学领域的最高会议。

然而，上帝并没有给吴恩裕太多时间去施展才华。

1979年12月12日下午三时半，正在写字台前赶写《我对曹雪芹上舞台或上银幕的看法》一文的吴恩裕，激愤于现状，心潮汹涌，心脏病突发，昏倒在地，再也没有拿起笔。这篇后来于1979年12月26日发表于《文汇报》的遗作，已经写到第18页，稿纸上还留下一道浅浅的笔迹划出去的痕迹。蓝翎在《安息吧，吴恩裕先生！》中写道：

> 十三日上午，我正赶写一篇文章，准备晚上到吴恩裕先生家查核一些资料，并向他请教。突然听到吴先生已于昨日下午逝世的噩耗，感到非常沉痛、茫然。急急忙忙赶到他家，但见案头放着他正在撰写未完的文稿，稿纸上搭着钢笔。他就是临倒在案旁时才放下手中的笔的。那支笔仍然闪放着光毫，然而再也没人拿起来继续写下去了。笔中的墨水仿佛已化成了晶莹的泪珠，为残稿加上了最后的标点符号，悲痛地怀念着这位著名的战斗终身的学者。我默默地在书案前低下了头，深沉地缅怀着。

此时，吴恩裕度过70岁的生日刚刚两天。一代政治学家、红学家，终于油尽灯枯，告别了人世。

红学家冯其庸闻此噩耗，一口气写下三首悼诗：

（一）

哭君归去太匆忙，欲传曹侯惹恨长；
椽笔曾经沧海苦，江南江北费周章。

（二）

哭君归去太匆忙，百事考红待细商；
残稿方欣真伪辨，卒年可是属玄羊？

（三）

哭君归去太匆忙，我到小楼已空堂；
案上文残人不在，吞声难禁泪成行。

为学当如严景耀

——严景耀和他的犯罪学世界

从学问的角度，严景耀比他的爱人雷洁琼要优秀很多。但由于很多原因，他生前远不及雷洁琼有名，身后也远不及他爱人风光。他俩本该在一起写，但我还是决定分开来。唯有这样，严景耀的人生经历才会更为清晰。

家世

严景耀，1905 年 7 月 24 日生于上海，祖籍浙江余姚县城外斗门村。

严景耀的祖父严魁元，号炳臣，曾在镇江、扬州一带经商。但他的生意并不景气，逝世后竟无钱将棺材送回本乡安葬，只好和严景耀的祖母一道葬在扬州。严魁元逝世时，严景耀的父亲严麟章还不到 15 岁。

严麟章，字子贤，早年在杂货铺、煤铺做学徒。严景耀上小学期间，其父和朋友曾合伙，在上海闸北一带开过一间名为鼎昌号的煤铺,取“鼎足三分”之意。严麟章收入不高,家境一般。

1920—1924 年,严景耀在上海民立中学读书。由于家境贫寒,严麟章供其读书已捉襟见肘。中学毕业后,严麟章的月收入只有 15 元,根本无力供其上大学。

万难之际,严景耀在北平工作的堂房姑母,承诺供其读大学;严景耀的姑父汝守梅早年留学美国,回国后担任总统府礼官,家境比严景耀家好很多。

在燕京

在这种情况下,严景耀中学毕业来到北平,于 1924 年考入燕京大学社会学系。

在燕京大学期间,严景耀颇为活跃。尤其在 1926 年至 1927 年间,严景耀先后发起两个燕京大学的学生组织:社会学会和青年会,且均担任会长。社会学会是燕京大学社会学系师生联谊的社团,以组织本系同学讨论社会学问题、写文章、办杂志以及组织郊游等为主要活动方式。青年会本为宗教组织,要求成员信仰基督教,以研读圣经为主要活动。但严景耀在 1926 年 9 月担任青年会会长后,形势大变,学生不爱读圣经,青年会亦变为以迎新送往、组织时事问题讨论会、办平民夜校等活动为主的组织。“三 · 一八惨案”时,严景耀曾代表燕京大学学生,出席北京市学生联合会。

志愿犯人严景耀

1927 年春季,严景耀正在燕京大学社会学系读大学四年级。

当时的中国犯罪学界,犯罪学研究还属于拓荒阶段,可供参考的资料少之又少。翻开《民国时期总书目 · 法学卷》,不难发现 1927 年前出版的犯罪学论著,只有刘麟生翻译的《朗伯罗梭氏犯罪学》,这本书最早由商务印书馆在 1922 年出版。而中国人写的犯罪学论著的出版,都是 20 世纪 30 年代以后的事情,严景耀在燕京大学读书那阵子,的确找不到任何像样的跟中国犯罪学有关的参考资料。难怪严景耀晚年回忆说:“我主修犯罪学这门课,阅读的都是美欧各国犯罪学书籍,对中国的犯罪和犯人情况毫无概念。我准备研究犯罪问题,却找不到中国犯罪问题的资料,我决心亲自到监狱中去找。”

严景耀决定申请成为“志愿犯人”,亲自见识一下中国监狱以及犯罪。他的这个想法,自然成为亲朋好友的笑料。但他不为所动。在燕京大学的帮助下,1927 年夏严景耀进入北平京师第一监狱。他放下大学生的架子,和监狱里羁押的犯人同吃同住同生活,诚恳而热心地与犯人们交往,终于渐渐地融入犯人之中。

严景耀的这种“敬业精神”得到监狱长和狱吏的尊重,严景耀可以自由地同罪犯交谈,而不用担心触犯监狱管理规定。

他的努力,也取得了服刑人员的信任。很多人跟他讲了埋藏在心底的秘密,这些秘密如果在法庭上都可能成为加重处罚的理由。当时的监狱里,平时都禁止罪犯之间交流,严景耀成了一个忠实的倾听者,许多罪犯也一吐而快,最终严景耀获得了大量的第一手资料。

整整三个月时间过去了。严景耀依然未完成他的调查,由于开学后还得上课,他只能每周再抽空去京师第一监狱两天。断断续续调查了一段时间后,严景耀获得了想要的“宝贝”,才开始潜心对这些资料整理和消化,最终写下《北京犯罪之社会分析》《中国监狱问题》《北平监狱教诲与教育》等犯罪学研究力作。

严景耀的部分研究成果,发表在英文月刊《中国观察》上,如 1928 年第二、三期上的《北京犯罪情况》和第六、七期的《北京监狱大墙后面》等。燕京大学社会学系亦在《社会》1928 年第二期上发表其中文论文《北京社会犯罪之分析》，还将其论文重印500份，作为1928年第十期的学报。该小册子在同年还被浙江省杭州市“浙江第一监狱”翻印。

对于严景耀的这种认真精神，网友“楠杉槲”2013年时曾在“诗词在线”网留诗赞许：“苦心孤诣做学问，不惜此身入牢门。狱中数月研罪因，论成方知见解深。”笔者曾在“政法往事”专栏中，写过一篇《为学当如严景耀》，讲的正是这段故事。

研究生阶段

1928年严景耀获得燕京大学学士学位，随后被录取为社会学系研究生。

他得到本系奖学金的支持，前往河北、山西、河南、湖北、江西、安徽、江苏、浙江等省调查监狱的情况。通过对二十多个城市犯罪情况的调研，严景耀收集到三百多个案例，并从上述诸省的监狱记录中，抄编不少珍贵而翔实的统计资料。

这些调研的结果，以《中国监狱问题》为题，发表在1929年9月出版的《社会》第三期上。在此前后，严景耀被聘为“豪威特英格兰刑法改革同盟”中国记者。

是年底，严景耀与河北省一些监狱的监狱长创办河北监狱协会，并担任常务委员，主管研究调查和编辑中国第一本监狱学专门刊物《监狱新闻》。

调研之余，严景耀用中英文两种文字在《社会》第三期上发表了一篇犯罪学和监狱学方面的书目提要。1929年夏，严景耀以题为《北京犯罪情况之研究》的学位论文，继续其早在学士阶段就开始的调查和研究，并顺利在燕京大学获得硕士学位。

1928 年严景耀与燕大教务长李瑞德的爱人在一起

硕士毕业后，严景耀留校任教，被聘为燕京大学社会学系讲师，开始有固定经济收入，每月家里的开支用度遂由其寄回去，其弟严景珊在燕京大学求学的费用亦由其承担。

在1929年燕京大学社会学系的夏季班及暑期学校上，严景耀讲授犯罪学和监狱学。在此前后，他的英文专著《北京犯罪之一瞥》正式出版。

从北平到南京

1930年2月19日，严景耀被聘为国立中央研究院社会科学研究所法制组助理研究员，随即从燕京大学社会学系辞职。

离开燕京大学后，严景耀将主要精力都用在河北、山西、绥远和热河等省以及东北三省调查犯罪情况。

7月底调查工作结束，经时任中央研究院总干事长杨杏佛的介绍，严景耀随即被国民政府委任为专门委员，代表中华民国，前往捷克斯洛伐克参加11月底举行的第十届国际监狱会议。

尽管是政府派出的专门委员，但行程须自理。此时，燕京大学社会学系正好有同事前往苏联教书，约严景耀同行。于是严景耀一行途经苏联，顺道参观当地的刑罚机构。在苏联滞留两周之后，严景耀才赶到捷克，参加为期一周的国际监狱会议。大会结束后，严景耀还应波兰、德国、法国、英国等国的邀请，参观访问相关国家的监狱及狱政。

这年9月，英格兰豪威特刑法改革同盟的刊物《豪威特新闻》在第三卷第一期上，发表严景耀的《中国的犯罪和经济状况》一文。此外，严景耀的另一篇文章《北京监狱的社会教育》，也于1930年6月在《社会》杂志第四期上发表。

这些中、英文文章的发表，为严景耀在国内外积聚了相当高的知名度。

游学美国

1930 年 7 月，严景耀获得美方奖学金，被录取为“纽约社会工作学院”的研究生，在乔治 · 卡秋威教授的指导下，研究犯罪学和监狱学。

严景耀即刻动身。1930 年 8 月，严景耀参观德国、法国及英国的监狱后，从伦敦坐船抵达纽约。

严景耀在纽约社会工作学院学习研究的内容，完全是美国刑罚机构所施行的制度。学习期间，严景耀参观纽约、新泽西、马萨诸塞州和宾夕法尼亚州等东部各州的刑罚机构。

1931 年夏，严景耀以洛克菲勒基金会会员的名义，继续在美国研究犯罪学和监狱学。是年 8 月，严景耀出席在明尼苏达州召开的“全国社会事业大会”；10 月出席在巴尔的摩召开的美国监狱协会年会，并在其主任秘书的推荐下，参观美国中、南部各州的刑罚机构。

1931 年秋，严景耀获得洛克菲勒基金会提供的奖学金，进入芝加哥大学社会学系，在萨特兰教授的指导下，进修犯罪学与监狱学。萨特兰是经典教材《犯罪学总则》的作者，芝加哥大学刑法学研究院院长。在此期间，严景耀在《美国刑法学报》1931 年 9 月版上发表《中国刑法改革和犯罪之研究》一文。

在芝加哥期间，严景耀曾加入中共外围组织“反帝大同盟”，在唐人街华侨中做宣传工作。

此后一直到 1933 年年底，严景耀在芝加哥大学完成哲学博士所要进修的全部科目，并在该大学兼犯罪学、监狱学研究助理。1934 年 6 月，严景耀以题为《犯罪和中国社会变迁的关系》的博士论文，在芝加哥大学通过答辩，获得博士学位。

其博士学位论文之一部分《中国社会变化时期的犯罪情况研究》，发表于《美国社会消息》1934 年 11 月第 3 期上。严景耀将中国犯罪问题的原因归结为三点，即社会变迁引起新旧法律观点及道德观点的矛盾；犯法成为谋生求存的唯一出路；社会制约失效和社会解体。这种观点较之当时流行的将罪犯视为“乱民”，而是试图从心理或生理角度解读犯罪原因的角度，无疑更为新颖。

1986 年时，严景耀的博士论文由吴桢翻译成中文并在中国大陆地区出版，成为中国犯罪学领域的开山之作。就其学术影响来说，严景耀的学术贡献在数十年后，依然绽放出蓬勃的生命力，至今依然不时有后学以他的学术思想为题，条分缕析，撰文著书，可谓留芳百年。

1934 年 1 月底，严景耀在美国监狱总督彼得逊和豪威特刑法改革同盟的帮助下，前往英格兰研究刑罚机构。在英期间，严景耀在伦敦政治经济学院旁听约半年的课程。

对于当时的社会主义大国苏联的监狱状况，严景耀一直很感兴趣。但获得苏联的入境签证并非易事。1934 年时，严景耀自芝加哥赶往纽约，经冀朝鼎介绍找到徐永英，并由徐致函苏联驻美国大使，证明严景耀是“反帝大同盟”盟员。这封证明信，对其获得苏联的签证起了很大作用。

近半年后，严景耀在伦敦拿到苏联签证，开始长达一年的苏联之旅。开始时，严景耀在当地外语学校教英文，后来转入中国问题研究所，研究该国的犯罪学和监狱学。

苏联研究会

1935 年 9 月，严景耀应燕京大学邀请，离开苏联，重新回到燕京大学社会学系执教，主讲必修课“社会学总论”。

初来乍到，严景耀便因其主张节制生育，在燕京大学社会学系里引起风波。当时，燕京社会学系曾与天津《益世报》合作，出版专刊《社会研究》，由社会学系助教董迪主持。严景耀应约写过一篇主张中国人应该节制生育、减少人口的文章。毕竟燕京大学是教会学校，如此观点、如此刊物，确实另类。该文发表后，很快便引起宗教界的抗议，《益世报》亦向燕大社会学系提出停刊。系里莫衷一是：究竟是妥协以便继续发刊，还是对威胁置之不理、任其停刊？大多数人的意见是主张作出让步，以保证其专刊继续出版。但严景耀的未婚妻雷洁琼则认为，这是原则之争，坚持不让步。最终，社会学系主任吴文藻采纳众议，《社会研究》继续办，再有宣传生育节制的文章不予刊登。

一波未平，一波又起。严景耀的文章对苏联大加赞颂，尤其是关于社会主义计划经济的主张。这种观点，亦引起燕京大学国民党员的抗议，甚至有传闻说，这是迫使严景耀离开燕京大学的主要原因。

与此同时，国难日深，严景耀积极参与"华北文化界救国会"。"一二·九运动"时，严景耀投身其中并公开声援。但是，严景耀并不赞成学生通过大游行表达爱国热情，甚至劝同学们停止行动。严景耀试图站在中间，调解校方与学生的矛盾；但一旦学生被捕，严景耀则积极奔走营救。

严景耀对学生要求极为严格。在外交界颇有名气的黄华，早年是燕京学生（原名王汝梅），主修经济学，曾选修严景耀的"社会学"课程。1936年夏，黄华在毕业前，离校赴延安，未参加期末考试，其中包括严景耀的课。黄华未取得学分，并因此未拿到燕京大学毕业证书。据说黄华在校期间功课甚好，曾是燕京大学最高奖学金的获得者，只是在1936年年初大学阶段的最后一学期，由于领导学生运动，大量缺课，贻误考试。黄华临行前，曾希望能够拿到燕京大学毕业证书。但严景耀严格要求，并不因这门课是选修课而网开一面。严景耀表示，既然他要赴延安，就不应在乎燕京大学的毕业证书。左派学生颇不满严景耀的坚持。

1935 年严景耀、严景珊与燕京大学教务长李瑞德

据1936年5月5日《燕京新闻》载，严景耀曾出席5月3日晚在燕京大学适楼礼堂召开的时事讨论会，研讨即将签署的《中日华北防共协定》。参加者还有燕京大学教授洪煨莲、吴其玉、雷洁琼、吴文藻等人。由于该协定事关中华民族前途，“故到会者甚为踊跃，讨论情形亦极为热烈紧张”。在会上，严景耀等“对此问题之前因后果、将来之发展以及中国应付之办法，皆有详尽之讨论”。

南下

“一二·九运动”后，当局从1936年春开始，秋后算账，审查积极分子，个别学校甚至有教员因此而被捕。在燕京大学，国民党背景的教员杨开道扬言，要将严景耀赶出燕京大学；与严景耀有联系的燕京大学地下党员老李，亦劝其暂时离开。

巧合的是，曾在燕京大学执教、时为上海地方法院院长的郭云观致函严景耀，说上海工部局监狱副典狱长出缺，可以由华人担任。工部局华董正在全力争取，但尚无合适人选。因此，郭云观建议严景耀出任此职。

1936年寒假，严景耀利用回乡省亲之机，前往上海与郭云观面谈。郭云观告诉他，约半年多前工部局即登报，公开招聘华人一名，担任助理典狱长，但没有合适人选；工部局华董嘱托郭云观代为物色。

严景耀、郭云观相谈甚欢。郭云观遂介绍严景耀拜见工部局会办何德奎。何德奎进一步请严景耀与虞洽卿、徐新六、江一平等工部局华人董事聚餐。席间，严景耀请教工部局监狱工作的任务，徐新六直言相告：“请你到工部局监狱，不希望你现在做什么工作，英国人不会让你做多少工作的。你只是看看，熟悉情况，为将来收回租界时做准备。”

既然在燕京大学处境艰难，与国民党公开斗争亦无胜算，严景耀遂决定接受工部局邀请，向燕京大学告假南下。原本他只打算避避风头，预备一两年，得些犯罪学的经验，再回燕京大学教书。只是由于抗日战争的影响，严景耀这一去，便是十多年。

被提名上海工部局监狱副典狱长

工部局监狱位于上海华德路，始建于1903年，耗时三十年，号称"远东第一监狱"，由英国人控制狱政管理权。太平洋战争爆发后，监狱从1942年1月起由日本人控制。

在1934年之前，狱方管理人员完全为英国人。在废除治外法权、收回公共租界的压力和吁求下，工商界拒绝纳税，上海公共租界工部局开始允许华人董事介入市政管理，为将来回收租界做准备。此后，亦有人提议，在该工部局监狱的管理中，也应允许中方参与。

1935年11月，上海公共租界工部局监狱空出两位"狱务监督"之缺。鉴于当时的财政状况，1936年年初，工部局方面决定先聘用一名。据说当时有74位不同国籍候选人提出申请，最终警务局决定聘请一位名叫彼得的英国人，已经向工部局推荐，并安排其于1936年5月1日到任。

在收到警务局长聘用彼得的报告后，工部局亦收到华人董事们的推荐信。工部局华人董事虞洽卿、江一平、徐新六、奚玉书等于1936年3月9日，专门向上海工部局总董安德诺推荐严景耀。推荐信写道：

> 关于您和徐新六先生有关华人副典狱长任命问题的谈话，我们借此机会强调，监禁着5500名华籍犯人的华德路监狱，管理上缺少一华人担任任何负责职位。从监狱管理角度看来，这种任命是合理的也是必需的。
>
> 要有一个和犯人国籍相同的官员，来看管犯人在狱期的行为、生活和改造的必要性是毋需多加说明的。因为，犯罪的

原因是多种多样的，犯人的心理特征和社会环境的影响，是其中的基本原因，这对犯人采用改造方法时，应该加以慎重考虑，而所有这些对本国人来说，自然能更加了解透彻。

我们寻找这样一个合适的能替工部局担任监狱官员职位的中国人，已有一段时间了。最后我们找到严景耀先生，他的资格完全能符合该任用。

严先生现在北平燕京大学任职，教授和研究犯罪学和监狱学。他精通中国和欧美的监狱情况。他曾在北京第一监狱和犯人一起生活了三个月，以后又对国内好几个省监狱情况进行调查。他在美国东部、南部和中部各州观察，极大地丰富了他关于美国监狱管理和生活的知识；在欧洲，他的经验还包括对英国和苏联在内各国刑事机构观察和研究。

由此可见，严先生除了对犯罪学和监狱学进行学术上研究外，他对世界各地刑事机构广泛研究中，已获得关于监狱工作原理的广博的实际知识。据我们所知，严先生是一个实实在在的、能干的、能同他的同事合作的人。附件中所述他的资格是显著的：如果他在工部局任职的话，在履行实职时，他上级所给的指导，将逐步使他获得上海监狱管理的更多的实际知识。

我们希望你能注意上面所述，并推荐任命严先生为副典狱长，薪水照目前标准。

严景耀能否出任此缺，已成为上海租界各国政治博弈的焦点，极为棘手，各方都不遗余力地投身其中。

工部局同意这一推荐人选，但警务局并不认同。警务局认为，刑罚学的理论并不因种族或国籍而变化，工部局监狱的治理水平，取决于中国法律和当地、当时的条件。另外，严景耀不具备实际监狱管理经验，也没有指挥一群监狱管理人员的经验。这一事实使警务局认为其担任狱务副监督是不合格的。但考虑到严景耀在犯罪学和刑罚学方面的专长，可以考虑聘请其为狱务监督的华人助手。

各方的角力持续近两月时间。此后，警务局长接见严景耀，最终同意聘请其担任副典狱长。警务局长在 1936 年 5 月 12 日致上海工部局总办的电文中表示："鉴于严景耀先生对监狱问题有专门研究，以及对定罪囚犯未来的福利问题颇感兴趣，严景耀先生可能成为狱务监督的得力中国助手。"

1936 年 7 月 23 日，工部局总办向严景耀发出聘书，任命其自 9 月 1 日起担任工部局监狱助理典狱长。助理典狱长是因为由于英国人并不乐于见到中国人担任副典狱长，而专门为华人参与狱政管理新设的岗位。严景耀于 7 月 31 日，复电工部局总办接受该任命。

助理典狱长严景耀

1936 年 9 月 1 日，严景耀作为提篮桥监狱的助理典狱长正式履新。

严景耀履新初期，有好几个月都无具体工作。典狱长给出的理由是，一切工作都已有专人负责，连严景耀的办公室和宿舍都要临时设置。约半年后，典狱长认为严景耀没有经历军事训练，不适合做监狱管理，建议其在青少年犯罪方面做些工作。于是，1936 年年底严景耀被分配管理青少年监区。

严景耀的主要工作，是调查青少年犯罪的原因。青少年监区有三四十名在押囚犯。严景耀每天都会去巡视，偶尔也会和这些青少年罪犯交流，调查历史，收集资料。严景耀发现，青少年监狱没有任何教育活动，在他的推动下，工部局监狱开始安排教师为青少年犯上课，并成立小图书馆。此外，严景耀还与纺纱厂联系，预备把改造成绩好的青少年，释放后介绍到纱厂做工。

严景耀在上海租界监狱

1937年年初，严景耀除主管青少年罪犯监区外，又被典狱长任命为该监狱假释委员会成员。这个由典狱长、副典狱长以及严景耀三人组成的委员会，每周的例行工作，便是按照国民政府的《假释条例》，审查犯人的假释事宜。

在此之前，工部局完全按照英国法律运作，享受完整的治外法权。经过多次交涉和斗争后，工部局逐渐按照中国法律运作，会审公廨中英籍法官退出，中国设立租界法院，并按照中国法律来审判纠纷。与之相应，原按照英国法律运作的监狱，除增加华人助理典狱长外，亦开始按照中国法律，来审查罪犯假释问题。假释委员会便是依据国民政府《假释条例》而设立的专门机构。该委员会原本只有典狱长与副典狱长二人，后来严景耀亦被吸收其中。

假释委员会每周一上午开会。开会时，由一名书记官将待决案件逐件提出，然后由假释委员会决定是否假释。大部分决策权还是由典狱长行使。他只有在遇到疑难案件时，才会问问副典狱长和严景耀的意见。

1937年"八一三事件"后，工部局监狱内部变化较大，逐渐有利于严景耀。以前排斥严景耀的典狱长辞职，而副典狱长因故自杀，新的继任者都是由原监内中层领导升任，对严景耀比较友善。而且此时严景耀已搬进监狱居住，日夜都在监狱内，可以在监内各处走动，也可随便提犯人问话。

从严景耀自身来说，他对于调查犯罪当然是有兴趣的，以前在华北、东北都调查过。而到上海后，严景耀亦很想知道上海犯罪的情况。但开始时并没有机会。"八一三事件"后，严景耀说要调查了解犯罪情况，无人干预反对，亦无须向监狱当局报告。

"八一三事件"期间，工部局监狱受到炮击，死亡十多人。在这种情况下，工部局决定释放一批轻罪人犯，青少年犯全部释放。这样一来，严景耀在监狱内的实质性工作便大大减少。由于一下释放近千人,整个领导层的工作量都大幅度减少。

严景耀以其良好的操守,逐渐获得同事及上级机构的认同。担任助理典狱长的第二年,他就获得英国颁发的“1937 年长期服务勋章”;1939 年 7 月,英籍典狱长在给英国警察处长的信中写道:“他的工作一直非常令人满意,我建议他的级别和帮办警务处长一样。”在日本人掌控狱政大权后,将工部局监狱改名为“工部局刑务所”,严景耀的头衔亦变更为“助理所长”。在 1943 年严景耀离职时,日本方面亦给严景耀作出了“操行极好”的评价。

工作之余,严景耀利用便利,持续访问 473 位少年犯,曾写成英文文章《青少年犯罪》。严景耀的努力颇受英籍典狱长赞许,他在 1938 年度《公共租界工部局报告》中指出:“由帮办狱务监督严景耀君监管之图书室,本年业已扩充并增藏现代书籍,其中有新书多种,所包括之门类甚广,来年当续图发展,冀使所藏之书,能适应全体囚犯之需要,包括关于职业及公民训练之书籍在内。”

新囚犯进来后,除理发、沐浴外,还有长官训话。一般情况下,严景耀都会代表狱政机构,对新来的囚犯发表演说。据亲历者回忆,严景耀的训话既像演讲又像独白,内容大体是依照监规的规定,再用上海话作出说明。给大家留下最深印象的,便是严景耀“当……时候”口头禅的频繁使用,比如“当牢监里有头脑(狱官)进来的时候,不要哗哩哗啦!……当监牢里有先生(指办事处的书记员)问你们家庭情况的时候,你们要老老实实讲清楚。”严景耀的训话一般会持续五分钟左右,大体无非是要囚犯恪守监规,不得聚众闹事,不得喧哗打架,不得与外界私通音信,有事须请求许可,等等。

日常工作中,严景耀有时会陪同监狱长巡视。所谓巡视便是昂首走过,并不主动停下来,除非囚犯有要求。当时在该监狱羁押的政治犯姚家礽对严景耀有如下印象:“他从来没有公开惩罚过我们任何人,也没有骂过我们,找他,他总是笑嘻嘻的。”姚家礽等一干政治犯,为了测试严景耀的政治态度,曾好几次向严景耀提出各种要求,如要求看书报、缩短家属探视期限等,严景耀微笑听过,置之未理。

1941 年 5 月之后,严景耀准备结婚,不便继续住在监狱里,专门申请住房。除住房问题之外,严景耀亦认为,自己就聘时未定级,已直接影响其收入;其“副典狱长”还是“助理典狱长”的头衔,对其实际收入也有影响;另外,工作五年后,严景耀认为,监狱方面应该提供其长期休假机会,以便出国继续学习。但严景耀的这些要求,除定级问题以及住房采取变通方式解决外,其余均未被批准。

离职

“珍珠港事件”爆发后,工部局监狱被日本军队围困,日本人逐渐控制狱政管理权。由于严景耀在监狱外的宿舍被收缴,他不得不搬入监狱内住,大部分时间都必须待在监狱里面,要想去外面,必须乘坐典狱长的车才可以免于日军搜查。这种不自由的生活,使严景耀苦不堪言。他屡次向朋友表示要离开监狱,另谋出路。但工部局有坚守岗位的命令,不便立刻离开,而且在当时的情况下,一时三刻也无法找到更好的工作。

1942 年春,他的朋友陈己生来访。严景耀又谈及想离开监狱,但苦无办法。陈己生答应帮忙设法。隔天陈己生再访严景耀,即告诉他,新华银行请他担任秘书。

邀请严景耀前往新华银行工作的主事者,即新华银行副总经理孙瑞璜。据孙瑞璜回忆,1941 年 12 月 8 日日本占领上海租界区后,严景耀意识到日本人将会逐步控制提篮桥监狱,并将主事者更换为日本人,他不愿意在日本人治下工作,已经准备辞去副典狱长。正好当时新华银行需要一个人总管银行内部工作,所以孙瑞璜力邀严景耀加盟。

此时的形势,已经远不如1941年年底那么紧张。但同时,法币不断贬值,生活捉襟见肘。1943年5月之后,严景耀的家用开支骤然增大,他不得不申请从其养老退职金中预支2800美元,并分十次从其工资中扣还。这说明他此时经济状况并不宽裕。

于是严景耀就以此为借口,要求辞职而转往银行工作。按照严景耀的职位,离职需要提前六个月提出。1943年5月10日,严景耀按规定,提前三个月向工部局监狱提出辞职。严景耀提出的辞职理由是"辞职以便我加入一个商行"。6月严景耀向警务局提出申请,"恳求警察局长向监狱工作人员委员会提出我要求发给我退职奖金。如果我的表现被认为令人满意的话,请在退职证书上对我的操行的评语定为'极好'"。

当时,严景耀提出生活困难,急于到银行工作。经协商后,监狱允许三个月后离职。1943年7月14日起,严景耀即已经脱离工作岗位转入休假,正式离开工作近七年的工部局监狱。8月11日,严景耀正式辞去副典狱长职务。离职时,获得工部局监狱操行"极好"的评价。

1945年9月日本投降后,严景耀还被任命为上海高等法院筹备处兼任委员、狱政委员会委员。此后不久,严景耀曾按照上海高等法院院长郭云观的指示,与上海法商学院教授徐砥平、高等法院书记官王健三人,组成接收日帝租界工部局监狱委员会,与法院随员十余人一道乘车前往接收该监狱。郭云观本有意请严景耀回监狱工作,但被严婉拒。

接收仪式于9月26日举行,持续近半小时。严景耀一行抵达监狱后,即由该监狱总务科科长黄金奎、警务科科长郭振和第二科科长徐源泉将他们预备好的七八本册子交出来,由严景耀等三人分别在册子上盖章,接收仪式即告完成。接收完成后,徐砥平和王健依旧留在监狱整理狱务,严景耀等一行返回 。

监狱外的活动

比他在监狱里的生活更多姿多彩的，是严景耀在监狱外的活动。

严景耀到上海履新后，东吴法学院社会学系曾请其讲授“犯罪学”课程。征得英籍典狱长同意后，严景耀便每周在东吴法学院授课半天。

太平洋战争爆发前，租界成为“孤岛”；太平洋战争爆发后，日本全面控制上海。不甘当亡国奴的社会贤达们，只能通过聚餐会的方式，凝聚力量，互通声气，坚守抗日救亡的阵线。大约从1938年开始，全国青年协会总干事长吴耀宗以及胡愈之等，发起组织“星六聚餐会”。

郑振铎介绍严景耀进入这个圈子。早年郑振铎曾在燕京大学教书，那时他们便已认识。“八一三事件”前后，经郑介绍，严景耀开始与王任叔、胡愈之、张宗麟等认识。

聚餐会以工商实业界和文化界的人士为主，常客包括新华银行副总经理孙瑞璜；宁绍保险公司经理、上海保险业公会会长胡泳骐；宁波轮船公司总经理陈己生；上海基督教青年会副总干事杨怀儒；上海工部局华人教育处长陈鹤琴；作家郑振铎；作家王任叔；救国会负责人胡愈之；上海麦伦中学校长沈体兰；救国会成员张宗麟；世界书局经理陆高谊；吴大琨以及时任上海工部局副典狱长的严景耀等。成员并非严格固定，中国佛教协会赵朴初、鲁迅夫人许广平以及雷洁琼等，亦偶尔参与。

据亲历者回忆，严景耀第一次参加该座谈会时自我介绍说：“我是留美学犯罪学的，后来到过苏联，研究过监狱问题，回国后在燕大当教授，当时上海公共租界工部局知道我是专门研究犯罪学的，把我请来上海当典狱官，现在提篮桥监狱工作。”严景耀解释说：“我出来必须穿制服，并请工部局监狱的车接送，因为提篮桥已经在日本人占领区，不穿制服，便会被日本人扣留。”

该聚餐会每周六晚上在各成员家轮流聚会,每次由成员做报告,话题多集中在民主政治、抗日救亡等方面,然后大家交换意见。当时,中共地下党对该聚会是比较支持的,参加者中有好几位中共地下党员。

1938 年下半年,该聚餐会出版过几期《公论》丛书。当时,该期刊只以单行本的方式出版,因为在当时的上海,出版杂志必须到行政机构登记。严景耀是热心作者之一,先后发表过《论领袖》及《中国统一论》等文。

除聚会办刊外,该群体亦曾创意过“集团购米”的行动。一方面,建议机关、学校等向外国商家购米;另一方面,聚集资金,购米囤积,借此压低米价,维持上海社会经济的稳定,亦借此保障租界区能够独立于日本人的势力。

对于社会事件,该群体亦积极投身其中。当时,工厂和电车等行业工人为提高生活待遇发起罢工运动,该群体曾专门讨论此问题,并通过各方面的渠道,给工部局施压,调解罢工风潮,使工人的要求得到一定的满足。

社会科学讲习所

尽管严景耀并不直接主管政治犯的事务,但他还是帮监狱里的政治犯传过口信,在中共地下党员提前出狱方面亦有出力。据说,严景耀最早接触的马列主义书籍,也大都是从提篮桥监狱政治犯手中没收的。

在上海提篮桥监狱工作期间,严景耀亦参加过上海的抗日救亡运动,诸如《鲁迅全集》的出版、斯诺《西行漫记》的翻译等,后来亦参与开办社会科学讲习所。

社会科学讲习所本来与中共地下党无关。最早的动议由英国《卫报》驻上海记者田伯烈提出。当时,他请国民党中宣部国际宣传处董显光帮忙筹措经费，但缺合适项目。于是田伯烈找到曾任燕京大学新闻系主任的梁士纯，梁士纯又找到宋庆龄，再由宋庆龄推荐当时在上海法国哈瓦斯通讯社做翻译的胡愈之，执笔撰写有关计划和方案。很快，胡愈之和梁士纯就拟订好相关计划。该计划除宣传、募捐寒衣外，还有创办一个社会科学讲习所。该计划得到董显光的认可，并同意经费实报实销。由于胡愈之等的介入，该讲习所自然成为为中共地下党主导的救亡机构。

1937 年 11 月底，上海社会科学讲习所正式开办。该讲习所有两个目的：为社会青年补习功课、为抗日救亡培养人才，尤其培养办墙报、写传单等方面的能力。讲习所的学生主要是失学学生、学徒和职员。

上海社会科学讲习所最早设在沪江大学，故早期名为“沪江大学附设上海社会科学讲习所”。后来，沪江大学校长刘湛恩遇害，讲习所不得不脱离沪江大学独立，改名为“上海社会科学专门学校”，搬到福州路健行中学。梁士纯担任讲习所主任，张宗麟负责具体事务。

讲授者都是各大学教授，如郑振铎、陈望道、张宗麟、王任叔、周予同等。比较固定的课程和师资如下：教育与组织，张宗麟讲授；时事，胡愈之讲授；写作，郑振铎讲授；社会学概论，严景耀讲授；国际宣传，梁士纯讲授。另外，在其他不同时间，陈望道曾主讲过“修辞学”“文艺思潮”，王任叔讲授过“哲学”，郑振铎讲授过“元明文学”“中国近代文学史”，周予同曾讲过“中国通史”，张宗麟讲过“民众教育”，严景耀讲过“社会变迁”“中国近代经济”“国际关系史”等。每位授课人每周授课两小时，每月可以从社会科学讲习所获得四十元报酬。

严景耀之所以能够被聘，与梁士纯有很大关系。他们在燕京大学时即是同事，私交亦不错；到上海后，两人都住在八仙桥青年会宿舍，来往频繁。

社会讲习所成员合影

鉴于社会科学讲习所的公益性质，严景耀就聘时，即声明不要报酬。由于工作原因，他的课只能排在每周六晚上。学生颇为喜欢听他的课，一方面是因为他去过苏联，对苏联有一定了解；另一方面则是因为他口才好。

严景耀对学生亦很热情。他明确跟学生表示，很愿意学生和他接近，甚至欢迎学生周日上午去他青年会的宿舍里。一时间，他的宿舍学生云集。严景耀每次都邀请大家在青年会茶室或者对面的点心店里吃早餐，并就学生关心的读书方法或者抗日救亡等问题深入交流。

社会科学讲习所坚持近两年。1938 年 9 月《慕尼黑协定》签署后，英、法大力推进绥靖政策，工部局亦不想上海的抗日气氛过于高涨，屡屡施压要求停办。严景耀曾代表讲习所交涉，但这种交涉只是短期有效。1939 年 6 月，工部局派人找到严景耀，告诉他作为工部局职员，绝对不允许参加抗日工作。在这种情况下，该讲习所不得不关门。

据郑芳龙的文章，在这期间，赵朴初在上海主持难民和流亡儿童的救济工作，主办流亡儿童教养院，严景耀和爱人雷洁琼亦投入其中。赵朴初诗作“教养赖群功，两贤与有力”中的“两贤”，便是严景耀、雷洁琼伉俪。

1941 年后，王任叔、胡愈之、张宗麟等先后离开上海，严景耀在上海的朋友圈逐渐变小，加上时局日渐艰难，已经很难再有什么大的活动。在这种情况下，严景耀与剩下的朋友组织“星二聚餐会”，每周二晚上在萧宗俊家聚餐，参加者除严景耀外，还有许广平、陈已生、孙瑞璜、王国秀、赵朴初等十多个人。在沉闷的沦陷气氛中，朋友们每周见面交流，也算是无奈之中的慰藉。

“越粤人才夸璧合”

严景耀前妻叫罗菊仙，在乡下担任小学教员。严景耀自幼便同罗菊仙订婚,成年后在乡下举行婚礼。但严景耀婚后即离开老家,一直在求学、执教,夫妻有名无实。尽管严景耀的母亲极力反对,但最后严景耀还是与罗菊仙在 1936 年春离婚。

1941 年 7 月 5 日,严景耀与雷洁琼在上海举办婚礼。他们在燕京大学时即相识,遂成莫逆。雷洁琼在《一二 · 九运动的回忆》中便提及:"当时,我和严景耀同在燕大社会学系任教(这时我们还未结婚),由于教学工作关系,我们接触频繁。他经常向我宣讲抗日救亡,反对法西斯主义的道理。他的进步思想对我启发很大,影响极深。"

严景耀于 1936 年南下上海,而雷洁琼也随即南下香港,后来在江西从事抗日救亡及妇女工作,直到 1941 年"皖南事变"发生后,江西无地可待,雷洁琼才前往上海,与严景耀汇合。据龚烈沸的文章,"她与严景耀虽然分别多年,各处一方,但书信往来频繁,两人的感情日益加深,这次重逢已经是心心相印了。一次朋友聚会快结束时,两人向大家宣布将于 7 月 5 日结婚。有人提议新事新办,大家请新郎新娘的客,当即获得聚会者赞同,地点在上海南京路新新公司总经理的家中"。

婚礼上,郑振铎、许广平、赵朴初等故旧新知纷纷前来贺喜,吴耀宗担任主婚人。赵朴初即席赋诗以示祝贺:"参差两两好安排,嘉礼从今美例开。越粤人才夸璧合,前称周许后严雷。"

供职新华银行

1943 年 7 月 14 日,严景耀开始供职于上海新华银行,先后担任总务秘书、人事室经理等职务。

严景耀在新华银行的第一个岗位是总务处秘书,月工资 300 元,半年后升至 320 元;大约一年后的 1944 年 11 月,严景耀升任总行代理总秘书,月工资 320 元;从 1945 年 1 月起,严景耀的月工资已经加至 500 元。1946 年 11 月 15 日,严景耀转任总行人事室经理同时兼任总务室经理。1947 年年初,严景耀已经拿到 550 元的月薪。

严景耀作为主任秘书,主管三部分职责:人事、文书和事务。从人事工作来说,对新进行员面试是其工作的一部分。当时,新华银行招聘人员,主要来自高校或者同人介绍,录取与否必须经过面试。在严景耀来之前,面试主要由孙瑞璜负责。除面试外,人员的调度、考绩等都属于人事工作范畴。而文书工作,主要涉及往来信件的批复,这种信函大都需要发送业务部门批注,然后由文书部门办理具体手续。而事务工作,则涉及工友管理、房屋安排、开支管理等。

作为中层干部,严景耀在新华银行的口碑不错。大部分基层职员对严景耀的印象是,他表面上很和气,决定事情很果断。

筹建民主促进会

在新华银行工作的同时,严景耀越来越多地介入民主活动。

1945 年 12 月 30 日,严景耀、雷洁琼和马叙伦、周建人、赵朴初等共 26 人,在上海爱虞限路中国科学社召开第一次会员大会,正式宣告中国民主促进会的成立。在该会上,严景耀当选为理事并担任财务委员,后来曾主管宣传工作。

严景耀等发起筹办《民主》杂志,作为该会的言论平台。严景耀作为《民主》周刊的编委,连续发表《彻底的民主与形式的民主主义》《欧美的民主政治是怎样发展的》《苏联的民主政治的实施和成果》《中国民主运动的经验》《论民主与法治》《论民主和自由》《论民主和经济》《论民主和教育》《论民主和民主组织》等多篇时论。这些文章曾汇集成《民主及其他》于 1946 年出版。

据郑芳龙的文章记述,日本学者平野正在其《中共的知识分子和民主主义思想》一书中曾表示:“在抗日战争刚刚结束的这段时间里,把民主主义这一问题追求从理论上加以探讨的个人的论文,唯一可以举出来的,是当年上海《民主》所连载的严景耀的论文。”另外,平野正还评价到:“中国的民主主义思想,是在与民族性的课题相对应的基础上发展起来的思想,为了发展民族性的课题,手段和方法具有重要的意义,严景耀的民主主义理论,最充分地表现这一点。”

1946 年 6 月 23 日,上海各界欢送和平代表团,严景耀曾担任大会主席团成员,并参加十万人反对内战大游行。

随着投身民主活动的时间越来越多,严景耀的社会知名度越来越高,但与其此时的职业身份也越来越不符。作为上海新华储蓄银行的人事主管,此岗位更需要他表现出一个商人的精明,而不是学者的天真或者政客的投机。

他投身于民主活动,尽管新华银行并未过多干预,孙瑞璜未有任何消极的指示,但严景耀自己清楚:介入民主事务越多,国民党当局势必会向银行施压,到那时候,银行负责人从自己的利害出发,势必不会允许自己投身政治。

早在 1947 年年初,他就致信燕京大学校长陆志韦,表明其回归的意愿。陆志韦对此当然欢迎。因此,严景耀收到陆志韦的邀请函后,即决定从新华银行辞职。

燕大教授

严景耀回到北平,已是 1947 年 3 月 17 日。

当时,国共内战正酣,燕大主事者不能不考虑将来如何与中共周旋。他们要确保在中共治下还能将燕京大学办下去。当时燕京大学急需两种人:一种是以前是燕京大学的人,他们知道怎么样按照美国人的方式办大学;另一种是和燕京大学以前没有关系的新人,他们知道怎么样和中共打交道。在这种情况下,像严景耀这样有民主党派背景的学者,就非常受欢迎,至少在当时,民主党派人士还颇受国共两党尊敬,可能成为制衡国共的力量。燕京大学需要一些民主党派人士,来体现其进步的一面,同时筹备人才,将来与中共打交道。

回到燕京大学后,严景耀除教职外,他还兼任校务委员、学生生活辅导委员会主席、法学院院长以及代理政治系主任等行政职务。

陆志韦需要严景耀的帮助来支撑局面。当时学运频仍,傅作义随时可以派军警抓捕,而陆志韦的底线,则是不允许军警从燕京大学抓走一个学生。做到这一点并不容易。在最艰苦的时候,严景耀几乎成为陆志韦唯一可信任、可商讨的同事。

早在1947年1月31日,雷洁琼便与同事翁独健、李铿、姚念玖、梁秀彦、杨汝佶、卢念苏、张锡彤、夏仁德等一批教职工,组建名为“苏联研究会”的读书会,并召开第一次全体成员会议。该读书会由翁独健首倡,在严景耀回北平前即有动议,并等严回北平后商定。按照第一次会议的安排,该读书会每两周一次,每周日晚上七时至九时在各成员家中轮流进行。

此时,随着形势的发展,来自北大、清华、燕京等高校的教师们自发地聚在一起,互通信息。北大的费青、袁翰青,清华的吴晗和张奚若,燕京大学的严景耀、雷洁琼夫妇,经常见面。尤其是清华和燕京的学者们,互相住得又很近,来往则更多、更频繁一点。后来,参加者越来越多,如北大的楼邦彦、王铁崖、樊弘,清华的钱伟长亦很积极出席。当时局需要时,他们便会召集会议并发表声明。

这段时间里,严景耀在储安平主编的《观察》杂志上,发表了多篇时政评论。另外,严景耀还与费青等一道筹办《中建》。1947年《中建》创刊后,严景耀等就多次用《中建》编辑部的名义,召集会议讨论时局问题。1948年8月5日的《中建》上,曾以《知识分子今天的任务》为题,发表过他们的座谈会记录;在8月20日的《中建》上,严景耀亦发表了《在遍地烽火中能“建设乡村”吗?》一文。

1948 年 8 月 19 日,国民党军警发动“八一九大搜捕”。燕京大学在劫难逃。北平特别刑事法庭送来逮捕令和传票,要拘传燕京大学 31 名学生,其中逮捕 17 人、传讯 14 人。军警包围燕京大学,对外电话被切断,学生出入校门都要凭学生证,军警拿着黑名单逐一核对。到 8 月 20 日,职员和学生一律不许出入,教授也只能从燕京走回东大地。一两百职员出不去,只好在学校里买饭。严密封锁下蔬菜进不来,酿成严重的粮荒。

20 日,一位警官来到燕园,向学校交涉要人。时为燕京大学学生生活辅导委员会主席的严景耀出面接待,承诺先在校内自查,看是否有黑名单上的人。

次日中午,严景耀通知警察局,燕京大学已经查过黑名单上的学生,一无所获。下午两点,青年军团长林空等三人约见燕京大学校长陆志韦,要求入校搜查。

在此危难时刻,陆志韦与严景耀商议对策。陆志韦提议,黑名单上的学生可以逮捕,没有的不能逮捕;军警不能持武器进入校园。严景耀表示同意。

于是,陆志韦告诉军警:学校无力抵抗搜查,但入校搜查必须要做到:第一,军队不入校,警察不能佩戴武器;第二,只查人,不查物,只查学生,不查学校;第三,只查名单上的学生,不在名单上的,不论有无嫌疑,皆不得逮捕;第四,学校不予合作,只派校警领路,其余一切由警宪负责。

警方允诺后,陆志韦又将这些条件向学生自治会通报,并表示,如果警宪临时交出第二批名单,校方决不理会,并会立即提出抗议,宣告学校无法维持,请当局接管。

下午四点左右,四十多位徒手警察进入燕园。陆志韦将全体学生集中在大礼堂。警察分成四组检查学生宿舍至晚上七点。搜查一无所获,黑名单上的大部分学生,要么毕业,要么退学,早已不在学校;个别在学校的,早已分散躲藏在教授家里。

黑名单上唯一被传讯的吴其进,是两年前毕业的燕京大学校友,当时在学生辅导委员会工作。19 日他从城里回学校时,在燕京大学东门外被逮捕。当天,严景耀和另一同事吴路义代表燕京大学校方,出面与军警交涉并将其保释,条件是保证随传随到。

回学校路上,严景耀告诉吴其进:“你是学校的工作人员,我们有权利来要人。但是警察局的条件是要学校保证三天内去特刑庭出庭,我们答应了。你还是做个准备,学校也有责任帮助你。”

8 月 21 日上午,严景耀找到吴其进,说限期已到,催其去一趟特刑庭,学校方面将由他陪吴去,有事学校会全力支持。于是 8 月 23 日,严景耀又陪吴其进坐汽车到北平特刑庭报到,交了保证金后,再将其接回燕京大学。

1949 年冬,严景耀曾向文管会主任张宗麟提出过入党要求。当时,教育部将此问题转燕京大学党支部解决。时为党总支书记的林寿晋向中共北京市委做了如下报告:“我和严谈后,对他在上海任工部局副典狱长一节不清楚,典狱长有无牵涉政治问题,请组织问张宗麟、杨汝、沈家驹、林懋美同志商谈,结果认为:(一)严在反蒋反美底下斗争中一向表现积极;(二)严似受社会工作的影响,作风有些滑头,不够诚恳,时喜耍手腕,不仅是作风问题,还牵涉到原则问题,尚待研究(这学期已有进步)。”由此一来,严景耀入党一事则遥遥无期了。

燕园解放

1948 年 12 月中旬,解放军四野第十一纵队从南口、昌平、石景山一线,进至北京西郊,对北平形成包围态势。当先头部队到达清华、燕京一带时,清华和燕京的进步师生热烈欢迎,要求请解放军做报告,并和解放军联欢。

此时,驻扎在海淀区的国民党部队已经撤退,维持地方治安的警察局亦撤退至西直门关厢一带。地方上传言,解放军将会烧掉清华、燕京两所大学,毁灭海淀。在这种情况下,海淀商会会长李建华、清华教授褚士荃、燕京教授严景耀、王汉章四人,代表地方和高校,于12月中旬来到西直门关厢郊六分局撤退地,求见其负责人。

严景耀质问:宪警撤退,海淀如被破坏,这个责任谁负责?四位代表提出要让郊六分局宪警回驻海淀,维持地方安全。负责人应承下来,决定派警察40人,随四位代表返回海淀,并承诺在解放军进驻海淀之前,不再撤退。

该批警察在解放军进驻海淀时被缴械。时任警局负责人的潘明阳,先是因擅自下令重返海淀,受到国民党军警系统审讯并差点枪毙。北平解放后,赋闲在家。1949年9月起向公安局登记,接受管制。1950年3月,潘明阳曾向严景耀写信,表示其受管制处分,在家闲居,生活难以维持,希望严景耀能够对其在围城战争中被撤职关押事件,转请燕京、清华、海淀商会三单位,共同向北京市人民政府介绍并证明,帮助其早日解除管制,并请求其在文化单位有合适机会时介绍工作。一个月后,他收到严景耀的回信,内附燕京大学致北京市政府信函一件,并盖有校印和陆志韦的私人印章,证明其在1948年12月的所作所为。

12月下旬某日,严景耀和一位学生会同学,一起到解放军驻地,求见四野政治部主任、冀热辽前敌指挥刘道生。严景耀代表燕京大学,提出两点要求:其一,希望解放军能够前往燕京大学做一次报告;其二,当时燕京大学教职工生活维持困难,国民党纸币和美钞不能用,请求解放军借给一定数额的人民币,否则有断炊之险。刘道生当场应允所有要求,由解放军十一纵队供给部借给燕京大学四五千元的人民币。十多天后,燕京大学教授们从军管会领到人民币后,即还清该债务。

两三天后的下午,刘道生前往燕京大学做形势报告。刘道生在校门口受到严景耀和二三十位同学的热烈欢迎。报告会安排在燕京大学礼堂,严景耀和一位学生代表担任主持人。

讲座后,严景耀诚邀刘道生去家中吃饭。刘道生欣然前往。刚坐定,严景耀就表示,刚才做报告时,一些中国教授和外国教授没法进去听,但他们很想见见解放军的将军,想和刘道生谈谈,此时已经在门口等着。刘道生本不想接见,尤其对于见外国人还颇有疑虑,怕其提出难题,但念及"解放军见到教授、见到洋人就怕"的传言,还是让大家进来座谈。

参加座谈的中、外籍教授共有六七个人。外籍教授所关心的问题主要是:解放军对外籍侨民的态度怎样?全国胜利后和外国做不做生意?共产党的通商贸易政策如何?他们可不可以到北平城里去?等等。而中国教授关注的问题则有:解放军还有多少时间取得全国胜利?北平还有多久可以解放?武力攻打还是和平解放北平城?共产党对教会学校的政策怎样?等等。刘道生根据中共中央和新华社已经发表的政策、文件,围绕这些问题简单作了介绍。

见到毛泽东

北平郊区解放后不久,大约在 1949 年 1 月,燕京大学学生、中共地下党员沈善琦带给严景耀一封电报。发报人是中国民主促进会主席马叙伦,他当时人在东北,委托严景耀代表中国民主促进会到解放区去协商事情。

此时,严景耀与北平军管会主任张宗麟来往颇密切。对于是否去解放区,他难以定夺,遂征求张宗麟的意见。张表示,他知道此事,鼓励严景耀去解放区。张宗麟还对严景耀说,以前中共方面,曾请过张东荪去"内地",但是他没有去,这次是否可以劝他同去。严景耀遂访张东荪。张东荪表示,以前没有人同去,感到一个人年老不便,所以没有去成。既然这次有同伴,他乐于去解放区。严景耀和张东荪商议后,又决定邀请费孝通和雷洁琼同去。此方案得到北平军管会张宗麟的同意。

但燕京校长陆志韦并不鼓励严景耀前往。燕园刚解放,百废待兴,他需要严景耀帮忙应付局面。收到电报大约一周后,经过张宗麟再三催促,陆志韦才同意严景耀等前往石家庄。

1949 年 1 月 24 日,严景耀、雷洁琼、张东荪、费孝通等民主人士,一道朝着解放区出发。交通问题是张东荪解决的。是日上午 9 时,光未然和一位李姓参谋开一辆大卡车来接。他们四人先乘坐卡车到八大处解放军驻地,稍事休息后,光未然和李参谋离开,几名解放军战士陪同严景耀等四人前往石家庄。

1 月 25 日,严景耀一行抵达石家庄,住在花园饭店。早在 1948 年暑假就离开清华大学去解放区的吴晗,亦专程来石家庄迎接他们。吴晗告诉严景耀,本来他要离开了,因为知道他们要去,领导上要求吴晗暂时留下来,承担接待任务。

当天晚上,柯庆施、薄一波等中共领导人专程来拜见严景耀等人。

次日柯庆施、薄一波等请严景耀一行吃饭,杨秀峰、周扬、张友渔等人亦出席作陪。

1 月 26 日午饭后,严景耀一行由吴晗陪同,抵达河北省平山县西柏坡中共中央所在地。在西柏坡,严景耀等最重要的行程,便是拜见毛泽东等中共领导人。

在西柏坡居留期间,严景耀第一次见到毛泽东,并参加毛与各民主党派会谈。毛泽东接见后,吴晗将严景耀一行带到位于李家庄的中共中央统战部招待所。

在李家庄,严景耀看到已经有各民主党派人士二十多人。当时,各民主党派领导人陆续通过香港或者东北,辗转会聚西柏坡。在西柏坡期间，严景耀等人阅读了一些关于政协的文件，并召开过几次非正式会议。

在解放区期间，曾有革命干部问他，燕京大学是否改公立，严景耀当时答复说，燕京大学改公立有困难，因为燕京的不动产都在美国登记过，属于美国财产。燕京如果改公立，这些财产的处理将是大问题。

1949 年 2 月 1 日，严景耀一行及在李家庄的其他民主党派人士，还有中共中央统战部工作人员，在当时统战部秘书长齐燕铭的带队下回到北平。2 月 3 日，严景耀等随解放军参加了入城典礼。

据郑芳龙的文章，1949 年 2 月，民进中央决定在北京建立总部，周建人、林达人、徐伯昕和严景耀组成组委会，逐步推动民进在全国恢复和开展活动。1956 年后，严景耀还曾出任民进中央组织部长，为民进组织的发展和巩固做了大量工作。

严景耀与林寿晋

1949 年 9 月底，严景耀在北平参加了中国人民政治协商会议第一次会议。1950 年，严景耀被选为中国民主促进会中央委员，后来担任常务委员并多年连任。与此同时，他也被邀请参加北京市第二届各界人民会议。

中华人民共和国成立后，教育部曾有意调严景耀担任某司司长，但被严景耀婉拒。严景耀并不愿意离开学校，担任行政工作。

林寿晋为燕京解放后第一任党支书，此前为中共地下党员、燕大学生。1950 年年初，林寿晋要求退党，因为此时他与女同学陈明丽建立恋爱关系，这在当时是个大问题。中共北京市委派来教育部长孙国樑，在燕京大学召开全体党员大会做报告，批判林寿晋的“资产阶级思想”以及“同资产阶级小姐谈恋爱”。当时有党员揭发批判林寿晋革命意志衰退，不愿搞党的工作，要搞学术，想当教授学者，而且还不听党的劝告谈恋爱。批判之后，林寿晋退党成功，并被调往科学院考古研究所。

当年批判林寿晋时，曾有人探究林寿晋革命意志衰退的原因，提出身体不好的林寿晋经常在严景耀、雷洁琼家休养，他女朋友也常去那里玩。揭发者认为，严景耀家的环境很舒适，有厨师专门做饭。后来曾有人批判严景耀和雷洁琼，认为他们给予林寿晋以资产阶级生活方式的影响，使他追求成名成家，最后成为退党分子。

忠诚老实运动

1951 年燕京大学掀起“三反”和忠诚老实运动。在运动中，严景耀对自己和“美帝国主义分子的关系，特别和文化特务司徒雷登的关系”作了交代，但并无文字发表。

严景耀与司徒雷登等在一起

当时,严景耀所在的组长张士龙对他要求很严格,经常问些非常尖锐的问题。但在燕京大学的“三反”和忠诚老实运动中,严景耀不是重点对象,他也没什么严重的历史政治问题,最后顺利通过。

运动结束前,严景耀即被任命为燕京大学政治学系主任、北京市人民代表会议代表并赴朝参加慰问团。

这年四五月间,燕京大学专门召开控诉美帝国主义大会。严景耀登台发言,专门检查他所受美帝国主义的奴化教育,检查他在燕京大学当教授教书、为美帝国主义涂脂抹粉、为其撑门面的行为。同时,严景耀坚决表示和美帝国主义划清界限。开完会的第二天,严景耀的发言稿便由《光明日报》全文发表,并由电台广播。

筹建北京政法学院

运动结束后,严景耀被任命为燕京大学政治系主任,并以系主任的名义,参与北京政法学院的筹办。

1952 年 9 月,严景耀赴朝鲜参加第二届赴朝慰问团。从朝鲜回来后,北京政法学院已成立,严景耀成为北京政法学院教授,同时担任北京政法学院唯一的教研室,即国家法教研室主任。

在当时老干部主持一切的氛围下,教研室主任更多是一种政治待遇,并无实权,教研室的工作都由党支部主导。据严景耀后来的“交心材料”,“初到政法学院,事事摸不着头脑,也无事可做,又和刘教务长搞不到一起,使我感到在上海工部局监狱工作的同样味道”。

在北京政法学院,严景耀对未来充满疑惑:他决心服从党的领导,但在思想上对老干部能否领导高校,颇为怀疑,对中共中央的所谓社会主义办学方针,亦有抵触,觉得北京政法学院的办学方式不正规。在很多场合,严景耀亦委婉地提醒学校,应该发挥老教授们的作用。严景耀甚至在私下表示:“调来调去还是调到司法部门。我只会讲些资产阶级的犯罪学。让我讲现在的法律,还不如去教外语算了。”

从燕园迁入城里北京政法学院宿舍后,他们的住宿条件大幅度降低,严景耀、雷洁琼亦颇有微词。但此时只能适应大形势的需要。

严景耀教授在北京政法学院1956年开学典礼大会上讲话

新中国成立后，严景耀曾于1950年、1956年提出过入党申请。

在整个50年代，严景耀公开发表的文章，基本上与新形势是合拍的。继承《中建》的《新建设》杂志刚复刊时，严景耀先后发表《论民族资本家的前途》《论中国人民的统一》《论“中国社会各阶级的分析”的一些体会》等文章。在1953年5月21日的《文汇报》上，严景耀大谈“我国选举权的普遍性与平等性”；7月11日，严景耀继续在《文汇报》上撰文讨论“我们选举制度的优越性”；1954年7月5日严景耀在《文汇报》上发表《我国新宪法的优越性》；8月21日，严景耀在《文汇报》上发表《劳动是我国公民的权利和光荣的事情》。

除了这些报纸杂论外，严景耀此时的学术研究，也充满政治宣传的气息。尤其是1954年《政法研究》第2期《资产阶级宪法的虚构性与危机》、第3期《我国宪法中的国家机构》两篇文章。1955年7月4日，严景耀更是罕见地在《人民日报》发表文章《从浙东的情况来看坚决镇压反革命的必要》一文。1955年，严景耀的宣传角色得到强化。他利用其外语特长，在英文杂志《人民中国》上撰文《中国是怎样管理的?》，同时以俄文和日文发表相近的《中华人民共和国的国家机构》一文。

在北京政法学院内部，严景耀在1954年、1955年亦相对活跃，他先后在《教学简报》上发表《宪法对政治法律工作的指导意义》《我对于五年计划投资分配问题的体会》《社会主义国家议会中的常设委员会》等文。

从教学的角度，严景耀和其他老教授一样，登上讲台的机会不多。艾群采写的文章《雷洁琼、严景耀的政法往事》一文中，有几个亲历者回忆的片段：

> 今年80岁的中国政法大学宪法学教授廉希圣，1954年毕业于中国人民大学法律系后，被分配到北京政法学院国家法

教研室,和严景耀先生在一起工作。“那时候我们刚来,也就是20多岁,不懂怎么教课、怎么做学问,严景耀、吴恩裕老教授给我们讲做学问当从搜集资料、整理资料开始,然后怎么利用资料,用他们的话说就是,当老师不做无米之炊。他们都是这样老老实实做学问的,但每人又都有自己的一些独特做法。后来我做教师多年,一直对自己、也对青年教师说:‘要想做一个好教员,必须先做一个好的资料员。’这句话就是受到严先生的启发。”廉老师回忆往事说,“严景耀是教研室主任,对我们这些年轻教师很关心,手把手地教。那时候每逢年轻教师上讲台前的试讲,严景耀他们老教师都来听,这对我们的帮助非常大。”

今年同样80岁的许清教授,1956年毕业于吉林大学法律系后,被分配到北京政法学院任教。他说:“当年我们年轻教师都去听严景耀先生讲课,他开的课程是资产阶级宪法,其中讲政党之间的斗争时,把复杂的政治关系讲得十分透彻,我们听的也很明白。他讲课没有讲稿和书,因为那时候没有教材,只有苏联的书。严先生从不拿讲稿,信手拈来、谈笑风生,有时还举一些例子,十分生动,学生们很爱听,积极做笔记。但严先生的课不是主课,期末也不考试。”

今年89岁的方彦,退休前是中国政法大学行政法教研室的第一任主任。1952年北京政法学院一建校他就在那工作。他年轻的时候和严景耀先生在一个教研室任教。他回忆说:“当时好像也没有什么课可以讲的,都是资产阶级的东西。严景耀教授提出讲课的事情,我们教研室就联合搞了一门课———‘世界概况’。严教授写苏联部分的讲义,因为他去过苏联。那稿子写的整整齐齐、规规矩矩的。严教授还讲过苏联宪法,讲课效果也不错。记得他从苏联考察回来,给我们做了一次报告,后来被批判说他是宣扬资产阶级思想。”那时的人说话都是谨慎小心,说不准因为哪句话就会遭到批判,严景耀也没想到讲苏联的事情以后也会被说成是反动的、资产阶级的行为。

艾群的文章还写道:“在国家法教研室工作的老师们都知道,只要严先生来开会,都会带一些糖果、巧克力、饼干和好烟给大家享用。这些东西大家都没有见过,只有他们高级民主人士才有,一是他们出国带回来的,二是高级民主人士国家有特供,严先生总是分给大家享用,和同事们的关系很融洽。”

恢复社会学的尝试

1950 年后燕京大学讨论教学改革,行政当局取消了社会学专业。严景耀、雷洁琼等对此颇为抵触。尽管社会学作为一个专业被消除,但严景耀等依然心系社会学。后来这成为指斥其积极参加 1957 年复辟资产阶级社会学阴谋的证据。

1957 年 2 月,严景耀、雷洁琼等在鸿宾楼宴请岭南大学副校长陈序经,借机试图联系各界学者共同倡导恢复社会学。4 月 10 日,《新建设》杂志召开关于社会学的座谈会,严景耀、雷洁琼夫妇应邀参加并积极发言。严景耀在发言中表示:

以前在美国学社会学的时候,对于社会学究竟是个什么东西,搞不清楚。后来有一位教授对我说,社会学的内容就是其他社会科学所不包括的东西。这就是,社会学无所不包,只要是其他社会科学如政治、经济、法律等科学所研究不到的,社会学都可以研究。

资本主义国家科学门类分得很细，留下的空白也很多，它不像马列主义，是包括社会现象的一切方面的。不过有一点可以提出的，就是研究社会学可以对研究马列主义有所帮助，因为社会学重视实际调查研究。过去有一些研究马列主义的人，教条主义地搬用公式，并不能解决实际问题。过去我是研究犯罪学的，有一次一位同志写了一篇科学论文《中国的犯罪问题》，苏联专家非常重视。我因为关心这个问题，所以也去听了。这篇论文介绍了马克思是怎样说的、恩格斯是怎样说的、列宁是怎样说的、斯大林是怎样说的，说了以后，下面就没有了。这充分地说明了，我们学习苏联的理论太多，而联系实际太少。

刚解放的时候，我们看到了毛主席的"社会调查"，觉得我们也能做，甚至有时还做得更详细一点。但是，后来仔细一研究，觉得我们所做的调查，没有抓住重点，也就是没有正确的立场观点和方法，因而不能解决问题。现在我们学习了马列主义的理论，可以很好地进行调查了。我认为，从实际中调查研究，对马列主义的理论是可以有贡献的。

随后，1957 年 7 月出版的《新建设》杂志，以《社会学研究是其他社会科学所不包括的东西》为题，发表了严景耀的发言。此后，严景耀和雷洁琼亦在中国民主促进会内部联络赵承信等人，推动在中国人民大学恢复社会学系的尝试。

义助郭云观

1956 年 5 月，严景耀以全国人大代表身份在上海视察。当时，上海市中级人民法院院长韩述之告诉严，说曾任上海高等法院院长、时年 71 岁的郭云观老先生家境清苦，想介绍其到上海文史馆担任馆员，但郭云观自恃清高，不愿意去，请严景耀去劝劝他。

郭云观与严景耀的交往已经有近半个世纪的历史。早在严景耀在燕京大学求学时，郭云观就是他的老师。1936 年 9 月严景耀前往上海担任工部局监狱助理监狱长，推荐人便是郭云观。

严景耀见到郭云观后，郭对文史馆事未置可否。后来严景耀遇到上海市委统战部副部长王某，也与其谈起此事，并专门写信介绍郭云观过去的情况。

1957 年年初，上海市委统战部复函严景耀，说已经决定聘请郭云观为上海市文史馆馆员，但他坚决不接受聘书，不知道如何处理。

严景耀无奈之下，又致函郭云观之女郭心晖。郭心晖说，她父亲很固执，想要通过自己教英文来维持生活，同时认为儿子也能帮助他，所以不愿意接受文史馆的聘书。严景耀将此情况向上海市委统战部做了汇报。

但到 1958 年，郭云观的儿子留学苏联，郭本人又无固定职业，无奈之下，又写信给女儿，希望能够接受文史馆聘书。郭心晖不知道如何解决，再次致函严景耀寻求帮助。尽管此时最早动议此事的韩述之，已经被打成“右派”分子，但严景耀依然在 1958 年 11 月 9 日致函上海市委统战部寻求解决方案。

“这些日子少出门为妙”

1957 年的反“右”运动，严景耀侥幸逃过一劫。

早在 1956 年，严景耀就有一些被认为是出格的言论。在这年 4 月 4 日，严景耀看到苏联《真理报》关于斯大林问题的社论后，便向记者表示：“这下有了定论了，本来大家看了米高扬报告后，都说斯大林有了问题，现在则明确了。我们最初估计是斯大林的作风问题，现在看来是相当严重的，以后不能称马恩列斯了，斯大林要勾销了。斯大林和列宁葬在一个陵墓里，如何办？取不取出来呢？联共党史要重新写过了，我们也要重新学习了。'胜利冲昏头脑'是斯大林第一个讲的，谁料到他却是世界上第一个被胜利冲昏头脑的人。"严景耀还表示："虽然从感情上有些扭不过来，但从事实中更体会到共产党的伟大。对这样一个有世界影响的领袖，虽然已经死了，但既发现错误，苏共也能揭发出来。看来，斯大林死的正是时候。"

1956 年 11 月至 1957 年 1 月，严景耀受邀参加彭真率领的全国人大代表团，前往苏联、捷克、罗马尼亚和保加利亚访问。本来这次行程中还有阿尔巴尼亚和南斯拉夫，但严景耀因故未去，随一部分团员先期回国。

3 月，刚刚陪同彭真访苏归来的严景耀在北京政法学院作报告，题为《社会主义国家议会中的几个问题》。在该报告中，严景耀分常设委员会、议会工作中存在的问题等问题，对苏联的议会制度做了详细介绍，对其中存在的问题，亦有鞭辟入里的分析与建议。尤其是关于苏联苏维埃的问题，严景耀提及："苏联最高苏维埃过去似乎是政府的附属机构，许多重大问题，政府没有经过它就作出决议"，"地方苏维埃也长期流于形式，对国计民生大事的决定，事先不经过，事后不汇报"。严景耀还提及，在 1955 年有三分之一的苏维埃，没有按时召开会议，开会的时间也很短。严景耀认为："苏联最高苏维埃主席团颁布了许多改变立法的指示，这不是正常现象，破坏了宪法。""地方苏维埃执行委员会，很少向苏维埃作工作报告，苏维埃的会议常由执行委员会主席指示而召开，开会时通知代表的时间较晚，议事日程上的时间短，代表们经常来不及准备，决议未加充分讨论就通过了。"严景耀还提出"破坏法制问题"，指出由于个人崇拜，法制受到破坏，上百万的人被关进监牢或流放。第十七次党代会大会的代表或委员，有百分之七十被枪杀或坐牢。苏共二十大以后，党加强对司法的监督。严景耀亦指出："地方苏维埃在税收工作上破坏了法制，加班加点罚款，不按时发工资，检察署不得不提出抗议，上级苏维埃撤销了非法决议。"在反"右"运动中，严景耀的这次报告被揭发说恶毒攻击社会主义制度。

1957 年年初，严景耀发表了一系列有关这次访问的文章，如 2 月 12 日、4 月 16 日发表在《光明日报》上的《祝中苏友谊更加发展和巩固》《我们在苏联作了友好访问》两篇文章。1957 年 3 月，严景耀在俄文报纸《友好报》上发表《我在捷克所看见的》一文。在这年 4 月的英文杂志《中国建设》上，严景耀发表了 1949 年后唯一一篇与专业有关的学术论文《中国的新监狱制度》。

整风开始后，严景耀亦有不少"鸣放"的言论。

1957 年 4 月 1 日，民进中央领导学习毛泽东讲话，严景耀在发言中，零散地表达了自己的一些观感，比如说"去年给孙中山先生做纪念，这个意义很大，很多人都说这样一来才好了些，以前总感到自己好像反革命一样"，"毛主席提出我们要有创造性，这是他从思想上解放了我们大家。以前，马恩列斯没有说过的话，我们都不敢说。写了文章拿给党员同志去看，看到有一句不常见的话，他就问这句话有根据没有，言下之意如没有根据最好不要讲了。现在'百家争鸣'的口号提出来以后，情况就比较好了"。

平日里，严景耀也有一些牢骚。他曾说："解放后，只在原则上、理论上接受党的领导，没有在具体事情上无条件地接受党的领导。""在燕京对党员不愿意接近，因为他们大多数是我的学生，感到学生领导我受不了。"

1957 年 5 月初，严景耀与民进中央常委会的其他部分成员，在上海召开江苏、浙江、上海二省一市工作经验交流会议。

5月22日,中共中央召开各民主党派、民主人士座谈会,严景耀代表民进中央参加并发言。依照1957年5月23日《光明日报》的题为《严景耀:我赞成把四个知识分子的政党合并为一个“社会主义同盟”》的报道,严景耀结合在上海开会的见闻,提出如下意见:

首先希望加强统战的宣传教育工作。他说,共产党最近号召大“鸣”大“放”,我们民进在上海召开了一个两省一市的工作经验交流会,根据与会同志的反映:某地方的中央党委负责同志号召民主党派对共产党提意见的时候说,“现在整风先整党,民主党派的整风慢慢来。”这样一说,那个地方的民主党派成员就不敢讲话,因为怕整风整到自己头上。杭州的教育界反映:我们为什么还不敢“鸣”“放”呢?因为有顾虑。一医务人员因为看到一位党员对团员进行报复,有意见也就不敢提。5月初,江、浙和上海的情况是:大学大“鸣”,中学小“鸣”,小学不“鸣”。上海市教育局长对上海的中小学老师说:“你们大胆的‘鸣’‘放’吧,保证不记你们的账。”但是却说:“大学大‘鸣’,中学小‘鸣’,小学不‘鸣’。”上海的知识界对领导的批评流行三句话:“贯彻多,研究少;命令多,商量少;要求多,帮助少。”这也确是事实。有一个学校党员副校长因公出差时出过这么一张通告:“出差期间校务由校长代理。”真是怪事,校务怎么能说是由校长代理呢?江苏师专有这么一条规矩:晚上十时就要关校门。一天晚上,校内一些民主党派成员在校外招待外宾,打电话回去,要求迟些关门,却不答应。其中有一位教授,在十时前急急忙忙雇了三轮赶回去,因为已经过了时间,苦苦叫门也叫不开,幸而后来有一工友因事开了一下门,这位教授才偷偷钻了进去。这位教授以后也不敢责问学校为什么不开门,因为他是偷偷进来的。这种制度实在太机械了,过去该校的民主党派和工会对此提过几次意见都不改,直到最近,因为整风,提了意见才改了。另外,许多非党人士,位置是安排了,但是却不叫人家工作。

严景耀在发言中提及:“长期共存、互相监督”的方针提出以后,有些民进的地方组织有事和统战部门商量,却多不表示意见。有许多共产党的基层,有事是和民主党派商量的,如在肃反工作中,商量如何发挥民主党派的力量,但是也有些中共支部在肃反的时候,不发挥民主党派的力量。”

严景耀介绍说,最奇怪的是从事政法教育的人,连民主党派也了解不够。去年,“长期共存、互相监督”的方针提出以后,有人主张在某课程的讲授提纲里将中国民主党派问题摆上去,但是因为对各民主党派不了解,想摆上去也没办法。严景耀强调说:为了改变这一些不正常的情况,必须广泛地进行统战宣传教育工作并且建立经常的制度。

严景耀还指出,在知识分子阶层里,总共有四个党派,这样就经常在工作上发生交叉。如发展组织,同一对象,有大家都去争取的情况,也有大家都客气一番互相推荐的情况,这都弄得人家很难做。我同意叶笃义同志提出由民盟、民进、农工、九三合成一个知识分子政党的建议,合组一个“社会主义同盟”。这样,就可以解决工作交叉的问题。另外,有些人觉得党派多,无法应付,如合并了,这问题也就不存在。从历史上看,民进虽然是以中小学教师为主要对象,但是也有一些工商界,在杭州还有一些医务界,并且高级知识分子也有一些。这样教育界的成员就更加可以分工合作,合并了之后,有些人还可以摆脱一些事务,从事其他工作。

在这次座谈会上,严景耀还指出三点:

第一,很多基层组织反映统战部是“上统下战”。例如,1953年普选时,北京的政法教授们参加普选工作很高兴,而地方的政法教授对此则很羡慕,由此认为地方上统战工作未做好。严景耀也指出,中央对党外人士安排工作时,不是发挥其影响力,而是安排其位置。在“长期共存、互相监督”方针提出后,民主党派地方组织与地方统战部商量问题,地方统战部还是说,“你们自己决定吧”。严景耀认为此事如有一定制度就比较好解决了。另外,严景耀还提及,肃反中有的学校党支部不允许民主党派基层组织开会……基于这些事实,他认为需要广泛地进行统战教育工作。

第二,民主党派的专职干部问题。严景耀指出,在北京的民主党派都有专职干部,也有政治学习机会;而在地方组织的专职干部还没有建立政治学习制度,干部的培养、提拔等方面也还存在问题,因此他们不安于民主党派的工作,感到前途渺茫。

第三,扩大民主制度的措施。严景耀认为,全国人民代表大会对推动社会主义建设是起了很大作用,但还不够。如代表视察的时间有限。具体办法建议在中央、地方各级人民代表大会设常设委员会,邀请许多专家、有关人士参加委员会的工作,这样可以扩大民主,吸收广大群众参加国家事务的管理工作。

除此之外,严景耀认为,北京政法学院是“行政高于学术”,“训练班高于学院”,“党政不分,人事部门权柄太大”;“重视青年教师而不重视老教授”,“知识分子在‘三反’后六亲不认”,“人与人的关系被粉碎,互不来往互不了解”。

反“右”斗争开始后,严景耀一下子陷入恐慌,颇为消极。反“右”运动中,严景耀的爱人雷洁琼因为替吴文藻辩白,亦被指斥为反党反社会主义。耳闻目睹,严景耀亦明智地保持沉默。事后,他曾告诉陈芳芝:“有人批评雷洁琼包庇‘右派’分子吴文藻,这是冤枉的。当时吴文藻的老婆谢冰心向雷洁琼保证:吴文藻没有政治问题,雷洁琼才出来替吴文藻说话的。”

在民进中央内部,严景耀亦有“包庇”“右派”分子的“恶名”。民进中央二中全会讨论处理“右派”分子林汉达时,“严景耀在会上慷慨陈词,政策的伟大就在于从六亿人民利益出发,对国防影响很大,问题是要说服左派”,“对表现好的‘右派’分子如不从宽,他们会说,我表现好都不宽大,早知如此,不必表现好了”。在讨论林汉达是否保留人大代表资格时,严景耀又提及国际影响问题,“资本主义国家都在看着我们,如果把全国人民代表中的“右派”分子都搞光,人家会说一戴“右派”分子帽子都完蛋了。保留个把,可以用事实证明我们是与人为善的”。

无奈之下,严景耀私下说:“这些日子少出门为妙,也不知道谁是“右派”。去串门碰上个人将来被打成“右派”,你就变成包庇他或袒护他。”可惜连这句话都被揭发出来。

反“右”之后

反“右”之后,一切归于寂寥。

但在严景耀的内心,却掀起了轩然大波。一份写于1966年8月29日的思想检查中,严景耀写道:“在对党的态度上,在反右以后,我要求坚决靠拢党。怎样靠拢、怎样听党的话呢?我按照老习惯做,企图无条件地服从个人指挥,党员如何说,我就如何做;党委如何决定,我就去执行。”

一个又一个的政治运动接踵而来:1958 年的“双反”运动、1959 年的人民公社运动、1965 年到 1966 年 6 月的“四清运动”、1966 年回校后的“文化大革命”运动……

1958 年“双反”运动期间,严景耀写下两万多字的《我的检查》,对自己的思想小结和学术观点作出批判。该检查后来登载于 1958 年 10 月 15 日出版的《北京政法学院双反运动思想检查选集》第三卷中。该检查的主要内容分四部分:对党的态度、在“大鸣大放”中对“右派”言论的认识问题、办学方针和道路问题,以及资本主义国家和社会主义国家的界限问题。

作为民主促进会党员,严景耀除参加中央统战部或者民进中央召开的各种座谈会并偶尔发发言外,再也不似以前那样积极活跃,以下略举数例:

“大跃进”期间,严景耀所在的北京政法学院架起炼钢炉,积极投身大炼钢铁运动。严景耀自己觉得年老体衰,干不了别的活,只能拿个锤子坐下来砸锅。但党委却说他“拿了好几百元钱干这个”! 其实,严景耀表面上对校园里的钢炉赞叹不已,但心里却忍不住打鼓:“政法学院开这么多厂,将来做什么我心里存有怀疑。”

从 1960 年 10 月 14 日开始,民进中央先后在 10 月 14 日、21 日、28 日、11 月 4 日召开座谈会,集体学习中共中央统战部部长李维汉的讲话。严景耀参加全部座谈会。在发言中他表示:“解放前我们反对蒋介石,共产党也反对蒋介石,觉得一样,却不知道自己是站在资产阶级立场反对蒋介石。”谈及民进和中共,严景耀表示:“他们的群众是工人,我们的群众还是知识分子。”“我知道资产阶级要消灭,但自己不在里头,相反觉得自己差不多了。反“右”时期明了自己是资产阶级知识分子,才恍然大悟。自己要求改造的愿望是有的,但是不理解思想改造就是阶级斗争。”

1960 年全国人大、政协会后，严景耀参加座谈会，其发言在今天看来颇有反讽意味：“对于从无到有的精神，有了很深的感触，没有群众热情是办不到的。……厂长说，没有党领导是办不到的。整风以后，四面八方拧成了一条绳，真是干劲冲天，不怕吃苦，政治觉悟不高是办不到的。厂长说，工人出勤率达到 180%，自动加班，拉回来又去。在公社也是这样……看见一个人漆黑地在耙地……走一段路后，又遇见一个，原来这两人是夫妻，彼此也在竞赛。现在公社规定六点钟一定要回家，但天黑了又偷偷地摸出来，真是干劲冲天！”“为什么干劲冲天，他们便说是有党的领导。”“群众路线是没有底的，服从党的领导也是没有够的。”

1961 年 2 月 11 日下午，在学习中共中央八届十中全会公报的座谈会上，严景耀表示：“抓生活不简单。过去党认为抓生活是办好食堂，其实劳逸结合也是抓生活，还是全面的。现在政府办事都要全面考虑，如发豆芽、豆腐都是全面考虑。六亿人的大家庭，要搞好不简单。过去天灾与高级知识分子不发生关系，生活没影响，现在是休戚相关，直接影响到生活，对我们是第一次。……过去我盲目乐观，认为猪肉半年后就有，现在看来问题不是这样，要踏踏实实来研究。”

整个 60 年代，严景耀只公开发表过一篇文章，即 1965 年 4 月发表在《人民日报》上的《声讨巴西反动当局迫害我国工作人员的罪行》。

解冻

早在 1971 年，严景耀、雷洁琼夫妇的命运就更早地迎来转机。

这年 8 月 3 日，中共北京政法学院“五・七”干校领导核心小组就雷洁琼、严景耀的问题，专门向中共北京市委打报告。该报告指出：“鉴于雷洁琼、严景耀系民进中央常委、民进发起人，在民主人士中有一定的政治影响，尤其是雷洁琼 1946 年曾参加和平请愿活动，在南京下关车站被特务殴伤,即‘六二三下关事件’,历史上有过进步作用。兹送上两人的政治历史问题情况审查报告,请予审查。”该报告特别提出:“根据雷、严的各自实际情况,可否给他们适当安排。‘文化大革命’中被冻结的银行存款,被抄家物资,请批准全部退回。”

1973 年,北京大学社会学系成立,严景耀被调往北大执教。可惜的是,1976 年 1 月 12 日,严景耀因病逝世,终究未能走出“文化大革命”的暗夜。

雷洁琼用沉痛的笔墨,写下悼亡诗若干。其中有两首曰:“哭了总理又哭你,悲痛心碎哭无泪。‘你讲,我懂’成永别,梦中相见两无言。”“三十五载同甘苦,志同道合跟党走。无情血溢夺你命,留下单身失羊群。”

1980 年 5 月 7 日,北京政法学院领导小组作出关于严景耀的历史结论和复查报告。此时,严景耀已经驾鹤西去五个春秋,其爱人雷洁琼代笔签注“同意”其历史结论。

卿本佳人，缘何从政

——雷洁琼的人生路

雷洁琼教授

雷氏家族

雷洁琼,1904 年 9 月 12 日生于广州,原名结群。祖籍广东台山。在她的兄弟姐妹中,雷洁琼排行第二,下有三妹雷素琼、四妹雷丽琼、五弟雷惠明。

雷洁琼的祖父雷仔文，字瑞峰，年轻时为生活所迫，前往香港谋生。后来美国矿企在香港招募华工去旧金山开金矿，雷仔文前往应召。抵美后，雷仔文由矿工变成小贩，成为颇有成就的商人，经营香港和美国之间的进出口贸易。雷仔文曾在老家购买土地若干，由雷洁琼的大伯父打理。1920 年雷仔文逝世，雷洁琼的二伯父与其祖母陷入遗产官司，雷仔文在美国与香港的产业宣布破产。

雷洁琼的父亲雷子昌，是雷仔文的次子，生于美国。稍长后，雷仔文将其送回中国读书，指望其通过科举求取功名。雷子昌中举不久，辛亥革命硝烟四起，通过科举求取功名之念不得不打消。辛亥革命后，雷子昌考入清华学校，但并未毕业。此后，雷子昌曾在粤汉铁路局当过文书，然后在雷仔文投资的广州市东雅印刷公司担任董事长。

在东雅，雷子昌的主业更多是担任法律顾问，他的主要收入来自于替人打官司、写状词，担任不挂牌的律师；此外，他还协助一家报纸编副刊。雷子昌在思想上受康有为、梁启超的影响较大，曾参加过群治会，鼓吹妇女放足，主张男女平等并普及教育。这些观念对雷洁琼一生影响颇大。1925 年东雅印刷公司倒闭，两年后雷子昌亦驾鹤西归。雷子昌死后，雷洁琼的母亲将名下房产改建后出租，依靠房租过日子。

辛亥革命前，雷子昌在家里设私塾，请老师教雷洁琼的兄弟姐妹读中国典籍。辛亥革命后，雷洁琼先后考进广东女子师范学校附属小学和中学。

1919 年“五四运动”爆发时，14 岁的雷洁琼正是高小三年级。她积极参加当地的抵制日货的学生运动。雷子昌非常生气，要求雷洁琼离开广州去外地读书，但不同意她去北平，因为北平是学生运动的策源地。最终她父亲同意她去美国读书。为准备去美国留学，雷洁琼转入美国教会学校，补习英文一年。

在美国

1922 年,雷洁琼自费赴美留学。她先进入南加州大学学化学工程,后又入斯坦福大学,修远东问题。1927 年雷洁琼重回南加州大学,专修社会学。

开始时,雷洁琼在美国的生活费及学杂费,均由家里供给。1927 年父亲过世后,母亲无力再为其汇款,雷洁琼从大学三年级开始,不得不半工半读。每天下午和星期日,雷洁琼都抽出一些时间,教当地华侨子弟和一个美国的侦探小说家 S. G. Gardner 学中文。

1931 年,雷洁琼以《美国华侨的第二代》为题的论文通过答辩,取得南加州大学硕士学位。正好此时燕京大学社会学系主任许仕廉去美国,专程为燕京大学社会学系罗致人才。许仕廉到南加州大学参观时,雷洁琼便与其相识。许仕廉到纽约后,致信雷洁琼,决定聘其为燕京大学社会学系教员,并嘱咐其在美国多停留一段时间,参观美国的社会福利机关,为教学做好准备。

遵照许仕廉的嘱咐,雷洁琼在美国待到 1931 年 7 月才动身回国。回国前,雷洁琼曾于 1931 年在英文杂志《社会学与社会研究》上,发表《美国华侨后裔的同化问题》一文。

执教燕京

1931 年 10 月初,雷洁琼前往燕京大学担任助教。1931 年至 1937 年,雷洁琼在燕京大学社会学系教授“社会学概论”“社会服务工作”及“社会调查”等课程。

据一些学生回忆,雷洁琼的英文并不是特别好,但她的课程很美国化,通过在美国求学时的笔记,以介绍美国的相关内容为主,用英文授课,也要求学生用英文提问、写作业。

对雷洁琼来说，工作初期，万事皆难。由于没有教学经验，她需要花很长的时间备课；为了能够在学术界成名成家，她又得从有限的时间内，分出一些做学术研究。她选择的题目是《中国家族制度的崩溃和影响》，希望能够用英文写出一本像样的学术著作，在美国出版，成为国际知名的学者、教授。围绕这个题目的研究，最后形成《中国家庭制度的演变与其社会作用》，1934 年发表于《社会学界》。

在这种情况下，她对政治可以说完全不关心。1935 年后，日本侵略中国日甚一日，“一二·九运动”如火如荼，中共的《八一抗战宣言》和斯诺的《西行漫记》对解放区的介绍，再加上西安事变的刺激，雷洁琼开始关注国共合作，逐渐与政治发生联系。由此，从政成为贯穿雷洁琼一生的主线；作为学者，她反而默默无闻。

这段时间，雷洁琼热衷于与学生一道在中国旅行。1932 年 4 月，雷洁琼曾应邀参加燕京大学新闻系旅行团，前往洛阳、潼关、开封等地旅行。该团由燕大新闻系主任黄宪昭领队，团员除雷洁琼外，全是新闻系学生。雷洁琼一行抵达洛阳后，国民党正在开国难会议，雷洁琼等在洛阳逗留两三天，参观了国难会议的会场。是年暑假，雷洁琼与燕京大学广东籍同学组织旅行团，一道经青岛、厦门等水路回广东省亲。

1932 年 9 月，就职满一年的雷洁琼被提升为讲师，并担任年级导师。雷洁琼发起并参加燕京大学教职员抗日救国会，与高君珊、马鉴、顾颉刚、郑振铎等人，发动教职员捐款，将棉手套、棉背心等慰劳品，交与学生们，去前线慰劳抗日战士。

1934 年，女作家谢冰心和她的丈夫吴文藻约雷洁琼、郑振铎、陈其田和顾颉刚等六七人乘专车，沿平绥铁路旅行。平绥铁路局局长沈昌是谢冰心在美国留学时的同学，他邀请谢冰心、雷洁琼一行的目的，是请他们为平绥铁路沿线的风景、名胜古迹和人物写文章，以扩大平绥线沿线的宣传。一路上，雷洁琼一行踏遍云冈、绥远、百灵庙等一带。雷洁琼一行的第一站是云冈,受到当时镇守大同的赵承绶接待;到绥远后,受到傅作义的欢迎;在百灵庙,受到德王款待,雷洁琼一行到包头参观了冯玉祥旧部蔡某创办的面粉厂。回京后,雷洁琼写下《平绥路沿线天主教会的概况》一文,由平绥路局编入“旅游小册”系列出版。

1935 年春假期间,雷洁琼参加以顾颉刚为首的正定和太原考古团,同行者有容庚、容媛以及顾随等人。

在燕京执教期间,雷洁琼先后参加在河北定县召开的第二次、第四次全国乡村工作讨论会。该会议作为“乡村建设运动”的重要论坛,从 1933 年开始,每年都会召开年会,有近百人参加。在会上,与会者通过专题报告、宣读论文、交流乡村工作经验以及提案等,围绕会议主题展开研讨。在当时,梁漱溟主持的山东邹平实验乡村建设区、晏阳初主持的河北定县平民教育会以及高践四主持的无锡江苏省立教育学院,是“乡村建设运动”的中坚。全国乡村工作讨论会即是由上述三家机构发起并主办的经验交流论坛。

当时,美国罗氏基金会拨款补助定县平教会、协和医院公共卫生系、燕京大学社会学系、清华大学工程系、南开大学经济研究所和南京金陵大学农学院,邀请这些机构,共同拟出一个“中国乡村建设方案”,涉及乡村社会调查、乡村建设工作经验及其推广、乡村工作干部的培养,并以河北定县平教会为实验中心,分工合作贯彻实施。

在该计划中,燕京大学社会学系承担社会调查与社会服务工作干部的培养。这段时间,雷洁琼在燕京大学教过的学生,大学毕业后有一部分也投身于“乡村建设运动”。燕京大学社会学系除派学生去定县平教会与山东邹平实验乡村建设区实习外,还在 1935 年向山东省省府交涉,将汶上作为实验县,并将其作为学生做社会调查实习的场所,并派张鸿钧教授为县长、毕业生徐拥舜为秘书长。1936 年暑假期间,雷洁琼曾与严景耀等前往汶上县参观。

1936 年冬，西安事变后不久，《西行漫记》作者、燕京大学新闻系教授斯诺回到燕京，举办小型座谈会报告他在延安的见闻，并放映他在延安拍的电影。雷洁琼前往观看，这是她第一次知道解放区的情况。

“一二·九运动”

雷洁琼前往燕京大学报到时，离“九一八事变”不到两周时间。“九一八事变”后，燕园群情激奋，同学们纷纷通过罢课等方式，宣泄其爱国热情。对于学生的爱国热情，雷洁琼比较理解，她认为只有学生还能为中国的命运呼号；但对于学生动辄罢课、荒废学业，雷洁琼并不认同，她觉得这不是爱国之道，也从未鼓励学生这么做。

就是在这种颇为矛盾的心绪下，雷洁琼碰上了“一二·九运动”。

据 1935 年 12 月 10 日《燕京新闻》报道，12 月 9 日“早晨大队出发时，本校教授文国鼐女士、毕善功先生，即随前往。午后，黄子通、杨开道、雷洁琼等，亦乘车前往，劝导同学回校……”

后来，雷洁琼有篇小文章《一二·九运动回忆片段》，其中“片段”如下：

> 当时，我和严景耀同在燕大社会学系任教（这时我们还未结婚），由于教学工作关系，我们接触频繁。他经常向我宣讲抗日救亡，反对法西斯主义的道理。他的进步思想对我启发很大，影响极深。当时他和燕大进步同学也有着密切的联系。在“一二·九运动”前夕，进步同学将游行示威的决定告诉他。景耀又及时转告了我。
>
> 12 月 9 日这一天，古城严寒，北风呼号。黎明，燕大校园沸腾起来了。爱国青年 500 余人的游行队伍，浩浩荡荡出发了。我出于朴素的爱国之情和对日本侵华的义愤，毅然参加了游行。反动当局早已得知学生要请愿游行的消息。我们的

队伍刚走出校门不远，便遇到前来阻拦的大批警察。我们向领队的警察晓以大义，高呼："中国人不打中国人。"一路上广大爱国青年学生，以勇敢、团结、战斗的精神，冲破了沿途反动军警的阻挠，到达西直门。这时城门已经关闭，城墙上布满了荷枪实弹的军警。学生代表和军警几经交涉，均未成功。爱国的青年激愤了，他们含着热泪高喊："中国人的城门，已不许中国人进了。"并立即在城门前召开群众大会。

"打倒日本帝国主义。""中国人民团结起来。""日本帝国主义滚出中国去。"愤怒的口号声响彻云霄。学生们在严寒朔风中坚持宣传达数小时之久。约在上午11时半，我见学生们滴水未进，便匆匆返回学校，通知学校当局给学生们送饭。我和燕大美籍进步教授夏仁德乘坐学校大卡车，把馒头等食物送到西直门，分给学生们吃。有些学生却气得不想吃。我们还劝说一些身体不好的同学乘车返校，但绝大多数同学不肯上车。坚持至傍晚时分，参加游行的各校同学始愤愤返校。大家认为我们的队伍虽未能进城，但也伸张了抗日的正气。大家表示："一定要以声势更大的示威行动，来回答反动统治者。"

"一二·九运动"后月余，平津学生组织下乡宣传队，到农村宣传抗日，走工农结合的道路。

在燕京大学，王华等进步学生亦打算组队，沿着平汉铁路下乡宣传。出发的时间定于1936年1月7日。他们出发前一天晚上，燕京大学校长陆志韦告诉雷洁琼，他从清华大学听来消息，说平津学生下乡宣传，宣传队要到河北固安县集合；宋哲元知道这个消息，要派军警去镇压学生。陆志韦告诉雷洁琼，为了对学生的家长负责，应该通知他们的家长，同时派雷洁琼、韩景濂和英国教员贝老三人去通知下乡宣传队。

雷洁琼1936年1月6日的日记载：“七时往57号食饭，陆志韦打电话来，说很愿意明天我能与韩景濂一块去。完毕九时回家，韩景濂、崔玉汾……来讨论去琉璃河进行计划。同时，周思敬、高君哲打电话来报告消息。我们打电话到车站打听车期，决定今晚十一时四十五分往琉璃河……十时半离校进城。”

接下来的行程并不顺利。雷洁琼1月7日的日记，详细记载了前晚的行程及当天的工作：“离家后在校门口约韩景濂、崔玉汾，在平绥路阻了十分钟，在西直门阻了五分钟，恐赶不及车，心殊焦急，往东城约高君哲后，到车站时已十一时四十分，二等车票已售罄，三等因人已太多，本不愿卖与我们，上车后真是拥挤不堪。……这样寒冷的天气，非为生活，谁愿意出来？过西便门时，立刻想到学生的第二次示威运动情形，他们的热忱，他们的勇敢，都是国家的福气；他们的幼稚，他们的不理智，却是国家的危机。同时联想到我们这次去的使命，我反复的自问，终找不到答复。……六时起来，粥来得太慢，等不住，食一点干粮，即往访学生。到时他们还未起来，他们男女同睡于一屋内的地上。我们进去时，他们都很快乐地呼我们的名字，他们立刻起来。当他们梳洗食早餐中，我乘机会与每个女学生谈话，结果赵春玲与魏汉馨与我们回校。十时他们出发向固安进行，我们回店。”

雷洁琼的日记所载，与事实大体上无出入，但并不完整。当天早上，雷洁琼一行见到王华等同学，将学校当局的意见完整转达。学生领袖王华很严厉地指斥雷洁琼等师长，“你们不要破坏我们的集体行动，你们如果是爱国的，应该跟我们一起走。”最终雷洁琼等只劝回少数学生。

尽管这次阻止以失败告终，但学生依然牵动着雷洁琼的心。“一二·九运动”中，有某中学学生被捕并死于狱中，北平学生在北大开追悼会,会后组织抬棺游行,军警出动并逮捕不少学生,关在陆军监狱。有一天,监狱方面来电,说燕京大学有一女生有疾病,燕大遂派女部校医、美国人宁大夫去看病,并派雷洁琼陪其前往。

在江西

1937 年 11 月底,雷洁琼应熊式辉之邀,前往江西南昌。

早在 1936 年春,雷洁琼即经燕京大学家政系主任陈意介绍,与熊式辉在北平相识。熊式辉计划在江西办一所家政学校,所以派人来拜见陈意,陈意遂约雷洁琼一道去见熊式辉。熊式辉热情邀请雷洁琼等前往江西参观,并设计家政学校。

1936 年暑假,雷洁琼和陈意等前往江西,参观南昌、丰城等农村实验区与妇女工作。熊式辉再次表达其筹办家政学校的宏图,诚恳挽留她们在江西工作。雷洁琼等答应为熊式辉介绍人来。回北平后,她们介绍当时香山慈幼院负责人、熊希龄之女熊芷、王敏仪以及燕京大学毕业生水世铮、潘玉梅等前往江西。北平沦陷后,熊芷受熊式辉之托,约雷洁琼去江西。

“卢沟桥事变”前几天,雷洁琼正式离开燕京大学南下,先是回到广东老家,随后又陪母亲去香港。

据吴文藻回忆,雷洁琼离开燕京大学,与当时社会学系的内部纷争有很大关系:1934 年吴文藻担任社会学系主任后,系内农村服务工作交由张鸿钧负责。张鸿钧与严景耀素来就有矛盾。而在张鸿钧手下,专管妇女工作的吴榆珍,曾由社会学系送往美国留学,亦有实际工作经验,后来与张鸿钧结为连理。在这种情况下,雷洁琼在社会学系的发展大受影响。加上已与雷洁琼确定恋爱关系的严景耀亦决定离开燕京,前往上海,雷洁琼南下更顺理成章了。

抵达江西后,雷洁琼住在熊芷家里。1937 年 11 月,雷洁琼被熊式辉聘为江西省妇女生活促进会顾问、设计委员以及妇女生活指导处主任。这是雷洁琼在江西期间的专职工作。

江西省妇女生活促进会于 1936 年成立，由熊芷和王敏仪主办，其原初的宗旨是进行改良家庭生活的实验和推行工作，注重训练妇女改善家庭生活与儿童保育等，培养家政干部。

但雷洁琼到南昌时，妇女生活促进会宗旨和工作方式已经完全改变，主要工作是分派干部到县里，组织训练妇女宣传抗战。工作人员绝大部分为流亡青年和学生，甚至有地下党员参与其中。妇女生活促进会名义上为群众组织，但经费由江西省政府全额拨给。

训练方法由妇女生活促进会拟定，以集训为主。妇女由保长保送，每次保举一人，集中在乡镇训练七天。工作人员与妇女群众同吃同住，白天宣传抗日战争，讲授妇婴卫生常识，并教其识字认读等；而晚上，则举行座谈，了解妇女生活情况。受训妇女们的诉苦，往往将座谈会变成诉苦会。大多数妇女起初都是被强迫而来，但经过七天集训后，很多人对工作人员的态度有所改变。训练结束后，工作人员在组织当地妇女选出负责人后即离开。整个培训的资料和教材，都由妇女生活促进会编写。

从 1939 年到 1941 年，雷洁琼在《江西妇女》杂志上，发表了十余篇有关妇女运动的文章。1941 年 10 月，雷洁琼在英文刊物《中国记录者》上发表了《三十年来的中国妇女运动》一文。

1938 年夏天，雷洁琼在江西曾接到司徒雷登的电报，请其回燕京大学执教。由于司徒雷登不知道其地址，这封电报先由司徒雷登发给武汉美国领事馆，再由武汉领事馆转江西省政府，最后才辗转找到雷洁琼。雷洁琼思索良久，并未回去，亦未复电。时隔多年，雷洁琼才获悉，这两份电报均是时任社会学系主任赵承信请司徒雷登发出的。

雷洁琼与司徒雷登等在一起

1938年年底，南昌沦陷，妇女生活促进会迁往江西遂川，不久又迁往江西泰和。由于当时地方县府与党部常有矛盾，妇女生活促进会开展工作并不容易。

1939年，江西省妇女生活促进会被改组为江西省妇女指导处，受江西省政府直接领导，雷洁琼担任督导主任。在各地地方政府下，妇女指导处亦设有相关职能部门。作为国民党“新生活运动”的执行者、监督者，雷洁琼负责督导各县妇女工作，组织训练妇女群众，成立区、乡、保的妇女队等工作。

雷洁琼到南昌后不久，首都南京即沦陷。大量伤兵源源不断地涌到南昌。开始时，江西省政府并未做好接待准备，伤兵得不到妥善安置，马路上、车站上都是伤兵，医疗设备更为缺乏。这引起伤兵的不满，最终逼得这些伤兵愤而包围省政府。工作人员作鸟兽散，遂成僵局。当时在省府内的熊芷给雷洁琼打电话，安排雷洁琼等省妇女生活促进会前往调解、安抚伤兵，直到他们解除对省府的围困。

接下来的1938年2月至5月，雷洁琼受江西省妇女生活促进会委派，兼任国民党军政部江西省伤兵管理处慰劳课上校课长，办理收容管训、愈兵归队拨编、散发慰劳金、伤兵教育、出版刊物等工作。为防止伤兵闹事，雷洁琼建议在伤兵医院成立俱乐部，组织伙食管理委员会，试图解决伤兵和管理人员之间的矛盾，调解伤兵之间的纠纷，慰问伤兵等事务。

1938年三四月间，雷洁琼前往武汉，出席宋美龄和李德全召集主持的“中国战时儿童保育会”成立大会。开会前，宋美龄还专门邀请雷洁琼和熊芷共进午餐，细谈正在筹备召开的全国妇女座谈会问题。

由于雷洁琼在推行“新生活运动”中的努力，宋美龄颇为赏识她的作为，遂邀请其出席不久后将在庐山召开的“全国妇女领袖谈话会”筹备会及正式会议。正式会议座谈主题是如何发动上层妇女参加抗日工作，雷洁琼代表江西与会，邓颖超、孟庆树亦代表中共参加；时任全国妇联副主席史良、沈兹九以及劳君展等，均应邀出席。在会上，宋美龄提出要在重庆举办高级妇女干部训练班，让雷洁琼起草重庆高级妇女干部训练班“训练计划大纲”等材料。会后，宋美龄热情邀约雷洁琼前往其府上，与蒋介石就餐并合影留念。

1938 年 5 月雷洁琼在庐山与宋美龄等妇女谈话会人员合影

政治讲习院

1938 年 5 月至 10 月，雷洁琼还曾短暂兼任国民党江西省地方政治讲习院教师。

政治讲习院成立于 1938 年三四月间。当时，熊式辉邀请许德珩、王造时、罗隆基、程希孟等人来南昌，筹办地方大学。但最后筹划中的大学并未成立，改为政治讲习院。政治讲习院成立后，熊式辉兼任院长，王造时担任教务长，许德珩担任训导长，蒋经国担任副训导长。训导长下设训导教师，除雷洁琼外，还有孙席珍、吴剑真、王滨海、石含蹯等人。但雷洁琼的工资，依然由妇女生活促进会支付。政治讲习院的专任教师，由罗隆基、程希孟、潘大逵、彭文应及雷洁琼等担任。

成立政治讲习院的目的，主要是为江西地方区县及乡镇等培养基层干部。学员以流亡青年为主，当时在南昌专门设有政治讲习院招考处；亦有小部分国民党系统的基层干部。学员按职务与专业分班，如区长班、乡（镇）长班，而区指导员则分为民政、教育、财政等班。在该培训班上，一般课程如“国际问题”“政治学概论”等由专任教师讲授，而专业课如县、区、乡、镇的组织机构、保甲制度、学校管理、财政制度等则由有关政府机构派人来讲。

在政治讲习院，雷洁琼作为训导教师之一，除承担“妇女工作”与“社会调查”两门课外，还担任战时妇女干部训练班主任一职。该班共有 60 名学员，其中 30 名为流亡青年，结业后妇女生活促进会负责将学员分配到各县，负责妇女组训工作；另外 30 名由武汉机关委托培训，结业后亦回武汉原机关工作。

妇女干部训练班的课程中，核心课程一般都单独讲授；而其他一些非核心课程，则与民政班甚至其他几个班级联合起来上课。训练班六个月为一期。南昌沦陷后，妇女干部训练班迁往赣州，雷洁琼主持并完成第二期妇女干部训练班后离职。

1939年雷洁琼担任江西省妇女督导处主任时与熊芷等在一起

江西省妇女指导处全体职员合影

在政治讲习院任职期间，雷洁琼认识了时为江西省保安司令部副司令的蒋经国。当时，蒋经国的表现颇为进步，曾有好几次在周末亲自带学员去郊区农村参加劳动。蒋经国在担任赣区专员后，亦来到妇女干部训练班，给学员讲他在苏联的生活。蒋经国曾邀请雷洁琼前往他家聚餐，并介绍其与他苏联籍爱人认识。蒋经国受蒋介石安排发起筹组三青团时，曾邀请雷洁琼担任江西省的发起人，但被雷洁琼以不愿意加入任何组织为由婉拒。1941 年雷洁琼途经赣州，当时不少进步青年被捕，雷洁琼前往拜访蒋经国请其网开一面，但蒋经国拒绝见面，遂作罢。

1939 年开始，国立中正大学在江西泰和开始筹备。当时，受抗战形势影响，江西省省府已迁至泰和。熊式辉邀请原金陵大学政治学系主任马博庵担任筹备主任。雷洁琼曾应邀参加过几次筹备会。1940 年 9 月，国立中正大学成立。校长为胡先骕，训导长为朱博泉，教务长为罗文光，政治系主任为马博庵。中正大学成立时，只有法学院和工学院，只招收一年级一个班的学生，学生和教职工人数都不多。雷洁琼被聘为政治系教授，担任“社会学概论”的教学。

在上海

1941 年“皖南事变”后，江西陷入白色恐怖。当局在泰和和马家洲等地，大肆搜捕进步青年。雷洁琼担任主任的妇女指导处，亦有不少干部被捕，从事妇女工作的进步青年纷纷逃离。尽管中正大学尚未发生逮捕学生的事件，但雷洁琼已意识到危险近在咫尺，不可久留。她遂于 5 月提前考试，未等暑假开始，就离开江西，前往上海。

在上海，雷洁琼与严景耀重逢。1941 年 7 月 5 日，雷洁琼与严景耀在上海举办婚礼。此后，雷洁琼避居上海租界区，历任东吴大学、复旦大学、沪江大学、圣约翰大学、震旦女子文理学院以及华东大学等高校教授，过着平静的教学生活。

1941 年 7 月 5 日，与严景耀教授结婚

至早在1943年春之前,雷洁琼深居简出,未参加过太多政治活动,她在江西时,耳闻目睹抗日战争的节节败退及国民党的贪污腐化,颇为悲观和失望。在这种心境下,雷洁琼只愿意回归平静的教学生活。

这期间,雷洁琼经时任东吴大学和复旦大学社会学系系主任钱长本的介绍,前往东吴大学执教。本来雷洁琼亦答应钱长本去复旦兼课,但只教了一学期,太平洋战争爆发,复旦大学迁到内地去了。另外,经老同事陈意介绍,雷洁琼还曾在1942年前往圣约翰大学,教了六个星期的暑期学校,后来因为离家太远、交通不便而放弃。

在这段时间,雷洁琼的朋友圈不是很大,经常来往的朋友不外乎陈意、陈慧、郑振铎、许广平、俞庆棠和高君珊等。

大约1942年前后,雷洁琼通过郑振铎知道新四军约请韦悫去苏北办大学,并表示如果雷洁琼、严景耀夫妇去,也会受到欢迎。雷洁琼、严景耀夫妇思索良久,颇为动心。但因严景耀不能立刻辞去工部局监狱的职务,而雷洁琼亦担心生活艰苦,对解放区的情况不了解,尤其担心又被共产党分配回白区工作,所以放弃这一念头。

1943年春,雷洁琼和严景耀夫妇搬往法租界。除教书外,雷洁琼夫妇前往离家不远的华俄夜校,学习俄文。该学校设在教堂内,只有三个教员:一个中国神父李某、他儿子李培坤及一个白俄罗斯老太太,分别教初级和高级两班。这个课堂上的学生多为进步青年,学费按月缴纳,流动性很大。

经郑振铎和陈己生邀请,从1943年夏天开始,雷洁琼夫妇也成为"星二座谈会"的常客。陈己生表示,当时的情势下,找朋友聊天不易,所以他想约几个熟悉的朋友,每周餐叙一次,见面谈谈时局和近况。雷洁琼当时除教书外,没什么社会活动,而且听说参加者都是老朋友,所以便欣然答应。聚餐采取AA制,餐费交由陈己生统一保管,大多数时候在时任新新公司经理萧宗骏家里聚会。比较固定的成员有陈己生、郑振铎、许广平、赵朴初、孙瑞璜、王国秀、严景耀及雷洁琼。

座谈的内容以讨论时局为主,互通消息,交换意见。国际反法西斯战争和国内的抗日战争,是大家最为关切的两个话题。聚餐既无特定题目,也无专门结论。

1944年至1946年,雷洁琼曾担任中华基督教女青年协会董事会董事一职。当时,该会董事长是王国秀,总干事是陈望道的爱人蔡葵,董事会每年改选一次。抗日战争胜利后,从重庆来的杨某被选为董事长,雷洁琼即离开该机构。在担任董事的两年间,雷洁琼每年会参加一到两次的董事会,讨论协会的工作以及总干事提出的议案、工作报告和预算决算。当时,女青年协会的工作和活动主要都在重庆,在上海只有很少数人。女青年协会曾在上海东部举办过一些女工夜校,雷洁琼曾应邀前往做过几次时事报告。

这段时间,雷洁琼还参加过几次"恒社"聚会。"恒社"是一个留美女学生的组织。全社共有三十多名社员,以互助为主要宗旨。当时在上海的社员有陈意、陈慧、王淑真、朱曦等。

尽管此时雷洁琼政治表现进步,对于时事政治颇为关心,但对于青年学生参加革命,她还是持很保守的态度。1944年时她的朋友俞庆棠之女唐孝端要辍学去解放区,俞庆棠说服失败,遂转求雷洁琼做思想工作。雷洁琼告诉唐孝端,说抗日战争后,国家需要很多人才,读完大学再去解放区,对革命更有利。可惜的是,雷洁琼的劝说并未发生作用。

1945年暑假,严景耀在新华银行的同事项吉士之子项淳一高中毕业后,和几个同学来拜访雷洁琼,提出他们的前途问题。雷洁琼主张,只要有机会上大学,他们还是应该投考大学,抗日战争后需要很多人才。项淳一听此劝告,顺利考上燕京大学,毕业后曾在北京市委担任彭真的秘书,后来出任全国人大法律委员会副主任。

1945年9月至1946年4月,时任东吴大学社会学系代理系主任的雷洁琼，受时任上海市教育局局长顾毓琇和社会教育处处长俞庆棠之邀，曾担任上海市教育局社会教育处专员，代表国民政府接收过两处敌伪教育机关。后来雷洁琼主动提出辞职。据雷洁琼回忆，辞职的原因在于政治上的不信任。雷洁琼和俞庆棠、胡乃秋等在同一个办公室办公。有一天，雷洁琼到办公室后正和俞庆棠谈话，通讯员送来一份密件；俞庆棠没有看，随手放在抽屉里就去开会。雷洁琼便拿出未密封的密件阅读。密件来自教育部，无非是说冯乃超等人是共产党员，现在去上海，应该对他们的行动引起警觉。除了冯乃超外，其他人雷洁琼也不认识。读毕，雷洁琼便将该密件原样放回，未告诉过俞庆棠，俞亦从未主动问她。过了几天，俞庆棠仍未与雷洁琼谈及该密件，雷认为俞庆棠对她不信任，便下定决心辞职。

成立民主促进会

1945 年年底，毛泽东去重庆的消息传到上海，雷洁琼等人颇为振奋，在马叙伦的召集下，经常举办时局问题讨论会。经常参加的人有林汉达、周建人、许广平、徐伯昕、冯宾符、郑振铎、赵朴初、严景耀等人。开会多在晚上，一般在古玩店老板曹鸿翥的家里。

在特定的社会气氛下，亦常有工人、职业青年和进步学生来，邀请雷洁琼等去演讲，马叙伦、许广平、林汉达和雷洁琼都曾去讲过几次。所宣扬者，无非是抗日战争胜利后要建国，要求民主与和平。当时，《文汇报》亦经常举行座谈会，雷洁琼亦是座谈会常客之一。

当时各民主党派的负责人大都在重庆。为更好地推动民主运动，马叙伦建议成立专门组织。当时，雷洁琼等听说马歇尔要来中国，第一站就是上海，于是雷洁琼等决定给马歇尔写一封信，劝阻美国不要干涉中国内政，宣扬和平建国的理念。为了推动更多人签名，雷洁琼等遂加紧筹备中国民主促进会的进度。

就这样,经雷洁琼与马叙伦、许广平、郑振铎等人发起,中国民主促进会于1945年12月30日正式在上海成立。民主促进会成立后,接待从内地来上海的民主人士,就成为雷洁琼等的日常事务之一。

在马歇尔抵达上海前,费正清以美国新闻处处长名义邀请马叙伦、章乃器及其夫人杨美珍、刘王立明、严景耀及雷洁琼等召开座谈会,征求与会者对时局的意见。马叙伦是主要发言人,雷洁琼等也不时插话,表示在抗战胜利后,中国需要民主、和平建国。

接下来的日子里,雷洁琼越来越活跃,介入实际政治越来越多。

下关事件

发生在1946年6月23日的下关事件,是雷洁琼参加民主政治活动的一个小高潮。

1946年6月开始,蒋介石部队对苏北解放区大举进攻。由于国民党政府破坏"停战协定"和旧"政协决议",当时中国民主促进会和其他在上海的人民团体联系,决定成立包括46个上海民间团体在内的上海各界人民团体联合会,去南京请愿。经广泛协商,由上海人民团体联合会选出十人,组成"上海人民团体代表团"前往南京。

雷洁琼并不知道代表团名单的决策过程。但马叙伦邀请其参加该代表团时表示,本来想邀请许广平参加代表团,因为许广平和鲁迅之间的关系,其知名度太高,所以决定改选雷洁琼参加代表团,既代表妇女界也代表教育界。据胡子婴回忆,代表团成员并非选举产生,而由各方推选,主要标准有:有社会地位,能够产生一定影响;要求和平反对内战;有斗争勇气,不怕迫害。雷洁琼之所以入选代表团,马叙伦做了很多工作。当时,白色恐怖气氛笼罩上海,前往南京请愿,势必面临政治上的危险,并非每个人都有胆识成为代表团成员。有的人经推选成为代表团成员,如陈叔通先生,但不愿意前往南京;还有的人虽然答应成为代表团成员，如胡厥文先生，但临阵借故退出。

“六二三代表团”最终前往南京的成员和身份构成如下：马叙伦（中国民主促进会常务理事、中华全国文艺界协会上海分会监事）；蒉延芳（浙江兴业银行董事、大生纱厂董事、丰盛实业公司董事、四明医院董事长）；盛丕华（上元企业公司董事、开美科药厂董事长）；雷洁琼（中国民主促进会候补理事，上海东吴大学、沪江大学教授）；包达三（雷石化学公司董事长、信仪地产公司总经理）；张炯伯（中兴实业公司董事、中国民主建国会会员）；阎宝航（中国民主建国会监事、东北政治建设协会上海分会负责人）；吴耀宗（基督教全国青年会总干事兼出版部主任、中国福利基金会成员）；陈震中（圣约翰大学学生、上海学生团体联合会主席）；陈立复（东吴大学学生、校学生会主席）。

1946 年 6 月 23 日上午十一时，雷洁琼等一行上海各界人民团体联合和平代表团从上海出发，前往首都南京请愿，当晚七时抵达南京下关车站。

雷洁琼一行甫抵达南京，便被国民党特务将她们和欢迎的群众一道，围困在下关车站的一间候车室里。特务们先是在候车室外面百般辱骂，后来又闯入候车室，一顿乱打。雷洁琼等代表团成员，受到不同程度的伤害。此即“六二三下关事件”。

有意思的是国民党官方的说法。6 月 24 日的《中央日报》发自上海的消息报道说：

> 自称上海人民代表暨学生代表来京请愿之马叙伦等一行，于昨日上午十一时乘京沪车自沪来京，于七时抵下关车站。当时，有苏北流亡来京难民群众向马叙伦等陈诉共军暴行，请求共同向国府及中共办事处请愿、护送还乡，历时甚久未获圆满答复，僵持至晚十一时，言语误会，发生殴打情事，来

> 京之马叙伦等及南京市党部徐士年、市府钱江潮、美新闻处黄真等十人受伤……当时受伤者有马叙伦、阎宝航、雷洁琼、陈振中、吴耀宗、叶笃义、陈芝、浦熙修（《新民报》记者）、高集（《大公报》记者）、徐文武（《益世报》记者）、徐士年（市党部职员）、钱江潮（市政府专员）及维持秩序之宪兵官兵数人。其中以陈震中、雷洁琼等受伤较重，受伤后即由宪警保护，送入中央医院医治。记者闻悉后，即赴医院探视。除徐斌、徐士年及钱江潮外，其余伤者均躺于医院地板或椅子上……

雷洁琼被打后，立刻被送到南京中央医院养伤，前后有一周多时间。

"六二三下关事件"后不久，雷洁琼曾在南京见到费正清。在马歇尔接见代表团全体成员之前，费正清曾来医院探望马叙伦，并会见代表团全体成员。费正清建议雷洁琼等在见马歇尔时，尽量将意见完整表达出来，并表示马歇尔会听取各方面意见。

马歇尔在下关事件发生后一周左右，接见了代表团成员。代表团方面，阎宝航、张炯伯、吴耀宗以及雷洁琼等先后发言。马歇尔一方面表达其对雷等被打者的慰问，另一方面也批评国民党特务敢于殴打大学教授的愚蠢以及对民主的无知。马歇尔表示，美国政府关心中国的和平和民主，他就是为此使命而来中国；中国人民要求和平是可以理解的，与会者为和平而奔走呼吁是可佩服的。马歇尔还表示，蒋介石也是愿意和平的，但共产党有它的要求，因此和平运动应两方都施加影响。会谈期间，马歇尔问雷洁琼认不认识宋美龄，认为她应该去见见宋美龄，并可以代为安排。

会见马歇尔的次日，代表团一行前往拜见中共办事处负责人周恩来。周恩来用很多地图，向代表团展示国民党方面如何破坏停战协定，并详细阐述当时中共的政策。周恩来发言尚未结束，雷洁琼即被马歇尔的参谋接去见宋美龄。

宋美龄会见雷洁琼是在家里。雷洁琼遂详细讲述来南京的经过情况、要民主的诉求和在南京被打的情况。宋美龄告诉雷洁琼，此事发生时蒋介石并不知道，她一定会将有关情况告诉蒋介石。

宋美龄接见前，雷洁琼已将要谈的要点与代表团商榷并征得同意。当天会见结束返回医院后，雷洁琼亦将会见情况向代表团做了汇报。次日，宋美龄曾派秘书张霭贞来医院，特意敬送一篮水果。

此后不久，雷震通知说，蒋介石要见代表团的蒉延芳。蒋介石告诉蒉延芳，你们回去告诉上海人民，我决不发动内战，决不发第一枪。雷震即表示，你们的目的已达到，可以回去了。雷洁琼一行坐官方安排的飞机回上海。

通过“下关事件”，雷洁琼一下成为国内外知名的民主教授。1946年8月8日《纽约时报》在报道中华全国基督教女青年全国协会有关活动时，曾有篇雷洁琼的个人特写，配图见报。通过这份人物特写，我们不难看出当时雷洁琼的社会形象和声望：

> 一个妇女因为政治上的勇气，致使她住到南京一家医院一周。在中国这些动荡的日子里，作为一个妇女来说，是了不起的。雷洁琼是一个瘦长、热情、精神饱满的年近四十的妇女。她大部分时间是在教社会学的，但是她对于民主主义在中国的建立的关心，像关心她在银行里工作的丈夫严景耀的吃饭一样。
>
> 这就是不久前，她带着一只乌青的眼睛，衣服破碎，满身伤痕来到南京一家医院的原因，也就是为什么她在同一个时间任教，而又作为一个委员，在中华基督教女青年会全国协会

里努力工作的原因。她对于中国的青年和妇女是信任的。

在上海一层二间破旧的顶屋里，她的书籍要比装饰品多。雷女士（她像现在中国大多数有职业的妇女一样，保持着她娘家的姓名）在她家里，介绍了一些促使她目前对中国民主团体和活动发生强烈兴趣的经历。

她在战争初期就发现，中国农村妇女是机智的，并渴望跳出她们锅台四周的小圈子。她热情地叙述说："在我与她们一起工作的三年中，我发现了她们当中有天才。"在抗日战争初期，她被江西省政府派到农村去教育农村妇女。她说："她们当中的很多人，甚至不知道我们的战争是抗日战争。我们要尽快地教她们懂得一点爱国的基本原理。"她这样做后，赢得了她们的信任，在每个村庄中她待一个星期。她精心选择四十位女大学生，与她们一起到一个村庄，并要求每个保（约一百家组成的一个单位）有一个妇女作代表到她那里去。然后她主持一个为期一周的会议，在此期间妇女们听课、学习、唱歌、游戏，并学习写自己的名字。

雷女士说："她们常是哭哭啼啼的，胆战心惊地拖着丈夫和婆婆来的。她们怕我们将她们送去打仗或拐走她们。但是她们常常在离开时也是哭哭啼啼，因为她们不愿意走，她们需要学习到更多的东西。"

在这一周内还教她们学数钱，在以前她们是不会的。她们再不要用叉来签字了。她们懂得了日本、德国是什么国家，中国为什么作战。有时她们甚至会自愿交给政府一些微小的首饰来支援战争。

雷女士说："当知道事件的意义时，她们是真正的爱国者。其中的一些妇女，在一周末，向农村中我们召集的妇女演说，而这些演说是天才的演说,是我以前在任何地方都从未听到过的动人的演说。”

有了在中国内地的这段经历,雷女士更强烈感到,要对中国每个男女给予教育和机会,但需要有训练的人到广大的地区和群众中去进行。所以雷女士回上海来训练新的领导者。由于不满足于等待目前这一代学生的成长,雷女士竭尽全力来推动中国战后停滞的力量前进。她参加了由一群进步教师、作家、工业家、律师组成的团体,他们在抗日战争胜利后,组成了一个非正式的组织去“促进民主”。她说:“我们不是一个政党,也不想成为一个政党。我们不是国民党、共产党,也不是民主同盟。但是什么时候我们能够有助于促进四大自由,或民主理想,我们就照做。”

所以当大部分包括工人、学生、职员和靠薪水生活的人在内的组织在上海聚会,要求她作为到南京去的代表之一,向两个对立的党派领袖,也向马歇尔将军表达要求和平的愿望。雷女士接受了。在她想来,这是一个公民的一部分责任。

现在在政治上发生作用的势力是如此对立。当代表团离开上海车站时受到十万人热烈友好的欢送,而在南京却遭受另一群对他们敌视的人们的迎接。在南京,那群人给这代表团贴上了“共产党”的标签,代表团包括一位银行家、一位企业家和好几个教授。那些人冲破了南京站的门窗袭击他们。雷女士生动地叙述了暴徒怎样打她,拉她头发,似乎令人不可思议。

这段经历,可能使一个软弱的妇女对在中国的个人权利和自由的进步经过很长的时间,而感到灰心丧气。但雷女士却不是这样。她说:“当然我并不灰心。我们都知道中国会变得民主的。但是如果我们的人民不去促进这些进步，那么过程是缓慢的，也有更多的人要受苦。”她就是这样一个促进者。

重回燕京

“下关事件”后不久，雷洁琼还在家里养伤，东吴大学即通知她已被解聘。

通知的方式很委婉。东吴大学负责人徐某来探望雷洁琼，说东吴大学将于下半年迁回苏州，社会学系主任将由钱长本继续担任——而事实上，钱长本已回到苏州，料理其家事，雷洁琼原是代替钱长本担任代理系主任。雷洁琼意识到，她与东吴大学缘分已尽。此时，雷洁琼所兼职的其他大学都在复办过程中，尚无联系，雷洁琼面临失业的问题。

正好此时，燕京大学校长陆志韦派林嘉道来探望，表示美国救济总署拨给燕京大学专款，办“儿童福利课程”，希望雷洁琼能回燕京主持该工作。

从陆志韦的角度，他们已经预见到中共在国共内战中的胜算，认为在中共统治下，要维持像燕京大学这样的美国教会学校，就需要一大批民主党派人士和共产党打交道。当时，燕京大学民主党派的教授只有张东荪，他作为校长，需要扩大燕京大学民主党派教授的阵容。由此，邀请严景耀、雷洁琼等燕京大学的“老人”、学者中颇有名望的民主党派成员回来，便顺理成章了。

雷洁琼的进步朋友们如陶行知、胡子婴等，都建议她留在上海，继续参加反蒋民主运动。但雷洁琼认为，自己并非职业革命家，今后在上海没有职业，生活将成问题；而且，她在家养伤期间，经常有不认识的人来其住所，形迹可疑，颇不安全。种种情况下，雷洁琼未及与严景耀或者民主促进会的同志们商量，便决定回燕京大学教书。

走向解放

1946 年 8 月,雷洁琼回到北平,重回燕京大学社会学系执教。

"儿童福利课程"的目的是培养儿童福利机关的行政人员、营养员和托儿所、幼儿园教师。在燕京大学方面,社会学系、家政系和教育系均派人参与,雷洁琼担任负责人。

该项目启动之初,在燕京大学附近成府路一带,办了一个儿童福利站,内设托儿所、幼儿园和奶站,作为学生实习和研究的基地。该儿童福利站的所有经费和奶站奶粉供应,都由美国救济总署拨给,来托儿所、幼儿园和来奶站喝牛奶的小孩,都是成府路附近居民的子女。该福利站共招收三十多名幼儿,此外还有四五十名幼儿每天来喝奶。燕京大学主修营养学的学生,每天记录小孩的体重状况,作为调查资料,写成报告或论文。该儿童福利站一直持续到 1948 年美国救济总署停拨经费为止。

回到燕京大学后,雷洁琼在工作之余依然活跃。1946 年 11 月,雷洁琼与燕京大学家政系讲师、中共地下党员李铿倡议,成立读书会,讨论有关苏联的社会制度等问题。参加者有时任燕京大学校长办公室秘书、中共地下党员杨汝佶;燕京大学中文系讲师、中共地下党员卢念苏;燕京大学社会系助教、中共地下党员姚念玖;燕京大学历史系教授翁独健;燕京大学政治系教授张锡彤以及雷洁琼的爱人严景耀。该读书会进行过五六次,持续到 1947 年暑假。

雷洁琼回燕大后,经常有美国记者来访,问其对时局的看法。他们大都是通过"六二三下关事件",得知雷洁琼的大名。雷洁琼当时认为,如果美国不干涉中国内政,内战就打不下去;而由于美国的干涉,中国的内战将长期而复杂。

此外,雷洁琼、严景耀夫妇经常与吴晗、张奚若等进步人士联系,讨论时局问题,交换消息,偶尔对时局发表声明,联署签名,扩大影响。

1947年夏,美国参议院议员周以德来燕京大学访问,代理校长窦威廉召集不同观点的中国教员座谈,包括陆志韦、梅贻宝、陈芳芝和雷洁琼等人。在这次座谈会上,周以德提出:美国对华援助如何能够更有效?雷洁琼等与会者,围绕该问题,敞开表达了自己的看法:美国对华援助,实际上是帮蒋介石打内战,所以美国不干涉中国内政是最有效的。

这段时间,燕京大学教育系代理系主任夏仁德,是严景耀和雷洁琼夫妇生活中志同道合的密友之一。与夏仁德餐叙时,雷洁琼并不避讳告诉夏仁德她对时局的看法:美国对蒋介石的帮助起了很大作用,如果没有美国的帮助,蒋介石政权并不能支撑太久;而美国的援助只会使中国内战延长,却无法挽救蒋介石及其国民党必将失败的命运。雷洁琼认为,蒋介石的国民党政权贪污腐化,很不得人心。

雷洁琼当时有这种观点,很不寻常。按理说,当时雷洁琼与中共地下党并无直接联系;对于中共,她除不定期收到陌生人匿名邮寄的《群众》杂志外,并没有其他渠道能了解更多。但她此时的立场观点,确实天然地与中共站在同一战线。

1949年1月,北平郊区解放后,严景耀受马叙伦委托,代表中国民主促进会去石家庄解放区参加协商。于是,雷洁琼与丈夫严景耀、费孝通、张东荪等前往解放区,在中共中央西柏坡驻地见到毛泽东等中共领导人。

周恩来接见雷洁琼夫妇时,曾提及一封信的事:燕京大学解放后,有次夏仁德来访雷洁琼,表示有一位美国记者有一封信想交给毛泽东,不知道雷洁琼和严景耀是否可能找人转交。该记者即1946年9月29日曾专访过毛泽东的斯蒂尔。后来时任北平文教界军管会首长、严景耀和雷洁琼在上海时的老朋友张宗麟来访,雷洁琼即问张是否可能,张宗麟表示请示后答复。雷洁琼、严景耀夫妇在西柏坡见到周恩来后，周即表示这封信的作者斯蒂尔代表美国政府，中共不打算答复他。雷洁琼夫妇回燕京大学后，并未将此结果告诉夏仁德。

燕大往何处去？

1949年2月1日，雷洁琼一行结束解放区之行回到北平，随解放军入城。

雷洁琼一行前往解放区时，曾专门向燕大校长陆志韦告假。陆志韦希望雷洁琼等能够向中共反映，希望中共接收燕京大学，担负全部中国教职工的工资。

在解放区期间，雷洁琼夫妇曾向陆定一转达此口信，将燕京大学的经费情况做了汇报，但陆定一未给雷洁琼他们任何指示，亦未对燕京大学表示任何态度。

燕京大学解放后，夏仁德最关心的问题，即是燕京大学的前途。其实，这问题不光夏仁德关心，燕京大学的中外同事都很关心。雷洁琼当时还曾宽慰夏，认为燕京大学聘任了一些进步教授，大概是可以继续办。

当时燕大校长陆志韦颇想维持燕京大学，但是他不相信中共会在经费上全部接管，对美国方面还有幻想。他希望中共能够担负全部中国教员的工资，同时亦允许其保留与美国方面的关系，尤其保留与哈佛燕京学社的关系，因为哈佛燕京学社每年给燕大的经费，可以维持哲学、历史和中文三系。陆志韦想利用中共和美国，互相制衡，既用中共给燕大的经费来压美国，又用美国给燕大的经费来与中共讨价还价，尽量不受双方的完全控制。

雷洁琼的观点与陆志韦不同。雷洁琼希望燕京大学能够继续办下去，但是她认为，不能再靠美国的经费来维持。雷洁琼也相信，美国教员们不会长期留下来，要使燕京大学能够维持，要在教员中增加新的血液，聘请民主教授来燕京大学执教。

这点与陆志韦不谋而合。雷洁琼夫妇说服陆志韦和社会学系主任赵承信，将翦伯赞引进到燕京大学社会学系执教。燕京大学解放后不久，在雷洁琼夫妇的介绍下，林汉达亦被聘任为教育系教授。陆志韦亦将沈志远请到经济系任教。除此之外，雷洁琼曾还考虑过引进邓初民、茅盾等人到政治系、中文系任教，但由于各种原因并未成功。

雷洁琼、严景耀与吴晗

雷洁琼、严景耀夫妇，早先与吴晗并不熟识。

雷洁琼和吴晗第一次见面，是在 1946 年 6 月 23 日雷洁琼一行去南京请愿时。当时，上海举行和平与民主请愿大游行，欢送请愿代表团前往南京，吴晗即是此大游行及欢送会上的要角之一，可谓“火线上的友谊”。而吴晗与严景耀熟识，则是 1947 年 2 月严景耀回到燕京大学之后的事情。

雷洁琼、严景耀夫妇双双回到燕京大学后，民主运动如火如荼，雷、严与吴晗的见面亦频繁起来。他们经常在吴晗家里聚会，张奚若、吴晗的爱人袁震、张东荪、费孝通、费青等亦参与进来，大家讨论时局，互通消息，商讨民主运动及如何扩大政治影响。除座谈之外，有时由吴晗拟好对时局的声明，要雷洁琼、严景耀等签名，并通过他们在燕京大学找同事签名，尽可能扩大政治影响。

1948 年春，中国福利基金会派美国人 Teveboum 从上海来，找到雷洁琼、严景耀夫妇，说有一批药材要送到解放区去，问他们是否有可信任的渠道。严景耀在上海时即与来客熟悉，知道可以信任，便把这位美国人介绍给吴晗。过几天，吴晗回复说，运输不方便，现在也快解放了，不必运了。由此，雷洁琼、严景耀等由此推知，吴晗与中共地下党早已有联系。

1948 年 8 月前后，燕京大学接到国民政府教育部命令，要求注意张东荪的行动。雷洁琼、严景耀推测，依据当时吴晗的表现，教育部可能也有同样的命令给清华大学，于是严景耀即前往清华通知吴晗。吴晗后来向学校打听，果然亦接到要注意他的命令。

在这种情况下，吴晗当即决定前往解放区。由于吴晗前往解放区不得不途经上海，需要一笔路费。临行前，雷洁琼、严景耀夫妇还赠给吴晗 50 美元当做盘缠。吴晗到上海后，没有途径去解放区，不得不回到天津，等候爱人袁震一同去解放区。袁震临行前，将吴晗的一部分书籍和笔记卡存放在雷洁琼家中，直到解放后才取回去。

北平郊区解放后，雷洁琼、严景耀夫妇和张东荪、费孝通等前往石家庄，即由吴晗代表中共方面出面接待，他们的友谊由此得以延续。本来吴晗已打算回北平，但听说雷洁琼、严景耀他们要来，遂又应中共中央的安排留下来。次日，吴晗陪同雷洁琼、严景耀一行拜见毛泽东。北平解放后，雷洁琼、严景耀随解放军赶回北平，参加入城式，而吴晗夫妇则因故留在解放区。

北京市人民政府成立后，吴晗被任命为副市长，搬入市内居住。此时雷洁琼、严景耀夫妇仍然住在燕园，再加上吴晗公务繁忙，他们之间的往来近乎绝迹。

新中国成立后

新中国成立后，雷洁琼继续在燕京大学教书。此时，她的社会活动越来越多，曾兼任中华全国妇女联合会执行委员、全国政协第一次全体会议代表、政务院文教委员会委员，全国人民代表大会一、二、三届代表，全国政协委员，国务院专家局副局长，中共民主促进会中央常委、民进北京市委员会主任等职，二级教授。

在1949年、1950年两年时间里，雷洁琼先后出席过如下会议并兼任各项职务：中华全国妇女第一次代表大会，兼任筹备委员会委员、全国妇联常务委员；中华全国青年第一次代表大会；华北高等教育委员会委员；社会科学工作者代表会筹备会出席代表；中苏友好协会发起人大会；中国新政治学研究会发起人大会，筹备委员并任常务委员；中国人民政治协商会议中国民主促进会代表；中国保卫世界和平大会主席；中央人民政府政务院文化教育委员会委员；香山慈幼院理事长；亚洲妇女代表会议；《新建设》编辑委员会委员；中国人民外交学会会员；中国民主促进会全国代表会议代表。

1950年寒假，雷洁琼回广东省亲。陆志韦来和雷洁琼、严景耀夫妇商量，拟请其顺道赴香港，见美国托事部派来的人。陆志韦表示，他收到美国托事部寄来的十三所教会高等学校的信，希望他们派代表去香港联系。雷洁琼对此当即表示拒绝，并劝陆志韦将此信交到教育部。

1951年时，雷洁琼以抗美援朝慰问团团委及慰劳品处理委员会委员身份，参加赴朝慰问团，奔赴朝鲜慰问志愿军。

六七月间，雷洁琼回国后，随同抗美援朝慰问团前往上海，在该团副团长陈沂的率领下，和部分团员在上海展开宣传。这是雷洁琼自1949年以来第一次回到上海。在上海期间，雷洁琼除参与相关会议外，还做过一次广播录音。在上海滞留四五天后，雷洁琼一行随团转战武汉、杭州、南宁等地做报告。

至1952年时，经过“三反”、“五反”、思想改造和忠诚老实运动，雷洁琼已经随着形势的发展，“认识到不应该将燕大维持下去，我完全同意在院系调整时候取消燕京大学的”。

雷副教务长

1952年北京政法学院成立后，雷洁琼担任教授兼副教务长。除行政待遇外,尽管雷洁琼家人不多,但北京政法学院依然为其安排好教职工宿舍中最大最好的房子。据说雷洁琼离开燕京大学时,眼含热泪,艰难挥别。

作为来自所谓四大学的副教务长,雷洁琼关于课程设置的观点,与来自革命根据地的教务长刘昂发生激烈冲突。1953 年,北京政法学院教务处商讨课程设置事宜。雷洁琼提出设立"中国刑法"、"中国民法"等课程,而刘昂则提出应该设立"惩治反革命条例"、"惩治贪污条例"等课程。

争执后不久,雷洁琼将此分歧,分别向陆定一等做了反映。1954 年北京政法学院副院长武振声向中组部汇报此事,最后刘昂不得不作出检讨。1957 年整风运动中,雷洁琼对此争执依然念念不忘。

更大的争执在于究竟是否让老教授们上课。刘昂根据某领导的指示,坚持不允许来自四大学的教授们上讲台。钱端升、雷洁琼等不得不一再向陆定一、刘仁等反映。整风鸣放时,刘昂几乎成为座谈会上的众矢之的。

雷洁琼与刘昂的冲突还体现在招生对象及标准上。1954 年上半年,雷洁琼代表北京政法学院前往上海招生,坚持高分数的标准,工农成分的学生数量偏少;而下半年刘昂前往上海招生时,则降低分数标准,偏重于工农子女。雷洁琼认为,刘昂的做法,第一次打破了政法学院高分的界限,降低了招生质量,并将此事向高教部汇报。高教部部长杨秀峰为此专门下令,以后招生不准再搞"阶级分"。

此外,由于北京政法学院有不少调干生和工农同学,刘昂主张考试评卷的时候,主要应该依据理解能力和观点正确而有所宽松,而雷洁琼则认为主要应该看文字表达。

可以说,雷洁琼和刘昂之间,在教务理念上很难找到共同点。雷洁琼背后是北京政法学院院长钱端升,而刘昂背后则是当时中共北京政法学院党委。雷、刘之间的争执，不过是当时北京政法学院“旧大学派”和“革大派”之争的缩影。

从1949年到1959年，雷洁琼发表了一系列符合意识形态需要的宣传文章，诸如：《从司徒雷登看美帝文化侵略》(《世界知识》1950年第24期)；《为什么今年要召开人民代表大会》(《文汇报》1951年5月14日)；《教育工作者要积极参加贯彻〈婚姻法〉运动》(《教工通报》1953年3月5日第三、四期合刊)；《我国宪法以共同纲领为基础，又是它的发展》(《文汇报》1954年6月26日)；《教育工作者要积极参加宪法草案的学习、讨论和宣传工作》(《教工通报》1954年8月号)；《向社会主义递进的中华人民共和国》(1954年8月捷克某报纸约稿)；《我衷心拥护这个代表人民意志和利益的宪法草案》(《光明日报》1954年6月23日)；《参加全国文教工作会议的几点体会》(《民进》1954年5月25日)；《宪法草案以共同纲领为基础，又是共同纲领的发展》(《北京日报》1954年)；《祖国沿着社会主义的道路加速前进》(中国新闻社1955年10月约稿)；《巩固成绩，力争更大跃进》(《政法院训》1959年1月)；《粤闽参观杂记》(中国新闻社1962年3月约稿)；《敢于斗争，就能胜利》(《1961年6月23日》)；《关于法学研究的对象问题》(座谈会发言，载《政法研究》1964年第3期)；《中华人民共和国法律关于在家庭关系和劳动中妇女的平等权利》(《国际民主法》杂志1955年)等等。《新建设》复办后，雷洁琼先后发表《论教育工作者思想改造》《一年来的妇女运动》《从实际生活中发现矛盾、分析矛盾》《英美资产阶级思想对于旧高等教育的影响》等文章。

综览这些文章的标题，我们大致可以判断其内容。作为一名新时代的政治参与者，雷洁琼写下这样的文章，并无可厚非；但倘若我们以一名学者的标准去衡量，这些作品无疑大都属于应景之作。

“右派”言行

整风反“右”时，雷洁琼因为有“右派”言行，受到重点批判，内定为“中右”，被撤销国务院外国专家局副局长、全国妇联常委以及民进北京市委员会主任等职务。雷洁琼有哪些“右派”言行呢？

在知识分子问题方面

1956年9月，雷洁琼被任命为刚成立的国务院外国专家局副局长。该局局长为齐燕铭，赵守一、费孝通和雷洁琼并列副局长。这年冬天，雷洁琼率外国专家局的一位团员秘书和一位党员工作人员，一道前往广州和武汉了解知识分子的思想状况。

在广州期间，雷洁琼一行先后在中山大学、广东工学院、广东农学院以及广东医学院举行知识分子座谈会，并分别召集一部分工程师和美国留学生与市政协举行座谈。与会者主要反映出来问题有图书资料、青老教师关系、党群关系、有职无权、评级评薪、与苏联专家合作等问题。中山大学校长陈序经请雷洁琼写信，反映老教授们有宗派情绪，当时民主党派“民盟”和“九三学社”都在大专院校积极发展，他认为会加深宗派情绪。工程师反映与工人关系的问题，而医生则反映有病人长期住院休养的问题，等等。雷洁琼将了解到的这些问题，都向时任广东省委组织部部长区梦觉做了汇报。在武汉期间，雷洁琼曾在武汉大学、中南财经学院和中南医学院举行座谈会，所反映出来的问题与广东大同小异。雷洁琼将了解的情况向湖北省委做了汇报。回到北京后，雷洁琼分别前往外国专家局和中央统战部就调研的情况专门做了口头汇报。

1957年春，雷洁琼以全国人大代表身份前往上海参观视察。通过时任上海高级法院院长的韩述之，雷洁琼参加上海市政法界的座谈会，了解到上海很多旧政法界人员失业的情况；通过上海市人民委员会，雷洁琼亦前往华东财经学院旁听座谈会。根据她在上海了解到的情况,雷洁琼返京后亦将有关情况如实向外国专家局和中央统战部做了汇报。在汇报中,雷洁琼强调要团结知识分子,不要对他们进行思想改造,才能发挥他们的积极性。

返京后,雷洁琼应邀参加北京市委的座谈会,进一步表示,教授与青年教师、医生和病人、工程师和工人不是阶级关系。在中国政治法律学会的座谈会上,雷洁琼站在旧政法人员的角度,要求党和政府解决他们的失业问题。

在社会学问题上

1952年院系调整时社会学专业被取消,而社会学学者被分散到各个高校。1956年中宣部林涧青召集各校以前教社会学的学者开座谈会,征求学界对社会学的意见。雷洁琼应邀发言时提出,文科大学可以开“社会调查”课程,并组织学生展开社会调查。

1957年5月14日,雷洁琼以政协委员身份在上海参观视察时,通过复旦大学前社会学系主任应成一,曾召集徐雍舜、厉天予、高君哲、刘咸、毛启俊、高达观、陈誉、王仙舟、王养冲、支玉琳等以前在上海教授社会学的学者以及《文汇报》记者吴培恭开座谈会,征求他们对恢复社会学专业的意见。回北京后,雷洁琼将征集到的意见向赵守一做了汇报。

1957年在全国人大开会期间,雷洁琼曾邀请中山大学副校长陈序经聚餐,同时邀请其他以前教社会学的学者陪同。席间大家亦谈到对社会学的意见。

在党群关系问题上

雷洁琼认为,很多大专院校的党组织都没有很好地执行贯彻党的团结、教育、改造知识分子的政策,使党组织和知识分子之间有隔阂,互相不了解,思想不沟通,在工作共事上有困难。在1957年5月北京政法学院的座谈会上,雷洁琼即表示,北京政法学院党群关系是“墙高沟深”。

在民主党派问题上

1957年雷洁琼从上海回北京时,同车除有中国民主促进会副秘书长高志成和干部梁明、富介寿外,还有民盟的沈志远和叶笃义。旅程中,大家谈到民主党派应否合并的问题。雷洁琼对民主党派的合并持赞同态度,认为民主党派已完成他们的历史使命,目前任务是领导成员通过学习改造思想;民盟、中国民主促进会、九三学社和农工民主党四个民主党派,都是以知识分子为对象,为了共同目的协助党对知识分子进行思想改造,合并起来可以节省人力物力,提高工作效率。雷洁琼看到民主党派为了发展党员,表现出很多摩擦,认为民主党派合并后,完全可以避免发生摩擦和不健康情况。

在北京政法学院的工作上

雷洁琼自1952年调入北京政法学院,即担任副教务长一职。1954年教育部决议取消干训班,并将专修科改为四年制,雷洁琼对此表示完全赞同。在雷洁琼看来,北京政法学院所办的干训班和专修科是政治训练班性质,而她认为,北京政法学院则应以中国人民大学为榜样,走"正规化"的道路。

1955年后,北京政法学院开始搞教育革命。北京政法学院党委将三十多门课程缩减至十一门,宪法课程也在被缩减之列。对此,雷洁琼在心里并不赞同,认为学政法专业必须要学宪法。对于鼓励并要求学生参加编写讲义的政策,雷洁琼亦抱着怀疑的态度,认为科学研究工作不能走群众路线。

图书馆购买英文和俄文资料问题上,刘镜西将最终的决定权交给雷洁琼。尽管购买什么书籍、订购哪种刊物都是各教研室建议的,但雷洁琼的同意与批准,亦有一定关系。雷洁琼认为,大专院校图书馆都应该像资产阶级大学的图书馆一样,要收藏古今中外的书籍。

对于雷洁琼在北京政法学院工作期间的种种不满,不妨看看她于

1957年5月22日在北京政法学院座谈会上的发言："第一，从1952年到政法学院，墙高沟深。这是因为我们的人是从各方面来的缘故，政法学院是几个大学并在一起的，一般教授彼此不认识。青年教师在教研室，老教授们在研究组，老干部做行政工作……第二，我不否定我们有封建思想和资产阶级思想，但这并不等于就是地主和资本家，而政法就是把知识分子，当做资本家，采取的政策，就是利用、限制、改造，主要表现就是把旧知识分子放在一起。但我觉得党对我还是信任的，给我这样高的职。有一次去开会，我去叫于主任，刘昂就说你干嘛叫他！态度很不好，我以为犯了什么大错误了。……一次，刘教务长试讲一次课，我说了一句，我们应当正规，而不是搞训练班。刘就站起来说，你这是否定解放区的一切，这是资产阶级思想，给我扣上了这样的帽子。"

在整风问题上

整风运动初期，民进内部对于如何看待整风、如何参与整风、鸣放是否会有不好的后果等问题，颇多疑虑。在民进北京市委内部的会上，雷洁琼表示："目前对参加整风还有不少顾虑，最主要的是怕报复打击，有一些要求入党的同志，怕对党提了意见会影响入党。我对于党的整风应该有充分的信心，应该大胆地鸣放，不必有所顾虑。北京市委员会可以对会员同志做这样一个保证：加入同志们不会因为参加党的整风运动受到打击报复或不公平对待，请你们反映给市委会，市委会一定支持你们，撑你们的腰。"雷洁琼还表示："对于那些想入党的同志，我可以说这样一句话，在这次运动中多向党提意见，争取做一个运动中的积极分子，不但不妨碍入党，相反地更为入党创造条件。"

内定"中右"

整风运动转为反"右"斗争后，雷洁琼的上述言行为她带来很大麻烦。

批判先是在内部进行。民进中央整风小组审查雷洁琼的“右派”言行时，由整风小组负责人徐伯昕、杨东莼、冯宾符等找雷洁琼做个别谈话。雷洁琼的态度并不被整风小组看好。雷洁琼一直不肯承认错误，也很少交代问题。1957 年 8 月 5 日，雷洁琼在民进中央整风领导小组会议上发言时，为自己被指控为“右派”的诸多行为做了辩解。

1957 年 9 月，民进中央整风小组在获得中央统战部同意后，召开大型会议，对雷洁琼的“右派”言行进行批判。会议的参加者以民进中央在京的中央委员和各部门负责人、民进北京市委负责人、北京政法学院和国务院专家局的代表等。在这次会上，赵朴初对雷洁琼关于知识分子问题上的“右派”言行做了批判，梁纯夫则着重批判雷洁琼在资产阶级旧社会学复辟方面的不正当言论，北京政法学院的代表主要批判雷洁琼在党群关系方面的“右派”言论。会议上还有一些临时发言，着重批判雷洁琼在知识分子问题上的错误言论。

即便批判大有“山雨欲来风满楼”之势，但雷洁琼经过批判后，依然不服气，表示自己犯错误主要就是说话较随便，不承认有反党言行。

雷洁琼受批判后，境外媒体亦有报道和关注。1957 年夏天，雷洁琼曾在短期内收到过两三封来自香港的邮件，除对雷洁琼表示尊敬外，亦对其所受“委屈”表示同情，并希望雷洁琼能够去香港参加民主运动。这两三封信的形式都是一样的，只有一张纸，内容很简单，字写得不好看，文理亦不通顺。尽管笔迹不一样，署名也不一样，但每封信都自称“爱国青年”。雷洁琼当时就将这几封邮件交给民进秘书长徐伯昕，听候组织处理。

对雷洁琼的处理在民进内部颇有分歧。在研究雷洁琼的材料过程中，张明养、梁纯夫等人主张应该将雷洁琼划为“右派”。而杨东莼和徐伯昕则认为，雷洁琼已经到了“右派”边缘，但雷洁琼在民主革命时期，还做过一些工作，尤其是“下关事件”，像这样的资产阶级知识分子还是应当争取她、帮助她。这实际上正是中共中央统战部的意见。最终，民进中央整风领导小组同中央统战部研究后，将雷洁琼定为“中右”分子，内部批判，并撤去民进北京市委主任委员的兼职。

对雷洁琼的批判和处理主要限于民进中央。在北京政法学院，雷洁琼担任的副教务长一职一直被保留下来。

“神仙会”

1960 年二三月间，雷洁琼再次以全国人大代表的身份在上海参观视察，同时准备参加中国民主促进会华东区的调查会。这次与雷洁琼一道前往上海的，有民进秘书长徐伯昕以及在文联工作的陈慧。调查的目的是为下半年在北京召开的“神仙会”做准备。在调查会上，雷洁琼见到吴若安、吴贻芳、柴德赓等华东地区各市民进的负责同志，并与他们就民进的工作展开座谈。

座谈之余，雷洁琼亦和部分上海市的人大代表和政协委员，如王淑贞、王国秀、周谷城、丰子恺等人，一道参观上海图书馆和一些轻工业。

1960 年秋，各民主党派在中央统战部的号召下召开“神仙会”，雷洁琼应邀参与。会后，雷洁琼将参会的情况，向北京政法学院党委成员李进宝、鲁直、刘少农等做了汇报。后来，李进宝批示，将北京政法学院所有从旧大学来的资产阶级教授和教员，分成两个小组，举行“神仙会”，雷洁琼便是其中一个小组的召集人。

1961 年时，北京政法学院党委书记刘镜西等积极落实“高教六十条”，交给雷洁琼一项新的任务：组织教师写“知识丛书”。据刘镜西表示，这些“知识丛书”是供中级干部阅读的，已经有十多个教授和青年教师拟定题目。雷洁琼接到这项任务后，组织六次学术演讲，并请吴晗和胡华等人来北京政法学院做讲座。

1962 年左右，雷洁琼被民进中央提拔为民进中央委员会副秘书长。是年，高教部委托北京政法学院组织编译西方政治法律学说资料，雷洁琼被校方任命主管该项工作。

“文化大革命”

1965 年 11 月，全国政协曾组织雷洁琼等人，前往江西井冈山学习。

在“文化大革命”初期，雷洁琼对时代的风向还有点没把握。她自己觉得在政治上属于党的团结对象，在世界观上则属于革命的对象。对于革命群众的革命精神和行动，雷洁琼认为有点过分。当工作组要撤离北京政法学院时，雷洁琼首先担心没有领导，“文化大革命”在北京政法学院能否正常开展。

1967 年国庆节前夕，管教组将雷洁琼当做专政对象对待，使得雷洁琼在思想上受到很大震动。

一年多的管教后，雷洁琼在精神上已经屈服。她写下了大量的认罪材料和交代材料，按照意识形态的要求，对自己的经历作出深刻反省，尤其是所谓反动的阶级立场、亲美崇美思想、投身美帝的奴化教育等。在一份材料中，她写道：“经过这一年多的管教，我检查自己违反毛泽东思想的罪行，我是属于反动资产阶级的，根据毛主席的教导，‘无产阶级必须在上层建筑其中包括各个文化领域中对资产阶级实行全面的专政’，我当然就是专政的对象、管教的对象。我要彻底交代我的问题，接受革命群众对我的批斗，向人民低头认罪。我要接受工农兵给我的再教育，努力认真活学活用毛泽东思想，彻底改造世界观，使早日成为新人。”雷洁琼还写道：“革命群众是教育我改造世界观的最严厉的老师，他们那种敢于造反、勇于批判的革命精神，正是改造我的世界观的良药和新鲜空气。”

据艾群采写的文章《雷洁琼、严景耀的“政法往事”》一文，关于“文化大革命”中的雷洁琼，同事邹德慈有如下回忆：

“文化大革命”开始了，雷洁琼的命运也开始转变。1969年林彪下达1号通令，全民备战，城里的人都要疏散到郊区和农村去。那年冬天，学校的教工都被疏散到延庆张家营镇的一个村子，住在老百姓家里达好几个月的时间，家属留在城里。雷洁琼、严景耀也去了，雷洁琼和我还有军宣队的一个年轻的女同志同在一个炕上住。天已经很冷了，应该是穿棉衣的季节，雷洁琼没有棉袄穿，因为她的家给红卫兵抄了，贴了封条，不许雷洁琼、严景耀回家拿衣服。去延庆的时候我们都穿着棉袄，雷严二人只穿着毛衣。在延庆其实也没什么事情可做，我们就出去到镇上逛，而雷洁琼没有棉袄只能在炕上围着被子坐着。她的家被封了，工资停发了，只给一点生活费，其实就是伙食费，还是很困难的。记得雷洁琼整天坐在炕上织线衣，就是把发的劳保线手套拆了，织线衣或者线裤，因为没钱买毛线。其实雷洁琼不是一个干家务活的人，所以她整天坐在炕上织线衣我觉得挺奇怪的，就问她，她操着广东口音说：“为了打发时间啦！”她说是给她的外甥女的孩子织衣服。为什么把我们三个人安排在一个炕上住？就是为了监视雷洁琼。军宣队的那个女的还给我布置了任务，她不在的时候让我看着雷洁琼。其实我是个“摘帽右派”，也是被监视的对象，军宣队的那人监视我，再让我监视雷洁琼。记得隔好几天才让严景耀来看雷洁琼，军宣队的那人就让我暗自听他们都讲什么，然后向她汇报。雷洁琼一直说话非常谨慎，从不发牢骚，他们就是互相问候，聊聊家常话，所以没有什么把柄可让军宣队抓住的。雷洁琼就是提出请求给她棉袄，后来天气太冷,军宣队就允许他们回家拿了棉衣穿。那时雷洁琼有60多岁了,也和我们一起去外面抬水,而且路也不算近。

1971年北京政法学院的教工都去了安徽宿县五铺"五七干校"劳动改造,雷洁琼、严景耀也被要求去了干校。"记得在去干校的火车上,我们这些年轻的教工安排了卧铺,而雷洁琼夫妇却被安排在硬座车厢,他们岁数已经不年轻了,但硬是坐到了安徽宿县,这是军宣队故意安排的,整他们两个人。到了干校还比较人道,让他们俩住在一个小茅屋里,其他人都是男女分开住集体宿舍。"邹德慈说。

关于雷洁琼在安徽宿县"五七干校"的日子,在艾群的这篇文章中,还有其他亲历者的记述印证:

孙炳珠教授说当年:"干校的时候我和雷洁琼教授一个连,我们连自己做饭,廉希圣、余书通等人烧火做饭,我和邹德慈俩人开了一个小卖部,为全连的人解决日常用品的问题。雷教授他们也去伙房打饭,然后回到小屋里吃。我记得曾问过雷教授是怎么保养身体的,她说她从来也没有刻意地保养或吃什么补药,就是长期喝牛奶,到了干校就买奶粉喝。那时候在干校净搞运动,整天让大家开会抓什么'5·16'分子,最后也没有揪出一个'5·16'来。所以干活的时间相对少一些,活不算太重。"

方彦老师追忆:"在干校的时候,雷洁琼、严景耀住的小屋又阴又潮,但他们从不发什么牢骚,也受得了。他们两人岁数比较大,干的活不算太重,也就是让他们到菜地捡捡菜叶子、间一间苗什么的。我的活是每天给大家发报纸,所以我不下地干活。1972 年军宣队宣布上面的决定，要解散北京政法学院，大家都各自找出路。雷洁琼、严景耀回到北京，去了北京大学教课，以后北京政法学院复办，她也没回来。”

晚景无限好

在“文化大革命”的漫漫长夜中，雷洁琼和严景耀夫妇比其他人更早地迎来了春天。

1971 年 8 月 5 日，中共北京政法学院“五七干校”核心小组向中共北京市委提交《关于雷洁琼、严景耀问题的请示报告》，附上《关于雷洁琼政治历史问题的审查报告》，提出“鉴于雷洁琼、严景耀系民进中央常委、民进发起人，在民主人士中有一定政治影响，尤其是雷洁琼 1946 年曾参加和平请愿活动，在南京下关车站被特务殴伤，即‘六二三下关事件’，历史上有过进步作用”，提出“根据雷、严的各自实际情况，可否给他们适当的安排。‘文化大革命’中被冻结的银行存款、被抄家物资，请批准全部退回”。

据流传甚广的说法，1972 年时雷洁琼和严景耀由周恩来亲自点名调回北京。1976 年，时年 71 岁的雷洁琼出任北京市副市长，主管民政、民族和宗教工作。

1980 年 4 月 30 日，北京政法学院作出“上述问题，本人已作过交代，并有调查材料，雷的政治历史清楚，应予结论”的《雷洁琼历史问题的复查报告》。5 月 7 日，北京政法学院作出《雷洁琼同志的历史结论》，表示其“历史清楚、予以结论”。

进入 80 年代后，七十多岁的雷洁琼迎来人生中新的春天。她担任的公职越来越多：1983 年，雷洁琼当选第六届全国政协副主席；1985 年起，雷洁琼参与制定《香港特区基本法》和《澳门特区基本法》。1988 年的七届全国人大一次会议上，雷洁琼又当选全国人大常委会副委员长；五年后八届全国人大一次会议上，时年 88 岁的雷洁琼再次连任副委员长的职务。1997 年 7 月 1 日香港回归，时年 91 岁的雷洁琼亲自出席香港政权交接仪式。

此后十多年间，雷洁琼一直过着安详平静的晚年生活。2005 年 9 月 6 日，雷洁琼迎来百岁华诞。时任国家元首胡锦涛专程前往拜寿，成为当时的头条新闻。

2011 年 1 月 9 日，雷洁琼在北京病逝，享年 106 岁。新华社发布的消息中，赋予雷洁琼“著名的社会学家、法学家、教育家，杰出的社会活动家，中国民主促进会的创始人之一和卓越领导人，中国共产党的亲密朋友”等荣誉，中共中央政治局全体常委前往八宝山送别，代表着中共中央对这位亲密朋友的高度认可。

1975 年 9 月，与严景耀先生摄于卢沟桥，

次年严先生病逝

“搞到法院，我政治上也没问题”

——徐敦璋传略

徐敦璋

关于徐敦璋,我们知之甚少。放眼互联网,输入他的名字,居然连个百科词条都没有。他颠沛流离大半生,供职过的机构那么多,可是他却那么默默无闻。

近年来,他的名字,除中国政法大学前校长徐显明在该校55周年校庆典礼致辞中出现外,在其他的地方只是被零星地提及。

这么多年来,我居然等不到一篇写他的文字。——他绝对算得上是法学史上的失踪者。在法治的星空中,徐敦璋理应是一颗璀璨的星辰。但实际上,不管是过去还是如今,他都黯然无光。他的不幸,可以说完全是因为生错了时代;倘若他晚生上二三十年,或许他还有劫后余生、发挥余热甚至成就一番法学事业的机会。可是20世纪60年代他便遽然离世,留给我们一个极为模糊的背影。

了解徐敦璋,不妨从他的家世开始:

垫江徐家

徐敦璋,原名徐元奉,1902年农历八月初十生于四川省垫江县中兴场高升湾。

徐敦璋的祖父徐文邦,30岁前曾在垫江县衙做书吏,家道殷实。但30岁后,垫江新知县叶某,找借口将其资产剥夺殆尽,徐文邦无奈回乡,自学中医,兼营小本生意,买田放债,后半生东山再起,富甲一方。徐敦璋幼年时,曾跟随祖父多次收租。

徐敦璋的父亲徐永芝,在兄弟三人中排行第一。徐永芝有两个弟弟,分别为徐永兰、徐永蕚。徐永芝在清末时曾考中秀才,辛亥革命前,曾在成都高等巡警学堂读书并加入革命党。民国元年,徐永芝曾担任四川万县军事巡警厅厅长七八个月;是年年底,在垫江县当选第一届四川省议会议员。袁世凯解散议会后,徐永芝不得不赋闲回乡;袁世凯称帝事败,四川省议会恢复,徐永芝重回成都,解散期间,所欠薪水全额补发,徐永芝亦因此略有积蓄。1920年后,徐永芝返乡定居,继承祖业,购置田产,吃斋念佛,修桥补路,积极从事修庙等民间慈善,名重一时。

徐永芝一生向往新学,多次教诲徐敦璋和他的兄弟们,安心在外求学，不问家事，将来成名成家，光耀门楣。为人处世方面，徐永芝注重向子女灌输中庸之道，多叮嘱徐敦璋等奉公守法。徐敦璋的母亲姓刘，一生多病，治家勤劳，亦鼓励徐敦璋兄弟们读书。

徐敦璋有兄弟姐妹六人，但因夭折或早逝，只有四人健康终老。他大妹出嫁后不久即病死；三弟徐敦瑜南开中学毕业后，考入清华大学及研究院，1935 年毕业后患精神病，延宕七八年不幸早逝；四弟徐敦瑾南开大学毕业，毕生从事水利电力工作，曾入选《中国现代水利人物志》。

青少年时代

5 岁起，徐敦璋便开始接受启蒙，进入私塾，熟读四书五经。后来，新学渐兴，徐敦璋入新式小学，学习算学、史地。

在徐敦璋的成长中，二叔徐永萼对他的影响不能不提。1914 年冬，徐永萼自日本归国，既带回漂亮的国外风物画片，亦带来大量与第一次世界大战有关的信息。时年 12 岁的徐敦璋，耳闻目睹，也开始憧憬外面的世界。

1915 年春，徐永萼进垫江县城教书，徐敦璋一道进城，入垫江县立高等小学。在那里，徐敦璋读报获悉“二十一条”签署，加上《国耻小史》等书的影响，稍微明白“家国兴亡，匹夫有责”之理，立下救国大志。

两年后，徐永芝前往成都参加省议会，徐敦璋随同来到成都，进入华西协和中学。1917 年夏，徐永芝返回垫江，而徐敦璋则留在成都，继续读书，由此开始其独立奋斗的岁月。

这段时间里，成都两度发生军阀巷战，徐敦璋饱受战火惊吓。其中有一次，一枚曳光弹在徐敦璋旁边爆炸，危险万分，徐敦璋亦受惊过度，心理创伤久未平复。

在成都期间，徐敦璋获悉专为青年官费留美而成立清华学堂的消息，便努力学习英文，准备报考清华学堂，争取机会早日出国。此时，徐敦璋从高年级学长那里知道更多列强祸华细节,爱国心更甚,加之他崇尚科学,拟将来学习炼钢,铸造大炮和军舰。

清华八年

1918 年夏,时年 16 岁的徐敦璋从成都考入清华学堂。当年,一同在四川考入清华学堂的学生有七位,即曾庆集、杜长明、黄中、陈家骤、陈国沧、何祖义和徐敦璋。

因徐敦璋等年纪尚小,大部分都无远行经验,时任四川靖国军总司令熊克武派李伯申及涂某,将他们护送至北平。徐敦璋一行乘船出川,一路五十七日,受尽颠沛之苦。到汉口后,大家有感于一路之艰辛,立志将来要设法修好川汉铁路。

清华八年期间,徐敦璋可以说生逢其时,亲历了近现代史上若干波澜壮阔的学生运动。这其中,影响最大的当数"五四运动"。徐敦璋入清华后,关注时事的习惯未改。1919 年"五四运动"发生时,清华学生会频繁召集大会,传递消息、组织学运。徐敦璋身处其间,耳闻目睹,自不免加入其中。而通过阅读《新青年》等报纸杂志,徐敦璋亦逐渐从传统迷梦中惊醒,开始质疑孔孟之道及传统礼教的合理性,逐渐接受民主、自由、解放、平等、科学等新观念。"五四"之后,中国政局陷入军阀混战的局面。直皖战争与直奉战争都与北平近在咫尺,徐敦璋感受更是真切。他已意识到,光有科学并不能救中国,中国内忧军阀割据,外患帝国主义,要解决问题,必须寻求其他资源。在此期间,徐敦璋热心参加了几乎所有的学生运动,如"六三运动""三一八惨案""五卅运动"等。

徐敦璋刚入校不久,就听闻"过激派"。尽管当时并未引起思考,但后来也慢慢知道共产主义、共产党等词。那时徐敦璋还只是清华中等科(即清华学堂附设中学)的学生。课堂上,某老师讲:"中国问题是生产问题，不是分配问题，好像一件皮袍，大家一分，就都无用了。要多有皮袍才能解决问题。”这句话，徐敦璋记了一辈子。

随着知识面的扩大，徐敦璋开始接触马列主义。1925 年，他的同学找到一些马列主义小册子，徐敦璋曾在清华地下室读过这些材料。当然，那时他更多地将其当作一种知识，并未上升到政治信仰的高度。当时，正是社会主义、吉尔特主义、工团主义等各家学说，通过学者的访问和杂志的传播而井喷的时候。徐敦璋在清华期间，杜威、罗素、杜里舒等欧美大家，先后应邀来华讲学，胡适的《多研究些问题，少谈些主义》亦一纸风行。这些都成为当时徐敦璋的精神资源。

清华学堂里社团盛行，除学生会外，同学们可依据自己的兴趣组成各种社团。这些学生社团中，对徐敦璋影响最大的是“仁社”。它类似于兄弟会，由王造时、彭文应、王国忠、王之及徐敦璋等人，于 1921 年发起成立，以互相砥砺、协助为宗旨。他们交流的话题，既有时事政治，亦有个人生活。后来，张锐、张荫麟、孟泰庄、陈铨、宋驭欧、林同济、贺麟、包华国、李惟果等陆续加入，该社团囊括一大批清华才俊，极一时之盛。除“仁社”外，徐敦璋还加入过友谊团体“一社”，与施滉、胡敦元、梁超威、罗宗震等成员交往甚密。

1925 年起，徐敦璋在清华大学的最后一年，他加入北大学生樊弘发起的学术团体“青年励志会”。除此之外，徐敦璋还加入过由北京各高校学生组成的“弘毅学会”。但除在清华工字厅参加过一次活动外，他在该社团并未有更活跃的举动。

徐敦璋积极参加社团，接触时政，但对政党却完全不感兴趣，尽管事实上他与现实政治始终不远：“三一八惨案”后，他曾邀请李大钊来清华讲学；他亦曾慕名前往北大听李璜的讲座；孙中山的追悼大会，他自发全程参与。

留学欧美

1926 年 8 月底,徐敦璋完成清华学业,与 70 位同届毕业的清华同学一道,远渡重洋来到美国,开始留学生活。

据一篇名为《章汉夫与 1926 届清华放洋生》的博文整理,这 70 位同学中,人才济济。除本文传主徐敦璋外,其他还有如章汉夫、周自安、张伯声、阴毓章、贺麟、林同济、杜长明、陶葆凯、郭庆棻、刘椽、张咏、汪德亮、舒叔培、周承钥、黄学诗、徐芳田、云照坤、蔡名芳、冯灿周、史景苏、李唐晏、李效民、崔钟秀、唐凤图、任之恭、李道煊、吴干、梁思中、李忍涛、王之、李法寰、胡家枚、吴启诚、包华国、沈熙瑞、林毓德、翟克恭、过元熙、黄中厘、张葆恒、陈元德、董凤鸣、陆坤一、张锐、邵德辉、金通艺、尤千里、张国安、梁矩章、黄中、崔龙光、唐振钰、毕国箴、关锡麟、史国刚、陈家禄、黄恭寿、夏文镳、陈銮、杨昌龄、刘正炯、郑骏全、王国桢、严荣绪、刘建华、刘家骐、黄海清、黄谷等,他们学成归国后,均成为学界、政界、军界及实业界首屈一指的人才。

往时,从成都到北平,是一次长征。可七八年前的那次经历,较之留学美国的"长征",无疑是小巫见大巫。从中国到美国的长途跋涉,徐敦璋真是大开眼界:经过日本时,他尚觉得,中国赶上日本不难;而抵达美国后,面对琳琅满目的"精神文明",他不能不叹服:中国赶上美国,委实不易。

抵美后,徐敦璋进入威斯康星大学,学习经济学专业。一道在这里的中国留学生还有王造时、彭文应、王国忠、王之等,徐敦璋和他们住在同一座楼里。

1926 年 10 月 10 日,威斯康星大学中国学生举行国庆节庆祝大会。受国内北伐战局影响,有同学胡敦元表示,应该去掉五色国旗,换上青天白日旗。王造时、彭文应和徐敦璋则表示不应该换,等留美学务监督处指示后更换才是合法的。这事有因无果，不了了之。

在威斯康星，徐敦璋更有影响的从政活动之一，是与王造时、彭文应等一道组建国家主义政党。从1927年开始，徐敦璋、彭文应等同住五人，受王造时影响，想在美国成立国家主义政党。王造时公开宣扬，“李璜他们的国家主义不对头，大江学会罗隆基他们的国家主义也垮了，我们要建党搞国家主义。共产主义行不通，三民主义是万金油。”徐敦璋、彭文应等讨论后，同意王造时的提议，并委托王起草宣言及章程。王执笔的宣言表示，救国必须对外打倒列强侵略，对内力求统一，打倒军阀，结束内战，实行民主政治，保护关税、累进税。当时，政党名称并未确定，大家的初步意向是“中国国家主义党”，宗旨为挽救危亡，凡是赞成其宗旨者，均可加入。当时，徐敦璋等人讨论通过宣言和党章后，油印十多份，寄给以前“仁社”的朋友陈铨、林同济、张荫麟、朱驭欧等人征求意见，希望他们参与并共同发起。但这个萌芽状态的政党，尚未来得及公开活动，便由于陈铨等人的大力批判，众口难调，胎死腹中。

1927年夏，徐敦璋和贺麟、林同济等在芝加哥大学上暑期学校。学习结束后，大家举办专题讨论会，研讨唯心主义与唯物主义、共产主义、三民主义等问题。贺麟提出用唯心主义及孔孟学说解释三民主义的观点，被大家批得体无完肤，共产主义也得到大家的一致反对。这次讨论持续达两天，分歧依然很大，大家不欢而散。

在当时，徐敦璋已读过列宁的《国家与革命》以及布哈林有关著作的英文本，但在思想上对共产主义并未接受。此外，徐敦璋还读过德国哲学家桑巴德的《十九世纪的社会主义》，颇受其共产主义过时论的影响。根据徐敦璋的自述，他此时已满脑子民主、自由主义和代议制。

暑期学校结束后，徐敦璋和他的中国学友们各奔前程。此时，徐敦璋颇热衷于读学位，对国内政治问题的兴趣渐渐消退。1928年，徐敦璋以《中国关税自主问题》一文获得美国威斯康星大学学士学位；一年以后，以《菲律宾与美国贸易》获得威斯康星大学硕士学位。1930 年春，徐敦璋还获得美国卡耐基奖学金，前往瑞士日内瓦研究国际联盟一年。1931 年春，徐敦璋返美，完成学业，以《国联理事会》(The Council of the League of Nation) 为题的博士论文通过答辩，获威斯康星大学博士学位。

在威斯康星，徐敦璋更大的收获，不是拿到博士学位，而是在这里与他的未婚妻共筑爱巢。他的未婚妻王禧忠原是其中学同学的胞妹，早年就读于培华中学及南开大学，于 1929 年赴美留学，攻读社会学专业。徐敦璋和王禧忠在留学阶段完婚，组建了幸福的小家庭；此后二人同往瑞士，共游瑞士、法国诸国，并一道回国。王禧忠先后执教于河北女子师范学院、重庆南山中学；1949 年后徐敦璋调往燕京大学，王禧忠亦被调入北京师范大学历史系担任资料员。徐敦璋夫妇膝下育有五个儿子，幸福无比。此为闲话。

1931 年 8 月，徐敦璋结束长达五年的留学生活，离美返国。

执教平津

1931 年 9 月 16 日，徐敦璋回到上海，踏上阔别多年的中国土地。抵达上海两天后，即发生"九一八事变"。政局动荡，战和不定，徐敦璋的工作也一筹莫展。

倒不是那个年代工作有多难找。至少像徐敦璋这样的留美博士，不管专业如何，在当时应该也算是凤毛麟角，不至于无人问津。当时，清华老校长曹云祥曾考虑介绍徐敦璋到南京外交部工作，而清华老教授戴志骞则劝徐敦璋说，"你不宜搞政治，到北方教书吧"，介绍他到北平投奔袁守和，设法在大学执教。当时，王造时、彭文应等留美同学，都在上海光华大学执教，政治观点上反对南京国民政府，他们亦建议徐敦璋教书。在这些朋友的影响下，徐敦璋便下决心执教，从上海迁居北平。

徐敦璋最后被清华大学政治学系聘为讲师，同时在燕京大学、中国大学等地方兼课。此外，徐敦璋亦被聘为平津学术团体对日联合会专员。据郭金海、朱俊鹏在《“以襄胜举”：抗战前清华大学对学术团体的资助》一文介绍，徐敦璋在该联合会的工作，系清华大学资助的结果。清华不仅临时资助平津学术团体对日联合会会费 100 元，且负担徐敦璋在该机构的 25 元月薪。

国难当头，徐敦璋对参与抗战事业并不消极。在平津学术团体对日联合会，徐敦璋的主要工作成绩，便是编写了几本中、英文的抗日宣传小册子。这其中，中文作品有良友图书印刷公司 1931 年出版的《国际联盟理事会之剖视》、平津学术团体抗日联合会 1932 年出版的《国际联合会与国际纷争》；而英文作品，则有中国国际问题研究所于 1931 年出版的徐敦璋著 *The League of Nations and the Manchurian Crisis*（《国联与满洲危机》），及中国国际关系研究所 1932 年出版、徐敦璋编辑的 *Secret Documents Relating to the Japanese Policy towards Manchuria and Mongolia*（《日本满蒙政策秘档》）。

据李珊《九·一八事变后中国知识界对日本战争宣传的反击：以英文撰述为中心》一文统计，“九·一八事变”后，“中日关系”成为中国知识分子英文撰述的重要内容——包括徐敦璋的两本书在内，1931 年至 1933 年间出版的有关中日关系的英文著作或资料，计有 20 种。十有其一，徐敦璋出版的作品从数量上不算少。尤其是其通过翻译日本对华政策而编成的《日本满蒙政策密档》，对于直接向国际社会揭露日军侵华的真相、批驳日本战争宣传，寻求国际社会同情与支持，不无裨益。

除这些著作外，徐敦璋亦积极为北平《晨报》等报纸撰文，呼吁国人放弃对国联的幻想，切实应对日本的侵略战争。

1932 年年底，王造时与彭文应等先后创办《主张与批评》及《自由言论》半月刊，逐渐形成所谓“主张与批评派”，成员有王造时、彭文应、潘大逵、徐敦璋、罗隆基、诸青来等人。按照孙宏云教授的说法，“他们大多曾在美国留学，回国后在一些学校担任政治学或法学教授，办刊的经费多来自他们在美国所得的捐款”。按照王造时执笔的《主张与批评》卷首语《我们的主张》提出：主张实现独立统一的国家、组织社会主义的生产、建设民主法治的政府，并且提倡科学的文化。由于王造时等编辑的影响，这本杂志完全成为宣扬费边主义的舞台。遗憾的是，《主张与批评》出版不到两个月，即遭到当局查封。1933 年 2 月底，由同一批学人主办的《自由言论》半月刊开始编辑出版，“继续说我们应该说，并且不能不说的话”。这段时间里，徐敦璋曾应彭文应之邀，在彭主编的《自由评论》上，发表过几篇讨论内政外交问题的文章，绝对算得上该群体的核心成员。

1933 年起，徐敦璋被聘为南开大学政治学系教授。在南开的三年多时间，徐敦璋开始积极为平津的《外交月报》《益世报》《大公报》《南开校刊》《独立评论》以及南方的《东方杂志》《外交评论》等报刊撰文，分析时局，针砭时弊，书生论政，指点江山。

这其中，他在 1933 年第 5 期《外交月报》上发表的《国际学的研究》一文，在时隔多年以后，依然有人引用，并被视为国际学早期的论述之一。在卫琛、伍雪骏、刘通等在 2011 年第 11 期《世界经济与政治》上发表的《百年炮火中的未竟之学——对民国时期国际关系研究与教学的回溯》一文中，徐敦璋的这篇文章被评价甚高：“在 20 世纪 30 年代初，学界已经出现对国际关系学的专门论述。徐敦璋在《国际学的研究》一文中指出，中国学者对此‘新学’尚未正式讨论，也无共同见解，而专门研究机构‘尚付阙如’，少有的研究会侧重宣传，学术性不高；相比之下，国外研究较优，但名称多样、学科关系复杂；不过这一‘新学’的产生和发展，却是国内外共同的事实。因此以‘国际学’一词加以概括,其英文对应是'Science of International Studies'。关于'国际学'的性质,徐敦璋总结学术界一般意见,认为'国际学'是政治学的一部分,而就其内容、对象和方法而言,则很难成为一门'纯社会科学',也许是一门'半社会科学或不可分类的社会科学'。作者提出几乎包含所有社会科学门类的'国际学'框架,共分为国际背景、国际关系、国际法和国际组织四个部分。"这种评价,赋予徐敦璋这篇文章划时代的意义。

另外,1935年1月,徐敦璋曾在著名的《东方杂志》上发表《日本退盟与世界均势之影响》一文,针对时局发展,发出自己的声音。针对日本不再遵守"九国公约"及"伦敦海军条约"以建立全世界最强大海军以期称霸亚洲的举动,徐敦璋指出,此举不仅破坏亚洲地区的均势,更加速第二次世界大战爆发。

在南开大学期间,徐敦璋曾出版《中国对国际联合会的政策》一书。在美国卡耐基和平基金会的资助下,徐敦璋在南开期间,发起并鼓励学生组织国际问题研究会。卡耐基和平基金会支持的实质性举措之一,便是每年寄赠十余本有关国际问题的新书。

执教南开期间,南开大学电机系自设的广播电台开始播音,曾约徐敦璋写过几篇有关内政及外交的广播稿。徐敦璋的稿子委婉表达抗日意图,曾引起驻扎天津的日本军警机构注意。

整体而言,徐敦璋在南开期间,精神上颇为舒展,著作丰富,惬意而自足。可惜好景不长,是年6月,徐敦璋与新任南开大学校长张伯苓发生口角,书生意气,决定退南开之聘,另找地方教书。但南开方面坚决挽留,出走之举不了了之。决定留在南开后,徐敦璋计划利用暑假回一趟四川,毕竟他已近十多年未回过桑梓,更未见过父母。谁知道这一走,不经意间又改变了他的人生轨迹。

四川大学法学院院长

徐敦璋在天津起身之前，先往北平拜访朋友。在北平，他听清华校友、时任中英庚款董事会秘书林伯遵说，任鸿隽很可能出任四川大学校长；林伯遵试探性地问他，是否愿意回四川教书。这本来也不算特别正经的事儿，问者无心，答者无意，大家有一搭没一搭聊闲天，出于客气和礼貌，徐敦璋只是在口头上允诺考虑下。

令徐敦璋意外的是，他回四川不到数日，便收到任鸿隽寄来的聘书，拟聘他担任国立四川大学法学院院长兼政治系主任。就这样，1935年8月底，徐敦璋便就近在成都履新，而此时其家眷仍留在北方，直到1936年，他们全家才在成都团聚。

徐敦璋33岁担任国立四川大学法学院院长，较之在平津教书，无疑名利双收，风光无限。任鸿隽之所以厚待徐敦璋，至少有两方面原因。一方面，任鸿隽担任川大校长后，很想从北方学术重镇拉一批人去川大，得人才者得天下，以使川大能有大发展；但成都地处偏僻，大多数人都不愿意去。在这种情况下要想打动人，要么提供优厚待遇，要么打桑梓感情牌。在这种情况下，徐敦璋身为四川人，有美国威斯康星大学博士学位，本身又在清华、南开等顶尖大学教书，当然在罗致之列。而另一方面，尽管任鸿隽是浙江人，但他父亲曾在徐敦璋的老家垫江为官多年，任鸿隽亦是在垫江长大。尽管任鸿隽从来不承认自己是四川人，但这层"同乡"情谊，使得任、徐之间更为亲近。而从徐敦璋的角度来说，他在南开与张伯苓有矛盾，愤而出走而未成，终究郁郁不得志，更何况天津又处于日本威胁之下，能早到西南亦好。古语云，"上下同欲者胜"，双方各取所需，达到共赢，徐敦璋焉能不接受四川大学的聘约？

事实上，吸引徐敦璋加盟并执掌四川大学法学院，在后人看来，也算是任鸿隽担任川大校长期间的政绩之一。在王忠民所写的《任鸿隽，被家乡人遗忘的川大老校长》一文中,这种印象尤其明显。

因了这层关系,在任鸿隽治下,徐敦璋如鱼得水,踌躇满志,颇有大干一番的劲头。他曾组织西南社会科学研究院,调查研究四川物产如粮食、猪鬃的物价指数。

可惜的是,天有不测风云。好景不长,任鸿隽便因四川军阀阻挠,不得不于1937年夏初辞去川大校长,川大校务由时任川大文学院院长张颐代理。从公务层面,张颐代理校务不算坏事,他颇有任规张随,进而励精图治之宏愿。按张颐之子张文达在《张颐传略》一文中的回忆,张颐就任演讲中提出,拟从三方面继续推行任鸿隽校长的办学方针:第一,继续提高学生程度,使与其他国立大学同等;第二,充实设备,提高研究兴趣,使文化水准和欧美大学同等;第三,更进一步使中国学术能与欧美各国齐头并进。但从个人层面,张颐的掌权,对徐敦璋可算不上什么好事;张颐履新未久,即开始在重要岗位安插自己的人马,首当其冲便暗示徐敦璋辞去法学院院长,而将该职位交给曾天宇,徐敦璋只担任政治系主任。尽管在张文达的笔下,对徐敦璋等的聘任,也算是张颐"广纳贤才"的政绩之一。

抗战爆发前后,蒋介石约集全国各界名流,前往庐山共商国是。徐敦璋亦因其为四川大学法学院院长,而受到邀请。但收到邀请没多久,徐敦璋便请辞法学院院长,师出无名,最终也就未上庐山。

此后没多久,云南大学校长熊庆来拟聘请徐敦璋担任云大文法学院院长。徐敦璋曾前往昆明考察,但路途遥远,家眷亦不愿去,"一动不如一静",徐敦璋当时也没有更好的去处,便干脆继续留在四川大学。

1938年12月13日,国民政府教育部正式任命程天放为四川大学校长。因程天放隶属CC系,夹带党派偏见,排斥异己,有碍学术自由,颇不受川大师生待见。在这种情况下,任命书发布的次日,四川大学文学院院长朱光潜、理学院院长魏嗣銮、农学院院长董时进及法学院院长曾天宇等四大院长，便联名致电时任军事委员会重庆行营主任张群，表示对程天放的抵制和不满，由此掀起轰轰烈烈的“拒程运动”。在这场运动中，徐敦璋站在张颐一边，他与川大全体教职员联合起来，一致反对程天放，拥护张颐担任川大校长。

张颐代理校务之初，便要求徐敦璋辞去法学院院长职务，徐敦璋为什么还要拥护他呢？徐敦璋的做法原有点投机：于私，他认为程天放一定会失败，张颐上台的可能性很大；在此关键时刻，倘若不表示拥护，他担心张颐上台后，连教授席位也保不住。而于公，反对教育管制，主张学术自由，这亦与徐敦璋学术品性一致。不幸的是，由于川大教职工内部不团结，“拒程运动”最终失败。程天放控制局面后，徐敦璋只好主动离开川大。

整体来说，在成都四年期间，徐敦璋冗务繁忙，在著书立说方面成就不多，只有零星的文章，散见于《复兴日报》《新中国》《前进》周刊等报刊杂志。

“你简直是贱卖”

离开川大后，徐敦璋面临何去何从的问题。此时，抗日战争已经进入第三个年头，欧洲局势也很紧张，一时三刻不易找到合适职位。徐敦璋写信给各方朋友，寻找机会，但结果并不是很理想。只有时任国民政府军事委员会参事室参事张忠绂的回信给了他一点希望。此时陪都重庆熙熙攘攘，才俊云集，料机会亦多，徐敦璋亦想到重庆看看情况，便前往投奔。

1939 年 8 月底，徐敦璋只身抵达重庆，旋即被聘为国民政府军事委员会参事室研究员。此时该机构成立不过几个月。开始设在重庆城内，后来为避开日寇轰炸，于 1940 年迁到重庆郊区。

刚去时，徐敦璋以为参事室是重要的智囊机构，会参与实际的内政外交决策。但事实上,他除偶尔为张忠绂找一些报纸资料外,基本上无所事事。徐敦璋对此不是很满意。张忠绂勉励他说,抗战时期,大家应为抗日努力,不计地位,先找件事情干着再说;研究员虽然没地位,但是待遇和教授一样,很自由,实行聘任制,随时可去可留。加上此时并无其他工作机会,徐敦璋便先在这里栖身,前后待了十个月。

在这个工作岗位上,徐敦璋经张忠绂介绍,加入了国民党。张忠绂介绍其入党时说,现在抗日紧急,欧战爆发,许多学界人士为表明抗日态度,参加政府工作,也加入国民党;张忠绂特别强调,参加国民党无特别意义,只是为表明态度而已,就像四川人入"哥老会"。徐敦璋犹豫再三,踌躇不决,经张忠绂再三劝告,他才答应下来。

百无聊赖之际,徐敦璋曾专门研究国际法上的战时"继续航行"。在抗战形势下,中国通过越南、缅甸从英美输入军用物资,随时面临着被日本利用此原则检查并没收的危险。徐敦璋研究这个题目,有学以致用的考虑。只是该研究旷日持久,在他离开参事室时,亦未完成。

在军委参事室的十个月,可以说是徐敦璋在1949年之前最为苦闷的十个月。这期间,罗隆基来重庆参加国民参政会,与徐敦璋聊及现状,一句"你简直是贱卖",很伤徐敦璋的自尊心,也加速了他离开军委参事室的步伐。当时,一般大学教授都自命清高,非简任官以上不入政府;徐敦璋八年教授,做过院长、系主任,屈尊做一参事室研究员,确实有点"贱卖"。只是在战时重庆,像徐敦璋这样没什么背景的人,想要做到简任官,又谈何容易?徐敦璋闻此言颇不快,决计设法回学校教书。

执教云大

徐敦璋无时无刻不在想着回到教育界。他曾联系过中央大学,但以失败告终。万般无奈,他念及云南大学校长熊庆来曾有聘其为文法学院院长之意,此时亦顾不上考虑昆明山高路远,遂致信云南大学教授林同济,寻找新的机会。

正好这时中英庚款董事会给云南大学一个讲座教授席位,尚无合适人选充任。于是,经林同济向云南大学校长熊庆来推荐,并经中英庚款董事会董事长杭立武同意,云南大学聘徐敦璋为讲座教授,并担任文法学院院长。

1940 年春,徐敦璋将家眷送回原籍,只身前往昆明。

到昆明后,日军飞机轰炸频繁,徐敦璋和他的同事们不得不天天听着轰炸警报跑防空洞,长此以往,神经过敏,疲惫不堪。后来,徐敦璋不得不搬到乡下住,每天上课需要奔走十余里路。在这种情况下,他的生活颠沛不安,疲于奔命,学校里的课程亦断断续续,再加上家里人口众多,一时三刻无法在昆明团聚,时间一长,徐敦璋便有离开昆明、回成都再作打算之意。考虑成熟后,徐敦璋便辞去教席,于 1941 年 3 月回到成都。

颠沛在重庆

由于事先毫无计划,徐敦璋经滇返川,与家人团聚并稍事休整后,不得不再次前往重庆,寻找新的机会。

这次徐敦璋在重庆见到了蒋廷黻。据蒋廷黻介绍,原国民政府财政部贸易委员会将会升格为经贸部,可能需要人。于是他便去财政部,找清华校友章友江帮忙。经章友江介绍,很久后徐敦璋才被聘为财政部贸易委员会技术处研究专员。

贸易委员会地处重庆乡下,无敌机轰炸之忧。技术处本为研究机构,而徐敦璋作为专职研究人员,无行政公务要应付,再加上技术处由章友江执掌,彼此之间亦无隔阂。整体来说,徐敦璋颇喜欢这里的工作氛围,一待便是三年之久。

三年来,徐敦璋在该委员会出版的《贸易》月刊上发表若干篇文章,如1943年发表的《美国缔结互惠贸易协定的程序》一文,以及1944年出版的《美国互惠贸易协定》一书。

1942年夏,徐敦璋在重庆安顿下来后,便将家眷从老家接到重庆团聚,从此再未回去过。不幸的是,1943年徐敦璋连遭亲人故去之痛:先是三弟徐敦瑜因病逝世,不久后,其父又驾鹤西归。

1943年春,徐敦璋曾应重庆大学校长张洪沅聘请,担任重庆大学总务长兼教授。这次聘请很费周折。徐敦璋自认为无总务工作经验,担心难以做好;重庆大学此时亦无文法学院,徐敦璋除做行政工作外,毫无用武之地;他亦担心在重庆大学干不好,贸易委员会也不好回。但张洪沅诚意邀请,作为妥协,由其请四川省主席张群出面,将徐敦璋从贸易委员会借调出去。

在重庆大学,徐敦璋的主要任务之一,是代表校长张洪沅,前往成都筹措经费,并与各方协调,申请将重庆大学改为国立。这段时间,徐敦璋多次拜访张群、李肇甫、郭有守等政界、教育界实权人物。最后,经费多少有点眉目,但重庆大学改为国立大学问题,却迟迟无下文。返回重庆后,徐敦璋认为自己的使命已经完成,总务长有名无实,便挂印辞去,回到贸易委员会。

时隔未久,徐敦璋曾拜见时任国防最高委员会参事的王化成。王化成告诉他,国防最高委员会外交委员会缺一专门委员,打算介绍他去。徐敦璋对此转机,自然不会拒绝。后来有一天,徐敦璋突然接到国防最高委员会秘书厅通知,要其午后三时到该委员会所在地,面谒蒋介石。徐敦璋不禁受宠若惊。经过精心准备,徐敦璋按照预定时间抵达。当时,有二三十人等着蒋介石接见,徐敦璋便在秘书厅排队。轮到他后,徐敦璋应声进去,站着面见蒋介石。会见时李惟果在座。蒋介石问徐敦璋姓名、籍贯、履历等内容后,只说了三个字"好好干",便令徐敦璋告退,前后一共不过三四分钟。徐敦璋当时莫名其妙,后来才知道,蒋介石让其“好好干”的是国防最高委员会外交委员会专门委员。实际上,这只是一个虚职,无薪水,也无职务,每两个月开一次会。徐敦璋到会不多,偶尔到会亦很少发言。

1943 年时,徐敦璋的专著《美国与各国所缔结之互惠贸易协定》由国际问题研究所出版。

1944 年年底,财政部贸易委员会即将撤销,徐敦璋不得不重新谋职。后来,徐敦璋受国防最高委员会参事室主任浦薛凤邀请和参事吴文藻、王化成等推荐,担任国防最高委员会参事室参事,专职研究贸易政策,并兼任译电人员训练班英文教员。其间,曾被抽调中央训练团受训两个月。

徐敦璋刚到参事室时,很想大展宏图。事先,王化成曾恭维他有远见,能够在贸易委员会研究三年国际经济,而当时正是相关人才和知识紧缺的时候。但实际上,国防最高委员最核心的部门是秘书厅,大部分工作都由该部门分配及完成,参事室基本上无事可参。更何况参事室由浦薛凤、吴文藻等主掌,很多事情徐敦璋都毫不知情;国防最高委员会秘书长王宠惠,也只信任浦薛凤等老人,几乎从来不找徐敦璋。徐敦璋实际上一直处于赋闲状态,一年多时间里,只提出《划分省区方案》《对外贸易政策》等建议案,且都石沉大海。

抗日战争胜利后,徐敦璋曾获得国民政府颁发的胜利勋章一枚。当时,行政院及司法部要在全国范围内,收集日本侵华罪证,用于远东国际军事法庭及国内的日本战犯审判。经浦薛凤推荐,徐敦璋被聘为远东战争罪犯审查委员会委员。

1946 年 5 月,徐敦璋将家眷暂且安顿在重庆,自己只身随国防最高委员会迁至南京。当时,国防最高委员会即将撤销,徐敦璋遂决定另谋他路。就本意来说,他当然很想回教育界,但苦无门路,此路不通;他也想利用郭泰祺的关系去联合国工作,但亦无法实现。抗战胜利了,国运陡变，但徐敦璋的个人命运，却丝毫没有迎来转机。徐敦璋的未来，究竟在哪里呢？

在日本

一筹莫展之际，有一天，徐敦璋夫妇与刚从日本视察回来的清华校友顾毓琇游览玄武湖，谈及国际形势，徐敦璋自顾自地感慨一句：“过去欧美留学生不知道日本状况，日本留学生又不知道欧美的状况，这次吃了日本的大亏，我们应设法了解一番日本的情况。有机会很想去日本看看。”不久后，吴文藻被任命为国民政府驻日本代表团第二组组长，即将前往日本。1946 年 7 月初，经吴文藻向外交部保荐，徐敦璋便被派担任盟军占领日本中华民国代表团专门委员。

当时外事人员流行的观念认为，战后日本生活清苦，大都愿去欧美各国，而不愿意去日本。也正是因为缺少职业外交官的竞争，徐敦璋才能如愿以偿。他原打算去待上个一年半载，搜集些资料后，然后回国教书。

谁也没想到，这一去，又是三年。

1946 年 9 月中旬，徐敦璋将家眷留在重庆，孑然一身抵达上海，等待盟军驻日总司令部的入境签证。11 月 5 日，徐敦璋与裴元龄、徐中约、王慧贞等人，一道抵达东京。行前，徐敦璋将外交部发给的置装费省下一千多美元，托人带给家眷备用。

这里需要介绍下国民政府驻日本代表团。该代表团为临时机构，全面负责国民政府对日外交事务，但并不是大使馆。就机构设置来说，团长、副团长下设有顾问、秘书等岗位。具体工作分组进行，第一至四组分别主管军事、政治、战争赔偿及经济、文教，此外尚有总务组，负责后勤。各组下设组长、专员、秘书等岗位。就业务来说，各组各自为政，互不相属。

徐敦璋被分在第二组。作为该组专门委员,他不能单独对外,活动范围非常小。按照当时盟军驻日总司令部的要求,代表团限制很严,不能与日本政府直接来往,也不许与各国代表团随意来往。在日本的两年多,徐敦璋除被指定或邀请作陪外,他接触的英美各国工作人员极少。

政治组的主要工作任务,是草拟中国代表团每两周一次在盟军委员会上的发言稿。按照代表团的工作流程,二组收到相关议案后,大家分头搜集资料并讨论,汇总意见并请示团长后,根据各方面的意见开始起草发言稿。经反复修改后,即提交中国代表团代表备用。

盟军委员会属于协调机构,由中、美、英、苏共同决定对日本的占领事务,讨论事项包括日本宪法、选举、复员、教育、整肃、宗教、土地、金融、财政、遣俘、日侨等。刚开始时,盟委会议案数量大,讨论亦多。当时在盟军委员会内部,苏联和美国争执非常尖锐,明争暗斗络绎不绝。多数情况下,都是苏联代表团提出的议案,大多都是指责美国的占领政策;而美方针对此指责,则奋起辩护。

当时,中国国内国共内战已经愈演愈烈,中国代表团在盟军占领委员会中的地位,亦一落千丈。中、英两国代表团则表面上持中立态度,坐山观虎斗。中国表面上宣称作美苏间的桥梁,保持中立,但实际上暗中支持美国。在这种背景下,中国代表团很少主动提出议案,发言少而短,对一切议案均持保留态度。1947 年秋天后,盟军总司令部改变政策,盟委会变成咨询机构,而由美国方面担任的盟委会主席有权否决议案,时间一长,议案便越来越少,甚至有时没有议案,盟委会不得不宣布开会的同时,便宣布散会,据说最短的一次会议只有 27 秒钟。

整体来说,徐敦璋的工作琐碎而繁杂。他作为中国代表团发言稿的执笔人之一,至少在表面上,严守中立态度。另外,他和同事们还需要在盟委会之后,电告外交部有关会议的情况。此外,他们也会针对日本社会的方方面面，每月写一份报告。

除这些琐碎的日常工作外，徐敦璋曾分别在 1947 年春和 1948 年冬，随中国驻日本代表团其他成员，在京都、大阪、奈良、神户等地，视察战后日本的民主选举。

另，自 1946 年开始，国民政府成立“清理战时文物损失委员会”，徐敦璋与马衡、梁思成、李济、傅斯年、徐森玉、蒋复聪、吴半农、吴文藻、谢冰心、王世襄等人一道参与其间，历时两年多，追回部分抗日战争期间被侵华日军劫掠的中国文物。但此后，由于盟军管制日本委员会对中国文物追索工作并不热心，甚至设置障碍偏袒日方，这项工作进展不大。王世襄先生的回忆录中，对这段历史有详细的记载。

1948 年春，商震就任中国代表团新任团长后，提出裁员，徐敦璋便被从政治组调到第四组，开始负责驻日代表团内的文教事务。文教组本属闲差，徐敦璋调过去后，日常工作量极少。闲坐无聊，不如码字，徐敦璋利用半年多时间，写了本《盟军占领下的日本教育》。

然而，徐敦璋等底层职员的尽职工作，却难以掩盖中国驻日代表团整体的失败。据杨子震在其论文《中国驻日代表团之研究——初探战后中日 · 台日关系之二元架构》中援引的资料，陈诚曾在其回忆录中表示：“抗战胜利后，我们派遣到日本去的中国代表团，对内分别门户、争权夺利，对外招摇撞骗，假公济私，简直不成体统到了极点，以致引起各方面的轻视与憎恶。日本暗地里不说这是中国代表团，而戏谑之为‘代表中国团’，这还不算丢尽了整个国家的脸吗？”而高玉树亦指出：“代表团顶着战胜国的光环，穿得漂漂亮亮，专做表面功夫，专讲官话，闹绯闻，做起事来，却敷衍塞责，甚至上下其手，贪污腐化。他们虽然也派有两个人办侨务，但钱是不会供给穷苦的人的，对台侨没什么帮助。”

前文已提及，徐敦璋原打算只在日本待一年半载即回国。1946 年底，曾有将家眷接往日本的机会，但他对能在日本留多久尚无计划，便放弃此机会;此后中国外交部及盟总加强限制,接家属至日本团聚一事,便成泡影。

代表团本属临时机构,但外交部依然给代表团以驻外代表的待遇。从 1947 年开始,代表团的薪水开始用美元支付。徐敦璋又决定多待一段时间,攒点钱再回国——他当时开玩笑说,想为五个儿子,每人至少都存下一千美元教育费。玩笑归玩笑。当时徐敦璋只身在外,花钱机会不多,大部分薪金都能存下来。

平时,徐敦璋和他的同事们并不谈论国内政局,大家只是埋头工作。1948 年后,徐敦璋等从日本报纸及国内来人的言谈中,获悉内战的严峻形势,代表团内人心浮动,准备将家眷接来日本的人越来越多。徐敦璋亦开始犹豫。代表团当时正拟裁员,徐敦璋意识到自己可能在被裁之列,遂放弃接家眷出国的念头,他乐观地认为"国民党未见得垮得那样快"。他决定等裁员令公布再说:如果被裁,便径直回国;如果不被裁,便请假回上海,先看看情况再作打算。

1948 年裁员令公布,徐敦璋并未被裁,但调到第四组负责文教事务。他纵然心中不满,决计辞职回国,但国内却发生"金圆券风潮",徐敦璋念及手头的美元不想到上海被白白拿去,便下定决心再观望一阵。

非常混乱,非常痛苦,非常矛盾

转瞬已到 1949 年年初。在日本,徐敦璋已清楚看到内战结局,"金圆券风潮"平息,国民党大势已去。

那么他到底该怎么办呢? 接不接家眷? 回不回国? 徐敦璋心里没谱。一方面,他觉得作为中国人,应该参加新中国的建设;但另一方面,他又担心回来后遭到清算。而且,滞留日本也面临着经济压力。徐敦璋自述:"当二月至六月之间,我在日本的思想情况,非常混乱,非常痛苦,非常矛盾。眼看国内局势已定,革命已胜利,我怎么办呢? 徘徊歧途！记得曾在东京同梅如璈说过，'天地之大，无容身之处嘛！'可见我当时的恐惧、彷徨心理。但又觉得中国从此统一，统一即是力量，中国将成为一个大国，前途无量，可是我个人算是完了。因而，又对于回国有些顾虑。"

北平解放后，徐敦璋原打算二三月份回国，在上海借水路入川。当时，中国代表团已开始欠薪，但听说不久后便可全额发给，徐敦璋不得不又推迟回国计划，苦等薪资，甚至取消预定的船票和出境签证。

当时盟总管制外汇极严。最初中、日不通汇；后来通汇，但除非为家用，谁也不愿把美元换成法币或金圆券。徐敦璋和他的同事们思索良久，找到一个妥善的方案：将自己积蓄的美元，从东京兑往美国花旗银行，开户并留下印鉴后，将支票本寄来日本，再将支票出卖，借此规避盟总外汇管制。于是，徐敦璋在 1948 年即在花旗银行开户，鉴于在日本黑市兑换美钞很难，而日本和香港之间兑汇亦难，除零花钱外，徐敦璋陆续将积蓄汇往纽约。

漫漫回国路

1949 年 5 月底，淮海战役尘埃落定，上海解放，徐敦璋也全额领到积欠薪水。6 月初，他终于踏上漫漫回国路。

按惯例，徐敦璋在离开日本前，必须先有中国驻日代表团后勤处向盟总办理申请的出境签证。办好出境签证后，徐敦璋便与当时中国驻日代表团团长朱世明请假，表示其已服务近三年，想告假回家看看，委婉地提出辞职。朱世明并未为难，并发给其回国路费。

本来，徐敦璋 2 月时曾预定船票，但因代表团积欠薪水而改期。及至 6 月决定回国时，他担心香港与重庆之间航班断绝，为赶时间，便决定购买机票回国。

1949 年 6 月 18 日上午 6 时，徐敦璋由东京羽田机场起飞，下午一点半左右,抵达台北。此时距下次起飞尚有四五十分钟,徐敦璋闲坐无聊,遂试着致电时任台湾省政府秘书长的老友浦薛凤。意外的是电话竟然拨通,浦薛凤随即赶往机场,此时距登机只有三四分钟。就在这种千钧一发的时刻,徐敦璋、浦薛凤在机场短暂重逢后即分开。当天下午六点,徐敦璋抵达香港,当天晚上在香港住宿。

徐敦璋原计划只在香港住一晚上,次日飞往重庆。他购的是中华航空公司"空中霸王号"东京—台北—香港—重庆联票。不幸的是,他抵达香港时,重庆山洪暴发,机场被淹,"空中霸王号"无法降落,小型航班亦全部取消。无奈之下,徐敦璋只好退掉余款,在香港等待航班恢复。

这一等,便是十多天。刚到香港时,徐敦璋住半岛饭店。后来觉得太贵,便搬到九龙饭店。前两天,徐敦璋见到滞港的同学和朋友。从第三天开始,由于不适应香港气候,徐敦璋罹患感冒,不得不卧床休养,偶尔见见故旧新知。当时国内政局不明,他打定主意,接上家眷即返回香港,所以将随身所带三千多美元,全部存入香港某银行的保险箱,并买好香港至重庆的往返机票。

重庆三月

6 月 29 日,徐敦璋终于等来新的航班,当天晚上抵达重庆家中。

徐敦璋原计划早日带家属去香港。大家见面,话题不自觉地涉及如何"应变"。这段时间,徐敦璋见到从成都到重庆的曾庆集。曾庆集的镇定,很让徐敦璋惊讶——曾庆集早年负责过驻沪军事,担任过驻美武官,当时亦是国民党负责四川防务的核心人员之一,可是他不怕,也不走。

曾庆集都能如此镇定,徐敦璋自忖,自己不过一介文人,在政府做些闲职,刚从日本回来,又未掌过实权,又有何理由不安心等待解放呢?

他恐惧渐消,不走的念头,便越来越浓了。尤其是当他陆续听到解放区的各种消息,比如不许有闲人、人人有工作、“三生(学生、医生、先生)有幸”等,加上他爱人坚决不走,最终他亦下决心留在重庆。

决计留下来后,他必须返回香港一趟,把存在香港的钱和支票本取出来。1949 年 9 月初,徐敦璋乘坐中华航空公司的飞机前往香港。他住在朋友黄中孚家,除取钱外,购买物品,打听时局,前后四天即返回重庆。

留下来,必得谋职。在行政机关服务多年,徐敦璋心生倦意,很想回到高校。他不仅自己主动去拜访重庆大学校长张洪沅、政治系主任潘大逵,同时托其他朋友向张洪沅说情。不久后,徐敦璋获得重庆大学的回复,拟聘他为政治学系教授。大约在 10 月,他正式接到重庆大学聘书。

“一切如梦初醒”

那段时间里,收音机是徐敦璋的主要信息来源。通过短波,他获悉新政协、新国家、新政府不久就要陆续成立。他有些不安,又有些兴奋。这该是一个什么样的新时代?

千辛万苦回到大学里,徐敦璋很开心。徐敦璋就聘为重庆大学教授没多久,重庆于 11 月 30 日宣告解放。11 月下旬接近解放前,徐敦璋心生顾虑,惴惴不安,把以前曾在国民党政府服务的各种奖章证书,全部付之一炬。

在新的氛围中,徐敦璋对周围的一切都感到新鲜:中国共产党发布的各种文告,和与中共有关的新书,扑面而来,新名词层出不穷。随着阅读范围的扩大,他对革命有了一定认识,革命政策不再陌生。

重庆大学成立了新的校务委员会。用徐敦璋的话说,“一切如梦初醒”,全校上下都掀起学习运动。1950 年 3 月,重庆大学法学院院长罗志如辞去院长一职，原政治学系主任潘大逵升任院长，政治学系主任空缺，徐敦璋遂被校务委员会聘，担任政治学系主任。

是年7月，徐敦璋等认为重庆解放晚，课改进展慢，遂向西南文教委员会和重庆大学校方提出，要求前往京津地区，调研高校课改情况。徐敦璋积极参加这次调研，有自己的小算盘，便是想在京津高校看看有无工作机会。任系主任后，徐敦璋深深觉得重庆大学各方面基础都差，地缘偏僻，发展落后，他更愿在平津执教。他认为只有在平津地区的高校，如北大、清华、燕京及南开，他的国际法、外交史才可能派上用场。

这一年8月初，徐敦璋同王仲哲、谢文范、张原安等四人抵达京津地区。这次视察前后二十多天，他们参观了北大、清华、燕京、南开以及中国人民大学等高校。这一路走下来，徐敦璋收获颇丰：一方面，他学到很多课改的举措，另一方面，他与很多失散的朋友得以重逢。尤其是有次在北京中山公园与梅汝璈喝茶时，徐敦璋有意无意地提及他想到北方的大学教书，不知道燕京有无机会。可能经梅汝璈介绍，不久后燕京大学便向他发来聘书。

在京期间，徐敦璋还见到罗隆基，遂向其提出加入民盟的申请。徐敦璋对民主党派原本并无印象，他有限的知识，都是来自于潘大逵的介绍。重庆解放后，他阅读《论联合政府》，对各民主党派、统一战线，有了更清晰的认识。与罗隆基交流后，徐敦璋认为自己应加入民盟，遂请罗隆基和曾昭抡介绍。1950年年底，徐敦璋完成加入民盟的所有程序。

在新的时代，徐敦璋学着用中共的新思维，去看历史、看世界。他和陈豹隐、罗志如等，一道学习《社会发展简史》和《新民主主义论》。可是，现实中的政治外交策依然让他费解，尤其是《中苏友好条约》签署之后，中国奉行“一边倒”，全面倒向苏联。这在徐敦璋看来，既没有必要，也完全行不通，中国没必要在两大阵营之间掺和。唯一让徐敦璋觉得高兴的，就是中国基本上统一，在他看来，“统一就是力量，中国一定强大，将产生一种新文化”。“抗美援朝”爆发后，在当时的形势下，徐敦璋不得不参加该运动的宣传。但他的想法，与新时代的要求并不合拍。他天真地认为，刚刚建立政权，何必要惹火烧身呢？

经过不断地学习，徐敦璋内心不断妥协，甚至在课堂上号召学生参加志愿军。但涉及他自己的孩子入伍，依旧引起他内心的波澜。他的长子徐濂、次子徐瀚是孪生子，双双毕业于四川南开中学，曾是南开学生运动的积极分子。1950 年秋，徐濂考入天津北洋大学矿冶系，徐瀚考入北京大学地质系。那一年，他们 17 岁。

孩子参军

“抗美援朝”硝烟一起，举国上下掀起青年参军高潮。1950 年年底，次子徐瀚参加空军。徐瀚事先未跟徐敦璋商量，到部队报到后，才向当时还在重庆的徐敦璋写信说明此事。在举国参军的热潮下，徐敦璋对此并未公开表示任何意见，只是回信鼓励有加。

就在这前后，徐敦璋也收到长子徐濂的信。徐濂表示他打算报名参军，因身体原因未能获准。这里所谓身体原因，是指徐濂八九岁时，曾因走路不慎，将左手手腕摔断，且未完全复原。对其有参军念头，且意外受阻，徐敦璋颇感惊讶，遂去信安慰。

可是更让徐敦璋意外的是，1951 年春，他又接到徐濂的信，表示其经过多次争取，终于被批准参军。对此，徐敦璋表面上不说什么，但心里却十万个不愿意：青年学生参军固然应该，可是，就不能等到他们大学毕业再去参军吗？中国立国方定，大规模建设次第展开，一切都好办，就是人才奇缺，这种情况下，为什么不让更多的青年学生学好科学技术呢？当他念及徐濂、徐瀚功课基础均好，若能在大学里学习三四年，势必会有更大的进步；另外，徐濂左手残废，本不符合参军条件，为何也能够被批准呢？……这些家庭的变故，颇让他想不通。事实证明，他的担忧不是多余的，两个儿子参军后，徐瀚在空军做会计工作，而徐濂在军队做文化教员，都不是重要岗位。

后来，徐敦璋听高教部报告时，听说“现在全国缺乏的是中学生，尤其是高中学生”，“全国建设需要五十万干部”，每念及此，他总是叹息不已。

“通过土改和忠诚老实，我一定要站起来”

1950 年年底，徐敦璋接到燕京大学政治系主任陈芳芝的聘函。但是，这次调动并不顺利，一方面，重庆大学学生执意挽留；另一方面，西南文教委员会当时政策也不允许教员出川。直至 1951 年 3 月，徐敦璋才取得各方面的许可，调任燕京大学。

在燕京大学，徐敦璋担任国际法及外交史两门课。可是好景不长，1951 年 9 月，徐敦璋便奉令随同燕京大学师生代表团一道，前往广西参加土改。

1951 年 9 月初，徐敦璋等南下，先在广西南宁学习一个月，然后下乡试点。次年 1 月，他们才被正式派下去参加土改。

离京南下土改前，徐敦璋还接到地方农会信函，说其父昔年曾贪污地方庙会公款若干，要徐敦璋处理。徐敦璋开始认为，父亲之事，何须他承担责任，遂将此事置之不理。后来南下参加土改团后，徐敦璋才不得不按照地方农会的要求照办，做检讨、写报告、打电报并写信给原籍农会表示负责。土改运动中，徐敦璋即致函老家管理祖遗产业的徐焕亭，请其按照政策要求办理减租、退押等事宜。此外，徐敦璋还将红契等寄交原籍地方农会，以示拥护土改。

土改期间，徐敦璋被北京市公安局第四处登记为“嫌疑分子”。填于 1952 年 1 月 31 日的《嫌疑分子登记表》中，徐敦璋在 1940 年后在军事委员会、财政部贸易委员会、国防最高委员会担任参事以及后来在中国驻日本代表团等政府部门服务等经历,成为重点怀疑的问题。

1952 年 5 月土改结束,总结后于 6 月份回京。对于这次土改,徐敦璋表示:"在土改中,我思想上收获大。通过斗争,才了解土地剥削制度之残酷、旧中国地主阶级的罪恶。在此九个月中深深体会到土改的政治、经济及教育意义,我的和平土改思想才得到纠正。"在这种背景下,土改委员会将徐敦璋的个人成分划为"自由职业者兼地主"。

1952 年 6 月,徐敦璋回到燕京大学。

此时,燕京大学的"三反运动"已经结束,徐敦璋刚好赶上接下来展开的忠诚老实运动。1952 年 6 月 20 日,在忠诚老实学习运动中,徐敦璋在发言中,对自己过去的历史向小组成员做了深刻的反省:"我感谢党、团和毛主席给我这个机会,将过去的历史交代。政法委员会让我参加土改,我不敢说一百八十度改变,但决心要求将几十年来的事进行检查,如无机会交代,包袱拖下去,不但对不起祖国、人民,也对不起家庭、儿女。我的斗争在土改即开始,现在已胜利,以后即得到解放。以后要不断提高改造,决心靠拢政府、人民,跟着共产党走,争取做一个人民的教师。""由于过去背着包袱,差一点倒下去,有一段曾想改名字。通过土改和忠诚老实,我一定要站起来。"

在交代中,徐敦璋对自己过去四十多年的人生经历做了详细总结。在他自己看来,他的问题主要有两方面:第一,长期以来他对自己加入国民党的经历讳莫如深,遮遮掩掩;第二,他在四川老家有祖上遗留土地若干亩,在阶级划分时,他应当属于地主,但他从未主动承认。

这场忠诚老实运动给徐敦璋最大的改变,是如何处理他自己与党的关系。此前,他一直将自己置于一个学者的立场。他 1949 年回国后曾表示,中国有前途,但取决于三个问题能否处理好:第一,对外方面,面临倒向苏联、倒向美国还是走中间路线的问题;第二,对内方面,面临党内是否团结一致的问题;第三,人不为己,天诛地灭,而共产党员也是人。徐敦璋抱着半信半疑的态度,想“看他们怎么样?”“是不是腐化?”很长一段时间,徐敦璋都不肯说“我们的党”。而在忠诚老实运动中,徐敦璋交代:“从三反、五反我认识了党,不是党对不住我,而是我对不住党,对不住人民,今天我决心跟共产党走。”

经过小组成员的批判与教育,徐敦璋郑重表态:“我绝不倒下去,现在才51岁,马寅初七十多岁还看社会主义呢。今天仅有赎罪的态度还不够,我要完全站在人民立场上,重新做人。”

在北京政法学院

1952年年底北京政法学院成立,徐敦璋奉令调入北京政法学院。当时,他被定为高教九级,月工资165.88元,且曾被任命为工会小组长。

在进入北京政法学院时填的登记表中,徐敦璋对自己过去曾担任过的课程列了一份清单:国际公法八年;中国外交史六年;比较政府、国际政治四年;国际组织、政治学三年;条约论、政党论、外交学等二年,世界革命史、土地经济、英美政府、比较宪法等一年。而对于自己的语言能力,徐敦璋表示,英文听说读写均可,法语、日语勉强可以阅读,略通德语,已自学俄语三个多月。同样在这份登记表上,徐敦璋列举了他可能开设的课程,如新民主主义论、中国革命史、国家论或国家法、国际公法、国际政治、英美政府等。

谈及对未来的打算,徐敦璋表示:“院系调整刚告结束,今后研究计划尚未作出具体决定。现拟全力学习俄文,改造思想(立场、观点、方法)后从事于国际公法、国际政治的研究,准备做一个合乎条件及要求的人民教师。所以我的今后志愿是倾向于近代史及国际方面学科的研究与教书。”

徐敦璋表示:“自己因无特殊技能,所以也无特长。不过二十年来,从未有一天离开书本。对于教育,有一些行政的及教学的经验,对于国际公法、国际政治下过不少工夫，而以研究国际组织一科花的精力不少。对于外交有过三年的实际工作经验，对于布置研究工作也有一些具体体验。”

更弥足珍贵的是，徐敦璋对自己优点与缺点的列举。在他自己看来，他有如下优点：性情温和、安静；谦虚、谨慎；群众关系尚好；责任心强；谨守绳墨；耐心工作；从不做非分之想；细心处理事物；善于整理资料；善于分析具体事物。而缺点有：斗争性不强；精力不够充沛；对事物看得到而实践落后；办事缺乏果断。基于对自己的这种清醒认识，徐敦璋认为自己“除教学外，适合一般教育行政工作或研究工作”。他本来也想写，自己适合外交工作，但出于某种顾虑，写上去后，又涂抹掉了。

尽管徐敦璋对自己期许颇高，但是到北京政法学院之后，还是不可避免地被“重点照顾”。报到后，徐敦璋和其他八位来自四大学的“旧教授”，便被安排在北楼学习《矛盾论》《实践论》。

对于这次学习，徐敦璋并未过分重视，他只是简单地拿定主意“走着看”。学习并不愉快。当时，这个学习小组由芮沐担任组长。但很快，徐敦璋便和芮沐闹出矛盾——芮沐抽不开身，便让徐敦璋照料小组内的学习事宜。而徐敦璋坚持认为，自己没这方面的责任，这只是芮沐的个人安排。他同吴恩裕、朱奇武商量，并得到吴、朱的鼓励。1953 年春，徐敦璋和学习组的几位“学友”合作，共同完成一本有关普选的小册子，但遗憾一直未出版。

离开学习小组后，1953 年 6 月，徐敦璋受派参加西单区安福胡同及景山东街区的普选试点，长达半年时间。

参加完普选后，北京政法学院领导层号召教师们去中国人民大学旁听，学习专业。于是从 1954 年年初开始，徐敦璋又很高兴地花了一年半的时间，努力学习“国际法”和“国际关系史”课程。

他希望将来能够大干一番，尽管他内心深知，在北京政法学院，国际法专业并非重点，图书资料极少，不容易继续研究下去。此时，北京政法学院承担所谓双重任务，即一方面承担政法系统的干部培训，另一方面从事正常的政法教育。徐敦璋对此颇有意见。他认为既然有中央政法干校，那么训练任务还是应该由政法干校承担，北京政法学院应该从正规化的方向多努力。另外，调爱人来北京政法学院工作的事情，也迟迟未能解决。1957 年反“右”运动中，时任北京政法学院院长钱端升在发言时，批评“宗派主义”，即举例指出，“对照顾爱人问题，徐敦璋教授的爱人要出来工作，我和王润同志谈过，考虑把她放在图书馆，但无下文。”

哭着说“搞到法院，我政治上也没问题”

一转眼，到了 1955 年下半年，徐敦璋又迎来肃反运动。

徐敦璋的历史经历整体上比较清楚。在肃反小组看来，徐敦璋最大的问题，是对其 1949 年从日本回国的情况交代不清楚，总被怀疑其别有用心。当时，肃反小组提出的疑点有：第一，徐敦璋在日本地位不低，为什么要在革命即将胜利之际回国？第二，徐敦璋途经台北时，为什么要与浦薛凤会晤？

肃反运动中，徐敦璋遭受到批判。北京政法学院为徐敦璋专门开了三次思想批判会。一份审查材料中记载，“起初徐只是虚伪应付，继而大发脾气，说‘我主观上并没有反革命思想，不过客观上有些反革命行为，我不革命也不反革命，搞几十年也是这点问题，我敢用脑袋担保’。因徐态度抗拒，会上群众激愤，批判得很激烈，发言中不适当地用了些‘假检讨’‘躺倒装死’的词句，会后徐向钱端升院长哭着说‘搞到法院，我政治上也没问题’”。

最终，1956 年 5 月 15 日，北京政法学院负责肃反运动的五人小组作出结论：“认为所谈回国原因基本上合乎情理，反动思想和言论，本人也进行了交代和批判，并在工作中有所转变，对其思想问题应继续帮助认识和提高。”徐敦璋算是逃过一劫；之后，徐敦璋被提升为高教三级，月工资241.50元。

1956年5月，北京政法学院举行第一次科学讨论会。根据《北京政法学院第一次科学讨论会论文集》，在该会上，讨论了吴恩裕的《中国国家起源的问题》、徐敦璋的《恢复中华人民共和国在联合国中的合法权利和地位问题》、曾炳钧的《中华人民共和国的国家机构是社会主义国家机构》、玛·雅·克依里洛娃和段世芝的《苏维埃民法对集体农庄所有权的民事法律保护》、张子培的《刑事诉讼中的被告人》等论文。之后不久，徐敦璋的文章，亦在1956年第5期《法学研究》上发表，在当时学术期刊数量极其有限的背景下，这篇论文获得了全国性的影响，成为中国“政法科学研究初步开展”中的重要文献之一。

内定不戴帽“右派”

1957年，徐敦璋又赶上了整风、反“右”运动。

在整风运动中，徐敦璋被认为“在办学方针问题上，发表了一整套的反党的‘右派’言论，攻击党的办学方针，是未戴帽子的‘右派’”。

徐敦璋到底有什么言论，能让他成为内定的不戴帽“右派”呢？第一，他被认为攻击肃反运动。徐敦璋说，“肃反斗争没有法律手续，不合法律程序，这是与宪法不符合的”，“共产党重人治不重法治”。第二，反对党的知识分子政策。徐敦璋说，“在院系调整以后，把四个大学的政法学系教授放在研究组里，而研究组正好像一个‘孤岛’，有些同志把我们看成是旧社会的渣滓或包袱，这种处理方法有些过分，因此也是片面的”。第三，攻击党的领导。徐敦璋说，“党委领导学校，应当考虑到党委中有些了解教学的，而现在是清一色的老干部，没有一个知识分子党员”，“党的组织不一定要深入到每一个工作部门，但党的领导还是要的”,“过去学校党代替了行政,今后党和行政的关系究竟应该怎样?我认为民主办校为好”。第四,反对社会主义政法高等教育的方针。徐敦璋曾说,“政法高等教育目前在政策上存在的病象是:过分强调政法科学的特殊性;割断文化历史;把学校机关当作政权机关来办;把社会科学分裂了;直接经验主义者;学风不好”。

值得玩味的地方在于,在这场打断无数知识分子脊梁骨的运动中,徐敦璋一方面战战兢兢自身难保,另一方面,他又成为其他“右派”的揭发者、批判者。比如当年对北京政法学院院长钱端升的批判中,就有徐敦璋的声音。当时的报道载明:“北京政法学院的师生们揭露,钱端升早在整风以前就隐蔽地进行了反党活动。徐敦璋教授说,钱端升早已怀有鬼胎。在周总理关于知识分子问题的报告后,钱端升就与罗隆基共同具名邀请各大学的盟员在文化俱乐部吃饭和座谈老知识分子的安排问题。他们这样做是为了什么?在大家的批判和质问下,钱端升承认:‘罗隆基以知识分子的大好佬自居。总理关于知识分子问题的报告出来以后,他建议成立知识分子问题小组,摸摸知识分子的情况,乘机成立知识分子政党,以便与共产党分庭抗礼。罗隆基说他对政法界知识分子不熟悉,要我找一些有问题有情绪的人在一起谈谈,我就开了一个名单。’他说,这正是用的费孝通所建议的串联办法。”

1958年2月,徐敦璋被北京政法学院党委内定为不戴帽“右派”分子,“口头通知本人,未向群众公布”。徐敦璋所属小组负责人签注意见表示,徐敦璋在“反右之后,表现较老实,给什么工作一般尚努力去做,但在思想上不是积极自觉地改造自己,在工作和学习党的方针政策问题中,不肯暴露思想,存在资产阶级的没落黄昏思想”。

早逝

1960年10月14日,徐敦璋突然因病辞世,享年58岁。在一个"寿多则辱"的时代,徐敦璋的英年早逝,使他免于遭受许多未来的苦厄。跟他的同事们比,生不逢时、死逢其时,无疑,他是不幸者中比较幸运的一个。

值得玩味的是北京政法学院官方的悼词。该悼词指出:

> "徐敦璋教授虽系旧知识分子,曾在伪政府任职,但其一生较多时间是做教育工作,解放后在党的长期教育下,特别是在我院教学改革后,表示愿意改造自己思想,多做工作,对于领导交付的任务,也能积极地完成。今年八九月间,在翻译工作上做了不少努力。最近我院举行知识分子座谈会,徐敦璋教授一直积极参加。不幸于1960年10月14日上午10时30分,因患心肌梗塞症,心脏机能突然发生障碍,急救无效逝去。我全体师生员工都表示沉痛哀悼。"

徐敦璋逝世近二十年后的1979年1月11日,趁当年落实政策、平反冤假错案的东风,北京政法学院党委作出决定:"根据中共中央1978年55号文件精神,对徐的内定'右派'问题进行了复查。按照实事求是、'有错必纠'的原则,徐敦璋教授系被错划的内定'右派'分子,应予改正,恢复政治名誉。"

倘若地下有知,徐敦璋又该如何想呢?

“老学究遇到新问题”

——曾炳钧侧影

“曾先生教我们的时候已经76岁了,个子不高,晚年眼睛高度近视,说话比较慢,嗓音有点沙哑,四川口音,平常穿着蓝色的中山装,身体多病,尽管老吃药,但就是不倒。外表是一介文弱书生,但内心十分坚韧,情感非常丰富。他不属于那种高高大大风流倜傥型的,是一个很朴实很实在的老人。言谈举止更多地体现了那种知识分子儒雅和深沉的一面。”

中国政法大学教授郭成伟接受《法大人》杂志采访时,这样描述他心目中的曾先生。

这位曾先生,即曾炳钧教授。

三岁丧父,十余岁丧母

1904年6月14日(阴历五月初一),曾炳钧在四川泸县澄溪口出生。按排行,他属“仲”字辈,名“仲刚”。因此,曾炳钧的曾用名“仲刚”,更为亲友所熟识。

曾炳钧对祖父曾瀛霞印象不深——祖父逝世时,他只有六岁。他的祖父年轻时曾经营木材生意,但不幸破产,家道由此一落千丈,甚至不时借贷,遭不少白眼。一直到他的父亲曾颖樵和伯伯叔叔们长大成人,家境才有所好转。

曾炳钧的生命与父亲的交集也有限——父亲患白喉症早逝时,曾炳钧才三岁。从母亲处曾炳钧知道父亲大致的经历:十多岁时曾在杂货店做学徒;曾与人合伙,开过杂货店;后来,幸运中得一千多元的彩票,才自己独立开一家号为“荣兴和”的百货店,生意也越做越兴隆,先后置办房产多处,仅房租每年都能收入二百余元。

祖父的困苦和父亲的成功,一直被长辈作为教育曾炳钧努力奋斗的素材。父亲过世后,祖父尚健在,未分家,父亲开设的商铺便由叔叔继续经营,他和母亲,也在叔叔伯伯们的照料下生活。幼年丧父,这是曾炳钧人生历程中颇为遗憾的一笔记忆。

可惜,福无双至、祸不单行,曾炳钧人生中更遗憾的事情又接踵而至:父亲过世后没几年,母亲也撒手人寰。

就其他长辈来说,伯父曾吉荪在地方上算是头面人物,早年中过秀才,先后担任过四川忠县、广汉县征收局长等职务。30 年代曾炳钧留学美国时伯父辞官归家,买了不少土地打理。“福兮祸所依,祸兮福所伏”,本以为买地屯财,不料人民政权成立后,“地主”的大帽便也无处可躲了。而相比之下,曾炳钧的两个叔叔曾悦如和曾小鲁都以经商为生,平平淡淡,其中曾小鲁在曾炳钧十几岁时就早逝,而曾悦如一直活到 1949 年之后。

三岁丧父,十余岁丧母,曾炳钧童年可谓不幸。他的教育由伯叔资助完成。开始时,商铺生意不错,家中经济状况尚可,能够供得起他在家读私塾。

1920 年曾炳钧十六岁时，进入泸县公立中学。这时候，时局不兴，叔父的生意也步履维艰，最后不得不关闭。家中的经济状况日趋紧张，供曾炳钧读书渐成问题。上中学的前三年，曾炳钧每月三元的伙食费由母亲和叔叔提供；最后一年，由于叔叔们的生意萧条，不得不由其伯父继续资助。

在中学期间，曾炳钧学习刻苦，成绩一直名列前茅。由于学习成绩优异，获得学校免去学杂费的奖励。尽管经济上极其拮据，曾炳钧还是于 1924 年夏前往北平参加补习，为投考清华大学做准备。

清华四年

1925 年 9 月，21 岁的曾炳钧如愿以偿，考入清华大学政治学系，在清华园度过人生中最关键的四年。

在清华期间，曾炳钧的经济状况比中学时期更为拮据，每年他伯父寄来生活费平均不到两百元钱。为了缓解经济压力，他不得不在图书馆勤工俭学，每天下午四点到六点去图书馆管参考书出纳。此外，他也勤奋地写文章、做翻译，赚取微薄的稿费，以补贴生活日用。即便如此，曾炳钧大学毕业时，依然欠下清华大学两百多元的各种费用。这笔“巨债”，一直到他工作四年后，才陆续还清。

当时的清华学生大体分为三派：国民党、中共地下党及国家主义派，各派间立场、观点皆不同。曾炳钧未加入任何一派，他有自己的“玩法”。在清华的第二年，曾炳钧在校友罗志如的介绍下，加入“青年励志会”。该组织为“五四”运动后北大、清华两校学生组织的学术团体。曾炳钧加入后，表现积极，后期曾担任过会议主席等职务。

大学三年级时，曾炳钧曾加入《认识周报》团体。这份报纸由傅任敢、徐士瑚等发起组织，其中徐士瑚负责筹措经费，傅任敢、牟乃祚和曾炳钧等担任编辑。由于徐士瑚是阎锡山的妻弟，这份报纸的经费实际上是来自阎锡山的资助。在《认识周报》,曾炳钧先是担任国际政治栏的编辑,后来出任该报总编辑。由于编辑并无报酬,出于多赚稿费的目的,曾炳钧先后在《认识周报》上发表过包括《最近世界政治大势》在内等十几篇介绍国际形势的文章。该报出版十六期后,由于徐士瑚要求改变编辑方针,而曾炳钧等人不同意,僵持不下,只好抱憾停刊。

清华求学时的曾炳钧

在加入《认识周报》之前，曾炳钧还曾给天津的《国闻周报》写过两篇稿子，其中一篇记叙当时印度的民族运动，另一篇述评英国17世纪政治学家洪布士（今译“霍布斯”）的政治学说。

据张在军在《才情与风范：抗战时期的武大教授续编》中提及，1928年济南惨案发生后，曾炳钧曾和冯友兰等组成济案后援会，后发展成为“清华大学边疆问题研究会”。

在曾炳钧的大学同班、同宿舍同学汤象龙的印象中，曾炳钧“考入清华时身体不好，但学习不错，肯用脑筋”。而在曾炳钧的四川同乡、清华大学低一年级的张昌培印象中，大学时代的曾炳钧“人很聪明，很会讲话，长于写文章”。

社会调查所

1929年8月，曾炳钧苦读四年后完成学业，后经四川同乡杨西孟介绍，进入陶孟和主持的北平社会调查所，担任助理研究员、研究员。

当时，北平社会调查所曾与《大公报》合作，在《大公报》副刊上出版《社会研究》半月刊。曾炳钧除以编辑身份积极组稿外，自己也曾写过一篇题为《中国工业化的问题》的文章及若干篇书评。在这篇文章中，曾炳钧对中国工业化的必要性和困难多有论述。

从1930年开始，曾炳钧与陶孟和一道共同主编社会调查所出版的《社会科学杂志》。该刊主要刊载关于中国社会的调查研究及统计的文章与资料，同时亦发表过一些涉及经济与政论的文章。曾炳钧曾在该刊发表过一篇题为《德国经济的复兴》的文章及若干书评。

这期间，曾炳钧关注国际劳工问题。被列入“社会研究丛刊第10种”并于1933年出版的《国际劳动组织》，即是曾炳钧在这一时期完成的作品。这本十多万字的小册子，以国际联盟的资料编译为基础，指出第一次世界大战前后国际劳工运动的形势、各国政府回应此形势的必要性及实际的阻碍因素等,对国际联盟框架下国际劳工立法的经过与成就,有一定研究。

此时,曾炳钧在清华的老师钱端升正担任天津《益世报》主笔。曾炳钧曾应钱端升之约,在《益世报》撰写题为《论纸卷烟改税》社论一篇。该文直指国民政府税务当局重税低级烟、轻税高级烟、压迫华商、便宜洋商的税收政策,颇有见地。

在社会调查所工作期间,曾炳钧还曾参与社会调查所在《国闻周报》上的专栏“经济时事论评”的编辑工作。该栏目每周一期,发表论文一篇,主要聚焦于当时的经济财政政策评析。在该报上,曾炳钧曾分两次连载发表《危机日迫的中国经济现状》一文,论证当时中国经济濒于崩溃的状况。

哥伦比亚读博士

不难看出,刚刚参加工作的曾炳钧意气风发,精力旺盛,做了很多工作。如果曾炳钧在社会调查所一直工作下去,未尝不可。但是“由于重知识和个人主义向上爬的思想支配”,曾炳钧还是报名参加 1934 年度清华大学留美公费生考试并被录取。

按照清华大学的相关规定,他于 1935 年年初辞去社会调查所的工作,开始在清华做留学准备,同时忙里偷闲,前往定县及江宁县考察地方行政。

据他晚年接受周恩惠采访时的解释,他之所以选择政治学,是因为“我看到当时的祖国正处在风雨飘摇之中,想立志用政治和法律来救中国”。

1935 年 10 月,曾炳钧进入美国伊利诺伊州立大学研究院,一年后,题为《英美预算制度》的论文通过答辩,获得硕士学位。接下来,曾炳钧于 1936 年 9 月来到哥伦比亚大学研究院,耗费近四年半时间,在 L. Rogers 教授的指导下攻读博士学位。

年轻时的曾炳钧

除积极参与学生活动之外，曾炳钧对国内政局亦十分关注。据曾炳钧的女儿曾尔恕回忆，1936 年“七君子事件”爆发后，曾炳钧曾与其他留美同学及旅美华人发起签署《旅美华侨告海外同胞书》，要求政府释放七君子，确认日本为中国公敌，国民有救国之权利，要求政府立即对日抗战。

在曾炳钧读博士第三年的时候，在 L. Rogers 教授的介绍下，加入威尔逊学会。该学会是一个由哥伦比亚大学高年级博士生组成的 Seminar，定期集会报告、讨论国际政治和经济问题。在这个学会里，曾炳钧曾以自己的一篇论文为基础，作过一次题为《1911～1924 年中国的联省运动与宪政》的报告。

在纽约期间，1940 年到 1941 年博士毕业前，曾炳钧曾与同学李庆远、王秉厚、胡世泽等人组成“现代问题座谈会”。这个座谈会也是 Seminar，每两个月集会一次，座谈国际问题。1940 年冬颜惠庆、周鲠生、钱端升等人抵达纽约时，曾炳钧曾依托此“现代问题座谈会”，约集纽约华侨和学生组织过一次欢迎会，并由曾炳钧担任主席。在此前后，顾维钧莅临纽约时，亦由曾炳钧致欢迎辞。

1941 年 4 月，曾炳钧以题为《中日冲突在英国议会中的反映》的论文通过答辩，获得哥伦比亚大学博士学位。在该论文中，曾炳钧以英国议会的讨论资料为基础，分析和阐述英国当局对日本的绥靖政策及恶果。正常情况下博士论文通过答辩即可出版。但曾炳钧的这篇博士论文的出版事宜，由于他匆匆回国，未及联系妥当，便搁置下来。

草草收拾行囊后，曾炳钧便踏上回国之旅。

曾炳钧与胡适

抗日战争开始后，胡适、钱端升、张忠绂受国民政府之派，前往美国推行民间外交，游说美国朝野支持中国抗战。曾炳钧与这位清华学堂、哥伦比亚大学的双重校友之前是否相识不详;但胡适与陶孟和私交密切,而曾炳钧协助陶孟和编辑的《社会科学杂志》,即是由胡适题写的刊名,这可能会成为他们相识的契机。

在美国期间,曾炳钧与胡适多有往来。胡适 1938 年 4 月 17 日日记写道,"四川学生曾炳钧来谈,他是学政治的,近年专治财政。与他同吃饭。"据曾尔恕告诉笔者,曾炳钧与胡适的合影,在"文化大革命"中被查抄丢失;曾炳钧在哥大毕业后,胡适曾介绍他去国际机构(即后来的联合国总部)工作,但是由于他已经答应押运战机回国,未能留美。

1938 年年底,胡适被任命为中华民国驻美大使。曾炳钧见报纸发表胡适出任驻美大使消息后,即于 10 月 5 日诚恳致信祝贺:

> 适之先生:
>
> 读报得悉,先生已受命出任我国驻美大使,并已行抵纽约,极端庆幸!际此时危势亟,先生以学者出任艰巨,实行救国抱负;牺牲的精神,至深敬佩。除竭诚欢迎外,为默祷先生外交运动的成功,因先生之出山为的是救国,先生政策的胜利,便是中华民国的胜利!
>
> 专此敬颂。道安。

在信的末尾,曾炳钧工工整整地署上"后学曾炳钧谨上"字样。

一波三折回国路

曾炳钧的回国之旅,充满传奇色彩。

1941 年 5 月,他从纽约乘坐一艘名为 S. S. Gunny 的挪威货船动身回国,7 月到达仰光。该货船上装载的货物,即美国政府接济中华民国的 P40 型战斗机。他是这艘船上的押运员。

这段经历在当时惊心动魄，在日后也成为被勒令再三交代的历史问题："革命"群众将他的这一经历，斥为反共行为，怀疑他与蒋匪、美帝有着某种不可告人的阴谋，甚至给他扣上"大战犯"的帽子。

整个运输事宜，由当时国民政府设在纽约的中国对外贸易公司安排。当时，中共地下党员冀朝鼎在该公司担任秘书，而曾炳钧在纽约期间就与冀朝鼎熟识。这层关系，便是这段经历的缘起。

1941 年 2 月，曾炳钧通过答辩后，即准备回国，其间与冀朝鼎在某餐馆偶遇。闲谈中，冀提及军火船事宜：按照美国政府的要求，这艘运货船必须由中国人押运，否则船不能启程；当时尚未找到合适的押运员，飞机上船甚久，却迟迟不能离开港口，而国内严峻的抗战形势，对这架战斗机又望穿秋水。

在当时的国际政治形势下，飞机由美国政府秘密接济中华民国，这艘船的国籍是挪威，而挪威当时与纳粹德国是交战国，德国、日本又已结盟，船上是运往中国应付抗日战争的新型飞机……显而易见，这艘船及船上的物品，均处于纳粹德国的对立面。慑于当时德国海军在太平洋上的力量，该船无论如何不敢取道太平洋赴华，而只能取道大西洋、印度洋，最终抵达仰光。

当然，这条路线同样危机四伏。纳粹德国的海军在大西洋、印度洋十分猖獗，肆意破坏交通，已击沉大量商船。考虑到挪威已经是德国的交战国，这艘船万一遭遇德国海军，后果将不堪设想。

冀朝鼎代表中国贸易公司提出：由曾炳钧以押运员身份乘船，押运飞机至仰光；作为回报，他不承担任何交通费用，中国贸易公司还额外解决他从仰光到云南的交通。另外，中国贸易公司还专门给他买了一份巨额保险，如果该船被德军击沉，保险公司将付给他的家属至少 3000 美元的抚恤金。

曾炳钧在美国的朋友都不建议他这样做。因为他坐这条军火船回国,至多节省200美元路费;但当时,按照清华公费留学的资助标准,他将得到500美元的交通补助,这样的话,他正常回国反而能小赚一笔。而曾炳钧要押运这艘船回来,其所面临的危险,又绝非区区200美元路费所能比拟。但最终曾炳钧考虑到抗日战争的需要,勇敢地接受了这项准军事任务。

从学界到政界

1941年8月,学成归来的曾炳钧经仰光抵达昆明。他来昆明本是冲着西南联合大学;但抵滇后,他发现联大已满员,便接受云南大学政治学系聘约,前往云南大学执教,讲授财政学及各国政治制度。

梅贻琦在这年9月13日的日记便记载道,"晚陈忠儒、张大煜在中国银行请客,有曾炳钧新自美归国,张昌华新来缅滇路者。"执教云南大学,是他学成归来之后的第一份工作,但并未干太久。

这年寒假,曾炳钧回四川泸县探亲。在乘飞机从昆明抵达重庆候船期间,曾炳钧先后拜会吴半农、吴景超、翁文灏等清华时期的老师和同学。当时,时任国民政府经济部长的翁文灏,正四处物色具有写作才干的人才。

曾炳钧在清华读书时,翁文灏正在清华大学执教,已对曾有一定印象。这次拜会尽管只是一般性寒暄,但毕竟再续前缘。曾炳钧回老家不久,即接到吴半农来信,力邀他去经济部工作,表示经济部对其将有所"借重"。此时,吴半农正担任翁文灏的秘书;吴的邀请,应是基于翁文灏的提议。

一开始,曾炳钧颇感犹豫,对此邀请未置可否。但当他准备经重庆返回昆明时,吴半农、吴景超连日来访,再三说服。多年以后,曾炳钧依然记得吴景超的原话:"要教书,就应该去一个好一点的学校,在云南大学有什么意思?现在是抗战,大家应该出来帮着做一点工作;等到胜利后,再找一个好学校教书好了,我也还想教书呢。”吴景超的话,打动了曾炳钧,再加上当时经济部在国民政府各部中政绩、口碑均尚可,他便致函辞去云大教职,于1942年3月进入经济部。

在经济部,曾炳钧和刘心铨住同一宿舍,老同学吴半农亦住在同一座楼里。身为国民政府经济部参事,仍不得不两人合住,由此可见当时各个层面的窘状。

曾炳钧的本职工作,是担任翁文灏的笔杆子,研究国民政府战时的经济法规和政策,替翁文灏草拟报告。实质性工作并不多。留在记忆中的,无非是为翁文灏起草过一份在国民参政会上的施政报告,以及他本人在经济部的一次专题讲座。除此之外,曾炳钧按照翁文灏的要求,翻译过一本名为《日本的航运》的调查材料,供当时盟国对日作战所用。

在这期间,曾炳钧还曾应国民政府外交部之约,写下旨在宣扬经济部工作成绩的《战时工业和商品管制》英文稿,发表在1943年《英文中国年鉴》上。但在该文中,曾炳钧按照英文习惯,将“国民政府”无心写成“国民党政府”,翁文灏对此颇为不满。这为曾炳钧最终离开经济部埋下伏笔。

1942年8月,国民党中央训练团组织经济部附属的资源委员会一批职员受训。经翁文灏提名,经济部参事曾炳钧和商业司司长马克强、经济管制司司长李景潞、工业司司长欧阳仑以及社会部参事李俊龙等,被聘为中央训练团第21期培训班临时指导员。

曾炳钧等并不住在中央训练团,而只是在有课或有辅导任务时,才乘坐中央训练团的班车前往校园。所谓的辅导任务,便是分头前往该团下属的班级里,讲解当时的经济管制法规,比如抗战时期日用消费品管制及取缔囤积居奇的法规,并指导学员们讨论。这种学习、讨论每周一到二次,大都安排在晚上。曾炳钧前后去过六七次,每次都是下午五点左右上车,九点多下课后回来。完成指导任务后,曾炳钧等还领到中央训练团发放的纪念品蒋介石照片和纪念章。

按照经济部的规定,如果担任过三期以上的临时指导员,并按照要求撰写自传后,才会被认定在中央训练团受过培训。由于曾炳钧只参与过这一次,因此他亦没有在中央训练团受训的经历。

在经济部供职期间,曾炳钧还代吴景超编过两期《新经济》半月刊。该杂志本来是翁文灏创办,但翁公务繁忙,无暇顾及,编务主要由吴景超负责,偶尔蒋廷黻也参与讨论。曾炳钧在《新经济》上曾陆续发表《人治与法治》《学术与政治》等文。在这两篇文章中,曾炳钧针对当时的政治状况,鼓吹宪政法治、主张学术独立,认为政治不应该干涉学术,只应利用学术的研究成果,调节适应社会的发展。这种充满书生气的立场,注定曾炳钧不可能在政界逗留太久。

在重庆时,曾炳钧曾被邀请加入王世杰、周鲠生等人主导的中国政治学会,参加过一次年会。此外,曾炳钧在《经济建设》季刊上发表过一篇书评,专门介绍英国伦敦大学经济学教授罗宾士的《国际经济计划》一书。另外,曾炳钧还应《三民主义》半月刊编辑、清华同学李泰华之约,写过一篇题为《论国家总动员》的未署名社论,论证总动员的意义,认为抗战期间应该动员国家一切人力物力,发挥所有力量以争取抗战胜利。

在经济部期间,曾炳钧每天按时上下班,在部内除与吴半农、吴景超等来往外,与其他参事、司长们颇不投机,与内外都很少有联系。时间一长,便觉得在政府机关工作无聊之极。1942 年年底,曾炳钧请假回泸县,之后假期一续再续,倏忽间已三个多月;假期结束回到经济部后,曾炳钧发现他的职务已经悄然由“参事”变为“专门委员”,薪水照旧。遭遇此莫名其妙的降职,曾炳钧更加心灰意冷,去意已决,于 1943 年 5 月辞职。告别官气十足的经济部,对曾炳钧来说是好事。

执教武汉大学

1943年6月,曾炳钧接到当时尚在四川乐山的武汉大学聘书,担任武大政治学系教授,抗战胜利后,曾代理过一段政治系主任。

在武汉大学,曾炳钧开设的课程有"欧美政治制度"、"政治学"等,都与各国政治制度及西洋政治思想史相关。据张在军转引武大政治系1942级学生王滋源的回忆,"第一次看到曾炳钧教授是在'政治学概论'课堂上。他中等个儿,圆圆而清瘦的脸上戴一副金边眼镜。讲课声音不大,深入浅出,鞭辟入里,引人入胜"。张在军还这样转述了一段曾炳钧与王滋源的交往:"大三下学期,王滋源为写毕业论文到曾炳钧家拜访,请他当指导教授。他慨然应允,并拟定了论文题目:《卢梭之民约论》。此后,王滋源常到曾炳钧家访问,请教阅读原著中碰到的一些问题,他都一一给予圆满的解答。四年级秋季一开学,王滋源便把缮写好的论文交给了他。过了一个多月,曾炳钧找王滋源谈话,说是论文通过了,写得不错,'文辞优美'。曾炳钧还语重心长地说:'滋源,别看你是学政治的,但你不是搞政治的材料,你是个做学问的人。要发挥自己的长处。'王滋源脸红了,对导师的鼓励感到高兴,也深觉不安,眼看就要离校了,得马上找事做,学问从何做起?当他向老师坦陈了处境后,曾炳钧沉默了一下,亲切地说:'政治系还缺个助教,我设法为你争取一下。'后来又教导他:'教书是读书人最后一道防线。你国学根底不错,在成都或附近县城的中学找教书的工作,还是不太困难的。不过,你以后工作了,要学习英国逻辑名家约翰·穆勒,他在东印度公司任职,把这当成谋生的职业,做学问,才是他的事业。'"

作为所谓的"少壮派"教授,曾炳钧讲课不错,颇受学生欢迎。但曾炳钧内心多少也有不满,在很长一段时间内,他只担任普通政治学课程的讲授,即法律、经济、政治三系学生一年级时的共同必修课,而非政治学系的专业课。这就与时任武汉大学法学院院长刘秉麟、政治系主任刘迺诚等有很大关系,是最终促使曾炳钧闷闷不乐离开武大的原因之一。此为后话,暂且不表。

在武汉大学,曾炳钧比较活跃,颇受各方面尊重。1943 年年末到 1944 年年初,曾炳钧曾应学校和学生团体的邀请,在总理纪念周上作过两次全校性的公开讲座。其中一次讲座题目是《宪政与图强》,比较民主宪政和独裁专制的各自特点,得出结论民主宪政优于独裁专制,认为中国要自强,唯有实行民主宪政;另一次是《二十年后的中国》,认为抗战胜利之后,当局必须吸取历史教训,以宪政民主的方法实现和平统一,然后励精图治,变弱国为强国,最终掌握自己的命运,也只有如此,中国在二十年后,方才有能力应付世界上可能发生的任何事变。

作为武汉大学教授会成员,曾炳钧在维护武汉大学教授权益方面,曾做过一些工作。1947 年秋,武大教授韦润珊与武大发生房产纠纷,武大校方曾派曾炳钧、韩德培、燕树棠等人代表武汉大学教授会出面调解,最后武大向韦润珊赔偿几千万元法币。

曾炳钧教授的木箱

1946 年 10 月,曾炳钧随同回迁武昌的武汉大学,一道来到武汉。

武大经济系教授戴名巽先生的公子戴克中,曾以“项烁”为名,在其博客文章中,讲述过一段“曾炳钧教授的木箱”的故事:“1958 年,武汉大学新三区的房子改做幼儿园,我家搬到北三区 66 号后,面积小了很多,一口很大的木箱(现在还在)一直放在二楼两家共用的过道上,箱侧有曾炳钧三个大字。对门陈尧成教授的夫人刘艺万常和爸爸开玩笑,‘你怎么把曾先生的箱子拿来了?’爸爸笑而未答。后来我问妈妈是怎么回事。妈妈说抗战胜利复员回武汉后,曾炳钧先生住我家楼上,后来他要离开武大,这口从长江船上运回的箱子太大,他走时用这只大木箱换了我家两口小木箱。"

亲历"六一惨案"

可惜抗战胜利的喜庆气氛尚未散去,国共内战便又紧锣密鼓打响。到1947年春,全国各地反饥饿、反内战、反迫害的学生运动风起云涌,席卷全国。

在这种背景下,曾炳钧身处其间,耳濡目染,岂能袖手旁观?1947年5月28日,曾炳钧和韩德培、张培刚、金克木、萧文烁、邓启东等武汉大学六位教授,联名发表《我们对于当前学潮的意见》,后来该文在储安平主编的《观察》上发表。该文系集体讨论后,由韩德培执笔写成。文章对当时学生反对内战的运动表示同情,批评国民党当局,认为学生罢课是爱国行为,政府镇压是错误的;对于内政问题,呼吁国共双方停止内战,恢复和谈,通过政治手段解决政治问题,实现国共合作,谋求统一,建立民主统一的政府。可惜,枪炮作响法无声,在轰鸣的战争机器面前,学者们的呐喊,多少有点一厢情愿。

1947年6月1日凌晨,武汉军警和特务组织为镇压反饥饿、反内战、反迫害的学生运动,出动大批武装力量,包围武汉大学,搜捕学校的师生。其间,开枪打死学生三人,抓捕师生十余人。一时间,珞珈山下的武汉大学弥漫着白色恐怖的气氛,人人自危。此即所谓"六一惨案"。

对曾炳钧来说,这就是一场强权与尊严的对抗,一场野蛮与正义的斗争,一场暴行与人性的血拼!

这件事在一开始,其实与曾炳钧并无太紧密的关系。武汉大学的教师宿舍区很分散,曾炳钧住在新三区,远离校园。6月1日凌晨,他只是听到珞珈山那边传来步枪声和机关枪声,未多加理会。但时隔未久,即有惊慌失措的学生跑来,向他通报消息。

闻此噩耗,曾炳钧未做多想,即赶赴现场。当时,军警已经撤走,学生四散,教室凌乱,地上血迹斑斑,死难的学生尸体已经被抬到体育馆安放。“种种惨状,不忍卒视”,珞珈山下哀鸿遍野,曾炳钧心如刀割。

当时,武汉大学校长周鲠生尚在南京,而代理校长职权的法学院院长刘秉麟态度很不明朗。珞珈山下的枪声渐渐寂静。但在军警宪特的淫威下,武大的师生们不得不噤声。在赤裸裸的刺刀面前,每个生命个体,都本能地选择沉默和妥协,以寻求眼下的安全。在一片风声鹤唳的武大校园,究竟还有没有人代表死难学生找回公道?面对当局赤裸裸的暴行,面对很可能会来临的抓捕、酷刑、监禁甚至枪杀,究竟还有谁敢说出半个不字?

这正是曾炳钧当时要思考并必须作出抉择的问题。

曾炳钧和韩德培等同事们认为,对于这样一场暴行,教授们必须表明态度,一致谴责这项暴行,并筹划磋商营救被捕师生及其他办法。于是,曾炳钧等酝酿后,要求召开教授会。

6 月 1 日午饭后,武汉大学召开“六一惨案”后第一次教授会。校园里还弥漫着恐怖的气氛,会场外军警环伺,会场内人人噤若寒蝉。甚至不少胆小怕事的人,摆着息事宁人的态度,罔顾学生被枪杀、师生被抓捕的血腥事实,主张照常上课。也有人虽然也感到气愤,但主张不说话,不采取行动。人性本弱,这原本无可厚非。但这个世界总需要有人出来主持公道。

有没有人敢于坚持并公开表达自己的想法呢?此时此刻,义愤填膺的曾炳钧坐不住了。他激愤地拍案而起,极力主张罢教、发表宣言、向社会呼吁,表达教师们的正当态度,积极营救被捕师生。据张在军记述,曾炳钧慷慨激昂地表示:“这个社会太黑暗了,学生们何罪之有,我们如果在军警的屠刀下不敢再进行斗争,去营救被捕的学生,我们就不配做师表,不配做堂堂正正的人。”

受曾炳钧这番陈词的鼓舞,原本沉寂的会场开始沸腾,通过罢教、发表宣言等议程,曾炳钧被推选为宣言撰稿人。这场教授会上,大家商量后,准备向当局提出如下要求:第一,惩办凶手、追究责任;第二,释放所有无辜被捕的师生;第三,赔偿死伤损失;第四,国民党政府当局保证不发生类似事件,并保证以后军警特务不得进入学校。

几天后,教授会又通过决议,设立“六一惨案善后委员会”,并由曾炳钧担任主席。除曾炳钧外,善后委员会委员还有韩德培、程千帆、张培刚、吴廷缪、顾绶昌、朱萃濬等武大教授。曾炳钧和武汉大学的同事们立即投入营救被捕师生的工作。

“六一惨案”后,当局的态度颇为强硬,对曾炳钧等采取高压手段,公开威胁人身安全。时任武汉行营主任的程潜甚至公开叫嚣“不得轻举妄动”。武汉地方报纸亦封锁消息,甚至歪曲报导,诬蔑武汉大学学生私藏武器,图谋不轨,军警搜查,开枪互击,互有伤亡,等等,指鹿为马,颠倒黑白。地方媒体的这种立场,使得有关善后委员会的报道,自然难以发表。武汉当局甚至指示邮局,扣押与善后活动有关的来往邮件。

当局的态度强硬,而学生的态度则激愤不已。学生中不光成立了“六一惨案处理委员会”,亦酝酿发起抬棺游行、在校园内建设血衣冢等可能激化事态的举措。而在善后委员会内部,也时有不同声音,尤其是时任武大训导长并兼任善后委员会副主任的朱萃濬,更多代表学校的立场。如何在学生与学校之间独立地存在并发挥积极作用,同时不至于与两方面关系太僵,这是摆在善后委员会和曾炳钧面前的大难题。在这种情况下开展工作,自然难上加难。曾炳钧不得不代表善后委员会,折冲于当局、学校及学生中间。

善后委员会一边想方设法打破封锁,另一方面亦勇敢地与地方军政当局交涉。6 月 2 日,武大教授会推举教授代表二十人,前往委员长武汉行营,面见行营主任程潜,请愿营救被捕师生,陈述武大师生的要求。曾炳钧即是此请愿团的主要发言人。此外,善后委员会还派人设法通知尚在南京的武大校长周鲠生,并将实际情况向他汇报。

曾炳钧等的努力逐渐取得成效。善后委员会的宣传品逐渐可以公开传播,校长周鲠生亦回到武大,教育部派出次长杭立武来到武汉,协助解决问题,社会舆论亦对武大师生抱有明显的同情心。

经过各方面艰巨的努力,武大教授会提出的逐项要求,最后基本上都一一实现:被捕的师生全部释放;负有直接责任的武汉警备司令彭善被撤职;传闻警备司令部稽查处处长陈书鸿畏罪潜逃;武汉行营方面派代表到武大公开向师生赔罪道歉,并保证不再发生类似事件,军警不再进入武大。

一介书生曾炳钧,面对军警宪特的淫威所表现出的勇气与力量,不能不使后人叹服!

再回清华

"六一惨案"善后结束后,曾炳钧再次面临何去何从的问题。

一方面,由于他在学生运动中,坚定地与学生及进步学者站在一起,几次冲突后,他与武大校方的关系越来越差。而另一方面,复员的清华政治学系也频频向曾炳钧发出邀请。

据《老清华的社会科学》一书记述,"复员后迁回北平的清华政治系,在教师方面却是一幅人员凋零的景象。按照 1947 年 1 月的校刊报道,原本答应回到清华任教的许多教员,由于各种原因,几乎都没有到职。此时,支撑着清华政治学系的,只有教授邵循恪和助教端木正,还有从北京大学聘来暂代若干课程的吴恩裕、崔书琴和邸维周"。"为解决师资队伍的问题,清华向已任武汉大学政治学教授的清华学子曾炳钧发出聘约。"

1948 年 2 月,曾炳钧接受该聘约,开始担任清华政治学系教授,并从法学院院长陈岱孙手中,接过代理系主任的工作;一个学期后,曾炳钧正式担任政治系主任。“此时的曾炳钧,不仅承担了相当繁重的教学工作,而且负有重组教师队伍、再整政治学系的责任。他多次写信给正在英国学习的陈体强,述说清华政治学的困难,诉诸母校情怀而敦请陈尽快返回清华任教;同时,又说动已担任北京大学政治学系主任的清华学弟王铁崖兼代清华政治学系的课程。同时,他还帮助此时来清华任教的杜汝楫晋职讲师,以便承担更多的责任。”

来到北京之后,曾炳钧发现南池子的中国政治学会收藏政治学图书颇为可观,便加入该学会。

很努力地想跟上形势

清华大学于 1948 年 12 月解放。曾炳钧所有履历中“参加革命工作时间”,一直是从这个时候开始起算。只是,人到中年的曾炳钧,能否跟得上千变万化的革命形势?

曾炳钧很努力地想跟上形势。北平和平解放后,曾炳钧被任命为新成立的校工会委员会代表,负责组织政治学系的教员和学生下乡,参加土改运动。另外,当时所有教员工资,需要按照解放区薪酬计算,换算成小米斤两;曾炳钧亦代表政治学系,参与该问题的解决。

与此同时,政治学系又迎来由上级派遣来的“老八路”、曾任中共中央高级学校哲学教研室副主任的孙定国;按照新形势的要求,清华政治学系开始课程体系的修订和改革,成立大课委员会……

这一切对于曾炳钧都是全新的,也需要他全力以赴去实施。他既需要按照意识形态的要求,改造自己的思想,又需要以系主任的身份主持系务。

中华人民共和国成立后,曾炳钧在清华大学开设的课程,既有“各国政治制度”,更有“苏联制度”和“中华人民共和国国家组织”。1951

年上半年,曾炳钧被邀请参加当时华北行政委员会对民主建政的考察工作,前往山西考察过一个多月。回京之后,曾炳钧就所见所闻写了文章,发表在1951年10月5日的《光明日报》上。

参加土改

同年9月,曾炳钧来到广西参加土地改革工作,历时八个月。

曾炳钧为什么要报名参加土改工作呢?按照曾炳钧在《自我鉴定》中的记述,他是抱着这样的目的:"在京报名参加土改的动机是由于缺乏革命实践,要从土改工作中得到立场观点方法的锻炼,改造自己,使自己今后能更好地为人民服务。同时明确认识到,依靠贫雇农是巩固人民民主专政的工作基础,艰苦生活是工作的需要。"

在广西,曾炳钧被编入广西省省直土改工作第三团第四中队第三小队,并兼任小队副队长兼工委。土改要求"三同",曾炳钧在广西曾与贫雇农同床同被;在劳动方面,由于风湿性关节炎和心脏病的困扰,只有两次上山抬树拔草的经历,其他时间都只能做室内附带劳动。但这并不影响曾炳钧深入土改工作。

曾炳钧在1952年4月21日的《自我鉴定》中,对自己做得不足的地方如实记述,如"对应该做的工作均要求做好,但事实上未做好","对同志们主动帮助不够","团结农干及积极分子亦差","强调体力不济,在扎根中同劳动工作布置自己未带头下去",等等。

对于曾炳钧来说,这段经历还是颇有收获。此前他四十多年的人生,大部分时间都在校园里度过,对于中国农事了解不多。他写道:"参加土改后,更体会到唯有亲历贫雇农的艰苦生活,才能深切体会贫雇农的思想感情。"档案里记载着对他在土改工作的评语:"工作谨慎,分配田亩公平合理,沉静积极,对群众态度非常和气,而且有商量,很有民主态度,各群众非常拥护。"

土改归来,曾炳钧即在清华大学提出加入中国共产党的申请,尽管他对领导工农革命出身的中共本身,还有很多隔膜。而曾炳钧入党愿望的真正实现,则是到三十多年后了。

思想改造

土改回来后,轰轰烈烈的“三反”、“五反”运动已经落幕,曾炳钧算是躲过一劫。但他马上需要面对思想改造运动,这是他进入新时代后面临的一道坎儿。如果说之前观摩民主建政、参加土改,多少还只是观察的话,到思想改造时,则要求他作出发自肺腑的交代和自我反省。

在中国的文明传统中,士是气节的象征,尤其是《论语》中所提倡的“士不可以不弘毅,任重而道远。仁以为己任,不亦重乎?死而后已,不亦远乎?”但进入新时代之后,对于像曾炳钧这样的知识分子来说,面临着要不要向意识形态低头、认错甚至忏悔的难题。

曾炳钧对思想改造是有抵触的。据当时已经在北京大学读书的女儿曾尔慧回忆,由于他拒绝参加批判会,以致组织上找到她,要她做父亲的工作。迫不得已之下,曾炳钧放下自尊和矜持,对自己的历史,本着“忠诚老实”的态度,一五一十地做了交代。

自我交代后,还有一个环节是群众提意见。清华大学政治系的师生员工们,向曾炳钧提出很多意见。这让一向自认为领导有方、勤勤恳恳的曾炳钧很难接受。后来在1958年时他忆及这段经历,依然愤愤难平:“我认为伤害了我的自尊,抹杀了我的辛勤,把政治系所有坏处都归到我头上不合理!在思想检查中把‘好人’‘坏人’都说成是一样坏,不公平!我注意到我平时认为比较‘坏’的人作思想检查把自己骂了一通后一次便通过了,而我呢,勉强痛骂自己‘反动透顶’已经很委屈,还得不到群众的谅解,说我是‘不老实’,要‘蒙混过关’,那么,叫我如何办呢?我今后怎样面对学生呢?一句话,我感到屈辱,我产生了对抗情绪。使我最难过的是,有人在纸条里(当时多用纸条提意见而且不署名)用侮辱的词句来骂我,我感到有人在同我捣蛋!我不想做教师了!但不做教师又如何办呢?比我年长比我落后的人都做好了检查,我为何不能做好呢?而且不教书生活上也没有办法!我的第二次检查虽然通过了,我的情绪还是不高,我觉得一切都完了。政治系不好办,而且每年投考政治系的学生已经寥寥无几。今后怎样好呢?我很想争取主动。"曾炳钧坦率承认:"思想改造开始对我是痛苦的,我是有抗拒情绪的。只有在形势逼人的压力下我才勉强度过了第一关。"

"老学究遇到新问题"

革命时代,万象更新。教育部提出院系调整计划之后,曾炳钧为了能够跟得上形势,主动提出到中国人民大学去学习财政。按照他的理解,即便院系调整,但清华大学依旧会保持综合性独立大学的地位。这又是他天真的地方之一——如果这样,还调整院系做什么呢?

1952 年 6 月 26 日,教育部的通知下达到清华大学,次日便成立"京津高等学校院系调整清华大学筹备委员会"。按照院系调整政策,清华大学将取消文科和理科,改造成为综合性工科大学;清华、北大、燕京的政法学系都将合并成立北京政法学院。清华政治学系系主任曾炳钧、教员杜汝楫、陈体强、赵德洁等及全部学生,将全部调往新成立的北京政法学院。

当曾炳钧获悉这一消息后,依旧期望领导能够批准他的学习计划,"总之,我对政法学院的向心力自始便不强"。曾炳钧对院系调整非常抵触。一方面,清华政治学系办得好好的,为什么突然要撤,他不是很清楚;另一方面,为什么要成立北京政法学院、成立之后怎么办,他也觉得隔膜。曾炳钧和他的同事们一道来到北京政法学院。这时候,曾炳钧已经 48 岁。

古人云：五十而知天命。已届知天命之年的曾炳钧，能否与过去所受到的纯正的学术训练道别，能否与清华大学政治学系的传统道别，而全身心地投入新的政法教育机构？

对于像曾炳钧这样的学者，北京政法学院并未一开始就将他分配到教学一线，而是专门成立"研究组"学习。北京政法学院的这种安排可谓"一箭双雕"：既满足他学习的申请，又名正言顺地将他排除出政法课堂。

学习与自我批判

初来乍到的曾炳钧，只能按照要求正常学习，以期能够紧跟形势，至少在表面上，时刻准备着在人民政权下全心全意为人民服务。

对于这种长时间的学习，曾炳钧内心颇为矛盾，既满意，又不满意：满意的是带薪学习，没有担任任何课程和职务，相对比较轻松；这使得他评薪比某些人低时，也能心安理得地接受；不满意的是，他对未来感到困惑，不知道未来究竟会怎么样。在这种矛盾的心理状态下，曾炳钧将心灵的出路，寄托在党对他的进一步了解上。他认为党对他还是不了解。

在内心里，曾炳钧并未打算在北京政法学院久留。在研究组学习过程中，一些老教授将这种旷日持久的学习，形容为"关在孤岛"，曾炳钧对此颇不在意，他始终认为，在北京政法学院只是"过渡"，迟早他会离开，既然如此，学习就是，管他春夏秋冬！

在1949年之后相当长的一段时间内，曾炳钧的政治学习日程表一直排得很满。当然，这并不是他自己主观上想如此，一个又一个的新政策、一次又一次的学习讨论接踵而来，刚刚从旧时代走过来的曾炳钧，纵然内心有十二万分的进步思想，但此时此刻也一定喘不过气来。

在一份名为《批判我的改良主义思想》的学习总结中，曾炳钧在两个月的《实践论》《矛盾论》学习之后,“发现自己在立场、观点、方法上都存在很大的问题,改良主义思想和旧民主主义思想是我显著的毛病所在,这两种思想事实上是同源一类的东西”。

曾炳钧认为,“过去我的改良主义思想是十分浓厚的”。怎么“十分浓厚”法呢?曾炳钧将自己在1949年之前的学术与思想,均归结在这个框架下面,认为包括《国际劳工组织》在内,他当时主张民主宪政、经济逐渐社会化,倾向于费边社的说法,赞成英国不流血的革命,等等。较之学术作品,曾炳钧认为自己的从教经历,更是“传播改良主义毒素思想”的过程。在曾炳钧眼中,即便在1949年之后,自己依然存在改良主义思想,比如:其一,看到“公私兼顾、劳资两利”的城市政策和对资本主义的统战工作,便“主观误解认为这与我的改良思想相近,因此私心‘暗想自己原来的思想还是进步的’”;其二,对于旧知识还认为有它的用处,因此在学校课程中,对于旧的学说没有彻底地扬弃与决心丢掉,课程新旧杂陈,对于旧制度的批判,有时还用改良派的说法。

在自我批判的结尾,曾炳钧严肃地表态:“今后我必须积极参加革命斗争工作,与工农群众紧密结合,在斗争中增加我工人阶级思想意识的锻炼,更要加强政治学习,以马列主义毛泽东思想进一步武装自己,最后完全克服我非无产阶级的思想意识,必须这样我才能真正彻底改造,我才能很好地做一个人民的勤务员,在飞跃的社会中永远不断前进。”

走笔至此,笔者不禁叹息:曾炳钧先生当年在写这些文字的时候,内心究竟是不是真的这么想?是已经有人这么批判过他,然后他把别人批判的话拿过来照抄一遍,还是这确实是他发自内心的反省与自我批判?他真的把自己过去所学的一切都视为垃圾吗?我更想知道,究竟需要多大的压力,才能让一个知识分子这么批判自己?究竟需要多么刻苦的学习,才能让一个现代学术体制培养出来的学者在短时间内掌握一套全新的革命话语并“理论联系实际”地自我批判?

走进新时代

曾炳钧发自肺腑的自我批判,最终总算过关。1954 年,曾炳钧来北京政法学院一年多后,被分配到国家法教研室,准备编写财政法课程的讲义。

此时,曾炳钧依然在筹划离开北京政法学院。他始终认为,北京政法学院不合他这种“资产阶级学者”的口味,不是他理想的地方,“学术空气”不浓,师资差,设备简陋,领导像机关首长,只强调教书不强调研究,对老教师的使用,也不尊重本人的意见,动辄强调组织性、纪律性……尤其对于北京政法学院建校初期的短期训练班式办学模式,以及动辄理论联系实际、锻炼青年思想政治品质这一套马列主义的政法教育方针和路线,曾炳钧更是感到与自己格格不入。尽管在各种政治运动中他将“资产阶级学说”批判得体无完肤,但从内心来讲,他追求的是“学术”“最高学府”“正规化”,他还是想回到 1949 年之前他所生活、学习、工作的大学中去。

1954 年北京大学法律系复办之后,曾炳钧内心曾有去北大的想法,只是知识分子的矜持作祟,不便毛遂自荐而作罢。一直到 1955 年之后,曾炳钧才逐渐改变念头,做好扎根北京政法学院的心理准备。

促成曾炳钧思想转变的重要因素是苏联专家。苏联专家楚贡诺夫和克里依托娃来到北京政法学院之后,介绍了大量苏联政法教育的经验。在曾炳钧看来,苏联专家提倡科学研究,建议中国学者重视中国问题,加强师资培养、资料收集以及设置学术委员会等建议,及对苏联政法院系课程设置模式的复制,多少承袭欧洲教育传统。曾炳钧将学术委员会理解成传统大学的校务会议,把教研室主任联席会议看成是旧大学的教务会议，这种似是而非的变化，使曾炳钧看到某种回归传统大学的希望，内心与外界的冲突，亦多少得以平复。

在这种心理状态下，之前畏首畏尾的曾炳钧找到点自信，敢于公开表达他的一些意见。他认为从“储备人才”的角度考虑，北京政法学院应该在旧知识分子中，吸收一些所谓较有基础的学者来扩大师资队伍；他甚至在不同场合，批评北京政法学院对老教师尊重不够，“乱点鸳鸯谱”，“让老教师打杂”，使得陈芳芝、张锡彤等学者都陆续离开北京政法学院；曾炳钧还认为，北京政法学院民主气氛不浓，非党人士的积极性尚未发挥出来，学术委员会流于形式，要求“民主”办校，司法部、高教部应该将权力下放。

好在当时尚无大的政治运动，曾炳钧的这些言论并未招致大的麻烦。在国家法教研室，曾炳钧尚未来得及开课，1956 年又被调到国家与法的历史专业。国家与法的历史教研室成立后，曾炳钧被任命为教研室主任。能够担任教研室主任，至少表面上看来曾炳钧是得到党委系统信任的老学者。

这段时间，曾炳钧的公共事务也不少。1955 年时，曾炳钧曾被借调到国务院法制局，协助整理财经法规，历时三月。肃反运动开始后，才回到北京政法学院。

作为教研室主任，曾炳钧在确保“尽力跟着党走”的前提下对教研室的业务工作倾注了颇多心血。院党委提出“提高教学质量，稳定教材，系统讲授，提高教师业务水平”等要求时，曾炳钧认真落实，要求历史教研室的同事们制订计划，在短期内写出能够达到出版水平的教科书。同时，他还鼓励同事们多做历史学科的基本功，提倡通过科学研究来提高教学质量，主张讲授历史发展规律，要让客观材料讲话。

在 1956 年的某次座谈会中，曾炳钧坦陈：办好大学必须要求两个条件，即要求好的教师和好的图书设备。担任历史教研室主任后，曾炳钧建议图书馆搞好教员参考室，同时还为历史教研室购置不少历史和法制方面的古旧参考书。

但曾炳钧的内心，还是充满困惑。在“文化大革命”期间，曾炳钧坦承，“我是老学究遇到新问题，时代变了，做的新工作，我的头脑却还是旧的”。他甚至拿不准教研室主任的权力边界，对于教研室的业务活动，更多时候都由教研室党支部书记说了算。1957 年“高教六十条”推行后，院党委在教研室内又设立副主任，教研室主任的权限再次受到削弱。曾炳钧名义上还继续担任教研室主任，但也只是名义上过问大事，一般事务则都交由副主任处理，尽管对于党委派下来的副主任，他连推荐的机会都没有。这之后，曾炳钧在教研室内基本处于被架空状态，真有什么事情，副主任也会和党委沟通好，再跟他通报有关情况。后来，党委系统又对教研室主任和副主任的分工重新做了分配，曾炳钧作为主任抓科学研究工作，而副主任则抓教学和一般事务。但当时的情况是教学任务极其繁重，一个教研室同时开设五六门课，曾炳钧纵然想发动同事们搞科研，目睹此情此景，也只能打消念头了。

法律的阶级性与继承性讨论

1957 年春，中国政治法律学会曾发起一场关于法律的继承性问题的座谈会。这次座谈会的学术背景，是 1956 年下半年开始，陆续有包括杨兆龙等学者撰文，提倡法律的继承性，反思废除“六法全书”的做法，主张对旧法批判地继承。反对者则与中央持同一论调，认为任何法律都有阶级性，旧统治阶级的法律无论公法、私法，均打上旧法的烙印，理应全部废除。当时，中国政治法律学会的立场，实际上也是站在支持法律继承性的一边。

曾炳钧应邀参加了中国政治法律学会的座谈会。在整风运动之前的曙光中，学术空气还算正常。曾炳钧和与会的大多数学者一样，认为旧法存在可以批判吸取的有用成分，反对法律的阶级性，支持法律的继承性。会后，按照中国政治法律学会的要求，曾炳钧将他的观点整理成近2万字的《关于法的继承性问题》一文，随后在《政法研究》上发表。

在这篇文章中，曾炳钧认为，无产阶级为了进行有效统治，可以不受任何限制，可采用任何它所认为有利于巩固它的政权的办法，并不排除在某时某事上，根据当时的具体情况，采取旧的统治办法，包括监狱、法庭和法律中的某种规定。曾炳钧亦提出，有效的统治，必须掌握客观规律，并使之符合客观规律。曾炳钧在文中提出："在废除伪法统、伪六法后，并不排除用无产阶级的立场观点方法，从旧法中批判吸取有用的因素并加以改造或发展。也正是在废除伪法统的法律前提之下，我们才更能有分别地来考虑吸收旧法中有用的因素。"

曾炳钧应邀做广播节目

反"右"前后的内心世界

在此前后，民盟北京政法学院支部曾向曾炳钧发出入盟邀请，但被其婉言谢绝，曾炳钧表示，"我要参加政党，就参加共产党"。

作为一个受过西方学术训练的政治学家，曾炳钧坚信一条学理标准：治理最善的政府，即是最优良的政府。这也可以说是他浸淫政治学多年之后，形成的判断政府治理优劣与否的基本标准。出于这种职业敏感，他非常关注中华人民共和国成立后的政权建设。

可曾炳钧越看越迷惑：对于中共的领导，以及所谓人民民主专政的政权组织，究竟能否用政治学中政党政治的理论去解释？中共所谓的联合政府与西方民主国家的联合政府甚至国民政府，是否可以比较？

中华人民共和国成立七八年来，确实取得了一些成就，当时政府的廉洁程度，较之国民党治下，更不可同日而语，曾炳钧内心的疑惑在慢慢打消。但他还注意到一些技术性缺点，比如基层选举中等额选举是否合适、中央与地方的权责划分等。

曾炳钧的这些观察，都来自其切身体验。通过观摩民主建政，曾炳钧坚信当时中国选举体制的民主性，甚至认为，当时对民主党派的照顾稍显过多。但他认为，选民与候选人隔绝的做法，使得很多选民思想混乱，他亦感到困惑。而在 1955 年借调国务院法制局期间，曾炳钧曾看到过一份有关每年各省向中央请示的文件数量及积压情况的统计报告。看到这种请示数量多、积压量大的情况，曾炳钧便联系政治学中中央与地方分权问题，认为民主集中制要落在实处，究竟什么环节上要多"民主"、什么环节上多"集中"，就成为必须探讨清楚的问题。

正是在这种背景下，当曾炳钧在政法学界的座谈会上，听到陈体强教授认为人民代表数量太多，应该改进议事方法及基层选举的观点时，引起了他的共鸣。在陈体强发言的基础上，曾炳钧提出，要求政府在召开专门会议讨论调整国家机构时,最好能让专门研究政法制度的教学人员参加学习研究,帮助提出改进方案。而在北京政法学院的教育行政问题上,曾炳钧认为司法部连学院中一个主任科长的任用也要审批,管得太多太死!曾炳钧建议能够由北京政法学院自行决定的问题,应该由学院自行决定,司法部的负责领导,不能也不应管得事无巨细。后来陈体强被划为"右派"后,据张在军记述,曾炳钧还曾公开为陈体强鸣不平,"陈体强一生是爱国的,要从本质上看人"。

曾炳钧的这种看法,够不够得上一个"右派"分子呢?这场运动从整风转向反右之后,不管是被揪出来的"右派"分子,还是绝大多数像曾炳钧这样观点上稍有棱角的普通师生,都惶惶不可终日。每个人心里都会有一个小算盘:自己的安全与否,系于自己的表现,更系于北京政法学院领导层究竟想不想将你划为"右派"。但后一种因素非自身所能控制,每个深感不安全的人只能尽力表现得与"右派"分子划清了界限。

改变

尽管还有这样那样的不满与怨言,反右的风向一来,曾炳钧还是识时务地改变了自己的立场。

中国政治法律学会批判钱端升,曾炳钧亦成为批判者之一。学生批判老师在那个时代本来常见,这也是批判会组织者屡试不爽批倒批臭的法宝之一。1957 年 6 月 26 日《光明日报》题为《钱端升一反常态多方活动为的是什么?》的报道中,详细记述了包括曾炳钧在内的师生批判钱端升的情况:

> 1957 年 6 月 13 日、14 日,中国政治法律学会召开专门会议批判章伯钧、储安平、葛佩琪以及时任《政法研究》副主编杨

> 玉清等人。《光明日报》当时的报道提及,“北京政法学院教授曾炳钧、戴克光和人民大学讲师朱荔荪在发言中强调提出,在‘鸣、放’中必须明辨是非,划清界限”。

1957年8月27日,曾炳钧又在《光明日报》发表《彻底粉碎“党天下”的谬论》一文,将批判的矛头集中对准储安平和他所谓“党天下”的“右派”言论。

曾炳钧最终没有被划成“右派”分子。周恩惠1985年采访曾炳钧后写道:“这时,政法学院已经有批判他们的大字报和漫画了,政法学会中也有人准备组织‘讨论’。亏了吴德峰说:‘曾炳钧的文章是学术问题,政法学会不能作此结论’,曾老这才免于罹难。”这段演义式的叙述,重述了一个“领导救学者”的老套故事,究竟又有几分接近历史真相呢?

但平心而论,他只是侥幸逃过一劫,在骨子里,他和以钱端升为首的诸多来自老北大、老清华的老教授一样,都是纯正的学者。在政治斗争的风浪中,无论命运及结局如何,他们都是无法主宰自己命运的浮萍罢了。

曾炳钧的“检查”

但曾炳钧躲得过初一,躲不过十五。在1958年北京政法学院的“双反”运动中,曾炳钧的一些观点和他的文章,即受到同事们的猛烈批判,甚至被上纲上线斥为“为旧法招魂”。

当然,曾炳钧之所以受到批判,还有其他方面的原因,那就是他骨子里的书生气。在面对一些问题时,他尽管并不愿意跟当时的环境发生正面冲突,但往往还是会自觉不自觉地表现出他内心的想法。比如,他对北京政法学院工农干部领导一切的方式,私下里多少有些不满;尤其是评工资、评职称时，这些工农干部，反而比教授们得到更多的实惠，曾炳钧实在看不惯，便私下发几句牢骚，诸如应该以“才”评判，应该有一定的办事条例和工作效率。没想到的是，他私下的牢骚，很快就成为领导层手里的把柄，院领导将他的看法，上纲上线为“立场问题”。曾炳钧很不理解，反驳几句，反而招致更加来势汹汹的批判。

面对那些猛烈批判，曾炳钧被逼无奈，只有低头认错。在一份写于1958年双反运动之后的“思想检查”中，曾炳钧不得不承认，他的思想中还存在如下大大小小的问题：“缺乏工农感情，用资产阶级的观点来对待干部问题”，“对党的态度很有距离”。

自这次检查之后，曾炳钧更是提高警惕，不敢再随便发表言论。至少在表面上，他老老实实地低下了头。

曾炳钧的茫然

三年“大跃进”时期，曾炳钧在北京政法学院获得了头等跃进奖。

1959年之后，曾炳钧在大跃进和教学改革的氛围下，和教研室同事及同学们一道，先后耗费三个多月时间，前往前八家、大钟寺、住板房等人民公社的生产队参加人民公社的食堂工作和秋收劳动，并做了一定的调查研究。最终，曾炳钧在这些调查研究的基础上，执笔写下《前八家一个人民公社食堂》一文，交给北京政法学院院党委，作为调查研究的献礼作品。

与此同时，北京政法学院在1959年提出教学改革中，曾炳钧对此极力支持，还辅导一个班级的同学，编写中国国家与法的历史中某个历史时期的讲义。

1960年时，曾炳钧又被安排协助张子培进行旧法的批判工作，历时三个多月。

自从1957年他因为法律的继承性问题上的言论受到批判后，很长一段时间，曾炳钧都不太敢写学术文章。当时的学术氛围，也早已不是适合学术研究的氛围。他有必要通过谨慎观察，审时度势，学会自我保护。一直到1961年《高教六十条》发布后，蛰伏已久的曾炳钧又有了做学问的念头——在他看来，“高教六十条”是提倡科学研究的；而且，当时的大气氛也是认为学者应该拿出“成品”来。

曾炳钧有两个庞大的写作计划：《中国古代奴隶制国家》和《中国封建刑法简史》。他甚至决定，前一个题目与历史教研室的宋俊合写，而后一个题目与陈光中合写。但思虑很久后，他又放弃这两个写作计划，为了“不犯错误和易于出成果”，又想利用自己的外语优势，翻译西方政法方面的理论著作，“作为国内了解批判反面教材的参考，比较事半而功倍”。

1962年前后，曾炳钧曾得过一场大病，休息很长时间。甚至这之后的一两年，也不得不长时间休假。1964年，曾炳钧再次前往广西，参加北京政法学院的“四清”运动。下到界首镇后，后来由于心脏病恶化，按照桂林医院医生的诊断意见，经院领导批准，获准提前回京。

休假期间，陆续翻译完美国政治学者伯恩斯的《当代世界政治理论》一书。在翻译过程中，曾炳钧已应商务印书馆之约与其签订出版合同，并领到预支的部分稿费五百元。1964年曾炳钧结束病假，正式复工。时任北京政法学院党委书记的刘镜西找他谈话，却对他翻译这本书提出批评，对他敲起了“两条道路”的警钟。

这种来自学校一把手的政治批评，对于曾炳钧来说不啻是一记闷棍，曾炳钧完全茫然不知所措。曾炳钧不得不向院党委承诺：既然如此，以后不再翻译学术著作；迫于压力，事后不久曾炳钧还在历史教研室内部主动做了自我批评。这本《当代世界政治理论》延宕到1984年，才由商务印书馆正式出版。

遭受批评后，曾炳钧再也无心主动撰写或翻译任何东西。这之后陆续翻译过一些亚非国家的宪法，但那也是教务处派下来的任务。

“文化大革命”期间的四篇文章

整个“文化大革命”期间，曾炳钧写过四篇文章，都是奉组织之命。

1965 年年末，北京政法学院的师生们都前往河北香河县参加“四清”运动。曾炳钧由于身体尚未完全恢复，他吸取在广西参加“四清”抱病而归的教训，经组织批准病假留京，参加国家法教研室的政治学习。

这年 11 月 30 日，姚文元发表后来臭名昭著的檄文《评新编历史剧〈海瑞罢官〉》，将批判的矛头对准吴晗。大约在这年 12 月中旬，北京政法学院国家法教研室召开座谈会，号召大家积极参与《海瑞罢官》问题的讨论。时任国家法教研室负责人点名要曾炳钧撰写相关文章，再三叮嘱他早做准备。曾炳钧被告知可能就会有报社记者来采访。

当时，曾炳钧原本在忙于翻译北京政法学院教务处安排的翻译某非洲国家法律的事宜。接到这项紧急的政治任务后，曾炳钧没有多想什么，只好停下手头的工作，准备这篇文章。

不几日，《文汇报》记者吴某即通过院党委，来到北京政法学院当面采访曾炳钧。第一个问题是问曾炳钧对于《海瑞罢官》的看法。曾炳钧表示，他同意姚文元同志的论点。这位记者即表示，对吴晗的总体批判，姚文元的文章已经做过，现在需要从各个角度，深入讨论《海瑞罢官》问题，约请曾炳钧从法律的角度撰写文章讨论。

天真的曾炳钧，将之理解为简单的学术讨论，于 1966 年 1 月写下《从“抑制豪强”看海瑞执法的实质》一文，发表于 1966 年 2 月 25 日的《文汇报》上。

这显然是一篇应景文章，但曾炳钧是从学术角度认真去写的。曾炳钧立论时，对《人民日报》及当时主流话语对于吴晗的态度多有揣测，撰文中既没有违背姚文元文章的精神，但鉴于官方当时仍将吴晗称为

“同志”，曾炳钧的文章中对吴晗亦无多少批判。这样的文章，没有太多独立思考，亦谈不上太多学术价值，甚至有点见风使舵。

但即便如此，曾炳钧还是错了——“文化大革命”中吴晗被打倒，曾炳钧的文章，便成为他没有与吴晗划清界限的罪证。被逼无奈，曾炳钧只好一遍遍对自己的立场进行自我批判和检讨。

1966 年 2 月 12 日，中国政治法律学会和《法学研究》编辑部联合召开关于“清官”问题的座谈会。曾炳钧接到北京政法学院教务处转发的邀请函。邀请函中表示，“对封建清官如何正确评价是当前思想学术界的一场大斗争”，邀请学者讨论如下几个问题：(1)封建社会有没有“清官”，“清官”与贪官是否应有所区别？(2)“清官”和贪官比较，哪一种好些？(3)在某一时期、某一场合之下，“清官”能否做些对人民有益的事？(4)封建“清官”在主观上或客观上，能否做一些既对封建统治阶级又对劳动人民有利的事？……毫无戒备心理的曾炳钧，接到通知即欣然前往参加。作为一个花费十多年时间治史的学者，他认为这些问题，从学术角度应该说一说。

韩幽桐是该座谈会的主持人。她动员大家对“清官”这一“学术”问题“争鸣”。曾炳钧认为，尽管吴晗问题尚看不清楚，但“清官”问题，确实是个学术问题，应该把两个问题实事求是地区别开来，同时认为不应该放松对吴晗的批判。在发言中，曾炳钧一方面肯定所谓“清官”本质上是封建统治阶级镇压人民的工具，亦批判吴晗在海瑞问题上的错误，同时表示，对于作为“清官”的历史人物，要具体分析，予以恰如其分的评价。

列席座谈会的《新建设》杂志记者曾普，对曾炳钧的发言很感兴趣，他极力建议曾炳钧将发言整理成文，供《新建设》发表。对此曾炳钧有点犹豫，甚至不敢写，怕有错误。但曾普表示，这是学术争鸣问题，与吴晗的《海瑞罢官》问题不一样，谁是谁非很难说，将来做结论时，也许是你中有我、我中有你。曾炳钧闻此心动,遂答应下来,并很快写成《对于“清官”问题的两点看法》,并交给《新建设》杂志编辑部。但曾炳钧心里还是不踏实,思前想后,最终以原稿需要修改为由,将该文撤回来。

这中间还有一些插曲。3 月 8 日,《文汇报》记者来到曾炳钧家中,向其约写有关“清官”的稿件,要谈的两个问题很明确:第一,“清官”对发展生产起什么作用?第二,“清官”的进步作用表现在哪里?已经觉得苗头不对的曾炳钧,断然拒绝此约稿。

他把《对于“清官”问题的两点看法》一文撤回后,曾送给北京政法学院对中国历史颇有研究的朱寄云批评,同时亦将撰写此文章的前后过程,向组织做了汇报。朱寄云对于这篇文章的反馈很委婉,认为这是一个复杂的问题,建议曾炳钧再读读《新民主主义论》《中国革命和中国共产党》后,再考虑论点;朱寄云还建议,当时院党委已经决定要出内部刊物,为慎重起见,曾炳钧的文章,可以先在本院内部的刊物上发表,以后再考虑在外面公开发表的事情。

尽管曾炳钧的立场,在当时看来已经很符合意识形态的要求,曾炳钧本人也极小心,但“文化大革命”中彻底斗倒吴晗之后,曾炳钧的立场在那些“革命者”看来,依然不够“革命”,曾炳钧不得不对此进行五次三番的自我检讨。

《北京日报》披露“三家村”有关材料之后,曾炳钧觉得“问题已经很明显,文章内容立场观点是不会错的了”,于是按照组织的号召,写下两篇痛斥邓拓等人向党攻击的文章,其中一篇送交北京政法学院校刊发表,另一篇送《北京日报》但被退稿。历史的光怪陆离,已经使得曾炳钧这样聪慧的学者也看不清方向,——谁能想到,他小心翼翼确信“内容立场观点是不会错的了”,最终却是大错而特错?

1966 年 2 月 28 日,曾炳钧被调入研究室,做好准备在一年内配合国际形势,专门研究美国黑人的解放运动,并写成专门的文字或报告。

"文化大革命"开始后,北京政法学院派系林立,教学秩序完全被打乱。曾炳钧等老教授们被多次抄家、停薪,被剃"牛鬼蛇神"的阴阳头,胸前别上"反动学术权威"的胸牌,住进"牛棚"被隔离。除成为被随时揪斗的对象,经常被"革命师生"勒令交代历史问题外,还要在监管之下,从事锄草一类的体力劳动。据说甚至吃饭时,食堂工人看到是他们递过的碗,已经盛好菜的勺子都要再摇晃几下。

在这段时间里,曾炳钧写下大量的交代材料以及当时符合"革命者"要求的检讨和自我批评。据曾尔恕回忆:"父亲虽然从事政治学研究,但在政治上却很清高,洁身自好,非党非派。'文化大革命'中造反派讯问他:'你还有什么没有交代?'他的回答是'恐怕是我的灵魂吧!''士可杀不可辱'!"为此,他妻子被造反派叫到学校去动员他改变态度。曾尔恕回忆,多年后父亲谈到,当时若不是想到自己的几个孩子,甚至没有活下去的勇气了。

一代学者被折磨到这个程度,能不令人唏嘘?

1972 年 4 月,北京政法学院被解散,曾炳钧成为无业人员,工作关系被挂靠到北京市教育局。1973 年 8 月,曾炳钧被分配进入北京师范学院历史系担任教授。这一干,又是七八年。

关于曾炳钧"文化大革命"期间的岁月,尤其他在"四五运动"中的举动,曾尔恕的描述颇为感人:"记得在周恩来去世的日子里,恰逢我回京探亲期满,在父亲送我去火车站的路上,他不顾黑云压城的政治气候,执意与我一起提着沉重的行李,先到天安门广场参加人民群众自发的大规模纪念活动。在人民英雄纪念碑旁,他异常激动地记录了许多祭奠和声讨的檄文。"

回归

1978 年 12 月北京政法学院复办,曾炳钧才得以回归。

1979 年 3 月，北京政法学院筹备小组对曾炳钧的历史问题作出结论：其参加过的组织“青年励志会”“弘毅学会”“沐社”“建社”“威尔逊学会”“稷社”等，“均系学术性团体”；而曾炳钧在国民政府经济部担任参事、在中央训练团担任临时指导员、担任武汉大学“六一惨案善后委员会”主席等经历，“均属一般历史问题予以结论”。曾炳钧于 1979 年 3 月 16 日，对这一结论签注“同意”。

这纸结论看似简单，落墨甚轻，但在“文化大革命”期间，“革命群众”一再勒令曾炳钧交代问题，所交代的无非是这些；而“革命群众”四处调查，所调查的无非也是这些。可以说，这些问题已经成为压在曾炳钧心头的一块石头，“文化大革命”期间不得不一遍遍自我批判以求过关。改革开放后，北京政法学院复办，并站在新的起点，曾炳钧的人生，亦重新露出曙光。“文化大革命”期间未作出结论的石头，是该从曾炳钧身上挪开了。

1979 年时，曾炳钧已经 75 岁高龄。在曾尔恕的笔下，“‘文化大革命’后，百废待兴，父亲经常在家里和政法学院的老同事讨论世界形势、议论国家大事和学校的建设，余叔通先生、杜汝楫先生、陈光中先生、朱启武先生都是家里的常客，他们学贯中西，谈古论今，抨击时弊，高谈阔论的形象我至今不忘”。

曾炳钧如枯木逢春般地重新投入法学教育事业。可能他自己也清楚，大好韶光在批判与被批判中战战兢兢度过，历史留给他发挥才情的时间，已经不多了。曾尔恕写道：“1979 年中国政法大学复办后，招收了第一批研究生，父亲担任法制史专业导师组组长。那时他年事已高，被师生尊称为‘曾公’。他事必躬亲，严格治学；他坚持教研室的会议，关注学校的进步与发展；他常在家里接待师生，热情认真地与他们一起探讨学术问题；他热诚而严格地指导研究生，督促他们多读书，并要求写读书笔记；他克服由于青光眼而造成的视力困难，持放大镜逐字逐句地为研究生修改学位论文。"

中国政法大学郭成伟教授是曾炳钧晚年所指导培养的弟子之一。在接受法大校友会刊物《法大人》杂志采访时,他忆及很多曾炳钧的细节:"他指导我们时鼓励我们多看书,然后进行讨论。他给我们列出必看的书:尚书、云梦秦简、九朝律考、汉到魏晋的法律、唐律、宋刑统、大明律还有大清律,让我们在研究生学习期间着重看原始资料,看第一手资料,接触最经典的书籍。每隔一个阶段,我们就在曾先生的指示下进行讨论,每次讨论都有一个学生作主要发言人,大家结合他的观点进行讨论,先生进行点评。""曾先生不主张我们立即搞科研,他说我们的基础不稳固,写的文章不足以体现出科学的精神和创新的意识,学历和学识还不够,所以不要着急写文章,先把东西看懂钻研透将来有了成型的东西再写再去发表。""后来我毕业留校和曾先生在一起工作,他主张我要通讲一门或两门专业课程,只有从头到尾备课讲完了以后才能对这个学科有一个整体的认识,当要研究这个学科的某一个部分的时候才能得心应手厚积薄发,要能站得住讲台,一个讲课好的老师才称得上是高校教师。""记得我们写毕业论文的时候他就很严格地讲:你们写论文要有充足的资料准备,比如说要写十万字,你得准备一百万字的资料。我们真是按先生的要求做的,当我们把论文提交给先生时,他拿着高倍的放大镜一个字一个字地给我们改,眼睛都熬红了,那情形非常感人。"

八十岁时入党

曾炳钧晚年八十高龄时,申请加入中国共产党并被批准。

早在 1983 年 1 月,时年 79 岁的曾炳钧就向他所在的法制史教研室党支部提出入党申请。在其入党申请中,曾炳钧诚恳地表示:"十年浩劫,国家和个人均遭逢大难,几濒绝境。幸拨乱反正,国家转危为安,重又走上了大规模建设的坦途,给人民带来欢快和光明,这样的幸福真是得来不易！事实教育了我，没有公而无私的党的正确领导，是不可能有这一奇迹般的大转变的。”职是之故，曾炳钧诚恳地表示：“我再也不能自甘落后长此置身于党之外了。我必须以行动来爱护党，以加入党的组织来表明我对党的赤忱并争取进步。我自知年事已高，岁月无多，能力有限，贡献不大，但自信报国之志不让，奋发之心未泯，他无所求，但愿在有生之年作为党的一个成员，尽可能做好力所能及的工作，为党的光辉事业革命目标奋斗到底。”

曾尔恕忆及：“父亲的确是出于对邓小平改革开放强国政策和走向世界的眼光的真诚欣喜和拥护，以及对邓小平伟大人格的敬仰和追随，才在耄耋之年提出加入共产党的申请。”“他多次对我们说过，他非常敬佩小平同志无私无畏、实事求是的革命家风格，在举国全力以赴为实现四个现代化，实现几代爱国人士梦寐以求的国家富强的夙愿时，他觉得他必须以实际行动表明他对党的事业的支持。”

接到曾炳钧的入党申请后，他所在的法制史党支部，对是否接纳意见并不统一：一方面，按照党员标准衡量，曾炳钧的表现还有欠缺之处，尤其是北京政法学院复办后，曾炳钧担任教研室负责人，被认为“工作责任不强，在某些事情上未能完全出于公心”；但另一方面，曾炳钧年事已高，仍积极要求入党，体弱有病，而又能主动进行科学研究，“在校内老知识分子当中亦有一定的影响”。综合两方面的因素，法制史党支部在 1984 年 3 月 23 日向院党委提出“可以考虑吸收他入党”的建议。

在入党志愿书中，曾炳钧表示：“我长期受到党的伟大使命的感召，现在决心申请加入中国共产党。我年届八旬，一老书生，自知能力微小，理论水平不高，未必能对党有何贡献，但我一息尚活，便当尽我所有力量，在党的直接指引下，为共产主义事业奋斗到底。”1984 年 3 月 31 日，曾炳钧在潘华仿、郑治发等同事的介绍下，成为中共预备党员，时年 80 岁。

在转正申请中，曾炳钧用大量的篇幅，对各种所谓的“不正之风”大加挞伐，并将个人的信仰与党的伟业联系在一起，“我完全坚信伟大光明正确的中国共产党和党中央有决心有能力有办法扫除一切前进道路上的困难、粉碎一切这类罪恶活动，任何艰难险阻都阻挡不了我党的胜利。党的前途、革命事业的前途、中国的前途无限光明。我愿在党的队伍里共同为这个无限光明的前途创造早日到来的条件，鞠躬尽瘁，贡献我的一切”。

晚年曾炳钧

1985 年前后，时任《法学杂志》编辑的周恩惠，曾对曾炳钧做过专访。那时，曾炳钧的视力已经大不如前。据周恩惠描述，“曾老今年已经八十一岁，视力已严重衰退，对于陌生来客，他得顺着从窗户射进来的光线仔细端详，才能看清对方的眼睛、鼻子。……他告诉我说，‘我看书和写东西的困难程度，年轻人是想象不到的。白天得面朝阳光，戴上三百度的老花镜，再借助五倍放大镜，赶上阴天或晚上，我就伏在聚光台灯下也是如此这般’”。

即便这样，曾炳钧依然笔耕不辍，依然尽可能地指导学生。在此前后，他无力完成《当代世界政治思潮》一书的撰写，但完成了《古希腊的法制与民主》等论文。“文化大革命”前翻译的伯恩斯的《当代世界政治理论》，也在 1984 年由商务印书馆出版。

周恩惠采访结束时，曾炳钧还告诉他，“我要写点健全社会主义法制和民主的文章，让法学为经济改革服务”。

曾与曾炳钧有师生之谊的贺卫方在《悼念曾公》中忆及：“曾公已经年近八十，但教研室例会仍经常参加，使我们这些晚生后辈有亲聆雅教的机会。”曾炳钧给贺卫方等年轻学子的影响，除了其渊博的学识，更是为人处世的风骨，“他在学术上造诣之深与他为人的谦和以及治学的严谨相辉映。他待人处事的那种不事渲染、文质彬彬昭示着一位真正学者的人格魅力”。更让贺卫方记忆深刻的是他的硕士论文答辩前后曾炳钧的指点：

1985年，在潘师指导下，我完成了硕士论文《教会法研究——历史发展、婚姻制度及其对世俗法的影响》。曾公出任答辩委员会主席，我来到他四壁皆书的居室将论文呈上。对于这种又古又偏的题目，他老人家居然表现出浓厚的兴趣。记得那天他谈兴甚浓，从梵蒂冈教廷一直谈到英国古典经济学。涉及一些重要概念和术语甚至英文解说，这是平常谈话极少有的情况。说到论文本身，老人强调论文的写作是一种训练。他还建议文章的正标题用“对教会法的一个初步探讨”这样更为妥帖的表达。在后来的答辩会上，他作为主席，没有提出若干问题让我答辩，却对基础与上层建筑之间复杂的关系阐述了自己的观点。所有这些都给我留下了极深的印象。

晚年曾炳钧

曾尔恕笔下还描述了一段感人的经历：“我留校任教后，有一次在教学楼四楼上课，忽然发现教室最后一排竟坐着父亲！他从头至尾听了我的课，并且在课后与我进行了长时间的讨论。那时他已经 82 岁了，我不知道他是怎么知道那天我有课，又是怎样拄着拐棍上的四楼。”

许章润曾在一篇《心的资源》的短文中勾勒：“又过两年或者三年，学校开什么会，名流云集，车冠穿梭，是热闹繁华景。未几星散，我于东校门过，见曾先生扶杖立于路旁，风吹，发微乱。有女士问，答会散，欲回，车急，不能过马路，等家人来接。耄耋老人而欲过此人车均横冲直撞的马路，真如黑夜临池，让人的心吊到嗓子眼。此后几年，敝校真的就有几位教授过此遇祸的。一刻钟或半小时后，家人来，想是女公子，搀老人回家。”

1986 年 10 月，时年 82 岁的曾炳钧先生提出离退休申请。按照中央的组织政策，经主管中国政法大学的司法部党组批准，曾炳钧教授在离退休后享受司局级待遇。

十年后，九十高龄的曾炳钧驾鹤西归。在他的葬礼上，他的家人为他播放的哀乐是贝多芬的“命运交响曲”。

一代曾公，就此淡出政法舞台。

四十四年非，重新活

——费青的困惑

费青

1949 年春，正在北平参加新政协会议的柳亚子先生，曾写下这样一首诗赠送朋友：

松陵门第旧高华，三凤齐飞汝最遐；
季子北平同讲学，长君南海早乘槎。
交情远溯追名父，亲谊还应念舅家。
漫笑文人封建习，一诗题赠喜天涯。

这位朋友便是费青。这里所说的“三凤”，正是费氏兄弟：费振东、费青、费孝通。柳亚子写这首诗时，费氏三兄弟正齐聚北平，参加新政协会议。费氏三兄弟与柳亚子既是同乡，又是姻亲，万里重逢，喜乐自不待言。

费氏三兄弟

费青，字仲南，又号图南，1907 年 10 月 9 日（农历八月二十二日）年生于江苏省吴江县同里镇。

费青之父费璞安，幼年时靠亲戚的资助，受到新式教育，清末时曾前往日本留学。回国后，在吴江本地响应辛亥革命，曾当选吴江县议会议长，此后终生致力于教育工作。费青之母杨纫兰，亦受过新式教育，曾在吴江办成当地第一所幼稚园。共识网上曾有篇《费孝通先生的母亲杨纫兰女士轶事》，对杨纫兰介绍颇详细，有心的读者自可参阅。

费青排行第三，兄弟姐妹有五人，包括长兄费振东、二姐费达生、四弟费霍、五弟费孝通。费氏兄弟姐妹五人，全靠父母薪水收入接受完全教育。费氏兄弟姐妹中，以费孝通在学术界的知名度最高。

早年，费青先进入他母亲办的幼稚园。1912 年至 1919 年，费青就读于吴江县雷震殿国民小学。1919 年五四运动之后，费青进入苏州东吴大学第一附属中学。这期间,费青颇受《新青年》等新兴刊物影响,对于学生运动颇为热心。

从幼年开始,费青即患有哮喘,伴他终身,“这个痛苦、麻烦、无法根治的老毛病不仅时时阻碍着我的行动,并且也多少影响了我的思想意识”。

大革命时代

1924 年秋,费青进入苏州东吴大学预科学医。东吴大学为美国教会所办,以“养天地正气、法古今完人”为校训,法学院更是在民国法学教育史上占去“南东吴,北朝阳”的半壁江山。

费青进入东吴次年,“五卅”运动及北伐大革命次第展开。在轰轰烈烈的大革命时代,费青成为学生运动的积极分子之一。

在苏州期间,费青曾邀请过中共早期成员恽代英、萧楚女及侯绍裘等来东吴大学演讲,并曾因此和校长温奈斯发生冲突。此外,他还创办平成工人夜校,帮助苏州城外纱厂工人的罢工运动。后来他为自己的儿子取名“平成”,据说即是为纪念该夜校。

1926 年夏,费青作为江苏省学生代表之一,秘密前往革命策源地广州,参加第八次全国学生代表大会,亲眼目睹国共合作时代北伐军的盛况和革命高潮,受到极大鼓舞。

参加完学生代表大会后,各地学生代表各回本地,多被本地军阀逮捕甚至杀害,尤其北平的几位学生代表,因此而被捕并和李大钊一起就义。费青亦受到江苏省军阀孙传芳的秘密通缉,有家难归。但即便如此,费青依然积极于现实政治,1927 年 3 月北伐军进入苏州时的欢迎活动,便是费青参与组织的。但后来形势陡变,苏州无法立足,费青不得不于是年秋转往上海,在东吴法科继续求学。

费青热情、能干,排外立场明显,对于帝国主义在华势力颇为抵触。由于东吴大学系美国教会所办,在苏州、上海期间,费青对东吴大学的美国教员并无好感。尤其在东吴法科期间,费青成功发起“收回教育权”运动,将长期被美国人把持的校政权收回由中国人控制,费青亦被东吴的美国教员视为“眼中钉”。

在东吴法科求学期间,费青曾有加入中国国民党的经历,尽管当时国民党组织涣散,费青并未领到党证。当时尚属于“国共合作”时期,费青的政治立场,事实上偏向于共产党一边。

1927 年 4 月 12 日,蒋介石发动“四·一二政变”,在上海发动大屠杀,开始“清党”,并在各报章发布被清除出国民党的党员名单。费青的名字赫然在列。

当时,学校当局暗示费青等几位被清除出党的学生,只需承诺不再参与政治活动,人身安全可保无碍。费青本来还想冒险寻找革命朋友联系,但在当时极端恐怖的大环境下,加上校方的斡旋,费青“自己也就逐渐深埋到书堆里,只想求一点专门知识,以为将来终会用处”。

革命偃旗息鼓,年轻的费青转入消沉,除在商务印书馆兼任编辑以贴补生活外,将自己埋没于功课和书本中去,聊以度过革命之后的所谓“白色恐怖”年代。

对于在东吴法科的学习,后来费青回忆说:“在东吴法科里所学到的主要是西洋的法学,有关政治的至多是西洋旧民主的一套公法理论。在思想上,我因为厌恶当时国民党反动政权,甚至进而厌恶政治本身,至少认为政治应该受制于法律,而法律则应该以抽象的公平观念为鹄的。在当时的教师中,我欣赏过吴经熊的英文法学文章写得漂亮,也敬佩过张君劢敢于在宪法课上痛骂当时气焰正盛的国民党政权。”

在东吴期间,费青颇受著名法学家吴经熊看重。吴经熊漂亮的英文文章,亦让费青艳羡不已。正是因为吴经熊的影响,费青对法律哲学颇感兴趣,尤其关注施塔姆勒的法律思想。

这种努力也取得了立竿见影的成果。费青在东吴法科学习期间成绩优异,1929年年初,亦即大学三年级,费青便在著名的《法学季刊》上,连续两期发表《国际法上“情势变更”原则之研究》《法律不容不知之原则》等论文——他的名字能够与吴经熊、陆定揆、何世桢、高君湘等当时的法学大家并列在一起,这是何等的荣誉!更有甚者,2004年何勤华、李秀清教授编选《民国法学论文精粹》时,便将这两篇文章分别选入“国际法律篇”及“基础法律篇”,其学术价值毋庸赘言。

1929年夏,费青获得东吴法科学位。毕业后不久,费青即取得执业律师执照。

费青从东吴法科毕业后,经吴经熊向时为国立成都大学校长张澜推荐,受聘于国立成都大学(四川大学前身)担任副教授,讲授国际公法、罗马法、英美法等课程。

在国立成都大学,费青教书努力,备课认真。但一年半之后,成都大学的学生突然开始抵制他的课。费青打听后才明白,学生不满于其没有出洋留过学。这件事提醒费青:要想在大学里站稳讲台,必须要有海外留学背景。而就费青清寒的家庭背景来说,自费留学基本无望,这也是为什么他后来备考庚款留学的原因。

鉴于学生的抵制,费青无奈之下,于1931年回到上海,加入同学袁仰安、查良鉴等开办的律师事务所做律师,兼任国立暨南大学讲师。

为共产党人辩护

在上海担任执业律师期间,费青曾办过几起共产党嫌疑犯的案子。

按理说,当时国民党视共产党若洪水猛兽,对于共产党人的生杀予夺,本无需法律手续。但在上海,由于租界的存在及外国压力,凡是涉及共产党人的案件,都需要在特区高等法院审理后,才能提交南京上层定夺。而在特区高等法院的审理,形式意义大于实质意义,更不会有律师认真辩护。但是,作为一个初出茅庐的律师,费青的认真、专业的辩护，常导致检方无话可说。

费青所办政治案件中，最经典的例子便是成功为一位被诬为共产党员的小学教员洗清罪名。该案由时任上海江湾中学校长刘秉彝介绍。涉案的当事人有三个：一个小学校长和两个教员，他们因为共产党嫌疑被捕。国民党当局的核心证据，是一位号称已“自首”的“共产党员”的证词。而这位证人唯一的证词，便是“曾和这几个被告在他们学校里，开过几次共产党的秘密会议”。通过缜密的分析，费青意识到这名证人可能作伪证，很可能他连那所学校都没去过。

于是，费青就当庭请求法官，命令证人将其所说“去过几次”的那所学校地址和格局简单画出来，然后命令曾去该学校拘捕三位被告的巡捕也画出该学校的地址和格局。法官猝不及防，对此请求并未过多考虑便同意。结果，证人笔下的校园，和巡捕去过的校园，大相径庭，足以说明证人根本未去过该学校，更未“开过几次共产党的秘密会议”，他完全在说谎，由此无从证明这三位被告就是共产党员。

费青言简意赅的辩护，使当事人及其家属对其肃然起敬，而国民党方面的检察官则怒目相向，法官更是支吾其词，不知如何处理，尴尬万分。最终，法庭不得不当庭释放其中一位被告，而毫无理由的将其余两位被告任军警人员带走。

这段经历，在费孝通先生的《特务 · 暴力 · 法律》一文中，曾借胡冈先生之名，以“一个失败的林肯”为名娓娓道出：

> 这是一九二七年之后不久的事。那时的上海，已经陷入恐怖的漩涡里。我是个刚挂牌的小律师，离开学校还没有多少时候，还充满着要为正义、为公平奋斗的志愿。念法律，做律师，不就是为了这个目的？上海的律师差不多全是商业性的。我受不了。一天早上，有一个老太太到我写字间里来，穿

得很朴素,一见我,两眼流泪,呜咽起来,话都说不清。我等着她说话,半天才把她委屈的事弄清楚。她有个女儿在小学校里教书,在上一天的晚上,突然有巡捕来把她的女儿和其他两个男同事抓了去,说他们是共产党,有人告发。这一点,据这位太太说,完全是冤枉的。依当时上海租界的办法,凡是由租界巡捕抓去的政治犯,在移交中国政府之前,要在特区法庭开审一次。被告可以请律师辩护。但是这只是一项不重要的手续,因为从来就没有普通律师肯出庭辩护这种案子,也从来没有因辩护而释放过一个被抓去的人。而且,大家知道,一移交到中国政府,也就没有了生路;无所谓冤枉不冤枉,总是一个死字。这位老太太已经去求过不少有名的律师,都碰了壁,所以到了我的写字间里来。

我立刻就接受了这案子。那天晚上,睡不着,感情很激动,尤其是因为有两位相熟的同事来劝我,问我是否还想在上海继续执行律务?若是还想这样的话,最好把这案子退了。他们说,那不是好玩的。他们很善意地警告我:“这是上海,这是中国呀!”我有一点好奇心,很想看看究竟会怎样。我那时想起了林肯的故事,难道中国连一个林肯都出不了吗?所以第二天我准备了一下就出庭了。

我记得林肯曾经辩护过一个案子,控诉的原告无意中说发生事端的时候,天上正有月亮。美国是用阳历的,所以不容易推算那一天有没有月亮。林肯把日历细细一查,原告所说的那天恰巧并没有月亮。所以他把这事实指出了,证明这是诬告。我用了同样的方法盘问那个御用的证人。据他说曾经在小学校里和被告一同开过会,而且开过好几次。我要他画一个图,说明这学校内部的情形和开会的房间。我又要去这学校抓人的巡捕同样画了一个图。然后把这两个完全不合的图呈给法官："除了人证之外，并没有其他可以证明被告是共产党，可是这多次在学校里开过会的人所画的图，和巡捕所画的完全不合，可以证明这是诬告了。"

我当时自然十分得意，可是法庭的四周却全是凶恶的眼光。那几个预备来提取这三个犯人的武装同志，故意地高声问："那个家伙是什么东西？"而且拍着手枪向我示意。

"证据是证据！"我倚持着人间的公道。

法官显然很着急。他从来没有遇到过和他为难的律师。他犹豫了一时，判决了：把女的开释，男的移交。他的理由是"有嫌疑"。我当即提出抗辩："若是我刚才提出的证据充足的话，有什么理由可以把两个男的被告移交呢？"可是，这是判决。我很忧伤地出来。一个失败了的林肯！

回来之后，我熟悉的同事又来和我说了："你不怕死，不要命，可是法官却不像你！你真把那法官弄慌了。说不定因为他开释了那个女的，还会有问题。在租界里也许比较好一些，租界之外，你们两个都完了！我看你还是避避风罢。"那时正有个大学来要我去教书。失败了的林肯也就结束了这短期的律师生涯。

1932年春，日本侵略者和上海十九路军发生激烈军事冲突，费青的律师业务和教职均难以为继。他无法在上海立足，只好绕道浙江，返回吴江老家。他想在吴江举办民团，抗击日本侵略者。经过苏州时，费青曾和张一麐、李根源等辛亥元老共同策划举办民团的有关方案；返回吴江后，费青拜见吴江县长，与其面洽有关计划。遗憾的是，这位地方首脑对费青的计划并不感兴趣，亦完全不允许，此后不久，费青哮喘复发，他亦无法顾及民团事宜。乡间缺医少药,费青病得很重,一拖便是半年多过去了。1932 年初冬,上海战事已经结束,而费青的身体并未完全好转。无奈之下,费青只好遵医嘱,前往北平易地疗养。

与张君劢的交往

1932 年 11 月,费青来到北平养病。

据费青之子费平成介绍,为了使费青能够边治病、边学习,时在燕京大学社会学专业读书的费孝通,通过同学介绍,将费青安排到一个广东人家里住下,而他本人则每周末去看他。这位广东人姓叶,在铁路局工作,女主人热情好客,膝下两个女儿。其中小女儿叶筠在铁路医院做护士,为费青打针送药之任务,便亦落她肩上。久而久之,费青、叶筠互有好感,1938 年费青学成归来执教西南联大后,与相恋六年的叶筠喜结连理。

闲言不赘。1933 年春天,费青身体稍微好点,在朝阳学院觅得教职。此时,张君劢正好在北京,费青遂以学生身份前往拜访。

张君劢是费青在东吴法科时的教授之一,曾为他们讲过"比较宪法"课。课堂上,张君劢在课堂上宣扬宪政、法治,也为费青点燃一盏希望之灯;而张君劢大骂国民党政权,使得费青对其非常"惊服"。后来,张君劢被国民党特务绑架,费青和同学们十分愤慨,视之为被迫害者,颇同情其遭遇。

费青的用功和好学,给张君劢留下很好的印象。为解决费青的生活困难,张君劢曾推荐费青担任北平《晨报》国际栏目编辑,通过翻译国际电讯获取报酬。

这次见面后,张君劢告诉费青,他正在筹办一本名为《再生》的杂志,请费青向该刊物投稿。费青为该刊写了《捷克斯拉夫总统马萨烈克》《西弗黎氏论法国政治》《翻译霍金法律氏法律哲学序言》等文章。

此后，费青还与费孝通合作，为该刊翻译《在龙旗下：中日战争目击记》，并独译《大战后世界政治之推演及其前途》《现代经济学》等文。

这里值得说说《在龙旗下：中日战争目击记》。该书原系英国海员詹姆斯·艾伦的回忆录。詹姆斯· 艾伦本为英国兰克郡富商之子，因挥霍无度而破产，无奈出海碰运气，跟随美国货轮“哥伦布号”来华，恰好目击旅顺大屠杀及甲午海战。作者曾被困于旅顺，险被日军杀害，侥幸逃脱。这本目击记，可谓“字字看来皆是血”。《在龙旗下：中日战争目击记》本名 *Under the Dragon Flag* ，于 1898 年在伦敦出版。该书于 2014 年 8 月由上海人民出版社推出中文单行本，成为甲午战争 120 周年纪念的重磅内容之一。

随着交往越来越频密，费青与张君劢亦互相更熟悉，渐有亦师亦友的味道。当时，张君劢与张东荪、汤芗茗等刚组织国家社会党，试图通过组党的方式，实现书生报国的理想。在一段时间内，凡是与张君劢有交往或者与《再生》杂志有编读往来的人士，基本上形成以张君劢和“国社党”为核心的朋友圈。费青亦属其中之一。但此时费青的志趣并不在此，他更希望能够顺利通过公费留学考试，未来在学术界博取一番天地。

认真准备公费留学考试

1933 年春，费青身体大为好转，他在教书、撰文、编报的同时，认真准备公费留学考试。当时，中国学生出国留学，不外乎三个选项：官费、自费和公费。官费名额多为达官贵人拿去，而费青的家庭条件也不足以支持他自费，所以只有公费一条路可走。是年夏，费青参加留英公费考试惜败。

1934 年夏，费青参加留美公费考试，终于成功。

费青考取的专业是国际私法。中国的法律体系属于大陆法系，且更偏重于德国法;而费青一向对美国文化又比较轻视,认为世界学术中心是在欧洲。这使得他更倾向于去德国留学。

当然这样的抉择还有一个隐而不显的目的:费青从小就患有哮喘病,他颇为迷信德国的医术,认为德国的医术最为高明,如果能去德国,可以一边学习,一边治病。于是,费青经过再三努力,最终说服清华大学同意其前往德国。

1934 年秋,费青搬到西郊,在清华学习德语,搜集国际私法有关资料,做留学德国的准备工作。

在德国拜谒施塔姆勒

1935 年秋,费青抵达德国柏林,在柏林大学法律系开始其研究工作,以国际私法和法理学作为主攻方向。

费青抵达德国时,正是希特勒政权如日中天的时候。较之于其他中国留美学生对于美国政法制度的推崇,费青对德国政法制度并不感兴趣,甚至心生厌恶,更喜欢离群索居,一心向学。国际私法本身,即是法学诸分支中技术性较强的一门学科,这种特征更强化了费青心目中“学术超越政治”的一贯看法。

现实生活中,那里的中国留学生大都是国民党派去的党棍,这加深了费青对现实政治的厌恶感。费青回忆,“在德国的二年半中,我经常独自一人埋头在书堆中,有时独自一人漫游在深山穷谷中。国内外的政治大动向我但愿不闻不问。‘七七事变’迫着我去读报。喘病的不时纠缠,虽经柏林大学医学院的冗繁治疗,但无法根治,也是使我悲观消极的一个原因”。

费青出国前,曾前往吴经熊府上话别。吴经熊为他“布置”了一项重要的任务:“当代法学大师,为余平生所亲炙而服膺者,在美有霍姆斯氏,在欧有施塔姆勒,今霍氏已归道山,施氏年迈,恐亦不久尘世,尔今去德，与施氏当亲往拜谒求教。”

鲁道夫·施塔姆勒，生于1856年2月19日，死于1938年4月25日，先后执教于包括柏林大学在内的多家德国大学，最著名的著作当推《正义法的理论》（中文版由商务印书馆于2012年推出）一书，为20世纪初期最有影响力的法哲学家之一。1922年吴经熊留学德国时，曾在柏林大学得施塔姆勒指点。在20世纪20年代的中文法学界，施塔姆勒受到吴经熊的大力褒扬与评介，尤其是吴经熊的《施塔姆勒之法律哲学及其批评者》一文经丘汉平译为中文后，施塔姆勒在中国学人的口耳相传中，颇有世界法学界的泰山北斗之意。

费青刚抵达德国半年间，忙于语言补习及日常功课，直至寒假时才与施塔姆勒约好，于1936年3月30日前往施府拜谒。

施塔姆勒住在德国小城维尔尼格洛德（Wernigerode）。该地（费青笔下的“凡城”）地处柏林西南，距柏林三小时火车，“名山秀岚”“清幽超绝”。

我们且看费青笔下的《谒施塔姆勒氏记》：

> 教授先问余于德国法律哲学有何心得。余答谓：“在国内时，因不谙德语，故于德国法学著述，未能直接诵读，惟自英文译述，及吴师所口授，得略知德国法律哲学与英美法律哲学异同之点。英美法学以实效主义（Empiricism）为出发点，以‘利益’‘幸福’等为批判标准。‘利益’‘幸福’自身既无纯一标准，于是不得不创所谓‘多原论’（Pluralism）。德国法律哲学则反是，常努力于最高单一标准的寻求。”至此教授忽击桌高呼曰：“对了，我们所需要的是一个Begriff，一个可以把手来握取的Begriff，犹之我用手来握取这只茶杯一般。”此时教授忽问，“Begriff一字在中国语谓何”？余答谓“概念”；复问“此辞

是否自古有之”？余谓“‘概’与‘念’二字系自古有之，惟连缀成辞则至近人始习用，但是他的意义仍是‘概’与‘念’二字的原义连缀而成。‘念’是名辞，作 Denken 解，‘概’系形容辞，作 Gegenteil von Einzelnen 解”。教授很得意地说：“这正是 Begriff 一字的真义。Begriff 的意义是‘具有纯一性的思想’（einheitliches Denken）。法的任务，第一就在获得一个法律的概念，一个具有纯一性的思想，这概念自身须超于一切各个性的具体事物之上，于是始能‘无往而不准’（allgemeingültig）。至于像英国 Bentham 辈所创最大多数的最大幸福，就始终没有走出这各个性的具体事物的圈子之外，无怪他们永远得不到结论。我们既有了一个法律的概念，然后再须寻求一个法律的 Idee，英文里叫 Idea，他是法律的目的，即是‘正义’（Gerechtigkeit）。全部法律哲学只有这二个问题，一个是法律的概念，一个是法律的 Idee（这个字我不敢贸然翻译），再简单也没有了。”

“我还记得我当年在想法确立和解答这两个问题的时候，曾遍读哲法学家的著述，但总寻不到切当解答。有一天读到这位先生——这时他手指着书架顶上一个最大石像——的一本小册，我忽地恍然大悟，从此我自己再详细思维，终乃确立我自己的法律哲学。这位先生不是别人，就是康德（Immanuel Kant，1724～1804）。再远溯上去，惟有希腊的哲学家，尤其是苏格拉底和其门徒柏拉图曾对于 Begriff 和 Idee 两概念，有清晰的见解，此后都被学者们愈弄愈不清，因之法律哲学在我之前始终没有确立。你若要治法律哲学，须先把这条门径认清了。”

我这时更问他，他对于我们中国法学学生有什么特殊教诲。他手指着书桌上一本书说："我现在是太老了，不能再从事写作了，这一本书就是我一生最后的一部著作。这是从十九世纪初年起一直到俾斯麦死的那年（1898）止，德国法律生活的叙述。我在这部书里想法从德国民族的具体法律生活中，来说明我的法律哲学的基本原则。我就用这本书作为我对于贵国法学学生的第一个贡献。至于关于我法律哲学的原理，则我所著的《法律哲学读本》是最后一部综核简要的著作，你读了这书，就可窥见我学说的全豹，我就用来作为对于贵国法学学生第二个贡献。总之，我们所要努力寻求者，是一个最高的原则，他能放之四海，准之古今，无往而不适（allgemeingültig！Allgemeingültig！）。"他说这最后一句话时，好像有无限的感愤。

我怕他说话太多会辛苦了，就道谢告辞，他笑着说："你须知道，我一生是个教书先生，年纪虽大，谈起话来，一谈便是一大篇，还脱不了教书先生的本色，不怕自己辛苦，只怕人家不要听！"我们已走到书室门口，他忽然又站定了说："我还有一句很重要的话对你说：你切莫多读书！"我听了真吃一惊，问他为什么？他说："少读人家的书，多多自己思维，这是治学的方法，古来大学问家没有一个不是靠自己的思维而成功的。我记得一个瑞士的诗人曾做过一首诗，大意是说一个人打枪，为了要把自己打枪的姿势站得好看，反而把自己打枪的鹄的牺牲了。世界上多少学者，为要使看众看得好看，尽量去学他人的姿势，结果反把自己寻求真理的鹄的牺牲了。一个人做学问——何止做学问，便是做人也是这样——须全靠自己，至于旁人对你怎样，须一切置之不顾，这是我给你最后的忠告。"

费青寥寥数语，便将拜谒施塔姆勒的详细过程铺陈纸上。这篇《谒施塔姆勒氏记》随后在《法学杂志》1936 年第 9 卷第 3 期发表，“以慰仰慕许公者之渴望”，成为国人了解施塔姆勒的又一可信的参考资料。

在德国的朋友圈

在德国留学期间，在中国人中，费青与同年考取清华大学公费且同船出国的赵九章来往较密切；而在德国人中，费青与柏林大学中国法教授“秉格”（Karl Bünger）来往密切。

秉格 1903 年生人，与费青年龄相仿，早年在柏林学习法律及汉语，曾于 1930 年获得柏林东方学研究所的学位，1931 年在图宾根大学获得法学博士学位，后加入国社党，1936 年后曾在中国居住多年，先后担任德国驻上海总领事及法律顾问；1941 年到 1945 年，秉格在南京担任纳粹德国驻华大使，代表德国维持与汪精卫政府的外交关系，同时在东吴法学院做兼职教授。秉格是德国少有的“中国通”，中文流利，曾著有德语《中国唐律考》一书。

二人此后多年间还多有往来：1940 年费青回到上海后，偶然发现秉格在上海担任德国驻华领事馆法律顾问。1941 年上海沦陷后，秉格曾在东吴法学院讲授“德国民法”课程。有一次，汤芗茗会见某德国外交官，秉格担任德文翻译而费青担任中文翻译。1946 年北大复员北平后，秉格亦来到北京，请费青介绍其在北大执教；费青向时为北大法律系主任燕树棠推荐但未能成功。后来，秉格在国立同济大学法律系获得教职。但时间不长，秉格于 1947 年返回德国，自此奋战在学术及外交领域，曾担任过德国驻韩国大使、驻香港总领事，与费青再无联系。

学业之余，费青亦积极为国内学刊撰文，介绍国外学界的最新动态。除前引介绍拜谒施塔姆勒经过的文章外，费青还为《法学杂志》写了《纪念派拉克氏》一文，介绍刚刚辞世的英国法学家弗里德里克 · 波洛克爵士。在费青的笔下，波洛克的作品中，“还能见到一点可爱的前朝文物”。费青叹息道：“当我们在苦读最新法律条文或教科书的余暇，偶尔打开一部沈寄簃氏或薛允升氏的文集，我们会不自觉地发生两种向往之感。一是感到：在这里，我们至少还能看到一点古中华的遗辉，发现一点我们自己的种血。二是感到：在这里，字里行间所显示的，不仅是一个老练精到的法曹，同时更是一个文质并茂的博学之士。此种风格品性，乃是前朝文物中的产物，时至今日，已日就凋零，代之而起的，乃是一辈失却国性的专家。”费青在此文中流露出的在东西方法律传统中纵横捭阖的气度，若非有着对两种法学源流的精到理解，断然写不出来。

费青留德期间，他翻译的美国学者霍金著《法律哲学现状》，于 1937 年由上海法学编译社编辑、会文堂新记书局再版发行。该书出版七十年后，中国政法大学出版社于 2007 年将该书纳入“二十世纪中华法学译丛”，经陈颐博士勘校后重版。

柏林寒冷的气候，太接近北欧，这很不利于他的健康。费青的哮喘经常发作，他不得不花费大量时间治病，但结果并不尽如人意，哮喘越来越重，这一度使费青产生消极厌世的情绪。

1938 年春，费青完成学业，准备回国。他先抵达苏门达腊和槟榔屿他的长兄费振东那里休养。当时，后方各大高校正在辗转南迁中，联系困难，费青索性等到稳定下来再谋出路。

在南洋期间，费青在当地华文报纸上看到张君劢颇为活跃，遂专门致函，请其代为介绍职业。费青很快接到复信，让费青回国时前往桂林找他。

费青在南洋待了大半年，待身体完全康复后，他才取道安南抵达广西龙州。在龙州，费青试图与张君劢联络；可惜张当时恰好不在桂林，冯今白回函约费青去桂林。在此期间，费青读到报纸，获悉北大、清华、南开已经迁到昆明，便放弃去桂林之念，折返安南，从安南抵达昆明。时为 1938 年秋。

执教西南联大和云南大学

当时，由北大、清华和南开南迁组成的西南联合大学刚刚起步，当地的云南大学也正在整顿扩张，法学教授奇缺，费青遂同时受聘于西南联大和云南大学。

虽然抗战方兴未艾，但昆明的政治空气却异常低落。大多数学者都只想在大后方安心教书、做学问。费青对此倒不厌倦，他颇喜欢这种氛围。他埋头于自己的教务，认真备课。那段时间费青身体也还不错，每周讲授二十多个小时的课。平时无暇他顾，社交活动仅局限在亲友及同事的小圈子里。

在昆明的前半年，因为刚刚结束在热带的休养，费青的身体状况还不错，未出过什么大问题。但半年后，由于工作过度劳累，经过秋季和冬季后，他的哮喘复发。而且，由于昆明海拔较高，气压偏低，对于气管病本身就不适宜，费青的哮喘也越发不可收拾。

1940 年夏，日军开始轰炸昆明。昆明毫无防空设备，遇有空袭警报，费青等必须跑到远郊“逃警报”。但费青的身体状况已经很差，毫无可能跑到郊外，他只好留下来，几近坐以待毙。这时候，费青和他的弟弟费孝通住在一起。但敌机轰炸越来越频繁和密集，坐以待毙绝非良策，而大夫也建议费青尽早离开昆明。

此时，他的母校东吴大学法学院屡次来信，邀请他回东吴教书并担任法律系主任。长期的哮喘与养病，使费青变得消沉，他对做官毫无兴趣，他只希望回到濒海地区，健康地教几年书。费青当时天真地认为，日本不敢和英美开战，只要上海租界不沦陷，尽管整个上海已经被日本人控制，但在租界教书，和在昆明应无区别。稍事考虑，便接受东吴大学的邀请，准备前往上海。

此时费青的经济状况极为窘迫。为此，西南联大法律系主任燕树棠曾专门致函梅贻琦，表示该系教授费青先生久病，以致经济窘迫，愿将自有德、英、日文全部图书出售，而大部分为德文书籍，由北大法律研究所全部收买。

拯救东吴法学院

仓促间，费青便要离开昆明。当时费青的经济状况非常拮据。为了凑足他和爱人的船票钱，费青不得不将所有书籍全部卖给西南联大图书馆。他们先坐轮船从昆明到安南，然后再坐海轮回上海。

这是1940年8月底。回东吴后，费青重新执教于东吴法学院，并担任法律系主任。

据东吴法学院1940级学生潘汉典回忆，“第一学期，费青师就带病为我们开设了“哲学概论”（实为法哲学）课，把我们引进了哲学与法学交融的园地，我们的法学阶梯也由此而升。其后，费青师又陆续为我们开设了“民法总则”、“民法债编总则”和“民法债编分则”等课程。在有着深厚英美法传统的东吴法学院，能够像费青师这样讲授地道大陆法的教授并不多见，钦佩之余更切身感受了比较法的魅力。”

费青的哮喘，每次都因易地疗养而有好转。这次费青从高原上回到濒海地区，一时间他的哮喘亦好很多，“确有沉疴顿释之感”。在上海，费青亲友较多，尤其将寄居亲戚家的父亲接来同住，共享天伦之乐，倒也是一段美好的时光。

1941年12月，珍珠港战事爆发，美、日宣战。这对费青的生活有直接影响：租界很快将沦陷。当他决计再要离开沦陷区时，已不可能——当时，从上海到内地，必须走长而艰难的旱路，他的老父亲和爱人不能同行，须先设法安顿好；他自己虽有冒险的勇气，但他的身体状况，亦不容许长途跋涉,须要先有长时间的疗养锻炼才可能赶路……

另外,费青还面临处置东吴法学院的问题。日本人占领上海租界后,东吴法学院校舍亦被占领。时为东吴法学院院长盛振为作为国民党的立法委员,在上海沦陷后不久,就不负责任地逃亡,并带走所有资金,而把东吴法学院的烂摊子交给费青和安绍云、曹杰等人。当时,东吴法学院尚有三百多学生、二十多位教职员工,绝大部分都无法离开上海。

费青等征求教职员工、学生代表和热心校友等三方面的意见后,作出几项关键性决定:第一,凡是有可能离开沦陷区的学生,学校鼓励并设法帮助他们离开,投奔自由;第二,凡是不能离开的学生,学校将依照上海其他学校的办法,办理补习班,一直到受到日本人阻挠为止。按照上述决议,费青等组成校务委员会,主持补习班的校务,他被推选为实际责任最大的教务长。

关于这个过程,刘哲民在《太平洋战争时期的中国比较法学院》一文中有详细回忆:

> 1942 年 2 月,图南委托张中楹来访,传达图南要我去他家,有要事商量。中楹与我是美商《华美晚报》同事,当时中楹为《华美晚报》董事会秘书,负责与美国董事长联系,我负责总管理处。我们俩经常中午在福州路西餐馆午餐。当时东吴法学院已从虹口昆山路迁至虞洽卿路(现西藏中路)幕尔堂上课。我们俩人午饭后经常至幕尔堂小憩。因中楹介绍,我和图南(即费青,笔者注)相识,一见如故,继而认识了艾国藩、卢于舫、姚启胤教授。当时图南家在蒲石路(现长乐路)住宅的三层楼上,卧病在床。他刚结婚,夫人叶筠女士原在医院工作,因图南住院治疗而相识,从而结合。我急问图南有什么

事,他说:“东吴法学院部分师生已随教务长盛振为迁往外地,留在上海还有200余人,这部分师生由于爱国热情,绝对不肯入汪伪学校执教和就读,这是值得敬仰的。但目前不但教师行将失业,其中多数影响日常生活,学生失学,行将分散,一旦抗战胜利,对法学教育将是很大损失。”又说:“经过半个多月的考虑,只有在上海就原有师生基础上开办一个法学院,避用东吴字眼。但有五个问题需待解决,所以请您来帮忙!”我当时觉得图南问道于盲,因为我对于教育完全是门外汉,尤其是高等教育。图南说:“我下面说有五个问题,其中有两个问题非你帮忙不可。”他提出的五个问题是:(1)学校名称问题,(2)院长,(3)经费,(4)教室,(5)教职员。其中(2)(3)两个问题要我帮忙解决。首先请一位院长,但条件是:一、名义上担任院长,学校不向敌伪登记,如敌伪进行干涉,由院长进行周旋。二、院长不到职,不干预学院用人与行政教课等活动。其次是关于开办经费及教室租赁费、教职员薪酬问题。我和图南、中楹会商了几次,有时候艾国藩也参加。因图南的诚恳迫切,我义不容辞。第一,院长问题,我将当时敌伪时代所谓的名流,排比了几个人,唯有新任第一特区总保甲长吴蕴斋可以请他承担。吴是上海金城银行经理,很可能他因周作民与敌伪有关系,不得不担任总保甲长的职务。吴为镇江人,当时镇江五县旅沪同乡会由吴担任理事长,我担任常务理事。我估计由特区的总保甲长担任院长,至少汪伪机关不会来过问,即使日寇知道学院是吴任院长也可能不干涉。我与吴虽相识,但无深交,因想起东吴校友李文杰也是五县同乡会常务理事,比较熟悉。即由我和张中楹访问了李文杰,李欣然同意。但他认为他一个人去力犹不足,拟约鄂森先生同往。鄂森也

> 是东吴校友，为北四行（中南、金城、盐业、大陆银行）的法律顾问，与吴蕴斋关系较深，由李与鄂去谈，当可有望。商得图南同意，李文杰和中楹去访问了鄂森。鄂森与吴蕴斋一谈，吴慨允担任学院院长职务，但不到职，由鄂森为代表，敌伪如有问题由吴负责解决。但吴声明不负责经济上的责任。院长问题既解决后，经费问题由喻友信先生做了一个预算，大约需支付教室租金、文教用具费、教职员薪金等共9000元。在当时情况下，我责无旁贷，也就承担下来。学院名称因英美法的英文名称译为"比较法"，因此定名为"中国比较法学院"。有一位女同学介绍爱文义路（现北京西路）爱国女中中学每天可下午出租八间教室、一间办公室，于是订了租约，预付了半年租金。最后商定由吴蕴斋、费青、鄂森、吴芷芳、刘世芳、俞承修、曹杰、艾国藩、张正学、李文杰、张中楹、刘哲民等13人为院务委员。定了日期，假静安寺路（现南京西路）金城别墅鄂森家举行了第一次院务会议。推吴蕴斋为中国比较法学院院长，不到职，由鄂森代表。费青为教务长，鄂森为秘书长，吴芷芳为副教务长，安绍云为会计主任，刘哲民为会计系主任。职员方面，喻有信为图书馆主任，杨家声为注册主任，莫树德为书记。

而据另一校友刘造时回忆："不久，东吴法学院在盛振为院长率领下，迁去内地重庆，留沪师生顿成'孤儿'，慌无所依。值此危难之际，费青教授毅然挺身而出，为了使东吴弦歌不辍，让无法远去内地而留沪的师生'师有所教，生有所学'，他不辞辛苦与张中楹、王遂征等老师一起，多方奔走策划，以'董法记'名义，暂借法租界南昌路中华职业教育社的地址恢复上课，我们由此进入大二下学期。'董法记'是东吴法学院的谐音，以此隐晦之名，以避日伪的注意与迫害，真是苦心一片。"

事实证明,这个决策是正确的。日本人在发动太平洋战争后,忙于军事,对东吴补习班始终未顾及。补习班三迁其址,经费也很困难,但在师生校友三方面的通力合作下,经过一年以上时间,亦逐渐走上正轨。在这种情况下,东吴法学院的补习班竟一直存在四年多,一直扛到日本战败投降,重新恢复为东吴法学院。

费青对东吴法学院的关爱、对东吴师生的关爱,从潘汉典身上可见一斑。据潘汉典回忆:"难忘太平洋战争后的1942年年初,国家遭受战乱的同时,我个人生活也遇到困难:我母亲病逝于香港,我的学费也因故无力缴纳而面临辍学。此时,是费青师主动伸出援手,建议我复学并促成学校减免我的学费,我自己兼任中小学教授并寄居在我父亲生前做律师时的当事人家里,才得以完成学业。"

上海沦陷期间,费青不得不与日本占领军当局发生各种联系。日本占领军当局曾邀请部分沪上法律界人士召开座谈会,费青亦在被邀之列。还有一次,费青在东吴法学院的同学、执业律师袁仰安,约费青在家中聚餐,费青赶到后才发现亦有日本军政界人士在座。席间,日本人大谈特谈大东亚共荣圈,费青闻之默然以对。次日,袁仰安再次找到费青,建议费青给该日本人写一封信,表示认同其前日席间有关大东亚共荣圈的谈话,否则可能对费不利。迫于不确定的压力,费青依计而行,并将该信交袁仰安转交。但过了一段时间后,袁仰安告诉费青,该信并未转交,但亦未归还给费青。此后不久,费青即逃出沦陷区,从此与日本人再无联系。

逃离沦陷区

校务上正轨后,费青就开始琢磨着离开上海。期盼的机会姗姗来迟。

在上海期间,费青与国社党的部分成员重新建立联系,并逐渐被卷入其内部运作。由于费青和张君劢过去的关系，在上海沦陷前，以前认识的国社党成员冯今白、陆鼎揆等先后来拜访他。冯今白既是张君劢所办政治大学的学生，也在东吴法学院读过书，和费青算是校友，此前费青在北京时，二人即有往来，冯也成为费青了解国社党的主要渠道；而陆鼎揆曾在政治大学教过书，后来又在东吴法学院教书，虽然彼此并不熟悉，但和费青有师生关系。冯今白、陆鼎揆获悉费青回上海后，拜访寒暄，并无要事。

此时，费青哮喘症复发。经冯今白、陆鼎揆介绍，在一上海老中医梁少甫处治疗。梁少甫用药多为贵重药材。沦陷期间，费青生活颇为拮据，遂又经冯、陆介绍，在上海一家药铺赊账。

上海沦陷后，冯、陆二人又先后来拜访费青，谈及国社党。他们告诉费青，国社党通过党员叶青，早已和伪政府有关系。他们认为费青早就是国社党员，希望费青能够与他们合作；他们也暗示费青，身在沦陷区，逃不出敌人的掌心。而与此同时，冯、陆亦告诉费青，在前述药铺所赊药费，已由国社党上海分支代为付清。

费青分析：既然他们一而再、再而三地拜访，用心非浅，肯定会有某种目的。在这种情况下，若是生硬拒绝，对方可能会动用敌伪力量来对付他，使其逃离沦陷区更遥遥无期。于是，费青在表面上应承了下来。

按照他的分析，当时的国社党和张君劢分不开，国社党内部的成员，也只有打着张君劢的旗号，才有可能在和伪政府的交往与谈判中，获得更有利的地位。所以这种情况下，国社党内部各方，一方面对外都打着经过张君劢委托的旗号，对内则极尽各种力量，通过张君劢身边的人，建立与张的联系。费青就是在这种情况下，进入冯今白、陆鼎揆等人的视野的。

事情到这一步，已经成为互相利用的关系：冯、陆等试图通过费青，与张君劢取得联系甚至授权；而费青则试图通过冯、陆，早日逃离沦陷区。

不久之后，国社党内另一大佬汤芗茗来到上海，和陆鼎揆之间就国社党上海地区的领导权发生争夺。争夺的结果是汤胜陆败，而且陆很快一命呜呼。汤芗茗亦打着张君劢"委托"的旗号行事，而且汤芗茗亦认为，费青与张君劢很有关系，遂极尽笼络之能事。

在这种情况下，费青向汤芗茗表示，他愿意去内地联系张君劢。汤芗茗回京后很久，才决定此事。在这期间，费青一方面逐渐摆脱东吴法学院的教务，多是疗养和锻炼身体；另一方面安顿好父亲和爱人，以便能够安然离开沦陷区。

1943 年夏，费青终于有机会离开上海，先去北平拜谒汤芗茗，拿到汤芗茗致张君劢的信，然后返回上海，从上海走旱路只身前往陪都重庆。

此时距上海沦陷，已近两年时间。这两年时间里，费青为了离开沦陷区，可以说绞尽脑汁。他违心地向陆鼎揆、汤芗茗等承认自己是国社党党员，担任上海国社党分部研究室主任一职，并接受上海国社党分部按月送来的名义津贴及来访京沪之间的路费。由于上海国社党分部和伪政府的关系，其经费基本上来自伪政府。国社党上海分部每月发给费青的名义津贴并不多，只有费青在学校所拿薪金的十分之一，但无论如何，这种财务关系，已将他和国社党、伪政府牢牢绑在一起。这种羞耻感使费青将这段经历和收入，始终瞒着东吴法学院的同事、学生和他的家人。

据刘哲民回忆，"1943 年秋，图南和我谈：中国比较法学院已安定开课，他自己被云南联大多次函招，不得不离沪转赴内地。我当时很吃一惊，因为学校情况很安定，图南为什么反要离去？他一再对我声明：联大几次派人和来信促他去云南教学，无法推辞，只得负病前往，他并劝我不要因为他离去而离开学院,希望我维持到底。因为他的谆谆嘱咐,我只能承诺下来”。

临行前,费青曾在送给潘汉典的扇面上,留下这样一首《咏怀》诗:

作客思归经数年,不辞道远穷廻川。
移山须学愚公志,避世何能阮籍眠。
对泣怀伤虚岁月,枕戈情重渺云天。
深知力薄成空抱,权遣烦心丝万年。

用潘汉典的话说,在这首诗里,“其惆怅纠结的内心世界表露无遗”。

9 月费青离开上海,经洛阳、宝鸡等地,近两个月后,终于安抵重庆。一路上,费青耳闻目睹抗战期间民生的凋敝、军队的横暴,更亲身经历几次危险,不能不说是一次冒险之旅。

陪都重庆

1943 年 11 月,历尽艰难跋涉,费青终于千里迢迢抵达重庆。

抵达重庆的第一件要事,便是去拜谒张君劢。汤芗茗给张君劢的信里,只有三句话,无非是证明费青是他派去的。费青将其所了解的沦陷区国社党活动的情形,大致向张君劢做了汇报,并探询张,是否确实委托过陆鼎揆或者汤芗茗与伪政府接触。张君劢对此全然否认,并当场给汤芗茗写了一封信,用商人的口吻令其“支店停开”。信封上写的是冯今白的地址,由邮局寄发。

安顿下来后,费青接到时在重庆北碚的复旦大学聘书,担任法学院教授,并在朝阳学院兼职。当时,张志让担任复旦大学法学院院长,闵刚侯担任朝阳学院主任。

在复旦内部，国共两党的斗争在暗地里进行，表面上风平浪静，实际上风起云涌，尤其是在“皖南事变”的大背景下。加上人事纠葛，这里绝非净土。费青初来乍到，人生地不熟，遇事便仗义执言，不小心便被卷入内斗中。

时为法律系主任的戴修瓒教授，受聘去中大，费青被任命为代理系主任。这时候，不满于费青的国民党学生，便对费大肆攻击。费青对此并未退让，而是据理回击，要求校方将一个担任全校三青团书记的学生开除学籍。此事使校长颇为为难，据说此事一直被捅到国民党三青团负责人康泽那里，该校长还受到申斥。一直到费青离开复旦后，此事才不了了之。此后，复旦大学法律系又发生某三青团教员陈某玩忽职守溺毙学生一案，法学院进步师生依据法律，极力申诉。

在经历几次与三青团教员和学生的斗争后，费青完全站在进步力量的一边。费青后来写道：“我在复旦两年，好像进了一所政治补习学校，把我少壮时期的政治热情重新唤醒了。”

在复旦期间，费写了几篇与人权问题有关的文章，如《英国的法治制度与人身自由》《英国宪政精神与人民基本权利》等，分别刊载在《宪政》《再生》等刊物上。另外，费青还为《东方杂志》写了《几种法律否定论之探讨》一文，针对现实生活中林林总总的否定法律的态度，逐一分析、批驳，得出结论：“法律的必需，是与人类社会同其始终。最合乎法律目的体制是民主，所以民主就是法治。法治的实现，不只靠法律本身，尤其靠上下守法的精神。”

经吴经熊和戴修瓒介绍，此时费青还曾被聘为立法院研究员。本来吴经熊想推荐费青为立法院立法委员，但费青因不愿沾染国民党而婉拒，只允诺兼任立法院研究员。那么，为什么费青会看重该职位呢？一方面是由于兼任研究员后，可以方便地获取一些法律材料，为学术研究搜集素材；另一方面，兼任亦有一份薪水，在抗战的拮据形势下，多一点收入多一份保障。

在担任立法院研究员一年多期间，费青负责起草了以其专业国际私法为核心的《法律适用条例》的修正案。作为当时颇有名望的国际私法专家，费青在这件法律修正案中倾注颇多心血。可惜他起草的修正案，最终并未被立法院采纳。后来，立法院法规委员会主任林彬安排费青起草《政党管制法案》，用来管制各民主党派，费青对此婉拒并辞去兼职。

亲历"一二·一惨案"

1945年8月日本投降后，费青先后几次接到西南联合大学（北京大学）法学院来信，邀其回去执教。此时，预计北大、清华和南开不久后将要复员原地，而费青又很想回到北平，于是再次前往昆明，准备和北大一起复员北平。

这年9月，费青回到昆明。此时的西南联合大学，政治斗争形势颇为严峻。教授们分成两派，各有杂志和舆论阵地。国民党方面正在校内外加强控制，而进步学生和教员反抗亦很激烈。矛盾的激化，最终导致了"一二·一惨案"的爆发。

在此前后，费青经常在《时代评论》及《民主周刊》发表政论文章，包括《悬崖沉思》等，支持学生运动，反抗国民党政府的压迫与摧残，抨击国民党主导并起草的宪法草案。此时，费青发表文章常以"胡岗"、"费仲南"为笔名，因为当时在法学院内国民党背景的教授亦有不少，而费青并不想与同事发生摩擦与冲突。但这种摩擦事实上是无法避免的，所以一段时间后，费青又重新用真名发表文章。

"一二·一惨案"发生后，费青作为很受学生尊敬的师长之一，完全和学生站在一起。怒不可遏的费青，写下《民不畏死，奈何以死惧之》的檄文："暴力政治的凭借，不是枪杆，不是手榴弹，也不是其他一切有形的武器，而却是人民的恐惧心理。”“但在已经看到了无辜的同学被枪杀之后，这恐惧却已变了样。我们且问，在这样暗无天日的中国，我们即使活下去，还有什么意义？看见已死的同学入殓，当场确也心痛泪下，但一转念反而想到，这同学的求仁得仁而死，还比我们活下去为幸福。死，我们已不承认你的可怕！”费青怒斥军政当局：“军政当局们！为政之道，不在暴力，而是在得民心。无辜的人民，谁愿做乱党？乱党是暴力政治自身所造成的。民不畏死，奈何以死惧之！”

费青还怀着满腔悲愤，为“一二·一惨案”死难者撰写了挽联：

此处是民主堡垒，贫贱未移，威武不屈，更使尔碧血英魂常共守卫；

空负了锦绣河山，豺狼当道，鸱鸮飞天，当此际阴风惨日无限悲怆。

在善后过程中，西南联大教授会除发表抗议声明外，推举周炳琳、钱端升、费青等七教授，组成法律委员会，办理有关诉讼事宜。蔡枢衡和费青执笔写下《国立西南联大教授联合会呈国民政府军事委员会告诉状》《国立西南联大教授联合会呈重庆实验地方法院告诉状》，详细列举被害事实及人证物证，要求由军事委员会处分涉案军人。鉴于昆明地方法院或云南境内其他法院“无自由执行公务的余地”，遂向重庆实验地方法院对涉案的非军人提起控诉。

除参加教授们的集体活动外，费青亦有不少进步发言，组织或参与宣言签名，数度替被捕学生奔走辩护。当局承诺通过法律手段解决惨案善后之后，费青率先在《时代评论》上发表《惨案的法律解决》一文，指斥当局承诺“法律解决”的实质，如果没有刚正不阿的司法官员来主持正义的舆论，尽力搜集证据，把法律问题和政治问题分开，最终的结果不外乎是将案件慢慢搁置起来,或者捉住几个小喽啰或者替死鬼,甚或对含冤者反咬一口,“这次惨案的法律解决,将为我国法治是否可能的试金石。我们虽对他感到万分的困难,但总犹希望政府和人民都能努力于上述几点,以达到公平的结果”。

费青等草拟的控诉状自然石沉大海。后来,当有消息传出说监察院亦将该控诉案搁置后,费青写下《监察院休矣!》一文,直言不讳地表达他的失望和愤怒:“联大教授会所呈除了向军事委员会和最高法院,更向监察院提呈‘一二·一惨案’的控诉,据说是认为监察院或尚具有一点正义不阿的骨气,比其他政府机关或能少受一点政治权力的支配。对于此次惨案,说不定挺身而出,替中山先生苦心孤诣想把监察院提高到独立地位的卓见,来证实他的真正效用,为法纪和正义伸冤,会对这无法无天的封疆大吏提出严厉弹劾使之明正典刑。”“可这次试验的结果,监察院不只辜负了中山先生的期望,依然屈膝于政治权力之下,甚至使人民怀疑到国民党口口声声所提倡的五权制,到底是不是被用来骗骗人的。”“国民党失信于人民的最大原因,便在于自己立了法而不施行法,便在于太讲政治而牺牲了法律。若是国民党早能大公无私地执法不阿,法院像个法院,监察院像个监察院,一切制度像个制度,哪里会弄到今天这个众叛亲离的悲惨境地?”“国民党事实上已患上‘自卑狂’,把一切正直善良的人民,统统看做敌党,纯洁赤心的学生统统戴上红帽子。这还不是自己在自速其亡、唯恐树敌的不够多吗?一权制五权制等的高调尽管唱得动听,恐怕人民世纪的大潮很快将无情地冲洗一切。”费青的悲愤如同匕首,如同投枪,如同子弹,飞向国民党千疮百孔的专制体制!

纵然作出了这些努力,可是费青对最终的结果丝毫不敢乐观。“一二·一惨案”发生一个月来,费青被“恐怖、愤慨、悲痛、冤郁”等紧张心情笼罩,实在无从摆脱这种心理的困境。他不得不埋头于英文的侦探小说中,通过“小说里更紧张的故事”“使我暂时忘却了这紧张的现实”,并由此引发他对《侦探与侠义》一文的构思与写作——费青认为,不管是侦探还是侠义,除了紧张离奇的程度有别外,都以满足一般人的公平正义感为落脚点;而具体实现公平正义的方法,在侦探小说中,对应西方社会和法律文化,则是在法律之内获得公平,而在侠义小说中,对应中国社会背景,则是在法律之外获得公平。

费青的这个观点,后来在其1946年出版的《从法律之外到法律之内》的单行小册中,得到更完整的表达:“不仅在人民的意识中,即使是在事实上,中国人民的生活,多是在法律之外,很少是在法律之内。不仅是正义与法律分了家,即使人民的生活亦与法律脱了节。”费青先是强调司法体系对人们的法律生活的重要,复而疾呼:“可是中国人民对于法院,对于诉讼的态度,是怎么样?要答复这问题,我们只须每个人问问自己,谁还信任现在的法院?到了今天,法院的黑暗,贿赂的公行,已成了一个人人皆知的公开秘密。法院除了成为政权握有者的工具外,便是一个出卖判决的铺子。人民既已无从由法院获得权利的保护,国家既已不是法律的后盾,于是人民在实际生活的关系上乃是一个不折不扣的自然状态,强者可以无恶不作,弱者唯有任人宰割。”费青进而论道:“我们上面所举法院的黑暗,只是这里的一个末节。若是我们张目看看现在社会上一切的黑暗,哪一样不是造成于统治者的不法?法外暴力组织,如特务等的横行;任何名义上好听的政治设施,如统制之类,都成了敲诈剥削的借口;抗战的胜利,也只成为收复大员发财的机会。凡此种种,举不胜举,我们怎还能逃避现实,而高谈其政治自政治,法律自法律?我们怎能不认定:政治就范于法律,才是重新使中国成为一个人的世界的关键?”这些文字写下已有近七十年,至今读来依然有振聋发聩之感。

1946年西南联大主编《联大八年》,其中有一段学生对费青的精当评价:“北大的缺点是老气横秋,联大的缺点在松弛散漫。自先生来后,不但使我们变得年‘青’,而且教我们多‘费’些功夫检点和振作自己。他像春风般温和,也像秋霜似的严肃;他精通大陆法,也烂熟英美法;他会讲玄奥的法理,也会讲有趣的实例。总之,他从不肯盲目地走向极端,而谨慎地求得最妥善的调和。他从不肯任血气来论断,而用理智来寻求公平和正义。”

人民立场看宪草

抗战胜利后,政协会议重开,搁置多年的“五五宪草”亦再次进入公众的视野。作为法律学人,费青对此颇为关注。费青在此时写下的《人民心目中的五五宪草》一文中,明确表示,一方面,宪政能否实现,完全系于掌权者依法做事的意愿,在这个意义上,谈纸上的宪法毫无意义;另一方面,掌权者终究需要纸上的宪法作为维持政权的法律依据,在这个意义上,宪法还是有其重要性。费青提出,宪法应为实施宪政而颁布,其内容的根本出发点,应是宪政与非宪政的区别。

另外,费青在此时还发表《人民应该立刻注意宪法问题》,呼吁人们注意国民党二中全会对于政治协商会议宪法决议案的态度,尤其是利用五权宪法的框架,达到行政权不受任何制约的动机,以继续其一党乃至一人专制的目的。费青表示,宪法问题太专门,而官方正是利用专门化的“奇货”,来致人民的死命,希望人们的关注,能够让政协会里少数代表不至于孤军奋斗。

政协会议第十次大会通过“五五宪草”修正原则后,费青在此之前写的文章《从人民立场批评五五宪草》一文,亦因“修正原则与费先生的主张不谋而合”,因而由《再生》杂志发表,“特别值得向读者推荐”。在该文中,费青表示,中国当时的大事无非停战与立宪,前者为方法,后者为目的,后者远重于前者。费青认为,宪政的实质乃是人民为了保障自己的利益,凭借包括宪法在内的法律,来控制或监督事实上少数掌权者的制度;而从政府的角度,“任何政府无不应该希望为人民多做点事,要多做事便须得多有权,所以总希望多握点权,更希望少受人民一点控制。”而无论是从理论上还是实质上,问题最终在于:政府取得很大权力后,是否确实会为人民做事,而不是为统治者或官僚自己谋利益。“人既不是上帝,就很少不为权势所麻醉。”从这一立场出发,费青表示,“五五宪草”的症结便在于留给人民的政权太小,而赋予政府的治权太大。除此之外,费青还从人民基本权利问题、宪法解释权问题、违宪审查等着手,详细评述了五五宪草的缺点。

此外,费青还发表断论《评宪草修改原则——责任行政及司法独立》,针对政协会议第十次大会通过的“五五宪草”修正原则,表达了两点意见:其一,确定民意的代表机关和行政机关间的关系;费青认为,宪草中国民大会和立法院都具有代议机关的性质,而大总统和行政院的权限亦未划分清楚,导致行政最高负责者是谁、此负责究竟对哪个代议机关负责,则成为宪草关于政府机关的症结所在。而解决方案,便是将国民大会限于行使选民的四权,确立立法院为一实质性的代议机构;推行责任行政制,确立行政院为最高行政机关,而总统自己不负行政责任。其二,司法权独立;费青认为,司法独立的要义在于法官行使审判权时,只对法律负责,应有终身制保障;而现在宪草,囿于五权形式上的整齐及司法权和司法行政权的区别,牺牲了司法独立的原则。而解决方案,便是将司法院定义为国家最高法院,而最高法院大法官掌握司法行政权,负责宪法的解释、法令的违宪审查以及行政诉讼的审判等权。

除了围绕“五五宪草”做文章,费青在这段时间里,也写下诸如《美国宪法上的言论自由》《谁守卫了美国宪法?》《宪法与宪政》等文字,为中国宪政建设寻找域外的知识资源。

复员北平

1946 年夏，费青与北大法学院分批复员，途经重庆时，听到闻一多在昆明被刺的消息。回北平后，费青一家住在中老胡同 32 号。

当时，北平正是国民党接收气焰方盛时，各大学经傅斯年、陈雪屏等事先摆布，反动势力亦大有弥漫之势。但即便如此，进步学生和教员依然不断发动反饥饿、反迫害等运动。进步教员多用个别签名的方式，发表反抗国民党政权的宣言，其中几次，便是由费青起草和征集同人签名的。后来，费青还发起组织教授联谊会，以加强进步教授的团结。

费青除和教授们迭次发表宣言，声援学生并向国民党政权抗议外，更亲身参与对遭迫害同学如邓特、孟宪功等的法律辩护与营救。此外，费青还为有被捕危险的学生提供过掩护，甚至帮他们前往解放区。

在这段时间里，中国正处于和、战两难的十字路口，费青对时事政治也极为关注，并通过时评的方式，参与到这个波澜壮阔的历史进程中去。正因为如此，1946 年也是费青在时评上比较高产的一年，他先后发表了《首先必须言论自由》《美国应赶快退出中国》《纪念“一二 · 一”》《这次和平攻势的原因在哪里》等短文。

据费青回忆，胡适来北大担任校长前后，恰好发生沈崇案。起先，沈崇的家长先由袁翰青陪同，来找费青。费青等人详细考察法律、政治诸多方面的因素，制定精密的应对方案。此时胡适意识到此案件将在政治上产生重大影响，就以沈崇的监护人身份自居，挺身而出，同时以法律系教授们组成法律委员会，而单单将费青的名字从中除去。此事让费青颇为不满，认为胡适此举“一箭双雕”：既有保护学生之名，又能控制这个案子，不至于对国民党统治造成冲击。尤其是美国士兵被无罪开释后胡适的表态，更让费青大为不满。1947 年费青曾应《观察》主编储安平之约，写下《皮尔逊强奸案翻案事答问》一文，一方面介绍美国的法律程序，就“不当”与“违法”作出区分，但另一方面亦慨叹：“在今天的中国国内，贪赃枉法，倒行逆施，哪里还寻得到一点公道正义？对自己人都没有公道，我们还能希望人家以公道相待吗？”

这年秋，国民政府积极发动各界参与立宪，张君劢亦是其中参与者之一。有一天，费青突然接到冯今白的电话，冯以张君劢的名义，邀请费青前往南京协助其制宪工作。但费青对此严词拒绝，并请冯转告张君劢，警告张君劢切勿做历史上的罪人，奉劝其悬崖勒马。由此，费青彻底断绝与张君劢的关系，亦未与闻国社党此后的所有活动。

主编《中建》

1948 年，费青和北平其他各大学部分教授，一道创办《中建》，成为知识界的主要舆论阵地之一。

《中国建设》原在上海出版，在中共地下党的支持下，由上海著名资本家、国民党员王艮仲资助并担任发行人。《中国建设》在上海时，与上海各大学教授合作，为民主运动服务。王艮仲与费青是东吴时期中学、大学同学，解放前在上海颇为进步，经常有掩护进步人士的义举，除经营商业外，其名下还有中国建设服务社等文化机构。

当时，北平的进步教授吴晗、费孝通、费青等，在北平经常举行时事座谈，准备出版自己的刊物，但苦于无当局颁发的登记证。在这种情况下，在上海地下党的影响下，王艮仲将原在上海出版的《中国建设》停刊，利用原有的登记证，在北平创建《中建》（北平版），并请费青担任其主编。王艮仲并不干涉编务，《中建》成为当时最为敢言的杂志之一。

在这段时间里，费青主编《中建》，但他本人的文章并不多。费青在《中建》上发表的其中一篇文章，是 1948 年 9 月 12 日写下的《学校诚然不是租界》，借以表达对北大当局在国民党军警入校拘捕学生一事上乡愿态度的不满，“学校诚然不是租界，学生诚然不能享受治外法权，但当一国法律或法律的运用已和正义公道脱了节，甚至足供统治者们用为政治上的工具，以摧毁异己，扼杀青年，断丧民族国家生机的时候，负教育责任者就应该挺身而出，谋取保护青年之道，虽有背狭义现实法而不惜”。费青以五四时期的蔡元培为例，表示“我国历史上正多着这类光荣的先例”。费青对北大的失望溢于言表：“在这次政府当局大规模拘传学生中，据传，教育部曾命令学校当局开除这批被拘传学生的学籍，各校当局有的是奉命唯谨，有的是换上停止学籍，有的没有遵办，尚在观望，有的敢于抗命，置之不理。另一种传说是：学校当局停止学籍的布告在先，教育部的命令反而在后。”费青愤慨地表示：“无论如何，事实上教育部命令迄未公开，而被拘传学生则已为多数学校所开除或停止学籍。这是一个断丧民族生机、扼杀青年前途的致命措施。”“枪杆的力量是暂时的，正义的力量才是久远的。”

在《中建》1948 年第 1 卷第 9 期上，费青发表了他的《论狂妄政治》一文，触怒当局，直接导致《中建》停刊。在该文中，费青表示，以“狂妄”“形容我国政府的所作所为，真是千真万确，恰到好处，若是连缀而成‘狂妄政治’或‘狂妄主义’等名辞，尤其读来顺口”。按照费青的解释，“狂”是指方法或手段上的错误，分为“过之”“不及”，前者是“为之太过”，后者是“有所不为”；而“妄”，则是指目的上的错误。费青进而联系现实政治，表示在“狂政治”方面，由于权力的麻醉性，导致“迄今的政治以狂者多而不狂者少”，比如以金圆券和经检大队来平抑物价的上涨，比如以特刑庭来禁止学生的进步思想，比如以武力来戡乱，“凡此种种都是统治者敢于凭借权力来对抗最浅显的必然事理的好例”。“于是其必然结果是：物价愈抑而愈高，学生愈拘捕而思想愈进步，乱愈戡而愈乱。”而在“妄政治”方面，“只拍苍蝇，不打虎，经检森严，却留一‘孔’，金银官价，两相悬殊，凡是种种，举不胜举”。费青警告当局：“‘狂政治’加上‘妄政治’乃成道地‘狂妄政治’。‘狂妄政治’已绝非罗素所提的温和的理性主义所能医治。若是能够的话,则历史上的大革命,像法国革命和俄国革命也就不会发生了。”

围绕《中建》杂志,费青与胡适再次发生冲突。王艮仲的国民党员身份,使得国民党文宣机构在开始并未过多注意该刊物,所以费青等一干北大教授,亦能维持其有限的言论空间。但胡适走马上任后,即致电北平警备司令陈继成,令其注意《中建》杂志,罔顾其作者多为北大教授的事实,暗示“这一定是共产党所办”。此事还是陈继成后来亲口告诉王艮仲。1948 年 12 月,《中建》(北平版)出版最后一期;从 1949 年开始,出了一期综合版及三期后,被国民党当局勒令停刊。

1948 年,北平风起云涌,令人眼花缭乱。费青亦先后写下《回忆 感想 展望》《起码的权利》《我们为什么要反对特种刑事法庭》《“生生不息”》等短文,以笔为剑,展开与国民党政权的决斗。

费青与美国人

1947 年之后的三年间,费青已经成为北平民主教授的中坚力量之一,常有美国新闻记者及文化界人士与其接触,费青也和他们建立了比较密切的联系。

与费青来往最多的美国人当数包尔格(Dorothy Borg)。此时,包尔格受美国太平洋学会资助,在北平研究中国问题,1947 年经王铁崖介绍与费青相识。包尔格的政治立场偏向民主自由派教授,对国民政府统治多有批评。共同的政治立场,使得包尔格与费青等北平的自由派教授们来往颇密切。尤其在学生运动期间,包尔格一方面表达对学运的支持,更将学生和进步教授的宣言翻译成英文,寄回美国在报纸杂志上发表。北平解放前夕,包尔格离开北平前往上海,并很快回美国。

日常生活中,包尔格与费青夫妇来往密切,算是挚友。费青的哥哥费振东被荷兰南洋殖民势力从苏门答腊驱逐出境,且被国民政府派特务押解回国之后,包尔格曾和费青、费孝通兄弟商量过很多营救的办法。包尔格曾代费青写信给英国驻马来亚总督,请其允许费振东在新加坡登陆。

费青与包尔格交谈的话题,大多局限在时政。尤其是学生运动期间,诸如罢课的原因、进步学生之被捕、国民党的镇压、学校当局的努力、游行的路线和宣言内容等信息。他们亦会交谈中美关系的一些问题,彼此介绍其所在国家的实际状况。

另一位与费青来往较多的美国朋友是密含瑞(Harriet Mills)。密含瑞当时为北京大学研究生。密含瑞在慰问北大进步同学受迫害活动期间,因翻车而受伤,北大教授联谊会曾派费青等法学院教授,前往女生宿舍慰问,因此而与之相识。

1948 年 11 月北平解放前夕,密含瑞向费青征询去留的意见。费青认为,美钞还会有用,和国外仍有交通往来,国际间的邮电仍然可以通,美国人不会被视为“异敌”,而且要是其安分守己的话,还会受到保护。此些信息给了密含瑞很大的信心。即便是 1950 年 1 月时,费青依然持这种看法,即美国领事馆的撤退对留在中国的守法的美国人不会有影响。费青的这种看法,难免太书呆子气了。

1949 年中,费青还告诉密含瑞,解放前许多开明人士,现在都成为热烈支持新政府的人,因为他们体会到新政府真诚地和他们商讨事情,征求并重视他们的意见,这都是历代中国政府所没有过的。另外,新政府的认真负责、守信用、效率高,掌握和改进一般情况的魄力都深得这班人的心。

在密含瑞眼中,费青是这样一个人:“我认为费青是一个有才智、能干和真正进步的人,他从来不会伪装积极,他对共产党政府的了解和支持在稳步增长。费青对人是诚恳的,所以我觉得他并不太警惕一些可能的敌人。……费青是个很有人情味的人,他很关心他的学生的学习和健康，也很关心整个国家。他在表面上看来并不是一个活跃的、精力充沛的人，但使人感到沉着有力而且能使人信服。这是因为他有病身体弱，所以给人这样的印象。我再说一次，我觉得费青在任何情况下都不害怕暴露自己的思想，至少在1950年1月他就毫无顾虑地说他不能接受马克思主义的全部道理，但是他是热情地支持现在的政府，并且以能在这个他所认为中国的第一个真正的政府下工作而感到快乐与骄傲。”

密含瑞最后一次看望费青时，已是1950年11月。当时，费青刚从协和医院动完手术，在清华大学休养。密含瑞来时，费青正在床上发哮喘。密含瑞告诉费青，她准备回国，但是得不到北京市公安局的批准，想请费青帮忙设法。费青表示其无法可想，并发了不少牢骚。费青告诉密含瑞，你既然是北大学生，并且在学生运动中帮过进步同学的忙，是否可以去找学生会或者个别熟悉的教员或同学？费青提供了好几个他认为更有可能办成此事的人选。此后不久，密含瑞便被北京市公安局以间谍罪的名义逮捕。

与张君劢之子的对话

1949年前后，费青还亲历了一件与张君劢有关的事情：

早在1932年至1934年费青客居北平期间，在与张君劢的往来中，便认识他的儿子张国超。当时，张国超还只是一个小孩子；北平解放前后，张国超已经在清华大学读书。

北平解放后，张国超来找费青，表示他精神很痛苦，因为张君劢已经被宣布为战犯，而张国超本人很要求进步，父子的私情和政治立场的对立，使得他思想上发生激烈而痛苦的斗争。张国超访问费青的目的，便是求得一点建议。

费青建议说，尽管他很同情张国超的处境，但是他更建议张国超公而忘私,应该参加实际革命工作。

看得出,张国超很是认同费青的建议,他当时就决定参加南下工作团。同时,张国超亦请求费青,代为保管其手头几本张君劢的书。费青随即应允。不久之后,张国超便将张君劢的著作送到费青家里,而自己很快则参加南下工作团离开北平,由此杳无音信。张国超送来的几本张君劢的著作,也便一直堆在费青家的书架上。

走进新时代

北平解放前后,费青曾参与中共地下党在教职工中的外围组织"文联"。该"文联"后来改名为"新文化建设协进会"。该协进会在解放后因为不适合新情况,半途废止。此时,费青早已放弃其超政治的立场,政治意识上完全觉醒,成为进步教授中的核心成员之一。

但对于未来的政治究竟该怎样,费青颇为困惑。

据费青自述,对于解放区的情况,除了传闻的一鳞半爪之外,他对其几无所知。毛泽东、朱德等的名字听说过,但是毛泽东思想对其来说还十分陌生。即便在国统区知识分子中间颇为流行的《新民主主义论》,他也没有读过。这一方面是由于国民党的封锁,更主要的原因,还在于他对此既感到陌生,亦无太大兴趣。

1949 年年初,北平和平解放,使得费青一下子进入新天地中。费青亲眼目睹解放军的威武雄壮,与共产党人也有了面对面的接触,对马列主义毛泽东思想有了粗浅的认识。据费青回忆:"北京的解放使我感到好像突然踏进了一个从未想象过的新天地中。解放军的雄伟,共产党人的浑厚诚朴,马列主义毛泽东思想的博大精深而又平近踏实,一一震撼着我整个旧有的思想意识。"

他对中共的了解,还停留在比较浅的层面,这从他并不熟练地使用新的语言系统就可以看出来。1949 年 4 月 30 日,恰逢"五四运动"30

周年纪念，纪念专辑的编辑向费青约稿，费青在这天草就的《今年“五四”话法律》短文中，对“五四运动”的意义给予极高评价，表示“五四运动”是中国历史上前所未有的大革命，“在它以前，中国只有改朝换代式的革命，在它以后，革命才走上真要使老百姓获得解放的正确方向”。“共产党诞生了，工农觉醒了”，“我们只须一看那时中共边区所有的司法以及所施行的法律怎样和其他地区绝对不同，就能了解真正彻底的革命是在法律方面表现的最显著”。而对于几天之前中共中央宣布废除六法全书，费青更是举双手赞成，“在这天我们才能看到卅年前五四所诞育的革命精神如何撼动了法律这个制度。它不只是撼动，甚至把反动政权的整套法律——六法全书——全部推翻了。革命力量的成长中，起初促使旧法律增加其反动性，到了一定发展阶段，再使它整个消灭，这是历史辩证发展的一个好例”。皮之不存，毛将焉附？费青和他的同事们都感到了“法律系怎样办？”这一问题的严峻性，他甚至天真地认为，“现在我们有个大是非、大目的，我们已有了‘天’。从这里，‘法’就会逐渐产生。我们这辈现正嚷着‘法律系怎么办？’的法律界中人，个个会成为‘法’的逐渐产生的接生婆。那时我们会忙地吃饭睡觉的时间都没有，正像接生婆一样地忙。”

在北平解放初期，北大方面对费青还算重视。很快他就成为北大校务委员会成员之一，从 1949 年秋季起，更是被委以北大法学院法律系系主任的重任。此后不久，还被选为北京大学教职员联合委员会执行委员。

而在校外，费青亦颇受中共的礼遇。据吴惟诚回忆，《中建》复刊事宜得到黄炎培的支持，而后经过黄炎培向毛泽东建议复刊，毛泽东表示《中建》每期他都看过，办得很好，可以复刊。在这种情况下，周恩来亲自嘱咐恢复《中建》。经费青、吴晗、张志让等商议，恢复刊物，改名为《新建设》，由费青担任主编，试图重续《中建》的精神与衣钵。毛泽东亲笔为杂志题名,更是说明这份杂志在当时的重要性。

费青除执笔《新建设》发刊词外,还先后写下《迎接人民政治协商会议》《庆祝中华人民共和国成立》等短论,用尚不十分熟悉的新语言,为新时代大唱赞歌。在《〈新建设〉发刊词》中,他表示:“《新建设》此后的任务,一方面固然不应疏忽了对于帝国主义和国内反动势力的警惕而将继续揭发其阴谋,但主要的将是为了新民主主义中国的建设而提供我们的意见和方案。”而在《迎接人民政治协商会议》中,费青则以并不像他的文风的文字,写下诸如“我们迎接人民政协是迎接我们人民的翻身,人民的胜利,人民光明的前途”;“我们要步伐一致,行动一体,一心一德,保卫战果,巩固阵地,争取新的胜利”。在《庆祝中华人民共和国成立》,费青更是用三个排比的段落“中华人民共和国万岁!中央人民政府万岁!人民领袖毛主席万岁!”来表达他的激动心情。

在内心里,他愿意放下旧的包袱,愿意接受新的立场、观点和方法,但他不知道该如何开始。他渴望与无产阶级接近甚至成为其中一员,可是他却发现他被定义为小资产阶级知识分子。“解放后一年中,我独自乱冲乱碰,主观上觉得很努力,工作很忙,客观上则工作无计划、无步骤,成就一无,更不知犯了多少错误。结果是害了一场大病——肺炎、肋膜炎,转成肺肠疡——卧床一年半,于公于私,造成极大损失。”在他加入民盟的自述里,我们能够感到他一时间无力感、罪恶感涌上心头的纠结;尤其是长期的生病,更让他悲观厌世……

他应该如何走进新时代?在《〈新建设〉发刊词》中,费青公开发表的一段话可以回答这个问题:“新民主主义中国的建设,应该从建立新观点新思想做起。像我们这样的许多知识分子,过去在反动政权下曾以威武不屈贫贱不移自勉,在思想上亦始终不甘落后,但自解放以后获读毛主席从马列主义和中国革命实际中所提炼而得的正确理论,更目击一般中共朋友在这个指导理论下的种种艰苦实践,我们的确深深感到有加紧学习的必要。希望这本刊物就成为共同学习的园地，来相互鼓励和督促"，迎头赶上新时代的迫切心情溢于言表。

北大课改

费青面临的第一个考验，便是北大法律系的课程改革。在新的时代，北大法学院旧有的课程体系，已经完全不能适应新的形势。那么，时为北大法律系主任的费青，又该怎么去适应这让他眼花缭乱的新形势呢？

课程改革显然是摆在费青面前的一道坎儿。可以说，他在北大法学院课改小组中与代表新政权的何思敬的交恶，已经证明其在这场旧法与新法的博弈中铩羽而归……

何思敬早年留学日本，与董必武一样，是中国共产党内受过日本法律教育的法律学者之一。1949 年 10 月中华人民共和国成立后，何思敬以教授身份，先后执教于北大法律学系、中国人民大学法律学系。北大法学院的课程改革即由何思敬主导，担任课改小组负责人；而费青、黄觉非、张志让三位教授，作为非党人士，被列为课改小组成员。

1950 年 2 月何思敬突然离开北大，前往中国人民大学执教，致函费青，要求减少其在北大授课的时间。此事使费青对何思敬大为不满。

何思敬对费青亦很不满。早先，围绕课程改革，教育部曾召集各系主任和课程改革小组负责人开联席会议。该会上，费青曾就北大法律学系课程改革做过口头报告，指出北大法律系的课改是有收获的，这种收获主要体现在一般同学思想水平的提高上，至于各业务课的成绩，他承认是比较差的。何思敬则立即表示，费青说得太过主观，并说自己在北大待过一个学期，据他自己了解的情况，北大法律系的情形很不好。费青在会后向别人抱怨："何老分明就是对北大法律系的打击，会上好些其他机关代表自然是信他的话。何老直说我的报告不客观，又说他在北大半年，对法律系很清楚，其实他关起门来念书，哪里知道什么？”

费、何二人的冲突，主要聚焦于如下几个方面：

其一，国际私法存废的问题。何思敬反对费青开国际私法课程。他引述某位苏联专家的意见，说国际私法应该包括在国际公法中。费青认为国际公法和国际私法泾渭分明，而且新中国成立后涉外案件很多，国际私法是学生必须要学的课程，而不是因为他讲授国际私法，便说国际私法重要。在课改小组会议上，张志让提出，“‘国际私法’不光应存在，而且应设置为核心课程”，而何思敬便以须向董必武请示为由，搪塞过去。尽管费青试图说服何思敬，但他发现最终是徒劳的。

其二，北大法律系课程是否邀请外援的问题。何思敬主张，北大法律系的各种课程，都应该由教授自己负责，不应该依靠外界的帮助，他特别提到“政策法令”一课，也应由各教授分担，而不应该请校外的同志来演讲。但费青认为，这门课如果不请外人来讲，很难开得下去。

其三，要不要增加新诉讼法的问题。费青对此持否定态度，尤其认为减少国际公法、取消国际私法而开设诉讼法课程，多少有点冲他来。

其四，如何理解课改的未来。费青认为，教育部准备让课改小组提出课程设置方案，然后在全国高教工作会议上通过后，作为全国大学课程改革的标准。但何思敬对此未置可否。费青忍不住感慨：“何老根本连教育部的意思都搞不清楚，却认为我好高骛远。”后来何思敬将课程改革报告送来时，费青看到标题是《课改小组关于北大法律系任务与课程的意见书》，大为不满，认为何思敬“固执武断”。

其五，关于北大法律系的任务之争。在课程改革之前两个多月，费青即与司法部负责人交流过，希望和司法部加强联系，培养司法干部，而司法部在业务上加强对法律系的帮助。在这种情况下，费青对北大法律系的任务定为“训练司法干部”是很关心的。但他并未和其他教授谈好这个问题便病倒了。费青与其他教授在这个问题上，有一定的分歧，比如有人提出，北大法律系也应该训练理论干部，还有人认为，仅“训练司法干部”任务提得太低，等等。但何思敬在课改小组会上却表示：“教育部从前对法律系所以不定位训练干部，只说培养基本知识，是照顾旧大学的历史传统和历史条件。”在当时特定的历史氛围下，何思敬的说法，遭到包括老教授们一致抵制，他们敏感地认为，这种说法就是指他们落后，配不上训练干部。众多老教授传信给费青后，费青亦大为不满，表示：“既然认为没用便停掉它，但如承认法律系倒也真能做些事，例如北大同学去法院做工作总是不错了的，为什么不让它好好办，培养帮助它？”

其六，课改小组报告的内容之争。课改小组的报告草案中，只字未提“培养司法干部”字样，费青便怀疑是何思敬自作主张抹掉的，认为何思敬刚刚离开北大去人大，便把北大法律系看得一文不值。

争议最大的一条，是草案中的马列主义要求。何思敬在报告草案中特意提及，“课程如果尚不能用马列主义立场观点方法讲授的，便暂行停授……”费青对何思敬未和任何人商量，便定下如此原则性的问题，当然不满。他抱怨说：“谁不是慢慢在进步？但是谁敢说自己所讲的便完全是马列？何老的课也不敢这样说；这样定下来，等于让大家都不要教课。而且北京即使可行，南方别的大学能够执行这条吗？”在讨论中，费青甚至生气地说：“何老在北大半年，从没有和我们谈课程内容，帮助启发大家搞马列法学，连我们的讲义也没有看过，也没有给我们指出哪些地方是非马列的，现在又认为大家都不行，这根本就不是帮助我们教授的态度！”

费青与何思敬的矛盾发展到后来，已经到达白热化的程度，费青拒绝在何思敬代表课改小组提交教育部的报告上签字。这种不可调和的矛盾，最后闹到北大党总支。

平心而论，费、何之争是个人的意气之争，更是新旧之争。以费青为代表的老北大法学院的教授们,一方面试图在新时代努力学习,赶得上瞬息万变的形势,另一方面又在内心深处,保持着知识分子的独立与自尊;但在何思敬为代表的马列主义法学,则挟意识形态之力量,大有摧枯拉朽、逆我者亡之势。而这,也是为什么不仅费青与何思敬发生了正面冲突,其他如芮沐、蔡枢衡等老北大的学者,亦在课改中站在何思敬的对立面。

但即便如此,费青此时作为北大法律系的系主任,两头受气:在法律系内部,如蔡枢衡对其并不满意,认为其"处处拍共产党马屁";而在法律系外部,费青与以何思敬为代表的官方,关系实在算不上融洽。

党组织对费青的表现并不是特别满意。在北大教员分支余叔通于1950年7月执笔的一份材料中,费青在1949年后的思想政治状况被描绘如下:"第一,对党优遇很满意,有时近于骄矜,表现在比较脱离群众,工作不踏实,对挂名头、担很多工作很感兴趣。第二,因会多,工作忙,没有好好念新书,对马列主义基本理论未打基础,对自己所学还没有重视去改造好它。第三,政治上靠拢党,对党的领导信服,但政治上需求进步之心不切,这和他跟民主人士密切来往有关。对革命与党认识仍有限,例如,在革命问题上表现温情及政治警觉性不够,对入党,他说过这样的话:'共产党辛苦时,我没有加入;现在胜利了便来,别人好说我投机。'第四,人较深沉,考虑细致,不是很暴露思想的,可以在很多认识模糊的问题,只在通过工作暴露后才提高的。第五,他受康德的二元论影响甚大,现在思想上还是个唯心论者,又时时主张'定命论'。"

同样在这份材料中,费青对各项时事政策的态度,亦为党支部所不满:"费对政策平日细心学习的不多,主要还是听首长报告、大会讲演、报纸教育,总地说是支持并拥护的,但只是粗枝大叶了解,并不深入,对政策也不求甚解,喜听喜讯怕忧讯,在政策问题上时常显出了解不到家:第一,如对江南土改、征借,大概因为家庭有关,和民主人士影响,隐隐同意‘地主有区别’的论调；第二，对文教政策，他曾说过，‘市委有一套，教育部有一套，各不相同’，又认为党培植人民大学，在很多地方没有照顾旧大学；第三，对帝国主义态度，他一直没有很尖锐的表示，但不够坚决，有些温情、折中的看法，对功课改造问题，他总认为社会主义的除了著作外，学问没有创造多少，一笔抹杀资本主义学问是冤枉的；第四，努力宣传政策，如开完中央人民政府委员会对五零年财经预算，佩服中央办法拿得出，足足拿来谈了几天；第五，对旧法人员处理问题，他很保守，总觉得可用、应用。”

与潘汉典的交往

在费青的角度，当世著名比较法学家潘汉典先生可能只是他当年欣赏的学生之一。但从潘汉典的角度，费青却绝对是他人生中的贵人。

据潘汉典回忆：“我来北京工作也与费青师直接有关。1949 年北京解放后，费青师与张志让先生筹办《新建设》杂志，费青师曾致函相邀，这是我第一次来北京。从 1950 年 11 月至 1951 年 11 月，费青师曾连续六次给我写信，力邀我到北京大学法律系任教。是费青师的盛情邀请和周到安排，促使我下决心做出了人生的重大选择。同样在时任中国政治法律学会研究部副主任的费青师的建议和推荐下，我调到该学会研究部工作。费青师还与费师母一起参加了我与夫人王昭仪的结婚典礼。几乎可以说，我自己人生的重大活动都与费青师密切相关。”

从潘汉典保存多年的六封信中，费青对他的欣赏与帮助，回荡在字里行间。

离开北大

好在费青很快就获得解脱。1950 年 4 月后，费青多次吐血，进出医院多次，终日卧病在床。尽管他仍念念不忘课程改革，可是他独居斗室养病时,这些离他已经很远了。

生病期间,费青的精神状况很差。他经常哮喘,容易感冒,抵抗力低到极致,虚胖无力,只能躺着看些书报。百无聊赖之际,费青曾想以读书度日,托人给他借来《干部必读》等理论读物,却发现一个字也看不进去,只好看看唐诗宋词聊以遣怀。也有人给他推荐中国和苏联的现代文学作品,如西蒙诺夫的《日日夜夜》、爱伦堡的《暴风雨》等,只是他对此并不感兴趣,认为苏联和中国最近的文学作品,只有政治性而没有艺术性,尤其是白话诗,简直是"四不像",比起旧体诗差得太远!

长期生病,也使得费青的人生观发生很大变化,情绪日趋萎靡,从乐观日趋悲观。此时唯一能提起他的兴致的是朝鲜战局,他通过报刊和收音机,了解战况最新进展,认为世界棋局未定,帝国主义阵营潜力不小,颇恐惧美军飞机来北京轰炸。

由于长期休养,费青不得不脱离他的工作岗位。就北大法律系来说,他的"国际私法"一课,由于无人代开,只好在该年度停开;而法律系主任一职,也由蔡枢衡代任。但他仍然很关心北大法律系,也关心自己未来的工作岗位。法律系的同事去医院看望他,他会关切地询问法律系的最新情况,也会有意无意地问自己将来该在哪儿工作……

1950 年 10 月,费青病愈出院,赴京郊清华休养。后来,电话约程筱鹤、余叔通等前往其休养地,说有事情要商量。11 月 17 日,程筱鹤和余叔通前往探视。费青向程、余展示了一封王明的亲笔信。这封由中央法制委员会李光灿、江彬当面转交费青的信中,王明一方面宽慰费青好好养病,另一方面希望其病愈复出后离开北大,专任法制委员会委员。费青曾利用去医院复查身体之便利,前往拜访其颇敬重的张志让,并征求其意见,张亦建议其专任司法工作。因此,费青向程、余表示,他很想脱离北大,专任法律委员会工作。

费青之所以想离开北大,有几个方面的原因:其一,汤用彤等处处维持北大的旧传统，他作为系主任，很难按照上级的要求，有符合新时代精神的大刀阔斧改革；其二，他与蔡枢衡积怨甚深，互不服气，另外芮沐与汪瑄之间、蔡枢蘅与芮沐之间，亦有大大小小的矛盾，他若回去后再任系主任，人事关系上很难协调；其三，同学的要求太高，教课十分困难，加上他大病初愈，健康状况不允许他多钻研，课肯定开不好，会影响其在校内的威信，而作为教授，他又不可能不开课；其四，他在北大工作，但外面的兼职如法制委员会、北京市政协、最高法院等不可能不做，一方面身体吃不消，另一方面在同事和同学面前也难以讨好；其五，他对北大法律系前途感到悲观，觉得中央政府在全力支持中国人民大学，对北大很少照顾。

程、余闻此，作为北大法律系的党总支的代表，他们当然力加劝阻。他们宽慰费青，现在身体尚未康复，没必要仓促作出决定；即便现在作出决定脱离北大，但也不能马上投入工作。费青并未被说服。

程筱鹤和余叔通回校后，立刻就费青未来的工作岗位问题，向上级提交专门的请示报告，综合分析后，建议上级安排好费青未来的工作岗位，以使他安心留在北大法律系。

按照程、余在报告中的分析，费青之所以感觉到留在北大没前途，最主要的原因还在于教课方面。费青以往开设的两门课中，“国际私法”由于新政权成立两年来，几乎没有任何新案例可以充实其中，任何人讲这门课都会感到困难；而“法理学”一课，由于费青受康德的二元论的影响很大，对于马列主义学习很少，解放后身兼数十职，终日忙碌，根本没有时间看新书，他的身体状况，也不允许他像其他教授一样深读细研。他深知自己的缺点，但按照当时的状况，纵然再给他半年的休养时间，也不大可能好好钻研和准备讲义。而更棘手的地方在于，无论费青回校后担任何种工作，他都必须得开课，而且也只能开“国际私法”；如果光担任行政工作而不开课，亦很容易引起其他同事的情绪。

程、余分析，其他如人事方面的矛盾，也是驱使费青萌生脱离北大之念的重要原因。在北大法学院内部，在当时三个系主任中，院长钱端升颇欣赏费青，认为费青是最少找他麻烦的系主任；而副校长汤用彤和曾昭抡对费青的印象也不算差。但在法律系内部，人事关系则更复杂一些，尤其费青和蔡枢衡之间的关系很差。从蔡枢衡的角度看，费青的学问和资历都不如自己，解放后在校内外的地位却都在自己之上，颇不服气，甚至有些嫉妒；而从费青的角度来说，他则认为蔡枢衡顽固、落后、骄傲，十分反感。尤其是费青治病期间，有次碰到蔡枢衡，蔡大问其看病的钱是否由政府津贴，这使得费青更为反感，忍不住跟别人抱怨："蔡枢衡心里总是认为我处处拍共产党马屁，所以共产党要照顾我。"后来费青治病期间，关于代理系主任人选，费青本想推荐芮沐，后来因钱端升对芮沐有意见而属意于蔡枢衡，汤用彤等老北大等亦支持蔡，费青才不得不表示自己即将开刀，生死未卜，对代理系主任人选没有意见。费青治病期间，蔡枢衡亦从未前往探望。而费青病愈复任系主任的话，蔡枢衡的"百年大计"梦想，显然将被废弃，蔡又会非常不满；而费青也不愿意屈尊在蔡的治下……

费、蔡二人之间就是这种文人相轻的积怨，使得费青萌生去意，尽管最终并无下文。

四十四年非，重新活

1950年年底，教育部为准备下学期在各大学里将开设的"新民主主义论"课程，约请北京几个大学里少数教员去教育部开会一周，讨论该课程的内容和方法。费青亦在被邀请之列。

对于费青等人来说，毛泽东的《新民主主义论》他们并不陌生，每个人几乎都读过至少一两遍。也正因为如此，他们在参加这个会议之前，每个人内心都有点自负，认为自己对此很了解。因此，在讨论过程中，费青等亦直抒胸臆，坦率地分享自己对《新民主主义论》的读后感。

此事了结没多久，便是“三反运动”。1952 年 4 月 30 日，费尽九牛二虎之力，费青终于写完《我在“三反运动”中的一些体会》。由于长期生病，费青错过了 1949 年后的大部分政治运动，这次“三反运动”，他也只是擦个边，除听取几次大会检讨和小组提意见外，大部分会议由于体力不支，只能听一阵子就提前退场。在费青参加的两三次小组会和一次座谈会上，他也只是旁听，并未上台发言。一直到“三反运动”进入总结阶段，费青才总算完整地参加了小组讨论会。即便这些有限的经历，也使得费青深有感触，忍不住提笔写下这篇“体会”。

1951 年年初，费青在《光明日报》发表《满江红》一阙。题记云：“一九五一年元旦，予沉痾方痊，读辛稼轩乙亥满江红词，有‘笑尘劳，三十九费，长为客’句，欲效其体而广其意。翌日，朝阳映雪，心快神飞，率尔成句。”费青的《满江红》词云：

> 照眼晴光，更相映，昨宵瑞雪。人争道，新正气象，千年难得。去日不堪愁病苦，今朝喜见春消息。算从头，四十四年非，重新活。
>
> 家国事，人民业。艰辛际，翻身日。看桀桀华夏，从今雄立。成败岂真天做主，兴衰多仗人努力。听街头，一片鼓吹声，秧歌发。

在“体会”中，费青表示，对于知识分子的思想改造，他过去认为思想改造就是学习，而学习无非是读马列主义、毛泽东思想的书籍和文件，至多再加上集体讨论。“三反运动”中，费青基本上在按照这种方式，关起门来读读文件，改造自己的思想。

滿江紅

費青

一九五一年元旦，予沉疴方痊，讀辛稼軒己亥滿江紅詞，有「笑塵勞、三十九年非，長爲客」句，欲效其體而廣其意。翌日，朝陽映雪，心快神爽，率爾成句。

照眼晴光，更相映、昨宵瑞雪。人爭道、新正氣象，千年難得。去日不堪愁病苦，今朝喜見春消息。算從頭、四十四年非，重新活。家國事，人民業。艱辛際，翻身日。看錦繡華夏，從今屹立。成敗眞天作主，興衰多仗人努力。聽街頭、一片鼓吹聲，秧歌發。

费青在《光明日报》发表的词作

2月24日，时为北大法学院院长的钱端升准备做领导思想的检讨，特地约了三四位法学院同事，到费青家里交换意见，希望能够给费青一些启发。费青忆及："他们那时所用的许多话，像'洗澡''大盆中盆小盆''脱裤子'等，我起先简直听不懂，好容易懂一些后，自己还以为自己思想上没有多大问题。"

一直到3月9日，他读到燕京大学校刊上刊载的张东荪的检讨，尤其是群众对其所提意见，费青才突然明白，应该联系自己过去在政治上所犯错误，深切忏悔检讨。在这种沉痛的自责中，费青花了近两周时间，写下《关于我和战犯张君劢过去所曾有过的关系的检讨》。写完后，费青将其交给法律系核心小组，并向一些亲朋好友坦白了这段"丑恶历史"。

此后，费青还是积极地到学校听一些检讨会。当时费青对"检讨"的理解，只限于交代历史问题、承认历史错误，认为检讨人完成这些工作，便尽到其责任，然后便可以等待群众和领导对其的裁判乃至处罚。

怀着这种理解，4月8日，费青前往聆听周炳琳在法学院师生大会上所作的第三次检讨。由于体力不支，费青只听了一小半。但就这一小半而言，费青看来周炳琳的检讨"很不差，因为在表面上已经符合了我所认识的检讨要件"。当时费青甚至盘算，假如需要他也去作检讨，可能还做不到像周炳琳那样的程度。当天晚上，钱端升、楼邦彦等前去看望周炳琳，顺便探望费青。

通过钱端升和楼邦彦，费青才听到群众对周炳琳的检讨普遍不满。此后，费青还参加了法学院对周炳琳检讨的一个研究小组。在小组会议上，费青颇为虚心地聆听别人对周炳琳的意见，"我只感到人家所提意见句句都对，而自己却提不出意见"。后来在校长召集的座谈会上，费青又学到很多，但"自己还说不出话"。费青旁听了法学院准备对周炳琳提意见的审稿会，"更深切地体会到这次学校里'三反运动'的周密审慎,为了帮助一个同志的思想改造,也是为了教育其他的同志,群众有组织、有步骤、有计划地所发挥的伟大精神和无比力量”。

真正触动费青的是4月21日参加对周炳琳提意见的全校师生大会。在这次大会上,费青见识了什么是群众的力量,群众对周炳琳的意见,也一条条落在了费青的心里,“每一个发言都多少同时启发了我,使我认识自己一些思想上的问题”。费青表示:“我在‘三反运动’中学校里几次大会上、小组里才第一次亲眼看到群众的伟大力量和智慧。过去在书本上读过千万遍难于相信的事实,现在我终于信服了。像我们这辈知识分子的根深蒂固的旧思想堡垒若是没有经过群众精密组织、周详准备而发挥的无比力量和高度智慧,是绝不可能在这样短时期内基本上被攻拔下来的。”此后到进行总结的小组谈心会上,费青才终于放下思想包袱,大胆发言,暴露自己在“三反运动”中的思想变化过程。

但即便如此,费青对如何运用批评与自我批评的方法,依然感到困惑。费青认为,自己脑子里装满“隐恶扬善”“宽于责人,严于律己”的旧道德观;而在旧道德观中,批评势必是恶意和背后的,自我批评至多是客套,甚至是欲扬先抑,“自己先是客气几句,才好引出人家对我的恭维”。因此,尽管费青解放后也读过一些关于批评和自我批评的文献,甚至他承认其理论上讲得通,但对其在实践中,尤其是中国社会里能否行得通,费青其实很表示怀疑。费青对于批评与自我批评的这种理解,显然与被中共称为“三大法宝”之一的批评与自我批评大相径庭,而在当时的情况下,党和政府永远是对的,知识分子永远是错的,尤其是像费青这种老知识分子。

费青总结道:“这次‘三反运动’使我突然投身到大规模的批评与自我批评中。经过参加几次检讨和提意见的大会和小组会,才相信这些批评与自我批评是出于善意的,是真诚的。因为是善意的和真诚的,所以它为被批评者虚心接受而发生改正错误的效果。”

“三反运动”的尾声中，费青表示“我希望在最近能洗一个彻底的澡”。费青认为“三反”后，他已经认识到过去的丑恶历史和腐朽思想，“我要在群众面前暴露它们，好依靠群众的力量来更深刻地挖掘我的思想根源，只有把我的腐朽思想从根源上挖掘出来之后，我才有接受无产阶级思想的可能。我现在只有了解、只是忏悔过去的罪恶行为是不够的，甚至刑罚也是不够的”。

“像一个有病的人求医生看病”

“三反运动”硝烟未散，忠诚老实的学习运动已经鸣锣开道。

1952 年 5 月 25 日，费青开始参加北大举行的第二批全校性干部学习，这是官方的忠诚老实学习运动开始的时间。但费青认为，他的忠诚老实运动始于 3 月 9 日，“因为从那天起，我就开始了忠诚老实的思想斗争和交代问题的要求”。

上文已提及，3 月 9 日费青读到燕京大学校刊上发表的张东荪的思想检查，因而开始反思自己的思想状况，并主动向组织交代其与张君劢的历史关系。一直到 5 月 24 日费青收到组织对他的结论，他认为这 75 天才是自己真正的忠诚老实时间。

在此之前，费青尽管也耳闻目睹一些思想改造的信息，但是他坚定地认为自己思想没问题，“至少我自己当时觉得我思想没有问题。那时我的逻辑是这样：我既然在政治立场和行动上已有八九年跟着进步方面走，解放后我更跟定了党和人民政府走。所以我绝不会反革命。既不会反革命，那么，我的思想也就不会有问题”。费青将自己的这种思想状况概括为“进步包袱”。

在这种情况下，读到张东荪的文章，确实在他的思想深处激荡起万千涟漪。读到这篇文章时，“我记得那天我还病弱躺在床上，我详细读了张东荪的历次检讨和同志们同学们所提意见,我就立即联想到我过去在政治上所犯过的错误。……我越回忆这段历史,我越感到自己错误的严重”。

事实上,费青有交代这段历史的机会,但是他选择了回避。解放初期,中共中央法律委员会邀请非党人士参加,费青亦在被邀之列,组织要求每个参加者撰写自传。出于种种顾虑,费青并未提及自己与国社党的关系。后来,民盟多次邀请费青加入,但由于顾虑写自传牵涉到历史问题,费青一再婉言谢绝;即便 1951 年费青加入民盟时,亦只在自传中提及他和张君劢的师生关系。“三反运动”中张东荪作检讨期间,燕京大学学生曾来找费青了解情况,起初费青很担心学生会问及他和国社党的关系;当他发现学生对此一无所知时,他一颗悬着的心才放了下来。

张东荪的检讨和群众的意见,使得费青纠结的情绪一下子豁然开朗:“我越想越对不住党对不住人民,我良心感到极度痛苦。那时只觉得只有受到人民给我的刑罚,才足够解除我精神上的痛苦。”为此,费青有好几个晚上彻夜失眠,精神极度紧张,最终他决心要把这段历史向人民坦白。

从 3 月 14 日开始,费青开始起草《关于我和战犯张君劢过去所曾有过的关系的检讨》。当时费青术后并未完全康复,他只能勉强爬起来写这份书面检讨,“那时还不懂得‘交代’这个名称,也不懂得交代问题和思想检讨的区别,所以自称是‘关于我和战犯张君劢过去所曾有过的关系的检讨’。我每天只能爬起来写一个小时左右,一直写了半个月,到四月一日才写好”。

这封检讨写完后,费青坐了三轮车,勉强去学校,找法学院核心小组。当时,法学院教员正在开会。费青将李由义叫出来,将他的检讨交给李。费青诚恳地表示:“我有一段过去所犯的政治上的严重错误要检讨,我先把它写下来了,请你们核心小组看了告诉我怎样处理。”李由义闻此,似乎多少有点诧异,他认为费青一贯历史进步,应无大问题,所以他宽慰费青:“这样写下来当然很好,但是现阶段思想改造运动,主要是检讨解放后以来的思想,不是交代历史,并且我看费先生过去不会有太严重的政治错误的,就是有些,那是任何旧社会出来的人所难免的,所以你还是应该先把身体养好,再管其他。”费青闻此颇为焦急,认为自己的进步包袱不光自己背着,连党支部的人也替他背着,费青似乎急于向组织证明自己过去是有问题的,忙不迭地说,“请你读了我的检讨再说,我所犯错误是应该受到刑罚或处分的。”

从这段对话可以看出来,费青其实是有点过虑。他根本就不在北大法律系核心小组的议事日程上。而且,思想改造主要是反思近两年的问题,而他却跑去诚恳地交代历史问题,显然驴唇不对马嘴。

更何况,法学院当时忙于各人的“洗澡”,费青的检讨交上去几天,根本没人看,但费青内心十分担忧、焦灼:“我既感到交代无门的痛苦,又感到可能问题太严重,所以领导方面正在郑重考虑怎样处分我。种种疑虑,正像一个有病的人求医生看病,医生的一句话以及医生的没有话,都对病人有绝大的影响。”

在焦灼的等待过程中,费青亦向几个亲友坦白与张君劢及国社党的历史,“情绪上逐渐平静了些,更因参加了学校里的大大小小‘洗澡’,对于思想检讨也有了一些认识,对自己思想上的问题也逐渐发现。但关于我的那段历史,还得不到一个解决,老是放不下心”。

也正因为如此,当费青在 5 月 25 日在训练第二批干部的动员大会上听了动员报告后,才觉得无限愉悦,“我感到好像这个忠诚老实运动正是为我而设的,动员报告中的每一句话,好像句句都是对我讲的,亲切诚恳,切中要害,把我思想上关于此所有的问题,一个一个都解决了。又好像一个病人,忽然看到医生已经一切准备就绪来替我治病,并且保证一定治好,只要我自己愿意治。当时我却认为我自己既然有病急于求治,我就只须把我自己已经写好的书面检讨交代出去,我就可以一举而丢掉这个已经背了八九年的沉重包袱”。

在忠诚老实运动中,费青在运动氛围下,亦交代了其他一些历史问题,诸如其在大革命期间,他曾参加国民党并被“清党”而通缉的经历;比如在重庆期间,青年党党魁曾琦曾委托他,将一把题有自己诗作的折扇转交重庆青年党负责人左舜生,而这把折扇被他私用到解放后的事实。

费青表示:“交代之后,我确然感到轻松愉快,我感到好像我过去是和反动政治、反动组织和反动社会有千丝万缕的绳索把我束缚住了。因为被这些坚韧的绳索束缚住,我有各种顾虑,不敢大步跟着时代前进。这次运动中,依靠了群众的帮助,组织方面的正确领导,我终于把这些绳索快刀斩断,我从此能够自由自在,勇敢前进。”

在学习结束时,小组组长和基层委员会成员特地代表组织,郑重向费青表示,对其所交代的问题完全信任。听到这句总结,“我受到了说不出来的感动……”

是啊,费青惴惴不安苦熬许久,不就等着一句话嘛!

北京政法学院的费教务长

思想改造和“三反运动”结束,便是院系调整。如果说两年前老大学的学者们还对此有所抵制的话,经过几轮政治运动,绝大部分学者都只能顺应政策。

1952 年 10 月,北京政法学院成立,费青时年 47 岁。费青成为这所新生的法学院的一员,被评为二级教授,并任北京政法学院副教务长,具体分管领导教研室工作。此外,费青在社会上依然有一些兼职,比如全国政协委员、北京市人民代表大会代表、《新建设》杂志总编辑以及中国政治法律学会理事等。费青的爱人叶筠亦调入北京政法学院医务室工作。

尽管已经被解放三年多，当时填的《高等学校教师调查表》显示，费青的“教学情况”是“教学态度尚负责，但方法不佳，一般是平铺直叙，罗列各家学说”。对于过去的学术成果，该调查表显示：“有旧观点的关于国际私法及法理学的译著若干篇；国内研究国际私法的人很少，费在这方面较有研究。”费青的工作能力“尚强，作风正派，群众关系较好”。但是，对于学术能力及培养潜力，填表人表示：“有研究能力及培养前途，但目前立场、观点仍大有问题，唯心论法律思想仍重。”其政治思想的情况描述为“积极拥护政府，在各项活动中表现尚积极。要求进步，但不够严格。有个人英雄主义和进步包袱。受资产阶级唯心论法律思想影响颇深。政治上是进步的”。

由于费青虚弱的身体状况，使其在院系调整中表达其个人意愿时，表示“健康不良，不能过于劳累，不适宜在高原地带及气温变化太大的地区工作（东北、西北均不宜前往）”，填表人亦作出“健康不良，不适宜调动”的结论。但实际上，由于他的身体每况愈下，大部分时间他都在养病中，在北京政法学院实际承担工作并不多。

在北京政法学院，费青并不能完全安心。对于只担任一个低级别的副教务长，费青并不满意。他认为像他这样进步的教授，至少应该担任副院长。更主要的是，费青依旧怀念老北大的办学风格和氛围，对于北京政法学院的办学方式，尤其是来自四大学的教授退居二线、革命干部主导学院的现实，他很难适应。费青等老教授来北京政法学院后，大都不能走上讲台教书，英雄无用武之地，能不寂寞？

费青之死

由于身体不好，北京政法学院很少给他安排实质性工作；由于没有实质性工作，费青则抱怨党对他不信任，借口让他养病，而使他边缘化，甚至怀疑北京政法学院党组向上面反映问题时有偏差。如此三分真、七分疑，几来几往，误会搁在心里，再也难消除！

1953年12月，中宣部安排其担任《新建设》杂志主编。但这之后，费青的身体每况愈下。但即便这样，费青依然在病中笔耕不辍，1954年出版的《政法研究》创刊号上，费青发表了《悼念民主法律战士伊曼纽尔·布洛克》一文，囿于当时的意识形态，言辞间充满对美国法西斯政权的批评。这似乎是他人生中发表的最后一篇文章。

在这段时间里，费青还应人民出版社之邀，根据德语版马恩全集，完成马克思的《关于犹太人问题》《黑格尔法律哲学批判导言》等单行本的翻译，先后于1954年、1955年由该社出版。

1955年2月，费青身体越发虚弱，不得不先往上海继续医治。当年12月7日他写给费振东的信中，可以看出，当时他在上海已经两个半月，他的心境还不错，“弟最近一个月来身体很有进步，药物治疗有把握，且已能开始锻炼。后者尤为割肺以来所未有之好现象。医院里各种条件具备，原来想能够这样继续一个冬天，不出毛病，明春回京，一定能够逐步参加工作。”“总之，来沪两个多月的收获，最大的是弟已有信心，可以自己掌握经常锻炼。当然，药物治疗也需要，但只能从旁临时帮助帮助而已。”

上海的治疗环境不错，但床位极为紧张。而像费青这样的情况，应该在疗养院继续治疗锻炼。故上海医院向无锡太湖疗养院接洽床位。费青亦考虑过回北京，但由于北方酷冷，无法在室外锻炼，加上上海的治疗方法无法在北京继续，他最终还是决定留在南方。

时隔不久，1955年12月13日，费青在上海待了两个月又二十天后，重返无锡大箕山华东疗养院。他当时非常乐观，希望疗养以三个月为期，计划着次年春，即回北京参加工作。但事实上，由于身体状况未见彻底好转，费青在那里度过人生中最后两年时光。

在这段时间里，他托家人带去绘画颜料纸笔，在太湖边上一边作画吟诗，一边安心养病。

1957 年年初，费青身体已大有好转，他已计划着入夏后回北京。这年 5 月，他在给学生袁文的信中，抄录了这样一首诗：

病中不寐

五湖风雪满旧船，求药难来意惘然。
久病惟余诗是伴，无眠怕度夜如年。
鹓雏肺折沦凡鸟，菡萏香残委逝川。
无复峥嵘往日泪，搴帷起坐看霜天。

字里行间，费青的郁闷、焦灼跃然纸上：他自诩为“鹓雏”“菡萏”，不意久病不起，沦为“凡鸟”、香残花败，却不可避免，“久病惟余诗是伴，无眠怕度夜如年”。

他还有诗曰：

童心傲骨两难驯，已是天涯病废身；
寂寞湖楼归未得，听风听雨又逢春。

逝世之前不久，费青还写下这样一首词，《浪淘沙·太湖疗养院早春即景，并吊隔湖三山岛诸烈士》，颇有总结人生的味道：

春到大矶头，蓬岛仙洲，嫣红嫩绿绕琼楼。一抹烟波浩渺际，云淡岚浮。

碧血几经秋，风雨埋愁，即今花鸟尽风流。锦绣湖山君管领，容我休游。

五六月间,费青已打算动身回北京。

就在他准备启程时,老友吴晗来信,表示近来京城“气候不好”,建议他推迟入京。当时,费青久病住院,对时政热点关注不多,对突如其来的反“右”运动知之甚少,接到吴晗的信,满腹狐疑,颇摸不着头脑。

但几天后,他就在《人民日报》上看到点名的“大右派”中,费孝通、费振东的名字赫然在列。铺天盖地而又上纲上线的批判,让他胆战心惊。侄子费皖写道:“这些消息犹如一颗颗重磅炸弹命中要害,疑惑、惊吓、担忧、愤懑一下子把他击倒,从此再也没有起来。”

各种悲愤袭来,直接加剧了费青病情的恶化。他一时高烧不退、呼吸衰竭,虽经全力抢救,终究还是在 1957 年 7 月 24 日下午 5 时 20 分,走向人生的终点,享年 50 岁。

1957 年 8 月 11 日,北京政法学院在北京嘉兴寺为费青举行了追悼会,并将其葬于八宝山革命公墓。费青留下的图书两百多册,则由他遗孀捐献给北京政法学院图书馆。

“觉今是而昨非”

——黄觉非的轮廓

黄觉非先生

关于黄觉非，尤其是其早年，我知道的信息很有限，只能通过编年事迹，大致复原出他的人生轨迹。

模糊的黄觉非

黄觉非,原名黄得中,生于1894年10月,江西武宁人。1910年至1913年,黄觉非在江西武宁县高小学习。1913年2月至1924年7月近十年间,黄觉非留学日本,先后在日本东亚预备学校东京一高、熊本第五高等学校和东京帝国大学学习。在20岁那年,黄觉非取得帝国大学法学学士学位。留日期间,黄觉非曾于1915年参加过中华革命党。

1924年,黄觉非学成归国。他先在江西省立法政专门学校任教授,讲授刑法、破产法、伦理学和心理学,兼任省立第一师范学校校务主任和教员。

1926年12月,黄觉非曾入南昌市公安局,担任司法科科长,主管违警案件。当时,朱德为南昌市公安局局长。大约从1927年年初开始,黄觉非同时担任江西省中山大学教授。

在南昌期间,由于张定璠的关系,黄觉非加入东路军前敌总指挥部,担任参议及军法处处长。

1927年4月,黄觉非调任上海淞沪卫戍司令部参议,其间一度兼任军法科科长,办理军人刑事案件。1928年1月,黄觉非又被调任淞沪警备司令部参议,兼任租界办事处主任,办理日文翻译和交际联络等事宜。1927年黄觉非在张定璠介绍下加入国民党。

1929年1月开始,黄觉非在上海张鼎律师处担任执业律师一年。

"觉今是而昨非"

1930年3月以后,黄觉非前往北平。在此前后,黄觉非取"觉今是而昨非"之意,正式启用"觉非"之名,"黄得中"渐渐从人们的视野里消失。

黄觉非先后担任北平警察高等学堂、北平大学、北京大学、清华大学、国立北平师范大学、中法大学等高校讲师、教授,同时担任私立平民大学法律系主任,讲授刑法学、犯罪学、监狱学、刑事诉讼法等课程。

在这前后,黄觉非密集地出版了一些学术著作。1933 年,黄觉非将日译本《苏联监狱制度》一书转译成汉语,由北京好望书店出版。另外,他写的《刑法上之保安处分》,亦于 1935 年由北京好望书店出版;同年,与陶希圣合译泷川幸辰的《刑法读本》,由上海新生命出版社出版。

从学界到政界

1937 年 7 月 7 日卢沟桥事变后,黄觉非前往西北联合大学法律系执教,兼任法律系主任,讲授"刑法"。

与赫赫有名的西南联合大学相比,西北联合大学可以说"默默无闻"。1937 年 9 月 10 日,卢沟桥事变后南迁的北平大学、国立北平师范大学、国立北洋工学院三所院校"抵达"西安,根据国民政府教育部的命令,组成西安临时大学。1938 年年初,太原沦陷于日寇之手,西安临时大学改迁往陕南汉中,改名为国立西北联合大学,5 月 2 日举行正式开学典礼。

可惜好景不长,1938 年年底西北联大即因为法商学院开设马列主义、俄语课程等,受到教育部的申斥。当时,西北联大法商学院延揽了曹靖华、章友江、沈志远等一批优秀学人。1939 年年初,教育部派国民党员张北海担任西北联合大学法学院院长。张北海到任后,曹靖华、章友江、沈志远、黄觉非等 13 位政治倾向进步的教员被解聘。

离开西北联合大学后,黄觉非只有两种选择:要么去延安,跟中共干革命;要么去西安,投奔国民党。

是年 8 月,黄觉非带着北平大学校长徐诵明的介绍信,前往西安晋见时任陕西省政府主席蒋鼎文。一个多月后,黄觉非被聘为陕西省政府参议,月薪 160 元。但这只是闲职,他几乎无事可做。

暂且安顿下来后，黄觉非想找更好的岗位。1940年2月起，蒋鼎文任命他担任陕西省地方行政干部训练委员会秘书主任。

黄觉非将地方行政干部训练委员会视为教育机构。他坚信蒋鼎文之所以让他来做，是因为他是教育界人士。他毫不犹豫地接受该任命。但实际上，陕西省地方行政干部训练委员会，作为“陕西省各县地方行政干部训练之设计考核机关”，主任委员由省府主席蒋鼎文和熊斌担任，省府各机关负责人担任委员，这里大部分职务都是兼职。这样一来，黄觉非几乎是唯一有实职的工作人员，负责办理干部训练的日常行政事务，诸如复核例行文件、与省府各机关联系等。担任此职务期间，黄觉非积极促成建成数十个县级行政干部训练所，作为基层行政人员尤其是保甲人员的短期训练机构。

在陕西省地方行政干部训练委员会成立之前，陕西的干部训练事务，主要由中央战时干部训练第四团包办。陕西地方对此不满，才设法成立地方行政干部训练委员会。在这之后，当时战时干部训练第四团教育长葛滨榮与蒋鼎文商量后，便让黄觉非从1941年秋起，兼任战时干部训练团委员会委员，借此保持两机构的联系和平衡。

一年多之后，黄觉非对此工作感到厌倦。1942年夏，中央训练委员会派宋邦荣接替教育长彭昭贤，此后不久，黄觉非亦辞职离开。

黄觉非离开陕西省训练团不久，恰逢西安市市政处处长刘楚材辞职。赶上此机会，时任陕西省政府主席熊斌便邀请黄觉非接替该位置。黄觉非起初并没兴趣，但禁不住熊斌再三邀请，1942年6月，黄觉非出任西安市市政处处长。

市政处的主要工作是筹备设市，下设总务、财务、公用等科，同时主管财政局和工务局。财政局主管财务和征收事宜。黄觉非上任后，指示财政局成立市库，由陕西省银行代理市库代收代发，而财政局只负责一般财政和催征。这样一来，通过市库和财政局的互相制衡，税收人员的舞弊机会大大减少，一时间确有“弊绝风清”之效。工务局主管工程设计和施工。黄觉非担任处长期间，西安市内东南西北四条大街全部整修一新，莲湖公园及革命公园亦修成开放。

在一份检举材料中，黄觉非在西安期间工作的形象是这样的：“黄匪性很放达，爱讲笑话，行动很随便，服装很朴素，是以大学教授、名流学者身份在西安进行反动政治活动的。他在西安交际很广，认识的人很多，忙于各方面的匪首来往，大小宴会都参加，必然大喝其酒，大讲笑话或故事，使一般人都注意他，他还见人就联络、握手、攀谈，表示很熟的样子，故当时一般人称他为西安市的‘交际花’，说他‘眼内无生人，心上无熟人’……”如果忽略这份检举材料中的夸大之词，这倒不失为一份对黄觉非的生动勾勒。

1944 年春，黄觉非辞去西安市市政处处长一职。辞职的间接原因，是过去四年多来一直在省府机关工作，耳闻目睹国民党贪污腐化，心生倦意，想回到自由之身。更直接的压力，则是因为陕西省省府主席由祝绍周接替，黄觉非作为前省府主席的人，自然在清洗之列，其他人对此肥缺亦觊觎已久。与其坐以待毙，还不如自己识趣，卷起铺盖走人。

从 1945 年 1 月开始，黄觉非在西安做执业律师，办理诉讼案件。由于律师业务收入有限，不够维持生活，为了贴补家用，黄觉非前往中央战时干部训练第四团兼任高级教官，主讲过“哲学概论”“唯生哲学”等课程。

回北平

1945 年 10 月，前任陕西省省府主席熊斌被任命为北平市市长。熊斌再三邀请黄觉非前往北平，共襄大业。黄觉非犹豫很长时间后，才答应下来。

犹豫的原因有很多。当时，黄觉非在西安的律师业务已经有很大起色;更主要的是,黄觉非估计西北大学不久即可迁回西安,此时陈立夫已经不再担任教育部部长,他认为自己还可以回西北大学教书。而且从教并做兼职律师的收入,要比去北平从政好很多。但禁不住熊斌再三邀请,黄觉非只好答应先帮忙数月,等熊斌在北平稳住阵脚后,他便辞职去做律师、做教授。

1945 年“双十协定”公布前夕,黄觉非陪同熊斌飞抵北平。熊斌被任命为市长后,黄觉非便被任命为北平市政府首席参事,负责草拟并审核市属各单位提交的行政规章。此外,黄觉非亦被推选为国民党北平区党部候补监察委员。

大多数时候,黄觉非并不需要自己亲自动手。他的手下工作人员王翰芳、饶睿等,能够完成大部分审核业务。需要黄觉非做的,只是在他的手下审核无误后,签字盖章或者略加修改。担任北平市政府参事期间,只有一个名为《接收委员会组织规程》的法律文件,是黄觉非亲自起草的。

黄觉非此时还有一个非正式职务,即在日伪军政机构负责人来北平市政府交涉有关情况时,担任熊斌的日文翻译。

回归学界

1946 年 3 月起,黄觉非开始在北平私立华北学院担任教授,兼任法律系主任。另外,从这年 5 月开始,黄觉非在北平地方登记为律师,兼职从事律师业务。

这之后,黄觉非越来越忙,便辞去北平市政府首席参事一职。但熊斌惺惺相惜,随后转聘黄觉非为非专职的法律顾问,协助审核法律规章。另外,经熊斌举荐,黄觉非还出任北平临时参议会议员一年。

1947 年北平成立正式参议会,黄觉非自荐参选,在地方党部完全包办选举的情况下,仅搏得“候补议员”,铩羽而归。

同年,北平国民党地方党部重新办理党员登记。起初北平市政府秘书长邓继禹打电话提醒他登记时,黄觉非决定放弃;但经再三思忖,他又觉不妥,遂委托时在北平市社会局工作的张继钦代为办理登记,重新恢复国民党党籍。

1946 年冬,北平市市长易人。何思源就任后,黄觉非即摆脱参事室的一切政务,仅保留法律顾问的头衔,彻底与政界脱离关系。“沈崇事件”发生时,黄觉非曾受市政府委托,旁听过沈崇案件的审理。

1949 年 1 月后,黄觉非担任北京大学法学院教授。这期间,黄觉非曾在北平参加过北平市民治促进会。

解放前夕,黄觉非曾有意去台湾大学教书,甚至曾为此将手头部分积蓄兑换一千美元,存入香港汇丰银行备用。但最后,他还是决定留在大陆,等待“解放”。

被管制的黄觉非

1950 年 4 月 10 日,迫于当时政策的压力及自己的经历,黄觉非主动前往北京市专科以上学校反动分子登记处做了登记。

《关于北大法学院教授黄觉非登记情况》记载:

> 黄觉非,来时无害怕现象,只是真心地满面羞惭,进来头一句话就是“我很惭愧”,“我是对不起人民的人”。
>
> 他陆续讲出与国民党的关系,承认自己过去虽对国民党痛恨很深,但始终还是藕断丝连的,没有勇敢地站在人民的立场,小资产阶级的意识太浓厚,软弱性大,没勇气离开反革命阵营。只站在中立的立场,对国民党采取消极地反抗,对自己的批评,认为自己活了五十多年只是一团脏,今天不拿马列主义镜子照照,还好一点,略一照,简直不是人了。

我们让他说完历史后,向他解释:“今天黄先生对过去的事情,有相当的认识,当然自己感觉到包袱很重。但是虽然有一段‘白璧微瑕’,只要自己能认识到过去错误,重新弥补,还是可以的,况且一年来(解放)据我们了解,工作很积极,学习很虚心,这可以说是一个最好弥补的方法。”他没听完便掩着脸哭起来,眼泪很多,二三分钟没止住,并哽咽着说:“政府这么宽大,我心里更难过了。”

我们最先因为他很进步,当伪市政府区党部候补监察委员只是挂名,同时又是法制委员会委员,我们答复他登记不登记的问题,我们研究一下再决定。但他坚持卸包袱,非登记不可,并说“登吧!登吧!别再那么慎重考虑了。”“我自己是学法律的人,必须应该遵守政府的法律、人民的法律,有罪过错误的人,此时不向人民低头,还到何时低头?”最后我们认为他坚持要登记,我们如果不答应他,反而更不好,对其他教师也可能影响不好,所以叫他登记了。

登记后,又谈约半点钟,大约谈人民政府与国民党的比较,越说越恨国民党,最后说到教授对登记问题的看法,他说:“有许多人,现在还认为登记是悔过,是伤面子的事,你认为你有过没有?很明显,有过就该悔,不悔是不对的,今天向谁悔过?向人民悔过,你再要面子,也不能不向人民低头,这种人的想法,还是觉悟不够的,有些人,教授架子还舍不得拉下来。”

最末了,他说:“我经过一年的感觉,对人民非常惭愧,连自己孩子都对不起,今天经过政府对我这样宽大,这样鼓励,今后要加倍努力地老老实实地学习,但愿多活几年,多做几年工作,看到光明灿烂的国家建设成功,我也能弥补自己的缺陷了。”

由这份记录不难看出,其实黄觉非当时是自己主动前往登记,而且在登记机关不受理的情况下,还主动要求登记,着实有点"自投罗网"的味道。登记后的前途,并不像他想象的那么光明——这之后,黄觉非便因为过去的经历,受到暗中管制的处分。

可怜、可叹复可恨的是,黄觉非直到1952年8月北大贴出解除被管制分子名单,才发现自己在过去的一年中,一直处于被管制的状态。

前进

1950年后,黄觉非继续在北大法学院执教,曾担任法律系代理系主任。此外,他曾被聘为政务院法制委员专门委员,并向法制委员会提出有关刑法的报告两篇,参加《中国刑法大纲》的起草工作。

解放后转学到北大法律系的高铭暄在《我是怎样喜欢上刑法学的》一文中回忆道:"在解放后的北大,我接受了革命传统教育、马克思主义理论教育和法律专业教育,其中也听到了著名刑法学家蔡枢衡教授的刑法课和黄觉非教授的刑事政策课,进一步提高了我对刑法学的兴趣。"

据1950年11月18日《人民日报》上题为《北大教授讲助投入抗美爱国热潮》报道:"在这次抗美援朝保家卫国的新爱国主义运动中,北京大学沙滩区的教授讲助们,正以各种有效方式献出自己的力量,为完成抗美援朝保家卫国的神圣任务而奋斗。"其中在法律系,"法律系的教授讲助们在研究美帝有关的法律方面的罪恶。芮沐教授拟写关于美帝歧视华侨及美国劳工法案等问题的文字,黄觉非教授准备写《美国私刑》,汪瑄教授准备写《美国移民律》。黄觉非教授所研究的《美国私刑》并已在系内作过报告"。是年12月,黄觉非的《美国私刑》一文在《进步日报》发表。

1951年,黄觉非积极地在北大参加政治学习。此时他的状况很不好,思想压力大,身体也很不好。一份来自北大法学院党支部的检举材料,完整地记载了黄觉非当时的情况:“黄觉非在去年十月间曾一度精神很紧张,大概与他的管制问题有关,因此表现得很积极。本学期我们的工作主要是教员政治学习,在这学习过程中,他的积极性在法学院可以说是较好的。他身体很坏,会开得太多,或听报告时间太长,都要累倒,一度常常一二天躺着不能起床,偶尔也吐血(因有肺病),可是除非不得已,不然每会必到,有时候我们要通过他做一点工作,他也积极去做。”“起初的时候,他总是急于要交代历史,我们觉得在政治学习会上来交代历史不太妥当,所以没有让他交代,叫他自己仔细反省分析,写成书面报告。大概因为工作忙,身体也很不好,写作能力也比较迟缓一些,至今尚未写好。”“他在暴露思想方面还是有顾虑的,如每暴露一次思想,总要经过再三的考虑。检查过去的思想时,也常常夸进步的一面。”“总起来说,最近三个多月来,他表现得非常积极,也许是想主动立功赎罪,可是因为他年老,思想有点零乱,所以尽管很积极,还是事倍功半的。虽然这样,我觉得他在我们面前还是比较规矩老实的。”

这份材料也可以在另一个方面得到佐证。抗美援朝中,黄觉非上书毛泽东,要求参军做翻译,积极捐献慰劳品,如此进步的举动,使得黄觉非在北京大学全校师生代表会上受到表扬。

后来,黄觉非由于患有严重的肺结核,卧病在床,未能参加“忠诚老实运动”的学习。这导致各方面对他的评价里,负面评价居多。一份汇报简报写道:“黄觉非自从九三开除他的社籍后,即患肺病较重,对工会撤销他会籍的反应不知道。费青对黄觉非有些同情,说汪瑄受处分是应该的,黄觉非不幸生病,否则在“忠诚老实运动”中交代清楚就好了。黄觉非自己觉得法律是不行了,但可教日文。”

北京政法学院成立之前,北大法学院的教职工登记卡显示,黄觉非的教学情况“内容贫乏,思路较混乱,教不出很多东西,教学态度认真,方法不佳”,“能力差,作风及群众关系尚好”,“有六法观点,无培养前途”。其政治思想状况显然没法让主事者满意,“对政府拥护,三年来对抗美援朝等运动亦表现积极,要求进步。但因有点老朽,故进步不大。六法观点重,有旧官场气息,思想较混乱”。

1952 年 8 月 26 日,黄觉非人生中的阴霾暂且散开,其被解除管制,恢复自由之身。这对他来说确实有点突然。这年 3 月时,公安机关的意见依然还是“因其有严重罪行尚未坦白,故应继续管制”。直到 6 月,由于其在校表现好,对其解除管制的讨论才提上公安机关的议事日程。

北京政法学院

1952 年北京政法学院成立,黄觉非以教授身份被调到北京政法学院。

在刚到北京政法学院的《教学人员登记表》中,黄觉非表示,“原来担任的‘刑法’和‘犯罪学’两门课程拟继续研究;可以担任日文、日语讲授”。在北京政法学院成立前,黄觉非有 16 年教授“刑法学”的经验,“犯罪学”有 13 年教学经验,其他课程如“刑事诉讼法”、“德日法”、“监狱学”等课程亦有一两年以上的教学经验。

黄觉非概括自己的优点时说,“责任心强,对工作不敢马虎,遇事小心,肯倾听群众意见”,而缺点则在于“马列主义理论水平太差,斗争精神薄弱,温情主义思想浓厚,在教学上未能脱出旧法观的牢笼”。在新时代,黄觉非认为自己适合的工作,首选日文、日语的教学和翻译,德语的初级教授,刑法和犯罪学的研究,图书资料的整理和编辑等工作。

“错误”言论

一晃便到了 1957 年春夏之交。中共中央发起整风运动,鼓励各界鸣放,向党提意见。

巴掌大的北京政法学院,整风运动也"四海翻腾、五洲震荡",北京政法学院院党委积极发动类似黄觉非这样的老教授,在座谈会上发言,帮助党整风。当然,事后所有的言论,都被视为错误言论。

那么,黄觉非有哪些错误言行?黄觉非认为:"学术观点的错误和政治立场的错误应当区别开来,不能够把学术观点错误当做政治立场错误来处理。"在讨论如何建设社会主义法学的时候,黄觉非强调,"资产阶级法学对我们很有用处,对于旧法学家,要区分:有的是资产阶级法学家,有意识地建立资产阶级反动法学;有的是由于思想方法的错误,而不是有意识地为资产阶级服务",黄觉非从而亦因附议法律的继承性问题而犯错误。对于北京政法学院的校务,黄觉非亦有评论。

黄觉非之死

黄觉非的人生之路,在"文化大革命"初期的造反浪潮中走到尽头。

"文化大革命"初期,与其在1949年后的一贯表现一致,黄觉非对于"文化大革命"还是积极拥护的。据其爱人吴鸣九回忆,尽管当时他已经年老、体弱且多病,但是他还是热烈拥护"文化大革命",费尽周折到北京政法学院参加相关活动。

只是黄觉非没想到的是,革命很快就革到他的头上。随着"文化大革命"的深入,黄觉非被造反派诬蔑为"资产阶级反动学术权威",受尽批判凌辱。

1966年8月22日,北京政法学院的造反派气势汹汹到黄觉非家中,对其进行批斗并抄家。次日,黄觉非羞愤难忍,在家中上吊自杀,终年72岁。

吴鸣九在1984年写给中国政法大学的另一份材料中,对1966年8

月 22 日晚上抄家、批斗的现场描写甚细：

1966 年“文化大革命”高潮前夕，8 月 22 日，我们刚吃完晚饭，政法学院来了三十多人，进院就问“黄觉非在家吗？”我应声说“在”；他们就排成几行，那时黄觉非已走到屋前，他们立即高呼：“打倒资产阶级反动学术权威”，黄觉非就说：“好好！我有病！”当时低头弯腰十几分钟。然后他们进屋，翻箱倒柜进行大检查，三四小时后离去。临去时，我见一人用手指着黄觉非的脑门说：“毛主席的像，你要配个镜框挂起来，否则砸烂你的脑袋。”在这前，我一直在里屋，是否还有其他侮辱情形，不得而知。以后才知道，指骂黄觉非的人是任国钧。他们临走时，将部分东西封存在书柜内。

他们走后，我对黄觉非说：“他们说，你是‘资产阶级反动学术权威’根据什么？要他们拿出证据来。解放后，你教课甚少，也没写什么，后来教日文、德文，怎么能乱扣帽子呢。明天我陪你去政法学院参加运动。”他同意了。

说实在的，他的病情多年来一直是严重的，由于党的关照，才活到 1966 年。“文化大革命”运动一开始，那时尽管他病情严重，北医要他住院检查，他不去，反而要我给他买了提包，准备去政法学院，住在那里参加运动；不料，竟在批斗后第二天凌晨自缢身死了。

当即通知政法学院，来了二三人，还有派出所民警、法院验尸人员，这时他们发现了黄觉非“遗书”，后来被他们拿走了。隔了一天，由任国钧带领王耀斌、何炳荪，还有学生模样二人，据任国钧说是“红卫兵”；然后将他带来的二张大字报要我自己念、自己去贴。当时觉得他对我侮辱太甚，实难忍受。

加上觉非死后，我不吃、不睡，身体已虚弱到极点，气愤之下，我走出屋门时即晕倒在院中，并摔伤了右臂。待侄女们发现后，把我扶进屋内时，任国钧还恶狠狠地要我交代黄觉非的问题，约审问了二个多小时。临走时，要我写交代材料，三天后，王耀斌来取走了。

后来，其遗孀吴鸣九在申诉材料中写道："当时正处于'文化大革命'初，在林彪、'四人帮'的干扰下，对于旧社会过来的老一辈高级知识分子进行了残酷迫害，扣上'资产阶级反动学术权威'的帽子，抄家、批斗。原政法学院的教师任国钧等人，也于1966年8月22日来黄觉非住宅进行搜查、批判，并呼喊打倒'资产阶级反动学术权威'的口号，而当时黄觉非正病情严重，在这种情况下，被迫自缢身死。"

黄觉非的惨死，并未给他的家庭带来安宁。他逝世十多天后，9月3日，任国钧再次带领二三十人来抄家，"将所有值钱一点的东西全部抄走"。

从1969年到1974年开始，北京政法学院陆陆续续将从黄觉非家中抄出的物品部分退赔，共计1700多元——这里面，存款及公债占去一千四百多元，"可见物品作价是太不合理了"。黄觉非家被抄走的各种皮大衣、金手镯、字画、图书等，均泥牛入海。1983年时，黄觉非的遗孀吴鸣九依然在为这些事向中国政法大学申诉。

还是回头说黄觉非的死亡吧。1974年12月17日，北京政法学院留守处党的核心小组有关负责人在酝酿月余后，对黄觉非的死因作出结论："无产阶级'文化大革命'初期，一九六六年八月二十三日晚我院红卫兵和职工红卫队采取革命行动，抄了黄的家，当场对黄进行了批判。由于黄对党的政策及无产阶级'文化大革命'运动认识理解不清，于八月二十三日凌晨自杀身死。"该结论于1975年1月8日送达黄觉非的遗孀吴鸣九，其签字表示认同。

现在已无从得知这纸结论背后有怎么样的故事。1978 年年初政策松动后，经吴鸣九及其他家属再三申诉、争取，北京政法学院对黄觉非重新作了结论。1978 年 10 月 21 日中共北京政法学院留守处核心小组作出《关于黄觉非先生的结论》表示：“在林彪、‘四人帮’反革命修正主义路线的影响下，一九六六年八月二十三日不幸逝世，终年七十二岁。”而同年 12 月 28 日中共北京政法学院留守处核心小组《关于黄觉非先生的审查报告》则写道：“‘文化大革命’初期，1966 年 8 月 22 日，我院群众组织到黄觉非家中对其进行批斗，并抄了家。23 日黄在家中上吊身死。终年七十二岁。”

迟来的追悼会

另外，在黄觉非逝世十三年后，北京政法学院最终同意成立由院长曹海波领衔的“黄觉非先生治丧委员会”，为黄觉非召开迟到的追悼会。

1979 年 12 月 24 日上午九时，黄觉非先生追悼大会在八宝山革命公墓大礼堂举行。经校方与家属多次讨论通过的悼词写道：“黄觉非先生，男，一八九四年生。江西省武宁县人，生前任北京政法学院教授（高教五级），‘九三学社’社员。在‘文化大革命’运动中，由于受林彪、‘四人帮’的极‘左’路线迫害，于一九六六年八月廿三日逝世，终年七十二岁。我们对黄觉非先生的逝世深表哀悼。”

悼词中历数黄觉非的经历，尤其是被认为进步、革命的一些经历，如“黄觉非先生青年时期，在日本留学，参加了孙中山先生领导的‘中华革命党’，参加过反对北洋军阀袁世凯的斗争。一九三四年至一九三七年，黄觉非先生在北平大学法商学院、西北联大任教时，还参加过‘一二·九’学生运动；营救和保护过地下党员和进步学生。北平解放前夕，黄觉非先生同一些进步教授联名通电敦促傅作义的军队撤出北平，拥护和平解放北京的方针,并设法掩护过进步人士”。悼词特别强调,“黄觉非先生解放前,虽在国民党政府和军队做过事,但于解放后,对他的政治历史问题已审查清楚,作过结论。在林彪、‘四人帮’极‘左’路线的影响下,强加给黄觉非先生的‘资产阶级反动学术权威’等不实之词应予推倒”。

追悼会的组织者通过这种方式,用符合当时意识形态及家属心理需求的方式为黄觉非盖棺论定。只是此时,黄觉非已经驾鹤西去十多年。

“挖地挖不出宪法来”

——戴克光的剪影

戴克光教授

少年戴克光

戴克光，字刚伯，1905年阴历十月初四，生于江苏射阳县通洋港。

戴克光祖籍安徽修陵，辗转经苏州迁至射阳。祖父戴据生生平不详。父亲戴启贤，号少武，幼年时家道中落，未读几年书，便失学在家。民国初年，戴启贤曾落草为寇，在射阳、阜宁一带短期为匪。成年后，为人正直，尚武好友，仿效南通张謇，在苏北沿海办棉垦事业，发展越来越好。戴家最鼎盛的时候，有田产六千多亩，西块为良田，东块濒海荒滩，围海造田，在当地有“浪响三十里”之说。这种殷实的家底，为戴克光的成长奠定了坚实的物质基础。

戴克光母亲陈氏，生子女三人，戴克光为长，下有弟弟戴戎光、戴曙光。

戴戎光比戴克光小四岁，毕业于黄埔军校炮兵科，曾留学日本，长期服务于军队系统，1947 年内战时军衔至少将，被派驻守江阴要塞，1949 年被中共俘获。

戴曙光早年秘密加入中共，担任过国民党某县县长；事败被捕，由戴戎光、戴克光保释，自首后脱党，1933 年回家闲居。后来继续为共产党做事，1941 年在苏北解放区担任阜宁县第七区区长时，为争取地方武装，遭暗算而壮烈牺牲。解放后，戴曙光被追认为中共党员，其老家附近的曙光公社，即以其名字命名以志纪念。

戴克光父亲很重视孩子们教育，不仅培养他们节俭的美德，亦培养他们要出人头地、光宗耀祖。

12 岁之前，戴克光一直在家里读私塾，饱览四书五经及诗词古文。通过对古书的阅读，曾国藩和梁启超的形象深深刻印在其心里。年幼的戴克光深深叹服于他们的功名事业和言论风采。也从那时候起，戴克光开始热衷于阅读世界名人传记。

1917 年 7 月，戴克光入阜宁县立第一高小读书，因其年龄小、成绩优异而闻名全校。四年后，戴克光考入南京省立第一中学，学业成绩仍然遥遥领先，跳级后依然很优秀，中学三年即考取清华大学。从此之后，戴克光便离开射阳，开始其梦幻般的人生之旅。

在清华

1925 年 9 月，戴克光考取清华学校大学部。

从 1925 年起，清华学校停招留美预备部的学生，改办大学和国学研究院，但此时清华学校的校名仍未改变，只是在清华学校内设大学部、留美预备部和国学研究院。是年暑假，清华学校大学部和国学研究院开始招生，戴克光即是大学部首批学生之一。

戴克光被录取在政治学系，与其后来在北京政法学院的同事曾炳钧是同学。

在日常生活中，戴克光家底殷实，在同学中颇显富足，给同学们留下喜欢吃喝玩乐的印象。另外，在同学袁翰青的印象中，戴克光还“喜欢讲些低级的色情方面的话”，曾被同学当面批评，“说他简直不像一个大学生讲的话”。

当时清华学校学生，大致分左、中、右三派，即共产党、国民党和国家主义派。戴克光的同班同学宋益清，属于右翼的国家主义派，他很想将戴克光拉入该派。但是戴克光有自己的判断。一方面，他认为国民党的声势比较大，而且孙中山刚刚去世不久，戴对孙中山佩服得五体投地，在南京省立第一中学时，他曾写过纪念孙中山的祭文。但另一方面，他受孙中山的政敌、清华国学院导师之一梁启超影响也比较大，认为梁启超的《饮冰室文集》辞章华美；而且戴克光到清华后，直接和梁启超接触，听其“中国文化史”，佩服于他的渊博学识，遂对中国政制史产生浓厚兴趣。

戴克光在清华期间，曾参加弘毅学会。弘毅学会与清华国学研究院有很深关系。清华国学研究院聘请梁启超、王国维、陈寅恪、赵元任等所谓“四大导师”，名噪一时。在浓厚的国学氛围中，宋益清、陈铨、张荫麟、贺麟等清华校友联合组织弘毅学会。经宋益清介绍,戴克光加入其中。

在弘毅学会内,其成员大都读过一些中国线装书,受梁启超的影响颇深,对国学研究院的课程有一定兴趣,沉湎于中国传统文化。弘毅学会成立后,曾出过一期《弘毅》杂志,所发表文章均与文史哲相关,标榜不谈论当前政治问题。此外,弘毅学会还组织过几次读书报告。宋益清曾试图使弘毅学会变成国家主义派的外围组织,但未如愿。

1926 年 3 月 18 日,段祺瑞执政府对请愿学生大开杀戒,开政府枪杀学生之先河。戴克光当时就在清华的游行队伍中,他目睹许多同学被打死打伤,自己也差点被段祺瑞执政府的卫兵打死。

在清华加入国民党

1926 年 10 月,戴克光在清华同学刘信芳的介绍下,加入中国国民党,随即脱离弘毅学社。此后弘毅学社自行瓦解。

当时北平正处于段祺瑞执政府时代。加入国民党除有人介绍外,还要召开大会并讨论通过。戴克光的发展大会,在清华一院某大教室举行。曾有人提出,戴克光与国家主义派宋益清接近,应该先审查其和国家主义派有无关系,再决定是否吸纳其为国民党员。刘信芳即席解释说,戴克光虽参加弘毅学会,但只是宋益清想拉他加入国家主义派,戴本人并未同意;而且,弘毅学会中会员,多数未参加党派,只是对国学比较有兴趣。刘信芳的解释成功说服大家,戴克光由此一路绿灯加入国民党。

在清华期间,与戴克光过从较密的国民党党员有李泰华、刘信芳等。在清华学校大学部 1925 级同学中,先后加入国民党的学生除戴克光外,还有李泰华、刘信芳、袁翰青、夏坚白、葛春林、高琦、吴庆轩;其他年级有张大东、何会源、张永懋、赵康希、翟凤阳、徐雄飞等。而留美预备部加入国民党的同学有王季高、何义均、邹邦梁以及化学系助教薛愚。这些党内的同志,尤其是戴克光的同级同学,在他后来的人生际遇中先后发挥重要作用。

戴克光加入国民党后,做过一些反对北洋军阀的宣传品寄发工作。1928 年张作霖政府垮台,国民党势力抵达北京,在学生组织方面,国民党控制学生会和《清华周刊》,学生会主席和《清华周刊》总编辑均由国民党提出人选担任。受清华国民党机构的内部指定,戴克光担任清华学生会评议部主席。

在清华学生会评议部主席任内,戴克光曾根据清华国民党的指示,召开全校学生大会,发动同学驱逐“四凶教授”,即在北洋军阀时期的四位清华当权派教授:教育系教授庄泽宣、化学系教授赵学海、政治系教授余日轩、图书馆主任戴志骞。会议由戴克光主持。他指出,“四凶教授”均应被驱逐出清华。国民党此举,不过是为日后罗家伦执掌清华搬开拦路虎。

1928 年时,罗家伦由国民政府大学院指派,抵北平接任清华大学校长。罗家伦未到校前,先派秘书郭廷以到清华做准备。郭廷以通过他在中央大学同学、时任清华生物系助教葛定邦,与戴克光以及其他清华国民党党员袁翰青等接上头,并安排好迎接罗家伦事宜。

1928 年 5 月,罗家伦抵达北平。戴克光、袁翰青和葛春林等三人代表清华学生会,前往罗家伦下榻的北平德国饭店迎接。罗家伦担任清华校长后,冯友兰、周炳琳、杨振声等国民党中的“北大派”,陆续进入清华。作为新政的举措,罗家伦推行党治教育,要求全体学生接受军事训练。

作为一名国民党背景的学生会评议部主席,戴克光对罗家伦及国民党可谓忠心耿耿。清华大学国民党组织部的李泰华、袁翰青等到罗家伦处汇报情况时,戴克光亦随行,时不时向罗家伦汇报同学中的动态。戴克光甚至有两次在晚间撕毁校园里反对罗家伦的标语。

1929 年 7 月,戴克光所在班级举行毕业典礼后,晚上举行游艺会。游艺会上,有送赠品的活动。戴克光收到的礼品,是一只小狗——显然,同学们认为,他是一只“小走狗”。戴克光接过礼物,全班同学哄堂大笑。这恐怕是他在大学时代最尴尬的记忆之一。

清华助教

大学毕业后的第一年,戴克光留校担任清华大学政治学系助教。与他一道留校担任助教的有夏坚白、谢兆芬、孟广喆,他们四人一起住在清华南院一号。当时政治系主任为浦薛凤教授。戴克光的具体工作,是协助浦薛凤评阅一年级“政治学”课程的试卷。

助教的工作量不大。戴克光除协助评阅试卷外,大部分时间像研究生一样,自己制订研究计划,阅读政治学著作,将更多时间用在翻译美国加州大学吉达尔教授所著《政治思想史》一书上。

此时,戴克光在清华时的好友李泰华、刘信芳均未找到工作,便在北平城内参加一个名为“新民读书会”的组织。该组织由山西国民党头目李冠洋资助,给属于丁惟汾派系的失势国民党员一点救济。“新民读书会”位于北平西城毛家湾,李冠洋租借了一间大房子,作为活动场所,会员们定期集会,办有《新民》杂志,可以每月领取一定的补助。戴克光偶尔前往“新民读书会”,访问李泰华和刘信芳。时间一长,跟其他会员亦逐渐熟络,并在《新民》杂志发表过《政治思想史》部分译稿。

在清华担任助教的同时,戴克光还在王聿知介绍下,担任北平国民党党报《华北日报》“现代国际”副刊主编半年。戴克光的编辑团队由清华校友王聿知、何会源、张永懋、赵康节、陈志安等组成。戴克光和他的团队利用清华图书馆内丰富的西语报刊资料,坚持不懈地介绍西方政治经济理论。受国民党的政治背景影响,在编辑该副刊期间,戴克光亦曾编发过批评斯大林及苏联的文章。此外,1929 年 5 月 26 日,戴克光以“戴刚伯”之名,在《现代国际》总第 13 期上发表《总选举竞争中之英国三大政党的现状》一文。

早在清华期间,戴克光就有志出洋求学。在当时,这种想法在学生中间很流行。毕业留校后,戴克光的学术兴趣主要在翻译西方学术著作上。他试图通过这种方式,获取某种出国学习的渠道。

1930 年 7 月,戴克光离开清华,准备自费去法国留学,遂返回江苏阜宁原籍,全力以赴准备出国留学事宜。但筹款并不顺利,赴法之念不得不暂时搁置。

无奈之余,戴克光前往上海谋职,有段时间曾处于失业状态。赋闲期间,戴克光利用谋职的空闲时间,将《政治思想史》译稿校对完毕,交由上海神州国光社出版。

为了尽快找到一份工作,戴克光不得不写信给当时已经回中央政治学校的罗家伦求助。1931 年 1 月,通过罗家伦的介绍,戴克光转任南京中央政治学校编译部编译员。当时,中央政治学校编译部的译书计划由罗家伦主持,以翻译西方著名政治人物传记为主,据说最主要的读者是蒋介石。编译部的同事们,除陈石孚年龄较大外,其余七八人,都刚毕业于清华大学和中央大学。戴克光的任务,是翻译摩来所著的英国首相格兰斯顿的传记。除格兰斯顿外,该翻译计划还包括美国的林肯、德国的俾斯麦、法国的拿破仑等。这段经历持续到 1933 年 8 月。在中央政治学校译书期间,戴克光向中央大学和金陵大学图书馆借阅了不少英文的政法和历史书籍。

在伦敦

1933 年 4 月,戴克光在报纸上看到中英庚款董事会招考第一届派遣英国留学生的广告。考试内容涉及文理工各科;招考人数除医学外,其他都是每专业一名。当时,中央政治学校英文教员费鑑照是留学迷,他报考英国文学,同时极力劝戴克光报考。戴克光报考政治学专业。

1933年8月,考试录取名单公布。原计划录取20名,但最终只录取9名:林兆莽、顾学勤(医学);王葆仁(化学);周某(历史);吴大任(数学);石声汗(生物);钱清廉(法律);李祁(英国文学)及戴克光(政治学)。

临行前,戴克光前往拜访教育部部长王世杰。王世杰告诉他,注意研究英国行政制度和办法。戴克光亦认为,中国几千年来的历史始终是在一治一乱的公式里打圈子,治世少而乱世多,老百姓亦常在炮火中生灵涂炭,所以中国要有希望,只有走英国民主宪政的道路,各党派依照宪政的和平合法程序,让人民来决定政权的更替。

戴克光前往伦敦时携带家眷,因此他每月可从中英庚款董事会获得24镑奖学金。当时一般公费每月20镑,个别省份奖学金只有16镑。按当时物价,这笔奖学金完全可以让他过上优裕的生活。

1933年10月,戴克光前往英国留学,就读于伦敦大学政治经济学院,专门研究政治制度,侧重于英国的公共行政学,师从拉斯基教授,研究西洋政治思想史。

面对灾难深重的中国,戴克光确实怀着一种用政治学理论拯救斯民于水火的情结。他十分欣赏英国式议会民主,承认反对党的合法地位,并能够经过一定的程序,代替在朝党而执政。戴克光认为,“这是一个极文明的办法”。他觉得英国统治阶级最聪明,不会对社会控制太紧,使人人能够透口气,有一定的出路,以便人们放弃革命的想法。最懂得“透气”的治国之道,政府不禁止人民看什么书,也不禁止极“左”或极“右”的政党公开宣传他们的政治主张。“这样一来,人们对于任何政党,就没有什么神秘性了;青年们在这方面也就失掉好奇的心理了。再加上一个英国文官考试制度,来吸引青年有为的干才到政府工作,统治者可以高枕无忧了。”戴克光相信并服膺于这一套理论，回国后很长一段时间，他都矢志不渝地推动民主政治理论的传播。

留英三年，戴克光对英国工党的社会主义理论及费边社注意行政问题的特点，做了深入细致的研究，并且决心要把这套良好的制度移植到中国。

1934 年，中英庚款董事会派送英国留学的学生已有两届，先后近四十名中国学生进入英国各大学。为加强大家联系，是年 11 月，戴克光与周鸿经、伍启元、钱清廉等发起，成立中英庚款留英同学会。因发起之功，戴克光被推选为负责人，而中英庚款董事会负责人朱家骅担任名誉会长，周鸿经、伍启元等担任理事。

中英庚款留英同学会的主要活动，主要是每逢假期散处英国各大学的同学到伦敦时，组织参观名胜、聚餐。戴克光还邀请过国民政府驻英公使郭泰祺到聚餐会讲话。

值得一提的是，戴克光曾于 1934 年 11 月月底加入复兴社。清华及伦敦政治经济学院双重校友郑康祺向其介绍时，只说复兴社是黄埔青年军官的组织，向国外留学生中非军事专业的青年开放。戴克光天真地认为，蒋介石手中几百万军队，是中国政坛最大的力量，要推翻蒋介石政权，必须付出极高的代价；而当时中国强邻压境，整个国家岌岌可危，实在不容许走自相残杀的道路。当时蒋介石手下一批少壮军官，富于爱国热情，如果能有一批知识分子和他们结合起来，可以推动改革。另外，他坚定地认为，孙中山先生的三民主义是正确的，但 CC 系把持党务，弄得一团糟，应该有批新人来改组国民党。出于这些考虑，戴克光欣然加入复兴社。

戴克光加入复兴社的仪式，在伦敦市内某一旅社举行。仪式由伦敦复兴社联系人白瑜主持。当天上午八点左右，戴克光抵达该旅社。除白瑜外，先期抵达的还有其他一些陌生人。入社申请表就在桌子上。

完成填表手续后,戴克光被要求打指模。他心里颇不高兴,这是他人生中第一次被要求打指模;但尽管不情愿,他还是顺从地完成程序,并向墙上蒋介石像行礼,由此完成入社仪式。

加入之后,戴克光才知道,复兴社就是秘密特务组织蓝衣社。该组织纪律极严,不能自由退出,听起来也很不名誉。戴克光后悔这一选择,但又不敢和别人随便说。

当时,庚款资助留学的同学钟道明,是戴克光在江苏第一中学和清华大学时期极要好的朋友。钟道明获悉戴克光内心的想法后,和戴克光讲过他与复兴社闹翻的情况。如何安全脱身,便成为戴克光思想上的包袱。

戴克光在复兴社并非积极分子,他只参加过一次小组会及个别聚餐。该小组会在某社员的住处召开,他们传看一份黑名单,其中有三位同学于望德、李泰华及任振威被怀疑是中共地下党员。正好这三位同学与戴克光很熟悉,时常往来。小组会期间,戴克光一言未发。此后,他并未再被通知参加活动。

1937 年,戴克光回国执教后,他曾接到复兴社通知,要他办理登记手续。但登记后,并未有进一步指示或活动。1938 年春,蒋介石发布命令,解散一切秘密组织。按当时政策,凡愿意保留与复兴社关系者,可参加新成立的三青团。戴克光对在伦敦加入复兴社本有悔意,只是未便明言退出;解散复兴社的机会千载难逢,所以戴克光既未加入三青团,又正式与复兴社脱离关系。

走马灯似的换工作

1936 年 6 月,戴克光在伦敦大学政治经济学院获得博士学位。他前往欧洲大陆,游历法国、德国、意大利、瑞士等国后回国。

戴克光回国之际,正值中日战争全面爆发前夕。求职并不顺遂,开始一段时间,工作更换相当频繁。

1937 年 1 月,戴克光被聘为中央大学秘书,兼政治系一年级的“社会立法”课程教学任务。此时,中央大学校长是罗家伦,法学院院长为马希繁,政治系主任为钱端升。校长室已经有秘书王霭云,没必要再设一秘书岗位,戴克光也更愿在政治系担任专任教师。但罗家伦不同意,戴克光与其关系一度很僵,他也只能委曲求全。作为秘书,戴克光的主要任务是撰写英文函件,准备大学院务会议的议事日程,整理院务会议记录。

“七七事变”后,中央大学停课,但迁校计划一时未定,戴克光从中央大学辞职。8 月中下旬,他和浙江大学教授梅光迪雇车,从南京经京杭国道直达杭州,经朱家骅推荐,转任浙江省政府秘书处第三科科长。

第三科的职务是审阅财政厅、保安处和建设厅送省府秘书处的请示文稿,限于一般公文往来。在行政机构,官僚主义泛滥,明哲保身哲学大行其道,如果没后台,求为一般科员而不得,科内股长更难。戴克光当时书生气十足,对于浙江省的实际财政完全不了解,他逐渐学会官僚机构内的生存之道:对付上行文稿,先交股签注意见,戴克光签名同意后,转由秘书长最终决定;对付下行文稿,则先交由股拟稿,略加修改,即转送秘书长,怎样处理全凭秘书长决定。通过这种方式,戴克光既使自己站稳脚跟,又不至于得罪人。

当时,秘书处第四科科长由钱清廉担任,负责审阅司法方面的公文。尽管戴克光与钱清廉同届留英,且都学政法专业,但他们平时工作联系不多。他们在工作上有限的交集,便是在浙江省政府工作期间,一道前往余杭、昌化、绍兴等县视察工作,一路一边泛泛视察,一边游览天姥山等名胜古迹。

1937 年 12 月间,杭州形势吃紧,浙江省政府改组,朱家骅被调走,黄绍竑继任浙江省政府主席。戴克光随浙江省政府迁到金华,干了三四个月后，于 1938 年 1 月辞职离开，前往湖南长沙。

在长沙，戴克光寄居于朋友家里，短暂赋闲。两个月后的 1938 年 3 月，戴克光前往武昌。在此期间，戴克光偶遇复兴社白瑜，并由白瑜介绍，认识时任军委会战时工作干部训练团教育长桂永清，并被其聘任为军委参事室研究干事，担任军委干训团上校政治教官。

作为政治教官，戴克光讲授"国际关系"课。戴克光主要根据美国学者比尔所写《国际关系》一书，除交代历史背景外，先后讲德法、英德及美德关系。他本来还计划讲英、美、法和意大利的关系，但因辞职并未实现。

1938 年 4 月，朱家骅担任军委参事室主任，戴克光被聘为参事室干事。参事室的任务，是为蒋介石在外交方面提供意见和参考资料。参事中，既有国际法学者周鲠生，也有研究外交史和国际关系史的张忠绂、专长于国际经济和财政金融的陈豹隐等。朱家骅担任参事室主任时间不长，便被调任国民党中央党部秘书长，参事室主任由王世杰接任。戴克光在参事室的主要工作，是选译英美各大报纸杂志的社论和重要文章，特别是与中国有关的报道，将之译成中文后，作为参事室参考资料。朱家骅离职后，戴克光也很快离开参事室。

1938 年 5 月，戴克光在朱家骅的介绍下，就聘为国民党中央政治委员会的法制专门委员。抗战期间，国防最高委员会代行中央政治委员会的职权，下设法制、外交、财政、经济、教育等专门委员会。法制专门委员会由王世杰担任主任委员，甘乃光担任副主任委员。各专门委员会有一些大学教授参加，如法制专门委员钱端升、外交专门委员周鲠生；但各专门委员会的主要成员，都是国民党在各实际部门的负责人，如外交专门委员会主任委员由外交部部长王宠惠担任、财政专门委员会主任委员由财政部次长徐堪担任。

戴克光在法制专门委员会服务到 1939 年 7 月。其主要职责是参加审查会议,搜集报纸杂志的有关材料,研究部分地方政治。能够提到法制专门委员会审查的法案,都是比较重要的,一般情况下,法案主管机关都已经确定,法制专门委员会审查文字之后,都会照例通过。法制专门委员会实际上无事可做。因此,戴克光工作一年半后,辞职去四川大学执教。

四川大学庚款讲座教授

1939 年 11 月至 1941 年 7 月,经中英庚款董事会总干事杭立武介绍,戴克光被聘为四川大学政治学系庚款讲座教授。庚款讲座教授由中英庚款董事会设立,为资助边远省份大学和研究机构,而专门设立的教授席位。戴克光在四川大学担任的庚款讲座教授职位原属萧公权;但萧公权因反对川大校长程天放失利,不得不辞职。在四川大学法学院,戴克光承担政治系所设“西洋政治思想史”一课。

中国行政学会

1939 年前后,中国行政学会成立,戴克光被推选为副理事长。中国行政学会属官方组织,由考选委员会秘书长陈大齐和国民党中央党部副秘书长甘乃光发起。该学会成立时,专门召开过成立大会,除中央各机关首长外,各行政机关的职员均被吸纳为会员。像戴克光这样在大学里执教、专治行政学或政法科学的学者,亦在被邀之列。

戴克光为什么会被邀请参加中国行政学会呢? 当时国内学界对国民党统治的用人和行政,完全不符合西方现代行政体制的做法,大力批评,戴克光即是批评者中的一员,他曾发表过一篇名为《我们现在需要一个行政改革运动》的文章。

中国行政学会成立大会通过了事先印好的成立宣言。该机构的理事大多由国民党政府各部部长、次长或司局长担任,极少数由像戴克光这样的学者担任。

中国行政学会成立大会翌日，曾在报纸上发表消息和宣言，只是此后该学会销声匿迹；与该学会同命运的是戴克光等在成立大会上所决定的研究计划、拟定的研究题目，尤其是中国行政改革问题等，亦石沉大海。

巡视党务

1940年秋，时任国民党中央组织部部长朱家骅邀请戴克光去重庆，参与国民党中央面向全国的分区视察党务活动。当时，中组部把国统区分为若干组，每组二人或三人，前往各地视察党务并作公开演讲。视察党务由各省市党部主任委员负责，公开演讲由各大学中所遴选的学者担任。

戴克光抵达重庆后，拿到中组部预定的地区和分组名单。原定戴克光到东南各省演讲。但戴克光自认为东南各省去的比较多，遂申请改去西北区，前往陕、甘、青诸省。他之所以接受此邀请，一方面，心里还残存从政之梦，想尽可能与国民党多联系；另一方面，毕竟趁此机会能往各地走走，满足其游览名胜的嗜好。

这次前往西北地区，由时任重庆市党部主任委员杨公达担任领队，戴克光担任演讲。本来杨公达想只身一人前往西北，但戴克光要求前往，他不好反对，闷在心里，这点情绪导致他们的西北之行发生诸多不快。

到兰州后，西北战区第八战区司令长官、甘肃省主席朱绍良在省政府举行欢迎宴会，为杨公达、戴克光接风洗尘。按照正常程序，本来应该提前做好演讲安排，定下时间表后，演讲人稍事准备。但抵达兰州后，杨公达和甘肃省党部负责人商量行程，戴克光根本没有被通知参加。在这种情况下，戴克光只在兰州仓促演讲两次：先在甘肃省教育厅作了一场关于英国文官制度的演讲，后又在甘肃省政府的月度会议上围绕“新生活运动”，作了一次关于精神总动员的演讲。在兰州逗留一周后，杨公达热衷于通宵赌钱，戴克光只好自己一人前往西宁。

抵达西宁后，戴克光先去拜见青海省主席马步芳。但马步芳只安排省府秘书长代见，然后在操场集合西宁全市中学生数千人，安排戴克光讲“关于抗战的国际形势”。此后便再没有地方邀请或安排演讲，戴克光参观塔尔寺等名胜古迹，然后回到兰州。

回兰州后，戴克光闷闷不乐，放弃去西安演讲的计划，从兰州直接飞回成都，然后取道成都返回四川大学。

1941 年，朱家骅再次邀请戴克光参加视察党务活动。戴克光这次选择四川地区，由罗霞天带队，继续承担学术演讲任务。

戴克光和罗霞天先抵达乐山武汉大学。在乐山，罗霞天被武汉大学党部负责人请去谈党务，而戴克光则应武大教务长朱光潜之邀，到大礼堂给学生演讲“政治学的新趋势”。

其后，罗、戴二人前往自流井。那里有几所中学，其中最大的是国立东北中学。二人抵达时此地刚闹过学潮，罗霞天负责了解和处理学潮，戴克光没有演讲任务。闲暇之余，戴克光参观了自流井最著名的火井。

戴克光一行接着来到成都。在成都逗留期间，他拜访四川省主席张群，并先后去几所抗战期间设在成都的教会和私立大学，如金陵大学、齐鲁大学、光华大学等地拜会熟人。在金陵大学，戴克光成功劝鲍扬廷加入国民党，并请其代为邀请其他学人入党。在齐鲁大学，戴克光请薛愚注意国民党党务工作，并试图在薛愚与朱家骅之间建立关系。在光华大学，戴克光探望了萧公权。

成都之后，本来计划去位于三台的东北大学演讲，但天公不作美，连日阴雨，只好放弃。

执教中央大学

1941年8月,戴克光离开川大,来到重庆,重回中央大学,担任政治学系教授。当时中央大学校长为顾孟余,法学院院长为马希繁,政治系主任由张汇文担任,政治系的同事有楼邦彦、王铁崖、吴恩裕、黄正铭等人。

在中央大学,戴克光承担"政治学"和"比较政府"两门课程。在中央大学期间,适逢朱家骅试图在中央大学国民党党部改组时,放入几位庚款同学,戴克光亦在列。他事先曾征求戴克光的意见,戴表示教学任务繁忙,同时主编《世界政治》半月刊,而且中央大学党部由胡焕庸控制,进去亦起不了作用。最后中央大学区党部名单发布时,戴克光名列执行委员。但自始至终,他只是空头委员。

在当时的中央大学,"清华派"和"中大派"之间的矛盾十分尖锐。法学院为"清华派"所控制,而"中大派"十分不满,随时准备起义。中央大学属于CC系,在法学院,除院长马希繁不是清华校友外,下面全是"清华派"。

"中大派"和"清华派"的矛盾最终波及戴克光,1942年他被改为兼任教授,主讲"独裁政府"课程。在该课堂上,戴克光按照美国学者门罗的有关著述,将苏联、德国等国政府称作"独裁政府",而将英、美、法等国政府归入"民主政府"。1942年9月到1943年6月,戴克光一直在讲"独裁政府"课程。

此后,中央大学法学院已经全部为"中大派"所掌控,除王铁崖外,其余"清华派"教授全部被解聘,戴克光不得不重新择业。

在重庆期间,戴克光曾接受国际联盟同志会中国分会会长朱家骅委托,与钱清廉一道,担任国际联盟同志会中国分会秘书长,并从1942年3月1日起,共同主编《世界政治》半月刊。该刊为国际联盟同志会中国分会的会刊,宗旨是宣扬国际联盟国际和平的思想,受中国外交部资助。戴克光担任主编时,该刊已经编至第 7 卷。

主编该刊期间,戴克光侧重于介绍西方政治制度及西方社会科学方面的新书报。在《世界政治》上,戴克光先后发表《英国战时政府论》(1942 年 3 月 1 日)、《印度新宪法》(1942 年 4 月 2 日)、《英国战时政府论》(下)(1942 年 4 月 15 日)以及《欢迎英国议会访华团》、书评《战争的根本原因及其问题》《罗斯福总统的公文与演讲》《英美联邦论》等。

这段经历持续约一年之久。为什么又离开了呢? 说来有点蹊跷。当时有人向朱家骅告状,说戴克光为《世界政治》半月刊购买廉价纸张以舞弊。朱家骅派专人调查国联同志会会所储存的纸张,同时令戴克光辞职。调查结果显示,戴克光并无问题,但此时戴克光早已离开国联同志会。这次诬告,也为戴克光与朱家骅的关系画上句号。

监察院参事

1942 年秋,戴克光由于望德介绍,成为监察院参事,其职责是编选《监察院公报》。作为公文,《监察院公报》有固定格式,秘书处有专人把有关项目如法令、任命、会议等从文稿中抄出,按照公报格式次序排列,然后送到参事室。在参事室,戴克光审阅认可后,便签名确认并送回秘书处付印。按照这种编辑流程,戴克光只是事务性审查。

在监察院期间,戴克光的另一项任务是在每周一举行的总理纪念周上发表演说,有时讲国际时事问题,有时讲国民政府的新法令。在监察院的一年中,他大约主讲过六七次。

这段时间,由于主编《世界政治》半月刊,每期都专门有国际时事栏目,掌握素材较多,戴克光也成为包括中组部在内,各机构了解国际问题时竞相聘请的对象。

在短短的五六年间,戴克光走马灯似的更换了六次工作,最长的两年，最短的只有五个月。由于工作的变化，戴克光先后转战南京、杭州、峨眉、重庆等地，这种颠沛流离，不啻是当时中国知识分子的缩影。

江苏学院

1943年年底，经顾希平介绍，戴克光应江苏同乡顾祝同邀请，前往福建省三元县，担任省立江苏学院院长。

戴克光之所以就聘去办江苏学院，有如下原因：首先，他与重庆中央当局接触越多，越觉得漆黑一团，而他与朱家骅又彻底决裂，非得找出新的出路；他认为办教育是比较清高的事业；作为江苏人，他觉得如果能够在抗战时期艰苦的环境里，替本省办一个好学校，培养人才，确实有意义。其次，他回国之后，工作更换频繁，四处碰壁，认为自己需要创立独立的地盘，以免寄人篱下。再次，戴克光很敬佩美国总统威尔逊，认为威尔逊由大学教授担任大学校长，然后竞选州长乃至总统，他自己亦可依照威尔逊路线从政。戴克光对未来的估计很乐观，他认为抗战胜利后，中国政治一定会进入新局面，国民党一定会还权于民，实行宪政民主——"那个时候，我把江苏学院发展成为江苏大学，在政治上大可有一番作为！"最后，戴克光认为必须投靠军人，作为政治上的靠山。由此，戴克光踌躇满志地依托江苏学院，追寻他的梦想。

江苏学院的前身是苏皖技术专科学校，而后者的前身是苏皖政治学院。苏皖技术专科学校和苏皖政治学院都是江苏和安徽两省合办的，由顾祝同担任名誉校长。1943年，苏皖技术专科学校按照教育部的要求改制，最后教育部批准其改为省立江苏学院。抗战期间，江苏学院前往福建省三元县。这段历史，在徐义亨的文章《战时一所流亡大学的兴衰》中有详细讲述。

戴克光先前往江西铅山，在第三战区司令部拜见顾祝同。顾祝同并无特殊表示，只嘱其按照教育部所设立的一般高等院校办学即可。

戴克光在铅山停留三四天,与顾祝同的秘书长李泰华、机要秘书衡权等多有往来。离开铅山时,衡权交给戴克光一本密电码以便保持联系。

1944 年 1 月,戴克光抵达三元。原苏皖技术专科学校负责人孔大元随即向戴克光交接师生员工名册和图书仪器清册,此后,即由戴克光正式接办江苏学院。

作为独立学院,院长为江苏学院的行政中枢,院长下设教务、训导和总务三处。戴克光履新后的第一件事,便是组建中层领导班子。他任命曹中权担任教务处注册组主任,并代教务处主任;周佛林担任训导处生活指导组主任,并代训导处主任;刘杰担任总务处主任。不久之后,厦门大学政治系主任推荐时为暨南大学教授的詹剑锋来江苏学院,戴克光随即聘请詹剑锋为教授,并任命其为教务处主任。

敲定中层行政机构后,戴克光又在苏皖技术专科学校基础上,改变过去临时、不正规的状况,将江苏学院扩充为八系一科,即中文、历史、英语、行政、管理(后改为政治)、法律、银行会计、数理和机械工程等系,及社会教育专修科。学院开始推行学分制,必须学满四年,提交毕业论文并经审定合格后才能毕业。

建校之初,百事待举。戴克光颇感万事不易,但最难的是师资。戴克光很想复制英国的大学模式,尽可能聘请一些较有名望的教授前来执教。但这一点实现起来又很难,尤其是江苏学院名不见经传,当时又处于抗战时期。戴克光经过桂林时,曾拜访梁漱溟并邀其前来执教,尽管梁已当时答应,但并未践诺。

多年后,戴克光还在一份交代材料中写道:“这时江苏学院新成立,它的基础又很差,聘教师很困难,四处写信托人介绍,我的中学老师钟口山介绍他的之江大学中文系毕业学生任铭善,我就聘任任铭善为教授兼中文系主任。”

据刘大卫、王为刚整理的《戴克光教授简介》统计,戴克光主持江苏学院期间,除聘任著名教授李祁担任外文系主任外,还曾聘任经济学博士杨振先兼课,曾被厦门大学聘去的邹文海、周枏,亦被戴克光聘回来执教。除此外,他还礼聘李培恩、柳翼谋、徐公美等各学科权威,来江苏学院授课。

而在徐义亨的文中,戴克光治下的江苏学院人才师资配备,今天看来也算极一时之盛:文史系主任施蛰存;外语系主任李祁;机械系主任俞调梅;数理系主任周长宁、曹忠权、倪可权;政治系主任戴克光、邹文海;经济系主任周枏、杨震先;社会教育科主任王揆生。全院除有 48 位专职教师外,还有马寅初、周谷城、刘绶章等兼职教授。

根据徐义亨的文章,戴克光治下的江苏学院,很快开展起文科类的调查活动,建立理工专业的实验室,创立《汇刊》《学报》等刊物,成立江苏学院医务所,一派欣欣向荣的气象。

戴克光履新后新政不少。前苏皖技术专科学校曾对学生实行军事训练。戴克光上任伊始,便大刀阔斧地取消军事训练课。到 1944 年暑假时,军事教官、队长等都先后离开。

较之于取消军训,戴克光更大力推行的是去党化教育。戴克光对党化教育基本上阳奉阴违。在他看来,学校必须安定,学生才好读书;而学校里党团活动太多,反而容易引起风潮。戴克光认为,要学校安定,最好的办法是训导处不要控制青年思想太紧,只要不闹风潮,发现什么传单标语都不要追究,三青团学生反映什么情况,亦听之任之,不自找麻烦。根据教育部高等院校组织规程,各高等院校均应设立党团组织。戴克光履新后,便先成立三青团筹备处,暂缓成立国民党区党部。三青团筹备处主任由戴克光兼任,具体工作由周佛林负责。戴克光不积极,三青团在江苏学院并未有更大的发展,尽管戴克光兼任筹备处主任,但江苏学院基本上在按照自己的轨迹发展;戴克光既用各种理由婉拒前来谋职的党团分子,对于三青团上级组织的各种表册亦是能拖便拖。三青团筹备处的主要活动是发展团员。戴克光在江苏学院几年期间，全部才发展过二三次团员，只有六七十名学生入团。

当时江苏学院避居福建，顾祝同远在江西，而福建党团组织又与江苏学院无业务隶属关系，可以说山高皇帝远，所以戴克光的这一套办学理念，基本还能实现。江苏学院教职工和学生中，有一些是苏北逃亡地主的家属，思想上比较正统，对学校中的进步同学暗中监视，甚至自发地搜查。这部分人对于戴克光的所谓学者作风，亦不是很满意。江苏学院迁回江苏后，戴克光再要坚持这种独立便越来越难。

在徐迟的著名报告文学《哥德巴赫猜想》中，陈景润的数学启蒙，正是在戴克光治下的江苏学院完成的：

> 当他升入初中的时候，江苏学院从远方的沦陷区搬迁到这个山区来了。那学院里的教授和讲师也到本地初中里来兼点课，多少也能给他们流亡在异地的生活改善一些。这些老师很有学问。有个语文老师水平最高。大家都崇拜他。但陈景润不喜欢语文。他喜欢两个外地的数理老师。外地老师倒也喜欢他。这些老师经常吹什么科学救国一类的话。他不相信科学能救国。但是救国却不可以没有科学，尤其不可以没有数学。而且数学是什么事儿也少不了它的。人们对他歧视，拳打脚踢，只能使他更加爱上数学。枯燥无味的代数方程式却使他充满了幸福，成为唯一的乐趣。

戴克光在院长任上，踌躇满志，尽心尽职，基本上得到学生的认同。即便在后来肃反的特殊气氛下，依然有学生表示，同学们对戴克光印象不坏，“他是个忠厚的学者”，“办事能力很弱，控制不了学生，甚至有点怕学生”，“他并不是个反动的政客”。

1944年秋,教育部在国统区打着招募知识青年参军、使用新式武器以便更好地对日抗战的旗号,发动高等院校学生参加青年军。戴克光在江苏学院接到教育部的训令,按照指示成立组织"江苏学院参加青年军委员会",亲自担任主任委员,发动各系负责人以"委员"名义动员学生参加青年军,共有三十多名学生报名参加。

但实际上,这次招募的青年军,全部进入特务机构,抗战需要只是幌子。这批学生参加青年军后,多有后悔并逃离之举。江苏学院学生孙义峙便是其中之一。孙逃到三元江苏学院,曾向戴克光面告青年军内部的黑暗。另据刘大卫、王为刚的文章,这批学生参军后不久,即有人送信来学校,说有17位同学以"共党"罪名被关押。戴克光即与教务主任詹剑锋连连电请上饶三战区长官部,表示青年人思想偏激乃爱国之表现,抗日大局下不应因小失大,影响广大青年抗日的积极性,希望尽快释放无辜学生,让其有报效祖国的机会。经过戴克光多次沟通,这些学生全部被释放。1946年青年军服役期满,教育部又把复员学生分发到各高等院校复学。江苏学院亦曾接受教育部分来的青年军复员学生,成立青年军复员学生同学会。

1945年秋日寇投降后,江苏学院准备撤离福建,迁回江苏。是年10月间,戴克光回到江苏镇江,向江苏省政府及教育部请示迁回江苏学院事宜。究竟迁往何处呢?原来江苏学院在无锡的校舍,已被别的学校占用。戴克光在杭州见到了顾祝同。顾祝同表示,他在扬州有所何家花园的房产,为军官孙良诚赠送。在顾祝同的大力支持下,江苏学院回迁的第一步,便是先迁到扬州何家花园。

何园虽美,但实在太小,尤其是对一个大学来说。但戴克光在镇江见到江苏省政府主席王懋功后,王亦不赞成将江苏学院迁到扬州。戴克光又赶往南京,与时任教育部部长朱家骅讨论江苏学院的回迁事宜。朱家骅表示,如果江苏学院希望改成国立院校,唯一的选择是迁到徐州；因为徐州战略地位很重要，却没有一所大学。江苏学院如能够迁到徐州，由省立改为国立大学应无问题。

戴克光回到扬州后，将与朱家骅会谈的情况向全校师生做了传达。有了教育部由省立改为国立的许诺，江苏学院迁到徐州便水到渠成。

车站事件

1946 年春，江苏学院完全迁到徐州。

据刘大卫、王为刚的文章，由于徐州接近解放区，地下党与学生接触频繁，不少进步学生受地下党影响，投身革命活动。邢育生便是其中之一。有一次，国民党特务派人来学院，搜捕进步学生，声称要抓捕邢育生。戴克光一面与特务们周旋，拖延时间，一面派人通知刑育生，立即离校躲避。同样受到过戴克光保护的还有戴园晨和王子雄。后来王子雄担任北京政法学院支部书记，成为戴克光的直接领导，“几次政治运动要审查戴克光先生，王子雄同志都能实事求是地为其讲话，介绍他在旧中国保护进步知识分子的事迹。即使在‘文化大革命’中也受到保护”。

迁到徐州后，江苏学院改国立一事，却迟迟无下文。这成为 1946 年牵涉江苏学院师生的一件大事。在 1946 年到 1947 年，除戴克光本人外，江苏学院曾有不少师生，多次就改制问题前往教育部请愿。但此时朱家骅已经改变口风，表示江苏学院改制问题不好解决，担心江苏学院改国立后，其他省立院校援例要求同样待遇。

当然，也有一种说法，说戴克光并不真心希望改制成功——如果江苏学院改为国立江苏大学，戴克光资历浅，势必做不了校长，他很可能会失去自己的位置。

1947 年春夏之交，江苏学院进步学生响应全国反饥饿、反内战、反迫害的进步运动，继续向南京教育部就改制问题发起请愿，并号召罢课与示威。

作为院长,戴克光闻讯,即召集院务会议,研究防止学生罢课,要求各处、各系负责人向学生说明,不应荒废学业,并利用三青团和青年军复员学生同学会,尝试分化学生队伍。戴克光亦亲自召集各班同学开会,劝说他们不要罢课,避免学业损失和引起政府的干涉。

但无论戴克光和他的同僚如何努力,5 月 2 日,江苏学院学生按计划实现罢课。对此危机,戴克光作为院长,并未处分任何学生。

6 月 20 日,江苏学院学生组成阵势庞大的请愿队伍,浩浩荡荡开到徐州车站,准备前往南京向教育部示威请愿。

戴克光等闻讯,随即与顾祝同派来的绥靖公署政治部主任及陆军总司令徐州司令部秘书长滕杰、江苏学院三青团书记周佛林、三青团学生及青年军复员学生等三十多人,以及徐州警备司令部赵复汗和徐州市三青团负责人等,在徐州公园召开会议,商讨因应之策。戴克光与其他同事一道组成“七人小组”,应对请愿。

请愿队伍抵达徐州车站,同学们很快便占领车站,迫使津浦路上下行车,均无法通行。

顾祝同给戴克光下死命令,无论如何要把学生带回学院,尽快恢复交通秩序。顾祝同已无耐心,为了阻止这次学运,已经调拨足够的军警,包围徐州车站;表示如果晚上六点前戴克光还不能让学生回校的话,将下令军警强制清场。

戴克光约集江苏学院各处各系负责人,赶到徐州车站,召集学生训话,试图劝阻学生回校。下午五点以后,徐州车站的僵局依然在持续。

滕杰要求戴克光指名交出学运的领头学生。于是,戴克光便派训导处职员程公权,帮助军警指认并逮捕领头学生三十多人。这些被捕者在羁押两周多后,才陆续获释。

当晚六点,戴克光并未能说服学生回校。一时间,包围的军警们大打出手，当场有数十名学生受伤。中文系学生王文华和数学系学生夏斯逵因伤势较重，加上身体本来有病，在这次殴打后一两个月内，先后去世。

车站事件平息后，顾祝同当天晚上即要求戴克光立即辞职，并将限期开除领头学生，作为办理移交事项的项目之一。作为车站事件的后续，按照顾祝同的指示，江苏学院在事后解聘教师多人，开除刘振先、徐建等 13 名进步学生。戴克光离职前夕，宣布学校提前放暑假。

这起事件，成为 1955 年肃反运动中要求戴克光交代的问题之一。肃反运动中对戴克光作出的结论表示："戴克光于肃反运动前，陆续作了交代，在肃反运动中对重要问题上做了补充，肃反运动后，表现较好，故不给予处理。"1979 年 2 月 10 日，北京政法学院筹备小组在《戴克光先生政治历史问题的结论》中指出："在无产阶级'文化大革命'中，对戴克光的政治历史问题经过审查，没有发现新问题，维持 1956 年肃反运动中的审查结论。"

戴克光的天真

抗战胜利后，美国驻华大使赫尔利陪同毛泽东前往重庆，代表中国共产党与国民政府谈判。戴克光认为，宪政中国的前途系于这次和谈，热切地希望和谈能够成功。在这种心情下，戴克光一方面佩服毛泽东的胆识和勇气；另一方面，他认为美国是中国的盟友，赫尔利大使居间协调，将有助于国共和谈。

戴克光对中共的认识其实十分模糊。印象中，他觉得中共能吃苦，不会贪污腐化，和谈如能成功，可以由毛泽东出任国民政府监察院院长一职，这样必定能够刷新政治，开创新的民主局面。他坚信，国民党要想有所革新，必须要放弃一党专政，让中共及其他党派出来竞赛，然后使得国民党的腐败集团自然淘汰掉。戴克光当时对蒋介石寄予厚望，甚至认为国民政府的贪污、腐化,全是国民党中下层的责任。

国共和谈失败后,戴克光颇感失望。他既失望于CC派及顽固军人根本不愿意和中共合作;亦失望于中共不肯把军队全部交出来,不顾大体,不能放弃一党之成见。和谈失败后,国共内战爆发,但戴克光依然寄望于蒋介石能够刷新政治,遵循和平途径,求得与中共合作成功。

内战期间,马歇尔来华调停,不惜八上庐山。戴克光颇感激美国这种负责任的斡旋。而对于另一个大国苏联,戴克光则觉得其神秘莫测,一方面与国民政府签订《中苏互助友好条约》,承诺只援助国民政府;另一方面,又出兵东北,搬走东北机器,占据旅顺、大连。

在这一段纷纭复杂的现实政治面前,戴克光有希冀,但更多的是困惑。作为政治学家,他为什么就偏偏看不懂现实政治呢?

执教政治大学

1947年7月,戴克光被勒令辞去江苏学院院长一职。离开徐州前,顾祝同还派机要秘书主任衡权到徐州车站送行,并送来陆军徐州司令部少将参议的聘函。

1947年8月,戴克光经国立政治大学副教务长钱清廉介绍,被聘为南京政治大学教授,讲授西方国家的政治制度。

当时,政治大学只给其提供一间宿舍,而戴克光家眷多,根本无法住宿,不得不在丹阳租房另住。平时戴克光待在南京,周末回丹阳,周一再回南京。长此以往,来往两地的交通费亦是不小的负担。于是戴克光就在南京用“戴刚伯”的名义自印“徐州司令部少将参议”的名片,然后利用这名片免费乘坐火车。这里需要说明的是“少将”级别,并未在前述聘书中载明,而是戴克光根据每月寄来薪金的数量而估算的。这张名片除可以乘坐火车外,每每国民党军队过境丹阳骚扰民居时,亦成保全其家产的盾牌。

1948 年春,江苏省政府酝酿改组,戴克光还专程前往徐州拜会顾祝同,活动省府教育厅厅长一职,未能成功。

戴克光与朱家骅、顾祝同等的关系恶化后,他不得不寻找新的靠山。他的目标是李宗仁。当时,李宗仁正积极筹划参加总统选举,他邀宴南京各大学若干教授,寻求舆论支持。戴克光应邀欣然前往。只是后来李宗仁要求大家签署一份支持他竞选声明时,戴克光不愿意把自己的名字发表于报纸启事上,遂婉言拒绝。

执教国立政治大学期间,政大校长顾毓琇曾在南京组织过一次京沪教授百人呼吁和平的宣言。戴克光看到这份宣言时,该宣言已经起草就绪,组织者希望戴克光也签名。此宣言主旨与戴克光的希冀一致,他遂欣然签名。

此时,国共内战的前景已经越来越明朗,国民党军队节节败退,而中共则旗开得胜,人气越来越旺。在这种情况下,戴克光不能不考虑自己的前途。他曾和钱清廉讨论过个人该何去何从的问题。戴克光认为,绝对不应该再去台湾,这不啻跟蒋介石殉葬,实际上就是“下棺材”。

1948 年冬,随着内战形势的发展,淮海战役最紧张的时候,戴克光便携带妻子儿女,离开南京。在他看来,国立政治大学由国民党中央政治学校改组而成,南京政权垮台后,必然先被解散,所以离开须趁早。

在上海静待解放

离开南京后,戴克光前往上海。在上海期间,他与家眷寄住在其内兄吕一飞家的一小间阁楼上,一时三刻找不到新教职,生活潦倒。穷途末路之际,他心潮难平:中共究竟是什么政策,他不清楚;想走,既没有钱,也没有去处,更没有去跟蒋介石陪葬的理由……他陷入极为无奈的境地。

1949 年 2 月,戴克光终于迎来一线转机,同济大学校长夏坚白聘其为法学院教授。同济大学法学院历史很短。本来同济大学只有工科和医科,早期的毕业生在工、医方面早有“同济派”的称号,留学德国的同济校友朱家骅担任教育部部长后,要求同济大学增设文学院和法学院。

对于法学院,朱家骅指示,必须按照德国法学院的模式办。所以,与其他法学院仿照美国模式院内设系的做法不同,同济法学院只有法律系一个系。同济大学校长夏坚白、法学院院长徐道邻、法律系主任张企泰、文学院院长熊伟及其他部分教授,均有留德背景。戴克光到同济时,徐道邻正在请假,在镇江担任江苏省政府秘书长,法学院院长一职由张企泰代理。在同济大学法学院,戴克光讲授的课程是“中国政府”,这也是颇有德国特色的课程之一。

自此,他便安心留在上海,静待解放。他不光自己留下来,也劝他熟悉的朋友和学生,无论如何不要到广州或台湾去,他认定这是死路一条。

1949 年 4 月 9 日,戴克光亲自去江阴,看望时为江阴要塞司令的二弟戴戎光。当时,汤恩伯怀疑戴戎光和解放军有联系,上海的报纸几次登载他被扣的消息。兄弟二人见面后,戴克光劝他辞职,无论如何不要再替蒋介石卖命。戴戎光同意戴克光的看法,说已经递交辞职申请,万一不准,就在此山上等着做俘虏。

4 月 21 日,解放军渡江,江阴首先解放。上海报纸报道说,戴戎光通敌,已被正法。几天之后,戴戎光的儿子戴中业,又被上海警备司令部逮捕。耳闻目睹种种噩耗,戴克光感受到近在身边的危险,希望上海早日解放的愿望更加迫切!

边学习边改造

1949 年 5 月上海解放。从一个学者的角度看,戴克光在 1949 年之前,并未取得太大的学术成就,除译有《政治思想史》一书外,没有学术专著出版,只有一些零星文字在报刊上发表。

经上海市高教处介绍,1949 年 12 月 13 日,戴克光来到北京华北大学政治研究所学习三个月。与此同时,他被吸收为中苏友好协会会员。华北大学学习期满后,从 1950 年 4 月开始,他又去华北革命大学政治研究所学习半年,8 月 31 日正式结束学习。解放后的第一年,戴克光就在政治学习中度过。

这些学习,大多出于戴克光的主观愿望。他的出发点在于,在新政权下面,像他这样的旧法人员,如果不经过学习改造,将无法走上讲台;而无法教书,家里的生活则难以为继。家庭的重担,迫使他不得不在现实中低下头来。

除了这层因素,另一方面的原因在于,在新政权下面,戴克光产生了强烈的自卑感。他觉得自己过去在政治上走错了路,一事无成,满身泥污,现在应该好好地学习改造,从头做起。

学习结束后,戴克光于 1950 年 10 月回到同济大学。经过近一年学习,戴克光对于重上讲台,信心很足。但是,现实再一次让他碰壁:同济大学认为,他还不能够开课;与此同时,同济大学政治课缺教师,他毛遂自荐,但被组织叫停,劝他不要心急,等有适当工作再安排。戴克光闻此,一下跌到谷底,他觉得组织不信任自己。

既然无法在上海立足,戴克光便向上海高教局请示,表示很想来北京工作。1951 年 11 月,戴克光被调到辅仁大学社会系,同时加入北京市教育工会。

在辅仁大学,戴克光的大部分时间,是在中央政法干校学习。这段时间,戴克光经济状况特别紧张,曾向英国留学的同学郑康祺借钱若干。戴克光与其爱人吕淑安育有四子五女,家庭负担确实很重。

戴克光的思想状况确实与新时代格格不入。他在 1952 年“三反运动”期间,曾写过一份很长的思想小结,其中对他在解放初期的思想状况,做了“暴露”:

关于"抗美援朝"

戴克光在参加华北革大的座谈会时,即现实地指出,我国最好不要出兵,卷入战争。他列举出好几点理由:第一,中国大陆刚刚解放,散兵、土匪及特务尚很猖獗,巩固革命政权是当前最重要的任务,不宜在此时劳师远征。第二,国内经过八年抗战、三年解放战争,亟须休养生息,恢复元气,不宜和很强大的美国开战,影响国内经济建设计划。戴克光之所以提出这两点理由,反对抗美援朝,主要在于他的基本判断:他始终认为美国不会打入中国东北,美国对中国没有领土野心。戴克光举出的这两点理由,并不是一点道理都没有,他认为朝鲜虽然值得同情,但我们确实爱莫能助。但是在当时的政治形势下,戴克光的观点又是多么的不合时宜!此后不久,各界应中央要求表态支持抗美援朝,戴克光才至少在口头上,不再坚持他的抗美援朝不明智论。

除了这些涉及国家大政方针的担忧外,更让戴克光担忧的是他的侄儿戴中强作为中国人民志愿军的一员前往朝鲜。戴克光与侄儿失散多年,而戴中强的父亲戴曙光早在抗战期间就牺牲。戴克光担心唯一的侄儿去朝鲜是凶多吉少。

关于"土改运动"

1950 年 4 月,戴克光被派往宁波观摩土改工作。他去观摩土改,建立在两种思想动机上:第一,江南土改开始时,上海一些地主阶级出身或与地主有关系的人,制造谣言,说乡间土改如何过火;也有人说,现在全国统一,不比从前老区情况,可以和平土改了。戴克光听到这些说法,口头上还是依据政府法令做解释,但是他自己心里也在打鼓。他也认为,如果地主不反抗,和平土改不也是很好嘛?他去参加土改,即是想看看土改究竟有无偏差。第二,他意识到,参加土改是改造旧知识分子必经的锻炼,所以他只能争取参加。但是实际上,戴克光在浙江余姚观摩暴风骤雨般的土改时,可以说是"惊心动魄",他参加公审恶霸地主的大会后,心中甚至对一个被批斗的老头产生悲悯。

关于“镇反运动”

镇反运动开始时,戴克光心里颇为矛盾:他认为对于那些解放后还搞反革命活动的人,必须坚决镇压;但是对那些有历史反革命罪恶的人,除了有血债和顽固到底的人以外,应该尽量赦免。镇反高潮时,戴克光获悉江苏学院被他开除的学生要控告他,颇觉得不安,主动去找同济大学校领导谈话,又找上海统战部周部长谈话。统战部的同志安慰他说,历史问题既然向组织上交代,就不必再有什么顾虑。戴克光对组织的宽大十分感激,同时也十分惭愧,“觉得自己过去的确做了一些对不起人民的事。人民不咎既往,自己应该好好立功赎罪”。

镇反期间,戴克光有一位姑父曾在苏北当过多年乡长,来到他在上海的家里,表示苏北原籍政府要逮捕他回去,他想逃到浙江山里去,向他征询对策。戴克光建议说,千万不要逃走,逃也逃不了,劝他主动向政府坦白,等候处理。这位亲戚许久没音讯。后来戴克光与一位是团员的表妹聊起此事,他表妹认为戴克光应该大义灭亲,主动检举自己的姑父。内心柔弱的戴克光却认为:让他自己去坦白好了,何必去检举他!

关于“三反运动”

“三反运动”开始时,戴克光担任副组长。戴克光坦陈,其存在“右”倾思想,认为组里老干部生活艰苦,不会有重大贪污行为,同时有依赖心理,认为不管什么事,只要老干部决定了,都不会有错。戴克光在一堆革命老干部中,他觉得只是一个陪客,严重自卑,几次提出要辞职请另选他人,对工作很不积极。

以上便是戴克光对自己思想状况的暴露。除了思想上的问题,学习阶段中的一些做法,戴克光也很难适应。比如“三反”期间,大家加班加点学习、总结,周日能否休息,常常无法保证,只有在周六晚上六点后,才能获悉次日能否休息。戴克光觉得这种安排很不自由。

在这份"三反运动"思想小结的末尾,戴克光写道:"我十分感谢毛主席和党三年来给我多次改造教育的机会,把我从污毒的泥坑中救出来。只有不断加强马列主义及毛泽东思想的学习,彻底改造,重新做人,把今后半生完全贡献出来,在党的领导之下,全心全意为人民服务,立功赎罪,这样才能对得起人民对我的宽大和培养。"

对于戴克光的这种认识,小组鉴定后为他指出前进的方向:"放下架子,向群众学习,争取多参加群众性运动;树立主人翁意识,克服政治上的自卑感;加强马列主义、毛泽东思想的学习;加强阶级观点,克服一切反动残余思想;在思想上划清敌我界限。"

这些,戴克光能做到吗?

来到北京政法学院

1952 年年底,院系调整中,北京政法学院成立,北大、清华、燕京、辅仁的政治系、法律系以及华北大学、华北革大的相关机构,合并成立北京政法学院。

1953 年 3 月,戴克光结束在中央政法干校的学习,被分配到北京政法学院。

据刘大卫、王为刚整理的《戴克光教授简介》中,有这样一段与戴克光有关的史料:

> 进校前先在北京参加了一期短训,同时受训的还有一批团级以上的军队干部。当时学校条件比较差,住地困难,组织上安排军官班的同志睡地铺,而让戴克光这些老知识分子睡高床大铺。戴克光先生认为共产党干部有功却睡地铺,我们这些旧知识分子无功受禄,深觉惭愧,便请求对调。这件事让

> 周恩来总理知道了，特地来看望他们，坦诚地说：“爱国不分先后，这是大前提。今后可能不打仗了，主要搞各方面建设，军官们要有一大批转业搞建设，要从头学起，睡地铺这是我们安排的，他们不会有意见的。诸位要为新中国服务，作用很大，都会立功的，不要过谦了。”大家听了十分感动，共产党人气度大。共产党内有高才，周恩来就是其中杰出的一个。他回到上海遇上好友，总是称赞周恩来风度翩翩，态度和蔼，讲话入情入理，看问题富有远见卓识。

在北京政法学院，戴克光还算受到尊重，他被定为三级教授，表现也基本得到各方面的认同，甚至被任命为北京政法学院工会主席。只是这一职务只持续了三个月时间。在校外，戴克光加入中国民主促进会，并被任命为中国政治法律学会理事。

戴克光从中央政法干校调到北京政法学院后，一同调入北京政法学院的“旧”教师中，只有戴克光一人，被派到研究组参加思想改造。戴克光颇有情绪：自己思想改造已经差不多了，为什么不能参加教研室搞业务呢？但他似乎又是被信任的——他被任命为研究组组长，时为北京政法学院副院长的武振声还找其谈话，嘱托其把工作做好。因此，戴克光颇为困惑，一方面不满于将自己分配到研究组，另一方面又觉得自己毕竟还得到组织的重视与信任，陷入一种进退维谷的彷徨。

1954 年 9 月，北京政法学院指派戴克光，再次到中国人民大学进修一年。通过 1955 年 7 月 10 日填具的“中国人民大学结业进修教师鉴定表”中“行政鉴定”的评语，可以看出当时戴克光的基本状况：“初期对进修任务不明确，强调专题研究，故对课堂笔记很少复习，对参考书也不认真阅读，也没有作读书笔记，表现了严重的自由主义学习方法。在进修期间，经常流露一些旧观点，但尚没有固执己见。对专业初步掌握，但不系统全面，今后能否担任讲授，尚看将来写出讲义的质量如何。”

“肃反运动”

回校不久，戴克光便迎来“肃反运动”。

根据“肃反”时的结案材料，戴克光的平时表现被认定为：“解放后比较积极，表示欢迎解放，曾先后进入华北革大、中央政法干校，参加思想改造学习，在学习过程中对自己的旧思想进行了批判，也指出了些问题，担任的社会工作尚能负责，与同志相处也比较好。但表现自由散漫。来政法学院也能安心工作。”

那么，运动中的戴克光又是什么状况呢？“戴在运动开始时，就表示要彻底揭露自己，但只作了一般的思想检查。随着运动的发展，戴向领导小组同志表示要作补充交代，并写了材料。后来小组领导同志就让戴在小组会上交代。先由戴自己交代，然后大家就所交代的问题提出疑问，并让戴在会上考虑再作补充交代。这样的小组会开了三次，其发展过程是健康的，未发现违反政策现象。”

审查小组对戴克光的处理意见指出：“戴克光曾参加过国民党复兴社并任过三青团筹备处主任，亲自破坏和镇压过学生运动，指示职员协助反动军警逮捕学生二十多名，故系一历史反革命分子。但由于‘肃反运动’前后继续交代了问题，并在主要情节上经查对基本相符，解放后又表现较好，故不给予处分。”

1956 年 8 月 31 日，北京政法学院五人小组对戴克光的历史反革命问题正式作出结论：“以上问题，戴于‘肃反运动’前陆续作了交代，但很不彻底，在‘肃反运动’经过组织及同志们的帮助，在重要问题上做了补充，经调查对证，尚未发现新的事实。肃反运动后表现较好，故不给予处理。”

反"右"

整风运动初期,统战部门鼓励老教授向中国共产党提意见。

戴克光认为,最好能够安排一个民主党派成员担任国务院副总理,以便于党外人士反映情况。

当时有其他民主党派成员针对中共中央和国务院经常联合发布通知的现象提出,只有政府机关才有资格发布命令,而政党只能发布政策。戴克光对此亦表示赞同。

整风期间,北京政法学院学生设立自由讲坛。戴克光对此颇为赞赏,认为这颇似英国伦敦海德公园。戴克光表示,有些资产阶级知识分子经过思想改造后,怕犯错误,不敢讲话。

整体来说,戴克光在整风和反"右"期间言论并不多。运动后期审查时,戴克光被划为"中间偏右"。

既然已经跃进了,何必还要"大跃进"?

尽管一直试图紧跟形势,但戴克光总是一不小心就被时代甩在后面。尽管一直试图适应新形势,但戴克光的言行总是与时代的氛围格格不入,时不时受到批判。

在学习总路线、"大跃进"、人民公社等"三面红旗"的时候,戴克光认为公社化搞得早了。另外,他还认为,解放后中国社会主义建设各方面都是突飞猛进,一直是跃进的局面,历史上从来没有这样极短时间内能取得这样辉煌的成就。戴克光认为,既然已经跃进了,何必要"大跃进"?

在学习总路线时,戴克光对"多快好省"感觉不好理解,认为在执行时会有困难,俏皮地说:"多不能好省,十篇坏文章不如一篇好文章。"

"大跃进"期间,毛泽东提出:"我们的教育方针应该使受教育者在德育、智育、体育几方面都得到发展，成为有社会主义觉悟的有文化的劳动者”。而戴克光则认为，高等学校应该培养各种科学的专家，文科方面的学生，要具有古今中外的渊博知识。针对当时通行的劳动时间长、学习时间短的做法，戴克光甚至认为，劳动的时间多了，自然会降低教学质量。他说：“挖地挖不出宪法来，剥老玉米剥不出民法来！”

1958 年北京政法学院党委布置全院，学习毛泽东的“教育为无产阶级政治服务、教育与生产劳动相结合”的方针。在党委的鼓励下，戴克光勇敢地“暴露”了自己的思想：他认为高等学校是传授知识的地方，知识就是力量，学生的主要时间和精力，应该放在探讨知识方面。对于业务与政治之间的关系，戴克光亦认为搞阶级斗争和业务有冲突。对于教育与生产相结合的方针，戴克光提出，理工农医和生产劳动相结合比较容易，而政法业务则不好和生产劳动结合。在具体时间安排上，戴克光认为业务和劳动的时间比例，至少得为八比四，即八个月学习上课，四个月生产劳动。针对当时青年学生大量劳动而耽搁时间，戴克光强调不能耽搁青年的学龄时期，学龄时期社会活动多了，就辜负学生的青春，“上大学的几年是青年的黄金时代，这个黄金时代一去不复返，应抓紧这个黄金时代，多念点书。要学生劳动是浪费青年的黄金时代”。他认为学生在学校应该多读书、多上课，只有在学龄期把业务基础知识学扎实了，毕业后尽是劳动的时间。对于北京政法学院的办学方向，戴克光亦表示，“我们学校要办得更正规些，应该向莫斯科大学法律系学习”。

对于高校招生的无产阶级路线，戴克光亦表示怀疑，尤其是对他的子女因为出身不好，不能留苏，不能报考航空学院颇感惋惜和不平。

所谓三年自然灾害时期，有人在政协作报告，说暂时困难是由于“三分天灾、七分人祸”。当时对所谓“三面红旗”颇不以为然的戴克光，对这种说法颇有共鸣并表示同意。他甚至表示，只要能提高生产，暂时采取三自一包,恢复单干也是一个权宜之计。

出于对困难时期生活水平过低的不满,在教研室开会时,戴克光忍不住发牢骚:当年在清华当助教,每月薪金是银币 80 元,购买力比现在教授待遇还多一些。此牢骚被指斥为“今不如昔”的谬论。

有一份戴克光的《小传》中指出,戴克光“经过整风、双反、教育改革后,被认为在思想上有一些进步。如过去认为美帝侵朝时认为中国应该‘排难解纷,做和事佬,一边倒政策造成与美帝对立,太不聪明’;而在埃及问题、伊拉克问题以及最近金门马祖的斗争等问题上则认识到,‘与帝国主义客气不得’。支持伊拉克民族独立运动时,天气很热,也参加了天安门的大会。原来对于我党的教育方针抵触很大,认为青年是学龄时期,学校教育应该主要是读书,给学生以系统、广博的知识。最近则经过学习,在参加民进代表大会回来后曾自动说:‘认识有所改变,要写检查。’过去在学术上以个人名利思想为出发点,想在研究古代历史方面成名,‘寄情古人,托老学问’,因此强调知识分子需要看书,现在知道政治立场问题不解决,专的问题也很困难,‘只读书也不行,甚至有成为右派的危险’。现在有这些变化,但还只是从认识上改变的多,从实践中感悟上改变的少。……他认为资产阶级个人主义的道路已堵死了,但感情上为人民服务的人生观还未确立起来。在学术上目前自信心也不大,曾经说,‘干脆不教书去搞两年实际工作’,但还是愿意学习,所以最近曾表示愿意到公社去参加整社工作,党委已批准他去了”。

转行

追溯至此,有必要说说戴克光的转行打算。

在 20 世纪 50 年代中后期,戴克光一度想放弃法律,转而研究中国历史。戴克光在一份思想检查中写到,他对于中国历史在过去就有兴趣。而促使其转行的更主要的原因,则是“感觉现行法律难搞,需要政治水平高，材料不容易全部看到，同时过去不是专搞‘私法’的，也没有多大兴趣，勉强搞也很难出色”。而在他看来，中国国家与法的历史是一个冷门，他认为自己还具备条件搞这个专业，觉得自己在政治上已经没有什么“前途”，只有埋头研究这门科学，才能有安身立命、成名成家的希望，也正符合国家的需要。

戴克光之所以打定主意转行，也跟他心里的“小算盘”有关。苏联专家楚贡诺夫到北京政法学院后，颇注意中国国家与法的历史专业。楚贡诺夫跟戴克光表示，苏联的大学也愿意开这门课，欢迎中国同志去讲。说者无心，听者有意，戴克光闻此，即把将来到苏联讲学，作为个人积极奋斗的目标和动力。

1956 年 12 月 30 日，戴克光在《人民日报》上发表《关于研究中国法制史的几个问题》一文，主张研究中国法制史的长期重点，应该放在古代，而不是当时流行的只重视“五四运动”之后历史的做法。这种观点隐而不显的背景在于，戴克光认为，现代史研究根本无法与实际政治分开，很多问题的真相弄不清楚，当前的或现代的问题牵涉实际政治忌讳很多，风险很大，写出来的作品近似于宣传品，学术味道很不够，甚至可以说稀薄到谈不上什么学术标准。在这种情况下，戴克光想转行研究中国国家与法的历史，就多少有点逃避现实的意味。

有了目标，戴克光开始关起门来读古书。结果，他被指斥为“放松了自己的思想改造”。戴克光写道：“检查我的思想，利用古代‘法制史’作为思想的防空洞，幻想在这里面会可以找到自己的世外桃源，在这里可以为个人谋图成名成家、安身立命的一块自留地，也不致受到风险，犯了错误……”

“戴老头是来休养的吧！”

之后的历次政治运动，戴克光也都积极参与。1966 年 5 月，戴克光结束在钱旺村的“四清运动”返回学校。在钱旺村团委写的鉴定结论中,戴克光的表现部分受到肯定,而另一些则受到批评。

受到肯定的有:在五个多月的"四清运动"中,能参加工作队学习和群众会,接触贫下中农,对农村阶级斗争的认识比以前落实一些;虽然年老体衰,但注意做到"三同",能主动做一些力所能及的轻微劳动;注意学习毛主席著作、四清文件和报纸,在学习讨论会上,能暴露一些思想和观点。

而在钱旺村团委看来,戴克光在"四清运动"中,表现出来的问题也不少:第一,思想改造自觉性差,惰性较大。在五个多月的运动中,几乎没有做什么该做的,晚上经常没有参加完群众会就回住处睡觉,有时连会都不参加,而在家听收音机、看报或睡觉。下乡期间,由于患有高血压,几乎有三分之二的时间用于休息,有的群众问:"戴老头是来休养的吧!" 第二,同情吴晗和散布反动言论。在平时他讲,我们批判吴晗是吹毛求疵,他的错误没有这样大。他还说,"吴晗是太不虚心了,越辩护大家越批得厉害。吴晗承认了不就得了吗? 自讨苦吃"。《人民日报》批判翦伯赞的反动观点后,他对赵敬修同学说,"我也有,就是没有像他那样严重,比他差一点。"戴下乡后,研究人性论,研究结果是他认为人类有共同的人性论,哪个阶级都要吃饭。

"文化大革命"

"文化大革命"开始后,每个老教授都受到很大冲击。

有一次袁翰青在街上碰见戴克光,聊及北京政法学院的运动状况,戴克光表示:"这次运动对于旧知识分子的冲击很大。我们教授每天都有点轻微劳动。钱端升和吴恩裕两人是重点。"

1972 年 2 月 28 日,时年 67 岁的戴克光在《政法学院五七干校干部鉴定表》中写下这样的自我鉴定:

在"文化大革命"前,我在北京政法学院比较能靠拢党组织，愿意向党交心，也做了一些工作。但由于自己阶级立场和世界观没有得到根本改造，非无产阶级思想，特别是资产阶级学术观点没能得到深刻的批判，所以对修正主义的教育路线起了宣扬的作用。

对于“文化大革命”由不理解到能领会，能接受伟大领袖毛主席的革命路线的教育。认识到清队工作的重要，能向组织补充交代自己的政治历史问题，对外地来调查的同志提的问题，亦能如实答复。

工、军宣队进校后，能接受工人阶级的领导。响应伟大领袖毛主席的号召，愿下安徽“五七”干校接受工农兵的再教育。在“五七”干校能参加力所能及的劳动。

在批清运动中，特别在批判林陈反党集团的斗争中，受到了教育，认识到路线斗争重要性。

我的主要问题是资产阶级的立场、世界观没有得到根本的改造。

今后必须认真读马列的书和毛主席的著作，永远接受工农兵的教育改造，彻底改造世界观，努力为人民做一些有益的工作，永远跟着毛主席干革命。

这几段自我鉴定，真实地传达了戴克光在“文化大革命”时期的心理及思想状况。

戴克光之死

1977 年 8 月 29 日上午 6 时 35 分，时年 72 岁的戴克光因突发脑溢血，抢救无效而与世长辞。

北京政法学院留守处与其家属几经商定后，于 9 月 8 日发布的悼词中,有一段颇有时代特色的语言:“戴克光先生出身于剥削阶级家庭,在旧社会曾为国民党反动派服务过,但解放后,在党的政策教育和感召下,能够接受党的教育,按照党对知识分子改造的要求,参加‘三反’‘五反’‘整风反右’‘社教’、无产阶级‘文化大革命’,以及干部下放劳动等各项政治运动,在运动中,戴克光先生比较能注意学习,提高认识,改造思想。在以华主席为首的党中央一举粉碎‘四人帮’的伟大斗争中和党的十一大胜利召开时,戴克光先生和群众一起参加了学习,欢庆斗争的伟大胜利,表示拥护以华主席为首的党中央。”

戴克光倘闻此,当一笑罢?

“生于宣统二年”

——于振鹏的背影

于振鹏的身上充满传奇,他的籍贯便是其中之一。

“我应该是北京人”

他祖籍山东文登,但自他而上,几代都在北京谋生。上小学报名时,于振鹏将籍贯填写为直隶大兴。当时北京尚未设市,西半部属宛平,东半部属大兴;于振鹏家住在崇文门外东厢胡同,归大兴自无疑义。后来中学、大学时,他的籍贯一直如此沿袭。但北京实施户籍制度后,长辈将籍贯报成山东文登,于振鹏的籍贯随之而改。

他对此似乎比较在意,曾强调:“连我祖父都和山东原籍毫无联系,算我是北京人比较合理。”“祖父谈话的口音就是北京音,祖母又是北京人,我应该是北京人。”

于振鹏祖父于绍勳，字懋庭，行五，人称“于五爷”，清朝时在京为官。戊戌政变后被贬，几被杀头。“于五爷”罢官后，曾在前门外宝兴隆首饰店学徒，后来自己开一间首饰店，但不久后倒闭；此后于绍勳大病一场，待病愈后，与人合伙开两家首饰店：全聚西、全聚东，试图东山再起，但未成功。在这一辈人中，于振鹏的六叔祖，曾担任清朝的骡马监，庚子年间亦罢官回家。于振鹏 1910 年出生时，他祖父即已在家赋闲多年。

于振鹏六七岁之后，在家跟随祖父读书。在祖父的指点下，于振鹏熟读《三字经》《百家姓》《千家诗》及“四书五经”等典籍。祖父保皇而赞成维新，对于于振鹏影响甚深，他脑子里从小便留下拥护正统、厌弃流血、反对革命、支持改良的潜意识。鉴于自己从政失败的经历，于绍勳强烈反对后代包括于振鹏的父亲等从政。

于绍勳一直致力于将于振鹏培养成不苟言、不苟行的正人君子。在一定程度上，这个教育目标达到了，于振鹏深深服膺于祖父的道德文章。祖父在家一言九鼎，好发脾气，家教极严，进退应对都有章法，错了便大骂，全家人都怕他。于振鹏跟祖父读书，一直到 12 岁。按照于振鹏自己的说法，这对他懦弱的性格及暴躁的脾气多少有影响。

于振鹏的父亲于建敏，字捷卿。维新运动后，中国人多去日本留学，于建敏亦是留日大军中的一员。他先是在京师同文馆读书，不久亦去日本，进某法政学校求学。后来因家里无力供给，一年多后即回国。于建敏回国后，先后在京师总商会、吉林天图铁路公司、邮局等做文书，一生平淡寂寥；加上受家道中落的影响，于建敏“恬淡消沉孤僻愤世”。多年后，于振鹏对父亲的言论诸如“政治上没有是非黑白”“段祺瑞、吴佩孚、张作霖，谁有枪谁就有理，就是老百姓没有理！”“好人做不了官，做官的没有好人”等，依然耳熟能详。这种厌弃官场的教育，使得于振鹏从小便怕做官、怕进衙门，不求闻达于诸侯，只求读书得一技，安分守己，糊口养家，以“现在家养我，将来我养家”自期。

由于自身的困窘，于建敏对于振鹏的教育颇为费心。于振鹏的母亲张氏，家族颇多店员等低阶层职员，以“老实商人”自居，怕政治、怕失业，反对读书求学，只要略微识字，会打算盘，便送出去做学徒。诸兄弟中，除于振鹏在父亲的坚持下继续读书外，他的多位弟弟都去做了学徒。当时于建敏处于失业中，教育经费成为他的一大笔开支，这也是无奈之举。1938 年于建敏因肺痨逝世。

求学时代

12 岁之后，于振鹏进入北平第 24 小学插班读书。

此时“四书五经”已吃不开，于振鹏亟待接受新式教育。从家塾到新式小学，注音字母、白话文、体操等，于振鹏“耳目一新”。他的老师中，一位周姓老师受“五四运动”影响颇深，反对忠孝，赞成史可法、文天祥等，说詹天佑是伟人，这些说法让于振鹏觉得新奇。

在北平第 24 小学，于振鹏参与平生第一次政治活动。快到暑假时，周老师因反对贪污，与担任学校庶务的校长弟弟打架，被开除教职。于振鹏等早就耳闻这位校长的弟弟贪污公款，周老师走后，他们很愤慨，有人提议去学务局告校长。于振鹏觉得有道理，便参与其中。

于振鹏一行受到学务局长接见后，列举该校长的“十大罪状”。当时军阀混战，互相习惯在报纸上通电对方的“十大罪状”，于振鹏等也便依葫芦画瓢。当时学务局长答应好好处理。但于振鹏等七八个学生回到学校后，等待他们的却是校长“每人打三板，通报家长严加管束”的待遇。

这次政治活动以失败告终，周老师没有回来，于振鹏等反被以新学制的名义，提前一年毕业，变相集体开除。

这件事让于振鹏思索良久：一方面，能够告校长，还能见局长，颇为新奇;但是另一方面,挨了体罚,又变相开除,父亲“官儿善不得”的叹息,久久地回响在耳边。

北京法文专门学校

小学毕业后,于振鹏不得不就读于北京法文专门学校。

其时北洋军阀连年混战,教育经费毫无着落,公立学校全部关门,于振鹏不得不投考私立中学。但是私立中学大都为外国教会所办,英文、数学要求极高,而于振鹏小学少读一年,自然难以考取。辗转尝试后,于振鹏不得不与同学一道,投考北京法文专门学校。

围绕对该校的选择,当时在他家里引发了争执:他父亲并不赞成他学法文,认为将来不好升学;但他祖父赞成,理由是法文也算一技之长,这所学校毕业,将来可以去京汉铁路工作,京汉铁路由法国人投资,这种职业,可以不受北伐混战政局的影响。

北京法文专门学校位于宣武门内顺城街,是法国天主教会设立的独立中学。教员全是黑衣教士,高级班由法国人用法语授课,很注重语言能力的提高。于振鹏入学后,作业繁重,几乎没闲暇时间,难得看些图书报纸。

作为教会学校,北京法文专门学校除开设正常课程外,还设有一门讲道课,以讲授纯宗教内容为主。但于振鹏一直未信教,他同学中,信教的也不多。

于振鹏之所以未信教,主要有几点顾虑:其一,他祖父曾经告诉过他,千万不能信洋教,“据说信洋教后,就不要祖宗了”,于振鹏觉得天主教可以不要,而祖宗不能不要。其二,曾有传闻说,教士曾以“传道”为名,对几个小同学有肉体侮辱行为,于振鹏和他的同学们都很害怕。其三,于振鹏对“创世纪”等圣经故事,实在听不进去,他觉得越听越像“洋教封神榜”,反而是他弟弟中学历史课本中房龙的“人类的故事”,更为可信。

在法文专门学校五年期间,教士们管理十分严苛,于振鹏和他的同学们挨体罚、受辱骂是家常便饭。他们大多数时候不得不逆来顺受,明知教员无理,也只好忍气吞声。孙中山逝世后,于振鹏和一群同学去中央公园谒灵,教员知道后大骂一通。于振鹏曾亲眼看着一个同学站起来辩解:“天主不是中国人的救世主,孙中山才是……外国人到中国来,全没有怀好意!”这种辩解,很使于振鹏为这位同学担心——果然不久之后,这位同学便被开除。但这次不卑不亢的顶撞,却给许多人打开一扇窗,校方的威严由此大打折扣。

那几年,也正是北平学生运动风起云涌的时期。于振鹏积极参加当时的学运。在“五卅运动”中,于振鹏全程参与游行、示威、讲演和募捐。于振鹏等每天募捐回来后,将钱罐送到西单大街某回教饭馆一个同学那里。但时隔不久,《顺天时报》报道说,有个同学携带大批捐款潜逃。丑闻传出,他父亲即禁止他再去,于振鹏自己也颇为灰心,由此退出这场学运。

在法文专门学校的五年期间,于振鹏将大部分精力用于法语的学习,语言能力进步甚快。不久之后,北伐军到北平,于振鹏还有一年毕业。但北伐军所经之处,取缔教会学校、收回教育权乃是常态,北京法文专门学校亦难例外。于振鹏被迫失学。

中法大学

北伐后不久,北平成立中法大学。中法大学名义上的校长是蔡元培,李石曾任代理校长,知名教授如陈大齐、钱玄同、范文澜等均云集中法大学。

1928 年 9 月,于振鹏进入中法大学法国语言文学系。他选择中法大学,既有法语特长的优势,亦有学费低、创办人李石曾反宗教等因素。

上大学前，经祖父之命、媒妁之言，于振鹏与李慰慈喜结连理。

与教会中学比，中法大学是另一种气氛。在那里三年间，几乎没什么学运。于振鹏难得沉浸在书本中。他除花很多工夫研习中国文史，弥补教会中学的不足外，亦大量阅读法国 19 世纪的浪漫派文学。于振鹏在法文专门学校期间，只在中学法文文选中，接触过十七八世纪的古典作品，这次接触到浪漫派文学，觉得格外清新。

在中法大学期间，有两个人对于振鹏产生很大影响，一个是中法大学校长李石曾。李石曾在一次演讲中，谈到普鲁东的无政府主义，这引起于振鹏对无政府主义、空想社会主义等理论的极大兴趣。

另一个人便是王来庭。进入中法大学第二年，于振鹏开始学习 18 世纪法国文学史，迷恋上卢梭、孟德斯鸠等启蒙文学。讲这门课的教授是王来庭，字凤仪，写有《蒲鲁东之经济主张》等文。于振鹏颇钦服其讲课风格，遂同时选修王来庭的“政治经济学”“法学通论”等课程。毕业论文也请王来庭担任指导教授，题目为《孟德斯鸠的研究》。就这样，王来庭成为于振鹏从文学到法学人生转型的重要启蒙者。

大学三年级时，于振鹏开始琢磨“人生何为”的问题。家庭教育使他意识到人活着，就应以“挣钱养家”为己任，而中学教育，则时时处处宣扬“人生就是为受苦，以救赎亚当、夏娃的原罪”。但于振鹏对人生的目的究竟是什么，确实感到困惑。

大学这三年，也是于振鹏的家庭变故最大的三年。1928 年清东陵被盗，于振鹏祖父开的两个首饰店中，东号因被怀疑倒卖东陵文物，他伯父和一个经理因而入狱。另一个伙计拿钱请律师，结果伙计和律师串通，除了吃喝玩乐外，什么问题也没解决，反而花光家底。首饰店最后只好关闭了事。其间，于振鹏六叔因忙于营救他伯父、耽误工作太多，亦被革职。年底，他的叔父病倒，次年春天去世。紧接着，祖父病逝，投资的另一个商号被合伙人侵吞，使家里片瓦不留……在这种迭次变故中，于振鹏饱尝“人心险恶、世态炎凉”之变，原来的近亲好友，突然间“对面不相识”，能够来他们家的，基本上都是讨债、介绍律师、借口代为疏通而想从中捞一笔的。于振鹏对此颇为厌恶，父亲的另一句话“腰缠万贯不如一技在身”他记在心里，对官府、律师、法院以及整个社会，都感到恐惧厌恶。

但否极泰来，于振鹏在家道最潦倒的时候，获取人生中至为重要的一次机会。由于他是中法大学该年度第一名毕业的学生，获得公费留学名额。此时，如果他倘若能够留下来挣钱养家，家庭的经济状况会稍有改善。但是他权衡良久，还是决心远走高飞，在新的环境中求得学业精进。

获取留学名额后，中法大学只给了他一百元的置装费，旅费仍然短缺。拮据万分的于振鹏，不得不将自己和爱人的衣服首饰变卖，以筹措足够的盘缠。他离家那天，正是“九・一八事变”的第二天，1931 年 9 月 19 日。

留学法兰西

1931 年 9 月 26 日，于振鹏从上海登船前往法国，10 月底抵达马赛，当天晚上抵达里昂，寄居中法大学海外部的校舍，由此开始其近十年的留学生活。

在法国究竟该学什么专业呢？于振鹏陷入沉思。

按照父亲的意见，他应该学工或者学医，而母校中法大学则希望他继续文学、语言或者历史地理。于振鹏和一些同学讨论后，觉得文、史、地出路不大，而工学则要补习两三年数学，于是他就动了学医的念头。如果学医的话，正符合父亲一贯的“人求我、我不求人”的择业家训。可是学医的年限很长，需要七年时间；而且学医成本高昂，仅自备参考书一项，即需要九千法郎，家里也无力供给。

怎么办呢？于振鹏决定学法律。他认为法律专业属于“进可攻、退可守”的学问，至少保证自己不受人欺负，小可以谋生，大则可以服务众人，正所谓“达则兼济天下，穷则独善其身”。

在当时的留法学生中，学法律的也有两种学法：最流行的一种，即是考一张证书（Certification），然后读博士；而于振鹏却选择另一种更艰辛但更能学到东西的方式，即入大学本科（License），快则三年，多则四五年，方可完成学业。

里昂大学的图书馆藏书丰富，深深吸引着于振鹏。市立图书馆也有很多书，中法大学海外部图书馆的中文书也相当多。所以，除到里昂大学法学院上课外，于振鹏大部分时间都在图书馆里度过。

当时他二十多岁，求知欲最旺盛。于振鹏读书的面颇广。当时西欧的种种政治经济学说中，他觉得空想社会主义比较有道理；而中文书中，他颇为喜欢胡适、梁漱溟等的作品。在法国没有信息封锁，中共旅法支部办的《救国时报》《生活》及《大众》等杂志，很容易就能读到，通过这些阅读，于振鹏忧国忧家的愁肠，逐渐转化成爱国热情。

在爱国热情刺激下，于振鹏身边有一些同学甚至弃学从戎，回国参加抗日救亡运动。但他还是坚定地留在里昂大学的图书馆里，尽管他也躁动不安，但是对“不抵抗政策”敢怒而不敢言。

爱国心切，于振鹏慢慢有了拿出实际行动的念头。当时，里昂的中国学生不少，但死寂沉沉，没有任何活动；中法大学的传统，即是反对宗教、不问政治。当时，中法大学国外部的学生来源甚多，既有勤工俭学的，也有北平中法大学的学生，另外，广东、浙江、湖北等亦有省级公派，甚至还有一部分学生是在法国招收的。如此一来，各色人等都有，读书的闭门读书，玩耍的继续玩耍，各得其所。

于振鹏属于介于图书馆和社团活动之间的学生。适应环境后，他加入了北平中法大学海外部同学会。该社团主要职能代表在法国的中法大学校友,向母校交涉各项事宜,尤其是催促留学津贴按时足额发放。该社团有三个干事:总务、文书和会计,于振鹏曾担任过一任文书、一任总务。

1933年前后,中法大学校长李石曾到里昂,于振鹏等接待,并应同学要求向李提出将留学津贴由每月20元提高到30元的建议。李石曾答应下来,但回国后即反悔。于是,于振鹏便以中法大学海外部同学会的名义,向李石曾写了一封言辞激烈的信。结果是留学津贴如约增加,但李石曾及中法大学当局则对于振鹏存下芥蒂。

于振鹏参加的另一个社团是"五方会"。这里的"方",取"法郎"首字母的谐音,五方即五个法郎。在该机构,每人每月交会费五法郎,聚会两三次。每隔周的周五晚上,于振鹏安排同学作演讲,题目由演讲人自订,原则上结合自己的专业选择题目,训练口才。该会的成员以中法大学的嫡系校友为主,在于振鹏抵达里昂前即已存在。

于振鹏还参加过法社。法社成立于1935年,以中法大学法科学生为主,由徐复云倡议成立并担任总干事。于振鹏在该社团成立时即加入并担任干事,徐复云毕业后,于振鹏继任总干事一年。该社团每两周一次全体会,由会员选择学术问题作演讲,然后供应茶点并讨论。该社团不收会费,由参与者轮流做主人。

法社的活动曾在里昂大学闹出动静。有一次,法社邀请法学院经济学教授安德鲁·菲利普演讲"计划经济"。由于菲利普亦是法国国会议员、社会党党员,组织者当然希望该活动能够多来些听众,便登报发布布告。但是该活动遭到中法大学校方的反对,演讲日中午发出布告,取消演讲。经多方沟通后,该讲座才在不允许校外人士参加的前提下,得以举办。

鉴于里昂的中国同学来头多,互不团结,而日本侵略中国日甚一日,于振鹏等很痛心一盘散沙的局面,但是又无法团结起来。后来,勤工俭学的学生中有个叫王学书的同学四处奔走,最后成立全校性的里昂大学中国同学会。于振鹏因为法语比较流利,被选为交际干事,担任对外联络工作。该机构以监督食堂、组织参观旅行等为主要活动,曾在里昂的华人华侨中为中国难民募捐。

于振鹏曾代表里昂大学中国同学会,参加过一些重要会议。1936年春世界和平会议在比利时召开,于振鹏被推为代表参加。此后不久,国际大学互助社在比利时首都开会,中法大学代表校长宗宾甫代表校方、于振鹏代表学生参加该会议。1938年时于振鹏在巴黎,世界和平大会移师巴黎召开,学生会又派于振鹏代表参加。该学生会一直到1942年中法大学海外部解散时,才停止活动。

求学巴黎

1936年下半年初,于振鹏顺利在里昂大学法学院毕业,取得法学学位。按照原计划,他应该回国。家境困窘,急需他回去。但此时正是"七七事变"前夕,即便回去,又该去哪里谋职?中法大学已经人满为患,母校之外更无门路,正是国家虽大,却无处容身。

于振鹏犹豫不决。究竟该何去何从?一些同学劝他,还是接着读下去,多积累些资本,将来谋求职业更容易些。于是,于振鹏便打定主意,将中法大学给他每月30元的生活津贴挪给家里,而自己设法挣钱,继续修博士学位。1936年冬天,于振鹏考到民法和经济的两张证书,便向学校申请转学去巴黎,准备博士论文。

1937年1月,于振鹏开始在巴黎大学法学院继续求学。他的论文指导教授是中国法专家让·艾斯嘉拉。艾斯嘉拉是巴黎大学的民法学教授,在1929年前后郑毓秀、魏道明等担任立法院委员期间,曾被聘为中国法律起草的顾问。1936年时,艾斯嘉拉曾有专著《中国法律》出版,对中国法律的历史与现状有一定的研究。除在法学院教课外,艾斯嘉拉也在巴黎大学中国学院讲授“中国法”，是法国学者中法律领域的“中国通”。

于振鹏与艾斯嘉拉商议后，决定以中国物权担保为方向，从传统立法、习惯及现代立法、司法为方向，找相关资料深入做研究。在艾斯嘉拉的指导下，于振鹏一方面为自己的论文搜集资料，另一方面为艾斯嘉拉当时正在写作的《中日冲突事件》一书搜集资料。

1935 年到 1936 年，于振鹏曾选修过“苏联法律”和“苏联土地革命史”等课程。后来，于振鹏对苏俄土地问题发生兴趣，写过一篇文章《苏俄土地及农业的改革》，以“理图”为笔名，发表于 1937 年 9 月号《中法大学月刊》。

抗战爆发后，北平沦陷，于振鹏数月不见家信，心急如焚，既忧又恨，无心读书，坐卧难安。在这种情况下，经同学雷子声介绍，于振鹏参与了何肇绪、周竹安等人的《祖国抗战情报》的编辑工作。该报纸是专供华人华侨阅读的中文日报，行销全欧洲。随着资讯的渐多，于振鹏才慢慢安定下来。

在巴黎期间，于振鹏与吴玉章等中共党员有了接触，彼此印象也还不错。于振鹏曾翻过马克思、恩格斯的《资本论》，只是因为其又厚又难，未及读完便放弃。每天也看《人道报》等进步报刊，但这些与中国的情况似乎联系不起来。客居巴黎期间，法国政府更易频繁，长期耳闻目睹，他便对任何政党、任何主义都产生厌倦。

由于前述徐复云的关系，于振鹏慢慢和徐复云的法国岳父赖卢亚成为朋友。1937 年 1 月于振鹏刚到巴黎时，恰逢徐复云与赖卢亚的女儿结婚，由此便与赖交往越来越多。赖卢亚是巴黎歌剧院的秘书，既是音乐家，也是汉学家，在巴黎大学中国学院担任中国音乐史教授，曾受中法教育基金会的资助到过中国。“七七事变”后，法国人组织“中国人民之友社”，赖卢亚即是会议主席。赖卢亚在巴黎沦陷后不久被捕牺牲。

在国联工作

1938 年 9 月至 1939 年 3 月，于振鹏曾短暂担任国际联盟秘书厅职员。

他之所以能够获此机会，则是因为他的好友徐复云。徐复云当时在中国驻国联代表团办事处当主事。正好此时国联给了中国代表团一个“临时职员”的名额。国联设立该岗位，一方面为宣传国联的理想，另一方面也是基于应付临时工作之需，为国联选拔职员做储备。徐复云向中国代表团团长胡世泽推荐了于振鹏。

徐复云当时曾致信于振鹏，此岗位竞争颇为激烈。于振鹏最强劲的竞争对手是来自中国驻英大使郭泰祺推荐的另一位候选人。中国驻国联代表团上报名单时，第一名是郭泰祺推荐的人，第二名才是于振鹏。而正常情况下，一般只会录取第一名。徐复云建议他，要想保证成功，必须要设法获得中国驻法大使顾维钧的推荐。于是，于振鹏便请中法大学代理校长宗宾甫设法。宗宾甫欣然写介绍信一封，叫他自己去见顾维钧。于振鹏见到顾维钧后，顾问了问他的成绩，印象不错。几天后，徐复云即向于振鹏道喜。

报到后，于振鹏先被分到国联秘书厅经济及财政问题委员会工作，整理物价指数表。后来，国联新闻情报司调于振鹏去中国籍雇员吴秀峰手下工作，将中国《大公报》有关国联的报道及《扫荡报》有关抗战消息，翻译成法文。该任务本来是吴秀峰的本职工作，但吴秀峰懒于动手，便推给于振鹏。于振鹏与徐复云商议后，颇不愿意。正好当时国联社会司儿童保护问题委员会有关于中国的工作，于是于振鹏便积极请调并获批。

按照工作分工，于振鹏需要完成一项《中国保护儿童报告》。当时各国都有此报告，逐年更新材料；中国的报告国联曾索要多次，但一直未能交出来。于振鹏接受该任务后，便以中国当时的立法及行政法令中有关儿童权益保护的内容为基础，用心写成一篇报告。据于振鹏当时的顶头上司、比利时人柯兰反馈，于振鹏的报告材料丰富、编排清楚，颇受好评；委员会甚至打算将于振鹏的报告作为范本，让其他每个国家都按照该方式编排。后来，该法语写成的报告，被翻译成英语、德语、意大利语，于1939年3月由国际联盟出版。

在瑞士这段期间，于振鹏曾有一段仗义之举。当时，日内瓦有个名为“国际饭店”的中餐馆，其老板兼掌勺朱某系北京人，于振鹏在该餐厅订饭，一来二去比较熟悉。他听朱某介绍，有个来自北平通县的工友在中国驻瑞士大使馆工作，后来因故被中国驻瑞大使汪延熙辞退，汪违反合同，不发给回国路费，还勾结瑞士警察，将这位工友驱逐出境。于振鹏听后义愤填膺，便与其他中国学生陈树义等商量。后来，此事逐渐被国际劳工局中国职员谢嘉获悉，又传给中国驻国联代表团三等秘书曹国宾。

大家集合在一起，找来一些证据，试图证明汪延熙有汉奸行为。他们发现，汪延熙是汪精卫政府外交部部长陈箓的女婿，而他作为中华民国的外交人员，却在瑞士租用专门邮箱，和陈箓保持联系。于是，于振鹏和谢嘉及其他三个中国学生，具名给重庆中国外交部发了一封快邮，告发汪延熙的汉奸行为。很快外交部回函，表示汪延熙将召回国。汪延熙最终并未回国，此事不了了之。事后据徐复云告诉于振鹏，他当时也是被曹国宾利用，因为曹当时正谋该总领事的位置。

在瑞士期间，徐复云曾组织过中国晚会，由中国及瑞士乐团演奏，为中国难民募捐。当时瑞士方面，希望能有中国人去演讲，讲述中国抗战形势；但中国驻国联代表团又有纪律，不允许外交人员外出演讲，于是徐复云便转而推荐于振鹏前往演讲。因为这些机会，于振鹏有机会前往洛桑、纽沙特尔及拉封丹等城作过三次讲座。

于振鹏去国联报到之前,可以说踌躇满志,很想大干一番。但过去后却很失望。根据国联的内部规章,国联职员要有国际精神,必须按决议办事,即便不利于中国也要接受。但当时国联就中日问题讨论时,顾维钧的演讲与说明全无效果,在英国、法国把持的国际联盟里,于振鹏失望之极。

到国联报到后,于振鹏忽然接到父亲因肺痨逝世的噩耗,才晓得家中生活十分困苦,他也有点灰心,对国联的工作顿失兴趣。半年的试用期满之后,于振鹏本有机会留下,儿童保护委员会还有许多工作,他的上司克兰支持他成为永久职员。但于振鹏婉拒了这份雅意。之所以婉拒,有几个原因:其一,如果要想成为永久职员,需要顾维钧再次出面推荐。但顾维钧与陈箓本是朋友,经过汪延熙一事,他对顾维钧是否还愿推荐没有把握。其二,欧洲局势已经很紧张,于振鹏回国心切。其三,于振鹏原来曾有意做外交工作,但是在国联几个月后,看穿各国外交官的污秽与黑暗,学问本领不是标准,裙带关系或利益才是标准,他不愿意同流合污。

重回法国

1939 年 3 月中旬,于振鹏即从日内瓦回到里昂。办好恢复公费手续后,回到巴黎继续写博士论文。

在巴黎期间,于振鹏继续参与《祖国抗战情报》的编辑工作。此后不久,法国人民阵线垮台,新当局要求每天将该报纸翻译成法文以备检查,否则勒令停刊。几经交涉无果,这份报纸便无奈停刊了。

第二次世界大战爆发后,于振鹏回到里昂。大战初期,尚有半年多的平静期,于振鹏得以从容地写论文。后来贝当政府求和,里昂被和平占领,于振鹏耳闻目睹法西斯之凶残,长达数月之久。他的博士论文,便是在这种被占领的恐怖状态下,陆续写完的。

因为原定的题目范围稍大,资料不全,而论文导师又被动员参军,于是于振鹏便和里昂大学法学院院长商议,决定缩小范围,仅以《中国物权习惯中的抵押权》部分撰写博士论文。

这篇论文是对艾斯嘉拉《中国法律》一书中,其中一个论点的反驳和补充。艾斯嘉拉在该书中认为,中国传统法律中没有抵押权。而于振鹏便从中国法律习惯中找出许多地区有抵押权,只不过是通过其他各式各色的契约形成的。

1940 年 10 月,由里昂大学法院院长鲁别、教授郎拜等三位教授组成答辩委员会,于振鹏通过博士论文答辩,顺利取得法国的法学博士学位。该论文于 1940 年由法国的 Lyon Bore & Riou 出版社出版。

在这前后,于振鹏目睹第二次世界大战中法国的沦陷。纳粹的铁骑肆虐法兰西大地,枪毙人质、搜刮物资,无恶不作。目睹法国的惨状,于振鹏的心早已飞回北平的家:那里一定也在遭受类似的蹂躏吧? 当时,法国通往远东的航路已断,于振鹏通过答辩后,只好无奈地等待,闲暇之余以读书、听课遣怀。

等候回国期间,于振鹏除听一门"法国语言史"课程外,又饿又冷,只好成天窝在床上,度日如年。此时,于振鹏"不但胃中空虚,脑子中也感空虚,回国是渴望的事,可是又是畏惧的事,常听人说在中国做事,要有背景、有靠山;留学生因留学国家的不同,而分派别,留美的欺负留法的,留法的没有地盘等等",于振鹏回国前夕,可以说既无背景又无靠山,既无钱又无势,真是寸步难移。

胡思乱想之中,于振鹏想到中国有不少难民,他们从沦陷区逃到大后方后,大后方地大人稀,也有可耕种之地,可以组织难民开垦,是为脑海中的"难民垦殖计划"。他甚至详细地写下计划,如领地、借粮、登记难民、卫生、教育等一大套方案。回国路上大半年中,这个计划一直在脑海中不断修正、完善。可惜他回国后，在香港碰到李石曾，李石曾一番教导，督促他现实地去中法大学文学院教书，而他到云南后既找不到难民，地方实权人物又无人支持，他自己也自身难保，这个计划便胎死腹中。

大约半年后，远东航线恢复，于振鹏遂收拾行李，准备回国。1941年3月25日，于振鹏离开里昂，别了居留十年的法国，踏上归国之途。

漫漫归程

从法国里昂到中国昆明，水陆行程用去七个月时间，其中大部分时间耗在等船、等车上：从马赛上船后取道阿兰，停船七天，最后一天才被允许下船；第二站抵达卡萨布兰卡，停船一天，由于戒严未能下船；第三站抵达西非的达喀尔，因船缺煤，等待十五天；此后在船上漂流一个月，绕过好望角抵达马达加斯加，停四天；第五站抵达马岛北端志高埠；此后船行至苏门答腊与爪哇之间，被荷兰炮舰截住，押往雅加达扣留二十四小时后才放行；下一站抵达西贡。

抵达西贡后，船上通知说该船将直接开往上海。于振鹏闻之，当然不愿意，因为此时上海已经沦陷，无异于自投罗网。而当时都不允许乘客出码头。于振鹏万般无奈，绞尽脑汁，终于趁乱溜出大门，向中国驻西贡领事馆求助。后经领事馆出面交涉，总算允许于振鹏和另两位同行者下船，结束在法国船上的旅程。

于振鹏原打算从西贡经河内去云南，但此时因为日寇侵入越南北部，此路已断。无奈之下，只好先设法去香港再做打算。在西贡停留一个多月后，才有一艘英国船开来。这时候日寇已经进兵西贡，该船在出西贡河的时候，正和日本兵舰相遇，几乎落在日寇手里。但好在逢凶化吉，顺利离开西贡，但于振鹏随身带的一箱书，却被法国海关扣留。

抵达香港后，因为在西贡耽搁甚久，于振鹏随身带的钱已用光，遂向时已迁移到昆明的母校中法大学求援。时任中法大学董事会主席的李书华回信,决定聘于振鹏为文学院副教授,路费随即寄来。

职业有了着落,又有了路费,于振鹏便满怀希望地准备回国。为表达为抗战服务的信心,于振鹏甚至将几套西服和一些书籍,寄存在香港一个同学处,自己新做了两身布衣服,穿着进了国门。

于振鹏由湛江入境,然后经柳州去桂林,在那里看到分别十一年的三弟和六弟,遥祭两年前驾鹤西去的父亲,后于 1941 年 10 月中旬经贵阳到昆明。

在昆明

1941 年 10 月,于振鹏被聘为昆明中法大学文学院副教授,讲授法语。

对于在法国获得法学博士学位的于振鹏来说,这个教职只能作为权宜之计。尽管有不少中法的校友回归母校,但以教务长周发岐为代表的中法大学当局,对年青一代并不欢迎,比于振鹏早先来到中法大学的青年教师,也都先后一个个被扫地出门。

执教中法大学的同时,于振鹏亦由陈定民介绍,应昆明广播电台之聘,担任法语广播员,每周三次对越广播。这个兼职干得并不愉快。当时,昆明广播电台有国民党背景的专员蔡维藩,要求事先审查于振鹏和陈定民的广播稿,但遭到陈和于的拒绝。审查与反审查的角力,便使得气氛越来越紧张。另外,按照于振鹏的理解,对越广播应该先听西贡广播,凡有不利于中国的报道,应即刻作出反驳,但是昆明广播电台却限定,播音必须取材于当天出版的《中央日报》,于振鹏饱受中国挨骂而不能还嘴之苦。时间不长,于振鹏听机械员说,电台设备跟不上,电波出不了云南,法语广播基本没用,他闻此便干脆辞职。

在中法大学站稳脚跟后,于振鹏便开始寻觅新的机会。他始终觉得自己更应该教法律，而不是法语。听说云南大学法律系缺少教员，于振鹏便辗转找到云大法律系主任王伯琦，最终于 1942 年 8 月被聘为云大法律系教员，同时在中法大学兼课。

在云南大学法律系，于振鹏第一年开设“法律学”“民法概要”和“行政法”三门课。加上在中法大学兼授的“法文”课，于振鹏每周两校上课近十六小时，此外还得花三倍以上时间备课，十分繁忙。

第一年在云南大学执教比较顺利。当时云大法律系其他教员的教育背景，鲜有能与于振鹏比肩的，而且于振鹏法律功底扎实，上课能得到学生的拥护。

但第二年再教“行政法”时，出了点意外：他的“行政法”课程，基本上以法国、德国等大陆法系国家的行政法理论为基础，因为中国也曾移植相关行政法律，于振鹏讲课中，便时不时将这些理论与中国行政法制的条文结合起来。有一次，有个学生站起来说，“于先生讲得头头是道，中国的法律里也有规定，可是事实上，满不是那么一回事，怎么办?”于振鹏答应这位同学次日回答。可是课后他想了一晚上，才得到一个结论：他应该联系中国实际生活中的法律，甚至给取了些耸人听闻的名字，如“裙带关系任用法”“公文旅行法”“免责贪污法”等。但这样的话，这门课显然无法教下去了。次日上课，他只好对这位学生答复说：“中国行政不上轨道，我的讲义只是介绍一些别国的理论……并不是行政法如何，而是应该如何。”受此问题刺激，于振鹏便下意识地回避现实问题，下一年再也不开“行政法”课程了。

入党与脱党

执教云南大学期间，于振鹏曾于 1943 年年初加入中国国民党。

云南大学法律系主任王伯琦颇赏识于振鹏。他告诉于，个人单枪匹马，在中国社会总要吃亏的，劝其加入国民党。但于振鹏颇不愿。按照他的政治观,加入一个政党,总得拥护该党的主义或政纲,他觉得三民主义只是多种主义中的一个,理论上头头是道,实际上文不对题,对之并无偏爱;对国民党政府,他更谈不上佩服,对国民党员甚是厌恶。但毕竟王伯琦是法律系主任,直接回绝不合适,便以考虑一下为由,暂时拖下来。

于振鹏找在昆明的中学同学刘某商量。在他看来,刘某颇为世故,应有应付此难局的锦囊妙计。果然,刘某告诉他,"你就说你已经加入国民党,这样他也就不便再找你了。"

于是,当王伯琦再次征求于振鹏意见时,他便依计而行,谎称"我早已加入了。"王伯琦当时未再说什么。于振鹏还为此颇为自得,自以为得计。可是几天后,王伯琦即派人送来一份"党员调查表"给于振鹏。于振鹏一计不行,再生一计,放置一边拖下去。

是年初,于振鹏的爱人李慰慈自北京来云南与他团聚。到河南漯河后,发电报给于,说路费不足。于振鹏每日多处奔走,借钱、找便车等。等到李慰慈终于到昆明,于振鹏累极生病,罹患肺炎,不得不卧床休息三个多月。等他病愈后,即发现薪水中已开始扣除每月党费。而当时正是六七月间,各大学发放下一年聘书之际,于振鹏有口难言,不便抗议,由此他便成为事实上的国民党员。

作为国民党员,于振鹏参与的唯一活动是在王伯琦、熊庆来等竞选"国大代表"时前往投票。当时候选人有王伯琦、熊庆来和伍纯武。他本来打算投王伯琦一票,但抵达会场后,由于候选人之间的芥蒂,下面的工作人员在现场打成一团,大家便一哄而散,不再投票。

1945 年 9 月,王伯琦离开云南大学,前往教育部担任参事。抗日战争胜利后,昆明的形势一天比一天严峻。蒋介石和地方军阀龙云之间的火并,迫使龙云离开云南。而年底发生的"一二·一惨案",更是让知识分子胆战心寒。对于国民党的诸多所作所为,于振鹏完全持反对态度,他决计退出国民党,反正王伯琦已经不在云南,不用再担心什么问题。

于是,于振鹏遂要求会计科停扣其党费。但这次遭到会计科拒绝,要求其必须登报声明后才能停扣。而此时李宗黄新任云南省政府主席,于振鹏自不敢以退党冒犯;而且登报声明要铺保,他也找不到愿意当铺保的人,此事遂作罢。

后来,1947 年前后昆明掀起两次国民党员登记活动,不登记者以脱党论,于振鹏未去登记,也拒绝缴纳“党员特别捐”,尽管云南大学校长熊庆来苦口相劝。最终于振鹏胜利了,他的党费扣到 1947 年 8 月,正式与国民党脱离关系。

兼任中法大学训导长

1943 年 7 月,中法大学训导长兼文学院院长罗喜闻请假回湖南接家眷,时任中法大学董事长李书华,便任命法国文学系主任陈廪代理罗喜闻。陈廪找到于振鹏,表示一个人精力有限,提议两个职务,由陈和于二人分担,李书华亦同意。于振鹏亦认为,母校遭遇困难,仗义帮助义不容辞,自己可以帮助陈廪搞好文学院的院务。

当时,中法大学未设校长职务,经费十分困难,校舍不够,文学院和理学院不在一起。为了应付教育部的编制,多是一人身兼数职,比如理学院院长周康之兼任教务长,文学院院长罗喜闻兼任训导长。这些负责人其实都会将大多数精力放在院务方面,而非行政职务上。另外,中法大学传统上对三民主义、军训、体育等,采取消极抵制态度,实际上不开这门课,报教育部时,均以“及格”字样,代替分数成绩,所以训导长实质上并不需要做什么工作。

陈廪选择代理文学院院长,而于振鹏便不得不担任代理训导长。陈廪作为法语系教授,代理文学院院长名正言顺,而且其资历也比于振鹏老，容不得他挑三拣四。

于振鹏和陈廪上任后，即从扩充师资队伍方面开展工作。经过再三努力，他们从西南联大请来多位教授兼课，如文史系有邵循正、吴晗、朱自清、闻一多；法文系有吴达元、闻家驷等。高水准师资的引入，使得陈、于新政逐渐得到学生的信任，学习热情大有提高。

作为代理训导长，于振鹏实际做的唯一事情，便是替学生买来好的公米并合理分配。当时，昆明的公米配给黑幕很大，中法大学因势单力薄，不善交际，粮政局往往将劣等米配给中法大学，学生怨声载道。于振鹏作为训导长，严格地按照程序办理，从外县买到好米，而由学生自取、自运、自负运费，这样既未增加开支，但又使得食堂米的质量大幅提高。这项工作做得很漂亮，可以说皆大欢喜。寒假后罗喜闻回来，训导长一职归还，但公米事宜依然由于振鹏来办理。

有政绩，也有问题。代理训导长期间，于振鹏接到董事会指令，说有人汇报学生聚众赌博，要求于振鹏严查。于振鹏向学生和工友调查，均被否认；但于振鹏亦在教室中发现，有学生用桌子搭成床铺睡觉，地上一地狼藉。于振鹏觉得有赌博，但是没有证据，便发布布告，禁止在教室睡觉，并将教室上锁。可是次日上午，于振鹏去那教室查看，便发现学生黄文勇高卧未起，狼藉依旧。于振鹏大怒，便以赌钱为由，将黄文勇开除，丝毫不顾黄文勇承认有错但不承认赌钱的辩解。时隔很久，于振鹏意识到，很可能是自己错误，赌钱的事完全有可能是其他对他不满的人向董事会造的谣言，因为在文学院与理学院的发展中，总有竞争，而于振鹏总是维护文学院的权益，很容易招致嫉恨。每念及此，他一直觉得对黄文勇有愧意。

担任云大法律系代主任

前文已述及，1945 年 9 月，时任云大法律系主任王伯琦前往重庆，担任教育部参事,云大法律系主任空缺。

王伯琦离校前,曾找于振鹏谈话表示,云大法律系主任由于振鹏接任比较合适。但是云大法律系另一位同事蒋固节也觊觎此职,而且其叔父是云大总务长,有一定的背景。王伯琦无奈,便书面上同时向校方推荐于振鹏和蒋固节两人,但口头上只推荐于振鹏。

在于振鹏看来,蒋固节作为国民党员,不学无术,夸夸其谈,爱吹嘘自己在沦陷区做情报工作,教书乏善可陈。从内心来说,于振鹏对蒋固节还是有所畏惧,蒋熟谙官场之道,在云南大学颇有势力,尤其其叔父蒋蕙荪是云南大学颇有实权的总务长,手握财政、人事大权;另外,时任云大训导长丘勤宝,也是蒋的好友,又可以挟制学生。在这种情况下,于振鹏很是犹豫:如果蒋固节担任系主任,他只能辞职走人。

法律系的学生很关心系主任的人选。这消息传到学生中间后,学生们一方面鼓励于振鹏积极与蒋固节竞争;另一方面,直接去找校长熊庆来,表示欢迎于振鹏,不欢迎蒋固节,因为蒋固节不学无术,课堂上错误百出。

于振鹏并不希望学生们这么做,也不想背上鼓动学生的恶名,尽力安抚学生,希望他们听候校长处理此事。熊庆来夹在中间,一方面要听从丘、蒋,另一方面又怕学生闹事,很是为难。此事拖了很久,导致法律系完全停顿,排课、请教师等重大事务亦无人处理。

是年暑假,于振鹏听从朋友建议,将新发的教授聘书退回,学生闻讯后又去找熊庆来施压,表示系务不能一直置之不管。在这种情况下,一直到 1945 年 9 月,熊庆来才决定任命于振鹏为代理法律系主任,而此后蒋固节一怒之下,便去重庆司法部从政了。

云南大学最终决定请于振鹏担任系主任,与当时于振鹏一度有去西南联合大学的想法有关。时任西南联大法律系主任赵凤喈曾向于振鹏发来西南联大的聘书,于振鹏曾慎重考虑后拒绝。为什么会拒绝呢?

因为当时西南联大教授，一般都由北大、清华、南开各校分别聘任，发给三校各自的聘书，也将被聘者算作自己的人；而赵凤喈发来的联大聘书，则属于三校之外的聘用，未来无任何保障，颇有临时聘用的意味。但客观上，西南联大的聘书，却触动了云南大学决策层。

在争取担任系主任的过程中，于振鹏无可避免地与总务长、训导长结下梁子。他们认为，学生支持于振鹏有政治原因，恰巧拥护于振鹏比较积极的学生，后来在学生运动中也都是积极分子。于是，于振鹏被斥“勾结”“奸党”学生，百口莫辩。

正式接管系务后，于振鹏立志把云南大学法律系搞好。他觉得前任王伯琦将精力放在自己的律师业务上，对系务不是很积极，学生也有怨言。于振鹏上任伊始，便向师生承诺：不管生活有多么艰苦，他都不下海做律师，一方面避免妨碍系务，另一方面也保持品格的清洁。于振鹏当时坚定地认为，既然要教书，就不应该有发财之念，教育界应该保持清高，对于一个教授来说，学生的爱戴及未来桃李满天下，均是最可慰的乐趣。而这次担任系主任前后学生的拥戴，更让于振鹏坚定了自己的看法。

新官上任三把火。于振鹏上任后，便专心发展法律系系务，聘新教员、开新课、买新书，处处为学生着想，时常和学生一起打球或者去大观楼游玩，将学生视为自己的子弟，与学生打成一片。

于振鹏的这种治理风格，很容易与学生亲近，却被当局视为异端。其他系购置图书设备要钱非常容易，但于振鹏代表法律系要经费买图书，却遭到百般推诿；报销支出书款时，更是遭受到会计和总务处的刁难。更荒唐的是，于振鹏与学生一起打球，竟被视为侵犯训导权。

此后，以“一二·一游行”为代表，学生运动高涨。四位学生被杀害后，昆明学生总罢课，法律系的学生自不落后，尤其是席德爵、罗激民两人，均在学生联合会罢课委员会担任职务。在这种情况下，学校当局奉令压制学潮,成天成夜开会,各系主任夹在学生和学校中间,真是两头为难。

只有少数人态度鲜明,或是站在学生一边,如社会系费孝通;或是站在学校一边,如经济系鲁继参。但于振鹏却很难"一边倒"向学校或者学生。他当时认为,学生罢课当然不对,违反校规自不待言;但是政府公开杀人,更是违法的事;学生罢课由于政府压迫集会自由,政府杀人由于学生罢课,两边都有错误。在这种情况下,于振鹏觉得很难作出抉择:他不赞成学生罢课,认为这会妨碍学业;但他更不赞成政府杀人,认为政府制裁方式甚多,何必一定要杀人。每次学校当局召集会议,于振鹏总是一言不发,但内心却十分难过。

云大当局开会多次,并无结果,便由校长出面,一个个分头做系主任工作。轮到于振鹏时,云大校长熊庆来、云大三青团负责人、经济系主任鲁冀参均在座。熊庆来表态很委婉,说法律系学生太激烈,要于振鹏劝劝学生,以学业为重;而鲁冀参则表示,不压制学潮就是赞成罢课,罢课是共产党鼓动的,就是共产党捣国民党之乱。于振鹏对鲁冀参的不学无术,平时就多有看不惯,而此时闻听此言,乱扣政治帽子,更是怒不可言,遂反唇相讥:"既然你知道是共产党鼓动的,那就不是我鼓动的,何必向我发横,我不负责任。"于振鹏意犹未尽:"共产党可以鼓动昆明学生,国民党为什么不去鼓动延安的学生?"鲁冀参闻此恼羞成怒,熊庆来只好做和事佬,将两人劝开。

对于风起云涌的民主运动,于振鹏表面上既不支持也不反对,但骨子里他并不以为然。尽管他作为学生时,也曾参与"五卅运动"等,但是他觉得,中国的政治腐败固然令人愤恨,学生的爱国热情固然令人钦佩,但什么问题也解决不了。这段时间,于振鹏颇为苦闷,他既不想像吴晗、闻一多那样公开支持学生,但是也不像一些同事那样公开反对学生。

由于连日整夜开会，又是冬天，于振鹏罹患重伤风，不得不卧病在床。有一天早晨，于振鹏正一个人在家里休息，他爱人带着孩子出门，这时突然来了一位不速之客。来客穿黑中山服、戴呢帽，进来也不客气，拉过一把椅子便坐在于振鹏对面，随手掏出小本、钢笔，明知故问："你是于主任吗?"于振鹏又惊又气，便厉声质问："你是谁？干什么的?"来客答："不要管我是谁，我只是来调查学潮。"于振鹏禁不住发火，知道来客是国民党特务，便说："你要表明身份，拿出证件，我不认识你是谁，我可以当小偷办你，把你送警察局。"于振鹏这么喊，原有些虚张声势，不奏效后便大声喊人。四邻闻之赶来后，该来客即以"手续不合"而落荒而走。

1946 年 4 月 20 日，云南大学举办校庆。法律系的同学们商议，把法律系壁报印成小册子，除约于振鹏撰写一篇题为"法律教育之目的"的文章外，亦约费青、赵崇汉、罗激民、席德爵等师生撰文。于振鹏的文章，对国民政府的法律教育政策多有批评，而席德爵的《论妾》亦批判法律上的男女不平等；罗激民的《大赦》则批判国民政府还都南京后的大赦做法有帝王色彩。由于这些文章，这份法律系的校庆小册子，更是引起各方面对于振鹏的不满。

随中法大学复员

1946 年 8 月，于振鹏投身于中法大学的复员工作中。按理说，他的专职是在云南大学，而云南大学又不需要复员，本来没他什么事情。但于振鹏离开北平已近十五年，他很想去北平看看阔别多年的家人。

在昆明期间，于振鹏十分想念留在北平十多年没有见面的老母；而在抗日战争的大背景下，他也念念不忘日本铁骑下的故乡北平，所以曾给自己取过一个"念平"的别号。

另外，他也想在北平找个出路。抗战期间，昆明作为大后方，冠盖云集，颇为热闹。但抗战胜利后，西南联大和中法大学都开始复员，昆明显得特别凄凉。

国民党特务刚杀李公朴，随即又杀闻一多，这使于振鹏颇为愤恨。于振鹏哀悼李、闻之惨死，尤其是闻一多之死，倒不全因为他们是民主斗士，而是因为他是中法大学教书最好的教授之一。闻一多和于振鹏私交甚厚，他在中法大学教书颇受欢迎，闻一多曾跟于振鹏说，"中法大学学生的程度不亚于西南联大"，作为中法大学校友，于振鹏亦颇为高兴。李、闻惨死后，昆明不可久留的念头，便萦绕在他的脑海。

1946 年 7 月下旬，于振鹏携带妻女，随中法大学复员，云南大学法律系主任的职务，暂时交由赵崇汉代理。其间，在亲戚家住了一个多月后，才得到机会，于 8 月底回到北平。

再回昆明

回到北平后，于振鹏除与家人团聚外，每天到中法大学去，帮助招生、阅卷等工作。但后来，曾留在北平帮助日本人做事的范廉清、杨梦游等中法大学旧人陆续回归，而且李石曾亦支持北平旧人，于振鹏等"昆明派"，便逐渐势单力孤，一年之内陆续都离开中法大学。

于振鹏原来也无意留在中法大学。他曾经属意于北京大学。回北平后，他曾去看过费青两次。当时他跟燕树棠也不太熟悉，去北大事迟迟无下文。而正好那时清华大学恢复法律系，缺乏教员，便又动了去清华的念头；但由于与赵凤喈在昆明期间的一些过节，他不便直接开口，此事一时三刻亦无下文。

就在此时，于振鹏接到赵崇汉及一些学生从昆明发来的快行电报，说云南大学法学院新院长梅远谋带来一批人，要接收云南大学法学院各系。于振鹏觉得母校中法大学的根据地已经失去，别的地方尚无眉目，如果云南大学再失去，便彻底陷入失业的窘境。于是他便于 1946

年 11 月下旬回到昆明。

在昆明,于振鹏备感自由空气的稀薄。新院长兼经济系主任梅远谋并不欢迎于振鹏的回归。于振鹏逐渐了解到,梅远谋将是鲁冀参的继任人。而且,梅远谋常常以院长身份,考察系务,查问法律系教员和学生的思想状况。这种事情在云南大学校史上从未发生过。于振鹏颇为讨厌,但碍于同事关系,只是尽力将系务介绍清楚,但同时也告诉他,云南大学的传统是院长不干涉系务;对于同人、同学的思想,于振鹏亦绵里藏针地答道:“我只要求教员教好,学生学好,别的不管。”

此时,于振鹏和梅远谋尚还没有直接冲突,尽管他了解到梅远谋带来曾与于振鹏一道在巴黎读过书的叶叔,准备接替法律系主任。在巴黎期间,叶叔属于蓝衣社系统;而于振鹏多和周竹安等来往,周与中共接近,于振鹏亦被叶叔怀疑为是中共党员或者民盟成员。二人在昆明相见后,又是法律系主任一职的竞争者,于振鹏的处境便越来越差。

沈崇案发生后,昆明学生罢课抗议,法律系学生表现甚为激烈,席德爵、罗激民等上了黑名单。某日下午,席德爵前往于振鹏卧室,说当局要搜查学生宿舍,还要逮捕学生。于振鹏颇为担忧,此时一旦被捕凶多吉少,于是便思索营救之法,前往校长室,发现蒋蕙荪、丘勤宝、梅远谋等都在那里。

于振鹏意识到,事态已经十分紧急,开始从其他方面设法。一方面,他去拜访时任云南省政府主席卢汉的秘书范某。范某曾在云大兼课,席、罗两人都选过他的课,和他感情也不差;于振鹏见到范某后,范某答应下来,但并没明确保证。另一方面,于振鹏想起闻一多被害后,昆明风声鹤唳,很多师生躲藏在美国领馆,他便去法国总领馆,由副领事出面接见。说明事实后,这位副领事认为危险迫近,同情学生,便商定将席、罗二人改装成越南人,扮作这位副领事赴郊外打猎的助手,由副领事本人开车送到昆明西边十二公里外两县交界的碧鸡关,然后将这两位学生安排在隔壁县一个法国人的别墅中，暂避一时。只是于振鹏回校后，告知席德爵此安排，但席并不愿意，认为不必害怕，自己能找到办法。于振鹏无法勉强，只好听之。

次日上午，熊庆来约于振鹏去他家。于振鹏抵达后，梅远谋在座。熊庆来表示："席德爵、罗激民两个人太出风头，当局已经很注意他们的言行，最好设法叫他们离校。"于振鹏表示："我不能劝学生退学呀！"熊庆来说："不退也要退，是方法问题。"于振鹏问："不知什么方法？"一旁的梅远谋答道，"比如用成绩不及格的方法。"于振鹏答曰："及格不及格把握在学生自己手中。"梅远谋颇有愠色："四五位先生还对付不了两个学生？"于振鹏实在忍无可忍："要开除你们自己开除，法律系教员没有一个肯做这种下贱事！"说完便摔门而去。

此后不久，于振鹏与老同学、云大医学院教授赵明德在一起时，便听赵透露，云大医学院院长，也是于振鹏的老同学杜芬在省府参加卢汉宴会时，警备司令部送来黑名单，上面有于振鹏的名字，而且还是第二名。杜芬当即向卢汉做了解释，说于振鹏脾气不好，容易得罪人，无其它问题，但也请赵明德转告于振鹏，稍微老实点为妙。

在法学院内部，也开始有其他关于于振鹏的谣言。有学生告诉他，经济系助教、三青团员李绍武认为，于振鹏是民盟驻滇办事处主任，已经向上面打了报告——实际上，于振鹏此时是中法大学驻滇办事处主任，负责看守复员时没有运完的图书和仪器。

此后不久，又有警备司令部军法处处长丁龙埴，以山东同乡资格来拜访于振鹏，要求他介绍一两位法律系学生作军法官，而席间大多数时间，丁却一直在探听于振鹏的家世，又说自己是个杀人不眨眼的魔王，颇有给于振鹏点颜色看的意味。

于振鹏亦已经注意到，和训导长及文法学院院长接近的一些人，已经布置在于振鹏的卧室四周，他的出入和接触的人，都会被这些同事注意到。

这样一来，于振鹏风声鹤唳，坐卧不安，精神极度萎靡。接二连三的怪事发生在于振鹏身上，他觉得灰心、愤怒，似乎四面八方的人都在打他的主意，求一安静的环境静心读书都不可能。在这种心境下，于振鹏颇消沉。

这段时间，于振鹏与刘文典来往颇多，二人一起谈庄子，看刘文典吸鸦片，于振鹏甚至都有吸的冲动，刘文典劝于振鹏："见怪不怪，其怪自败。"他们一起听滇戏，吃喝玩乐，完全成为两个试图归隐山林的文人墨客。

这段时间，席德爵亦常常在课余来到于振鹏的卧室，偶尔会聊及共产党军队的进展、蒋政府的黑暗，甚至有一次郑重送给于振鹏几张"一二·一四"烈士和闻一多烈士墓的照片。

可此时，于振鹏并无参加革命的念头。他只想逃避现实，觉得昆明不可久居，走为上策。

1947 年暑假，到了发放下年聘书的时刻。云南大学校长熊庆来委婉批评于振鹏"娇纵学生"。于振鹏清楚，他与云南大学的缘分已尽，便开始找别的出路，其间托朋友联系过武汉大学，可惜无功而返；此时曾在国联工作的同事徐复云建议他去联合国工作，他填表寄去，但亦石沉大海……就在山穷水尽之时，于振鹏听说清华大学法律系缺乏教员，便将巴黎大学比较法学院寄给他的《婚姻立法调查提纲》，寄给清华大学法律系主任赵凤喈，请其参加该项目，由此与赵重新建立联系。时隔不久，赵凤喈回信，希望于振鹏能去清华执教，于振鹏便离滇北上。

"在学问上显一手才能立足"

1947 年 8 月 19 日，于振鹏以回北平接家眷为名，一个人乘飞机从昆明飞回上海，将行李托付朋友悄悄运出云南大学。在上海登船期间，抽空去了趟南京，探望亲友后，即匆匆回到上海，乘船前往北平。

在此之前，于振鹏对清华园的印象，完全来自于和闻一多、吴晗的交往。他也很想在清华园中呼吸点民主的空气，安安心心地做点学问。但是进清华园之后，民主的气息却不知在何处。

照例，报到之后，赵凤喈带他拜会校长以及教务、总务和训导三长。清华校园里弥漫的上海话与英语，让于振鹏颇觉得不适应。系主任赵凤喈亦忙于自己的律师业务，又是国民党员，积极谋取北平市参议员，不管系务，还不如王伯琦，这也让于振鹏很失望。

这时候由于清华房舍不足，将于振鹏安顿在清华农学院一所孤立的小房子中。除每周去清华园三次上课之外，于振鹏在农学院无熟人朋友，几成“隐士”，孤苦伶仃，颇为无聊。

唯一能够给于振鹏安慰的是清华图书馆，藏书丰富，安宁清静。他决定闭门读书，“在学问上显一手才能立足”。除了去上课、和学生见面外，于振鹏大部分时间都在忙着自己备课。这段时间，于振鹏讲授“民法总则”、“债编”、“物权”等课程。此后不久，以前在中法大学的好友陈廪由于校园政治的排挤，也辗转由梅贻琦聘到清华教刑法。两人都是人生地不熟，孤寂落寞，遂成莫逆。

走，还是不走？

如果没有接下来的一段风波，于振鹏的清华生活注定平静而孤独。

1948 年暑假初期，清华各系都陆续发出聘书，但法律系的聘书迟迟不见踪影。于振鹏去系办公室问，赵凤喈不在，助教们说学校已经将聘书发到系里，但赵凤喈让等一等；同时这些同事还说，陈廪讲课有问题。

于振鹏便去拜访陈廪，要他的刑法讲义看看究竟有什么问题。粗略扫读后，发现除了犯罪因果论部分资料过多、眉目不清外，未发现有什么大问题。于振鹏颇觉得愤慨：如果仅仅因为这样便扣发聘书，那也实在是太过分了。于是他便去找赵凤喈理论，质问其为什么扣聘书。赵凤喈赶紧将于振鹏的聘书给他，也把陈廪的聘书交给于，由于振鹏代送陈廪。于振鹏拒绝。争执后，索性两人一起送去。

事后，陈廪告诉于振鹏，之所以如此，可能是因为接近民主学生之故。他说“士可杀不可辱”，便辞去清华教职回广州去了。临别前，陈廪推心置腹地跟于振鹏讲：清华乃是非之地，不可久留，何不一起去广州找出路？当时陈廪已经联系好几个老同学，广州大学法律系、广州法学院等均极欢迎。

于振鹏颇为犹豫。一方面，他对清华大学的校园政治难以忍受；但跟云南大学特务横行比起来，清华似乎还是好一点。离开昆明前，好友顾光中的断言言犹在耳：北平一定比云南先解放。于振鹏也相信这点。北平差云南更差，广州会好吗？另一方面，于振鹏在清华完全安顿下来后，到快10月时才将不再回昆明的意思通报一些昆明的朋友和学生。之后不久，于振鹏即获悉，席德爵及云大法律系其他多位学生均被开除。可惜此时于振鹏山高路远，自身难保，也就听之任之了。

后来席德爵在腾冲职业学校谋得教职，但很快便被逮捕，在监狱中曾向于振鹏写信求救。于振鹏一介书生，硬着头皮给卢汉、李烈钧写信，杳无回音。此后不久，于振鹏接到赵崇汉来信，说席德爵获释出狱后，在回昆明途中，路经下关时，被人乱刀扎死。这让于振鹏非常痛心，也对国民党政权彻底失去信心。

国共内战中的结局越来越明显，他希望共产党尽快胜利。思虑良久，他决定留在北平，等待解放，便以爱人身体欠佳、不便南下为由，婉拒南方的邀请。

等待解放

1948年冬，于振鹏所住的农学院北墙外被掘了战壕，谐趣园外的土山上架了大炮，这些和于振鹏的房子只有一街之隔。路上拉壮丁、盘查行人比比皆是，风声甚急。西苑的商家告诉于振鹏说，驻扎在农学院附近的205师认为清华都是共产党，若有战事先干清华。

于振鹏惊怕之下，向法学院院长陈岱孙提出交涉，要求搬到清华园内住；苦无消息，又找系主任赵凤喈。最终，赵凤喈将自己在西单小酱坊胡同的一处房产借给他。住在城里，地理上距清华远了，但因为有校车往返，反而更为方便。

北平围城之后，于振鹏和清华园不得不隔离开来。一度，他曾和陈体强等人想回学校，设法办好通行证，但依旧出不了德胜门，只好作罢。

此时于振鹏已非常渴望解放。北平城内每天都有特务查户口，白色恐怖已到登峰造极的地步。在城里，他每天都去清华同学会听消息，到中老胡同看费青、芮沐、闻家驷等，偶尔也去西交民巷看李书华，只有同人之间的往来，能够消除内心的恐惧和不安。

北平围城期间，赵凤喈曾劝于振鹏坐飞机走，被于振鹏婉拒。于振鹏已打定主意不走。他也做好死在攻城炮火下的最坏准备；如果运气稍微好点，他要在北平活下去。

好在于振鹏搬到城里不到一个月，北平便解放了。解放军进城时，于振鹏赶到西四牌楼去看。后来在回忆中，于振鹏这样记述自己看解放军入城式后的内心体验："解放军奏得义勇军进行曲，心里忽然有所感触，想起在巴黎常唱这首歌，曾经帮助赖卢亚太太把这歌的简谱译成钢琴谱。又仔细看看队伍中每一个战士的脸庞儿全是红红润润、朴朴实实，就想起西苑的伪青年军那样的野蛮狡猾，一般士兵那样瘦弱……联想起过去昆明北平的这一段生活，简直是个噩梦。军乐声音撼我心弦，我有一种好像梦初觉或久别重逢那样说不出的心情，不知是悲是喜是悔是恨，最后流下了热泪。"

设法认识共产党

北平解放后不久，中共中央即宣布废除国民党的六法全书。于振鹏对此“理智上我认为应该，感情上我受不了，廿年的研读、五六年的职业基础，总有些痛心，以后怎么办呢”？

对于解放，于振鹏满心欢喜，但隐隐地还是难以卸掉压在心头的巨石：第一，对共产党几乎完全不认识、不了解；第二，废除伪法统之后，他的职业怎么办？第三，他曾经加入国民党的经历，已经成为历史的包袱，这一点又该怎么办？

对于第一个问题，于振鹏一直想找个共产党员谈一谈，了解下情况。北平解放后不久，他的连襟、驻扎东郊的四野团长李树墉来访，于是他便留李树墉住下来，聊了一天一夜。于振鹏对于解放区的情况尤其感到新奇。听李树墉聊完，他觉得“革命真艰苦，我干不了”，对共产党、解放军有了一定的认识。

除与军人接触外，于振鹏更想与学界、教育界的共产党人接触。有一次，他在街上看到华北大学的招生广告，校长是吴玉章。他曾与吴玉章在巴黎有过一面之缘，便给吴玉章致信一封，托华北大学招生处转交，可惜未得到回音。后来听说周新民来京，对于这位曾在云南大学共事三年的同事，于振鹏希望能够找到他聊聊。为见周新民，于振鹏径直前往北京饭店，可传达室以无预约为由，不给传达，于振鹏无奈，只好给周新民写了一封信，托传达室转给周新民，也是石沉大海。

好在他很快与李树墉又见了一面。这位亲戚建议他，应该读读马列主义的书，否则许多事情要看不懂。于是，于振鹏从中法大学图书馆借来全套法语版的《资本论》《反杜林论》等，又买来大部头的《联共党史》《列宁主义基础》等阅读。“读是读了，毫无心得，看不出马克思、列宁和中国有什么关系。”

后来,清华大学有学生建议于振鹏,先从小本书读起,于是于振鹏买来《新民主主义论》《历史唯物论》等,两个钟头便看完,依然觉得一片茫然。有人建议他看《人民日报》,于是他不管懂不懂,每天都坚持看,才多少能解决些问题。于振鹏在华北革大学习时的思想笔记记录到,"《人民日报》创刊以来,我每天看,最初我看不惯,新闻报道干燥得很,不像报纸像政治课本,我想这样的宣传工具有什么用。"

"我觉得干不了"

有一天,芮沐转给于振鹏一封信,通知他说经费青、张志让介绍,他被编入新法学研究会民法小组,要于振鹏去西单一小巷中,拜访陈绍禹同志。

于振鹏如约前往。陈绍禹告诉他说,别读大本书,也别读法律书,应该先学"社会发展史"或"历史唯物论"。

此后,于振鹏参加了新法学研究会民法小组的座谈会,见到何思敬、陈瑾昆、周新民等人。陈绍禹亦将于振鹏介绍给谢觉哉。

拜会谢觉哉后,谢要求于振鹏当天晚上,便去参加讨论起草新法学研究会成立的报告问题。参加这个会议的有陈绍禹、孟庆树、张志让、冀贡泉、徐平、吴传颐等。听了陈绍禹、孟庆树、徐平等的发言,于振鹏立马便感觉到话语体系的不对等,他们谈到的很多革命史问题,张口就来的很多革命术语,于振鹏大多闻所未闻。但是谢觉哉却在会上,任命徐平为编辑主任、于振鹏担任副主任。

于振鹏自觉难以胜任,便推辞说,"在许多前辈面前,我怎能承担这样大的责任?"只是对于振鹏的这种客气,谢觉哉等很不以为然,张志让亦以"大家一起工作,不要说客气话"。

于振鹏之所以坚辞,更主要的是他觉得自己曾是国民党员,而陈绍禹、谢觉哉等都是中共中央领导,"和他们一起开会,对我很客气,给我工作做，可以解决清华法律系的局面给我的顾虑，我觉得这些老同志对我真好”。“可是我自己，心中有话说不出，十分难过，想写一篇自白给陈绍禹，又怕交了以后见不得他们了。接到一次会议通知，便难过一次，后来想还是老老实实退出这个局面吧，我就推辞腹泻避开谢老召集的会了。过几天又去找徐平说副主任的工作，不知怎干好，还是不干的好，我应当从学习开始而不是从工作开始，我不认识从工作中学习的道理，从此就失掉联系了。”

事实上，于振鹏之所以坚辞不干，背后的原因在于，他刚加入新法学研究会民法研究小组时，有一次开会发言，于振鹏便把他知道的有关社会主义法学的所有知识全讲出来。当时他颇为自得，自以为很了不起，觉得比一些同样参加讨论的老教授要懂得多，材料也很新，以为摸着了马列主义的门路。但是何思敬的一句话让他胆战心惊：“政权在资产阶级手中，法律越社会主义化，就是越法西斯主义化。”这句话听得于振鹏满身大汗……

走笔至此，不难发现，于振鹏在解放初期事实上还是颇受中共器重的，倘若他不退出，或许他的人生路又是另一种走法？

清华法律系的停办

北平解放后不久，清华园和城内交通恢复，第二学期也如期开课。由于年初中共中央宣布废除伪法统，钱俊瑞接管清华大学时表示，法律系是反动的，必须停办。

当时，北大法律系已停课，而清华法律系则号召开新课。就民法课来说，赵凤喈捷足先登，将图书馆中唯一一本《苏俄民法》借走，新开一门“苏联民法”课；于振鹏则没有办法，只好停掉“民法物权”课，学生也赞成。

曾有学生给大家买了一本《苏联的法院》，于振鹏读了读，但实在不得要领，即打消开这方面课程的念头。鉴于当时法律系好几个同事陆续都开了新课，于振鹏不能不有所行动，遂凑上一门“社会法理学”，以留学法国时所学习到的社会主义学派的理论为主，包括第二国际色彩、改良主义甚至法西斯主义的一些理论，凑成讲义开讲。讲到中途，于振鹏觉得资料有限，难以为继，打算停课，但学生还是希望他讲到底，以便能够考完试，凑够学分顺利毕业。在这种情况下，于振鹏将这门课一直讲到暑假。

于振鹏一直有种顾虑，怕不讲课就会被解聘或转业。他很想扭转这种局面，曾到北京市人民法院去要过一次材料，想开设人民司法制度方面的课程。可是他的要求被法院拒绝。

就在这前后，赵凤喈曾邀请陈瑾昆等来清华法律系，与于振鹏等开过一次座谈会。清华法律系究竟该何去何从？大家对这个问题颇为关心；学生也提出要求更换系主任。

到了暑假，法律系被宣布停办，学生转学，赵凤喈给薪水一年退职；于振鹏和其他几个同事，也是给了若干个月的薪水后赋闲在家。

北平初解放时，学校曾发过一次征求去南方工作意向的表格，并承诺愿意去南方工作的教员，学校提供路费。赵凤喈填了“回南”，而于振鹏则填了“学习”。于振鹏当时还给吴晗写了一封信，表示法律系反动，但他个人不反动，想去找个地方学习，想去刚成立的中国政法大学工作。吴晗积极帮助于振鹏落实工作岗位问题，先找陈岱孙；可是陈岱孙表示，“学习没有薪水怎么办？这个问题不好解决”，便拖了下来。本来陈岱孙想将于振鹏调往清华政治系，但被曾炳钧以“无课可开”为由拒绝。无奈之下，于振鹏便要求高教部将其调往中国政法大学工作，但许久都没有回音；后来又要求调北大，费青赞成，但钱端升未表示意见，在高教委员会的催促下，北大校务委员会作出决定，“欢迎于先生来北大工作，薪金在清华支领”，这等于变相拒绝于振鹏的请求。

于振鹏万般无奈，觉得北大、清华都不了解自己，颇有走投无路之感，慨叹“革命革到我头上来了”，“解放了反倒失业了”。后来他将北大的决定告诉吴晗。吴晗建议他还是留在清华，并找陈岱孙安排。经过这次努力，于振鹏才成功地调往清华政治系。此时已是1949年8月。

边工作边学习

调往清华政治系后，于振鹏的工作十分繁重。在1949年9月的上学期，于振鹏开设一门“名著选读”的课程，讲解并主持《社会主义从空想到科学的发展》这本书的讨论；而第二学期，又担任一门“政策法令”课程。

但于振鹏在清华更主要的工作，是应费孝通之约，在清华大学大课委员会工作。

在大课委员会，于振鹏承担很多工作，一方面是秘书组的事务，连刻蜡版、油印等活也干，表现颇为积极；另一方面，他负责领导地学和气象两系的政治学习。于振鹏之所以如此积极，一方面是因为教职失而复得，没有顾虑；另一方面，也是借此表达对吴晗、陈岱孙、费孝通等关键时刻仗义相助的感激。

但在工作中，于振鹏表面上很积极，实际上还是缩手缩脚。尤其是涉及理论问题，他担心出错，不敢拿起来，也不敢去讲课。有一次，大课委员会开会研究冯友兰能否参加大课工作问题，其中一位委员张莹群表示，“大课是人民的讲台，不允许反动派上去乱说乱道”，说者无心，听者有意，于振鹏闻之颇为心惊。

另一次，刘静纯送给于振鹏一本民盟的盟章，想发展他加入民盟。当时，于振鹏对于要不要参加民盟，很是犹豫，又想加入，又担心曾是国民党员的历史包袱会受影响。对此，于振鹏觉得“国民党这问题难以启齿，只好向她摇摇头，流下泪来”。

寒假学习总结时，许多同学都坦白出其过去的政治问题，但是于振鹏碍于面子，张不开嘴坦白其曾加入国民党又退出的经历。京郊土改时，张荦群问于振鹏为什么不去参加工作，于振鹏摇摇头未回答，心中却是自卑到极致：“国民党员怎能跟许多老干部和农民在一起？”

此时，韩慧莲动员于振鹏去外交部外语学校教法语，于振鹏答应了。韩要求于振鹏写一份简历，于振鹏写了，但对国民党员问题，始终觉得难以启齿。他担心写出国民党员的经历，外交部一定会拒绝；但要是不写的话，他又担心已经在外交部工作的老朋友周竹安等人知道后，会很难堪。

就在于振鹏这么愁肠百结的时候，他获悉外交部要保送一批高等学校的人到革大学习，“我想机会到了，到那里去坦白不丢脸，便争取去了革大”。

革大学习

1950 年 4 月 19 日，时年 41 岁的于振鹏向华北革大报到。古人说四十不惑，而他站在新时代开端，怎么能够不惑呢？他迫切希望能够在华北革大“解惑”。

报到时，于振鹏被要求填一份表，其中一栏是“学习目的”，他填的是“学习理论、改造思想”。入学时，于振鹏同时写了一份自传上交，“心情十分愉快，觉得年轻了许多，同学们叫我‘于老’，我说你们还是叫‘老于’吧”。历史的包袱暂时放下，于振鹏怎么能不觉得轻松呢？

这种集体学习从生活上来说，对于振鹏也是全新的。十五六个学员住在一间房子里，对于振鹏来说这是平生第一次。连他自己也觉得奇怪的是，在家里自己住一间小房子，有时候还失眠，但在这里十多个人住在一起，除第一夜颇不自在外，以后便处之泰然。时间一长，于振鹏甚至觉得十分愉快，会情不自禁地哼起来——这情形，据他自己说只有在中法大学读书时才这样。

于振鹏学习十分努力。他很想尽快掌握马列主义理论，学一套革大的教学和学习方法，回去好继续到清华大学大课委员会工作。于振鹏在革大期间，还是"系统地(在理论上认识)社会发展的规律，认识了中国社会的性质和反动政权的本质，也从理论上认识了中国革命的目的和前途"。但这种学习方式，似乎还是达不到"灵魂深处革命"的效果，于振鹏在学习中"光钻理论，不联系实际，思想总结的时候，思想斗争也不激烈，总结的效果不好"。

临了，于振鹏在学习中对自己的思想状况作了深刻检查："今天把自己做一个总清算。四十年来一无是处，一桩一件都是反人民或不利于人民的：教伪法律拥护伪法统，传播资产阶级保护剥削的法律思想，直接毒化青年，做系主任执行反动教育政策，代理训导长做人民的敌人，知识分子，我的'知识'对人民有过什么贡献?"

开设"政策法令"课

结束近半年多的学习后，于振鹏于1950年12月被派回清华。政治系安排他在新学期开设一门"政策法令"的新课，于振鹏不再畏首畏尾，欣然接受。

他围绕国家与法律的理论、婚姻法、私营企业法、镇压反革命条例等，完成该课的讲授。同时，大课委员会的工作也还在继续。能够上讲台讲新时代的精神与政策，说明于振鹏对于新时代的把握还是比较准确的。

于振鹏确实很革命。多年以来，他讲授"民法"、"法理学"、"行政法"等多门课的讲稿几十万字手稿，一直留存在手头，尚未公开出版。进入新时代后，于振鹏寻思该与过去决裂，便将自己的几十万字的讲稿手稿付之一炬！

在革大期间，小组生活会成为于振鹏学习的重要方式。回到清华之后，他也“很有点过组织生活的要求”，想找个地方谈谈思想问题。正好这时候，吴晗问其是否愿意加入民盟，于振鹏欣然答应。

答应参加民盟之前，于振鹏对于究竟是申请入党，还是加入民盟，犹豫过一阵子。后来他去问革大八班的吴主任，吴反问一句：“你没有听李维汉的报告吗？”便把他打发了。困惑的于振鹏，开始自己琢磨人民日报社论。他认为社论提出要着重发展产业工人，可是自己的思想水平尚不能和工人比，应该实事求是；青年有青年团，他为什么不能把民盟看作“中年团”或“老年团”呢？于是，于振鹏便在1951年1月20日向民盟提交了入盟申请书，并请吴晗和刘静纯作介绍人。于振鹏描述自己当时的心情：“我很愉快，觉得此后再也不会犯政治错误了。中国革命分两步走，我也分两步走吧！”

此后不久，清华大学工会动员参加“抗美援朝”下乡宣传。于振鹏积极参加，被派往南郊草桥乡工作三天两夜。这是他第一次与农民面对面地接触，深有感触，他通过对农民的观察也逐渐萌生对中共的敬意。

1951年1月，于振鹏应邀参加民主建政视察小组，前往山西观摩民主建政情况，考古所副主任李剑飞带队。于振鹏一行在山西榆次、阳曲两县重点考察各界人民代表会议召开的情况。

回京后，于振鹏又应华北局的抽调，马不停蹄地参加华北第一次县长会议。在该会议上，于振鹏被作为下组干部，派遣到邯郸专区的小组，调查反映小组讨论的情况和问题。

土改

1951年10月，于振鹏和清华、北大、燕京、辅仁的同事们一道南下，加入四大学法学院中南区土改工作团。

于振鹏一行是参加完华北县长会议后才南下的。他们抵达广西后，已错过下乡前的“深入学习”。由于对政策不熟悉，土改初期于振鹏工作很不顺利。

于振鹏被第一批派到南宁郊区路西乡“试点练兵”。在路西乡，于振鹏也算是亲眼看到地主恶霸如何欺负乡民，“恶霸地主陆朝庆是广西大学毕业的学生，做过反动法官，在家乡无恶不作，颁布十条法律，压迫农民，俨然小皇帝，并与‘反动救国军’勾结企图暴动，(这地主已被判死刑，缓刑二年)旧法律是为反动统治阶级服务的，欺压人民的，从这一事例中明显地表现出来”。由于工作队干部不团结，而书生气十足的于振鹏又无计可施，因此受到领导批评。

试点结束后，于振鹏回到南宁总结、整风，受到教育。这期间，由于前段时间的工作受到批评，加上爱人难产，于振鹏情绪很低落。后来收到家信，清华党组织派女同志住到他家里，照顾他妻子并顺利生下一个男孩，母子平安，他方觉得心安。

整改完毕后，于振鹏等再次被派到村里开展土改。按照要求，他们得住在农民家里，实行“三同”。通过扎根、串联、诉苦等阶段，于振鹏所驻扎的村里农民基本都被发动起来。于振鹏回忆说：“这次因为有了经验，拿定主意稳扎稳打，要熟要透，农民发动地比较彻底，对地主阶级的压力很大，同时遵循领导指示，斗了一个民愤很大的恶霸地主谢访贤，又掌握政策放过一个愿意交出财产偿还血汗债认恶投降的地主，于是全村地主都投降了。”这次土改中，于振鹏很好地完成任务，事后总结时被授予三等功。

土改结束后，大家总结于振鹏的优缺点。优点中，诸如“谈话有笑容”“工作积极”等。而缺点中，则有“不能懂我们的话”，“不懂话接近也没有用”；“开群众会，讲话太长，不好翻译”；“你到我们村就上地主谢访贤的当,不是帮助我们”;等等。

关于缺点中最后一点,需要展开说。于振鹏刚入住该村时,路遇谢访贤,谢对他说,“同志,早晨!”于振鹏未加思索,即回答“早晨!”回答后才看出是地主。这在当地方言中,相当于早上好的意思。但是于振鹏被地主称作“同志”,而且于振鹏还向地主说“早晨!”显然是上了地主的当,在当时涉及路线问题。土改中专门有“报上当大会”,于振鹏便将此报了一个“上当”。

土改归来,于振鹏心潮澎湃,他回忆道:“在参加土改之前,我有时常向后看,想我在法国、在日内瓦、在昆明时如何如何,土改回来以后,再也没有想过了,我一心向前看,我觉得我的革命人生观真真地建立起来了。”

“洗澡”

1952 年 6 月,于振鹏在广西参加完土改工作,赶回北京,便马上投入思想改造运动。

在广西期间,于振鹏即听说思想改造已开始。对于思想改造运动,他丝毫不觉得有何恐惧。一方面,是因为在土改的最后阶段工作中,他完成得很漂亮,颇有自信;另一方面,他觉得经过在革大的学习,也没有什么可以改造的了。他的确是怀着这样的心态,投身于思想改造运动的。

思想改造运动先由忠诚老实交代问题入手。这一关对于振鹏来说不难。他在杜汝楫提醒下,除交代出在革大学习期间,曾分别在革大和清华领双份待遇外,并没有更多的问题要交代。

思想改造的第二关是思想检讨。这一关开始,于振鹏开始面临越来越大的难题。在民盟小组内,于振鹏的检讨被认为浮于表面,受到严厉批判。后来,清华党委成员郭道晖到于振鹏家里多方启发后,于振鹏才进入思想斗争阶段。

于振鹏的思想检查中,承认自己由于饭碗问题向上爬,而未承认他的主导思想是反动阶级思想。这样的报告,虽然一读通过,但于振鹏内心却并不轻松,也无法自信地投入对别人的思想检查帮助斗争中。

直到后来,清华文法学院党支部干部严宝瑜提醒于振鹏再考虑考虑后,他忆及土改时批斗恶霸地主陆朝庆的情形,才豁然开朗,认为自己的主导思想是统治思想,"解放了三年半,经过革大学习、土地改革等一系列运动,才真正认识了自己,我的进步不能不算慢。想到这里才放下那个进步的包袱,克服了这一段骄傲自满的情绪,心里很愉快,恨不得找一个地方痛痛快快作一次检讨,可是没有机会了"。于振鹏求做检讨而不得,便在填表时,径直在"思想情况"一栏中填上"统治思想"而非"饭碗问题"。

参加完思想改造运动,清华大学的党课紧接着开始。于振鹏也前往听课,"觉得我应该申请入党"。他便去问已经作为积极分子培养的张荦群,如何才能入党。张回答他说,"自觉了就可以"。

这个含糊笼统的回答,让于振鹏百思不得其解,而困惑的时候,于振鹏总是会选择保守、消极的一面,"我想我还不够自觉,自觉应该是一种瓜熟蒂落、水到渠成的境界。我的思想水平还没有达到这个境界"。

院系调整

就在于振鹏还在为自己是否已经达到"自觉"的境界而纠结时,院系调整开始了。颇为意外的是,于振鹏也被指定为北京政法学院筹备委员,他当然高兴地接受这项任务。

按照此时于振鹏的思想状况,他对院系调整是全力拥护的。在院系调整政策出台前,他曾参加中央政法五机关党委的扩大会议,批判王荃昆的旧法观点。批判完后,"使我触目惊心的是司法工作者如果有旧法观点，就不啻替敌人在人民的政权内设定一个反动审判厅，以人民的名义欺压人民”。由此及彼，于振鹏也深深为自己的旧法观点自卑，认为自己已经不适合教学，愿意做好分配给他的任何工作。

此后不久，刘昂和凌力学等陆续参与到筹备工作中。此时，于振鹏已听说革大要来许多人，而他又在革大学习过一段时间，能够和旧日师友一起工作，从他的角度来说当然不错，他摩拳擦掌、跃跃欲试。后来有段时间筹委会没什么动静，他甚至着急，忍不住去问，筹委会便将筹备图书馆的任务分配给于振鹏。

如何根据北京政法学院的目标和任务，在四大学图书室的基础上，建设一个与之相适应的图书馆？这是摆在于振鹏面前的一道难题。除业务问题，图书馆人事安排也是大问题，稍有不慎，便会生出事端。尤其是革大方面来的许多新人，文化程度尚不足以承担起图书馆工作的重任，那么他又该如何与上级机关协调？……于振鹏便是带着这些问题，跌跌撞撞地建成北京政法学院的图书馆。

“生于宣统二年”

于振鹏的有趣在于，他在新旧时代中的穿行中，总慢那么一拍。1952 年 11 月 7 日，于振鹏已经在北京政法学院报到后填写的“高等学校教师调查表”中，“出生年月”一项，他填写的居然是“宣统二年农历七月二十九日”。

对于大多数读者来说，恐怕都得暂停阅读，换算一下：宣统二年是哪一年？而从于振鹏的角度来说，他的这种自然而然的流露，多少折射出他对新时代的缺乏了解以及对旧时代近乎本能的留恋。

在这份登记表中，于振鹏对自己过去在清华大学法律系的教学经历作了个小结：“民法总则”六年；“民法债编”二年；“民法物权”六年；“行政法”三年；“法学概论”六年；“法语”八年以及“政治经济学”一年半。对于一位学者来说，这应该说是一份骄人的成绩。

就语言能力来说，于振鹏自认为通晓法国文学，中法互译亦很熟稔，十多年前曾作过数十次法语演讲；此外，他还曾有近两个月的自学俄语的经历。

但是在北京政法学院，他能够开什么课呢？或者他想开什么课呢？他自己填写的意向有："国家与法权理论"、"政策法令"、"法国语言"。就在这些意向后面，于振鹏还本能地用括弧加注几个字："在教研组领导下"。

对于未来的工作打算，于振鹏真诚地表示："研究政法理论，但是需要从改造思想入手，决心参加司改运动，逐步一面实践、一面提高理论水平。我不打算盲目往理论里钻，教条主义是最易犯的错误。"于振鹏还表示："具体地，司改后，打算随北京政法学院一年制班学习一年，看成绩再走下一步，志愿是做一个人民教师，有决心也有信心。但是组织派我任何工作，我绝不迟疑，愉快地去做。"分析自己的性格和经历后，于振鹏认为："我觉得教学工作比较适宜，但是政法教学确实不易，按部就班地学吧，总有一天成功，实在不成，能够直接间接培养出下一代，还是对得起人民和祖国。"

通过这些文字，不难看出，于振鹏在新时代的惊涛骇浪中，求取进步但又颇感困惑、谨小慎微同时无可奈何的一面。

划为"右派"

1954 年之后，于振鹏的思想其实很有波动。在此之前，他们这一批老教授，基本都不能上讲台，他也不着急；但 1954 年之后，楼邦彦、芮沐、严景耀等先后相继开课，别的老教授也开始备课，于振鹏也有点坐不住了。

他觉得他也应该去教书，"大家条件差不多，他们能我也能，而且我认为我比某些人更能教”。而且，由于北京政法学院成立后，于振鹏一直从事图书馆工作，他被会计科从教员列为一般职员，他也一直觉得难以接受。

1956 年 9 月 15 日，中共中央第八次全国代表大会在北京召开。于振鹏应北京政法学院人事处的派遣，前往“八大”翻译处工作，圆满完成各项任务。1956 年 10 月 27 日，“八大”翻译处还专门向北京政法学院发函表示感谢，并表扬于振鹏，认为其在承担笔译工作中，“工作积极努力”。

1957 年的反“右”运动中，于振鹏未能“过关”，在北京政法学院图书馆主任任上，被划为“右派”。

根据《关于于振鹏教授右派问题的复查报告》，他当时之所以被划成“右派”，主要有如下数点罪状：第一，煽动挑拨领导团结。他对吴恩裕（教授）说：“政法学院等级森严，主要以刘昂（教务长）为首的革大派掌权。刘副院长来后，想改变一些做法，不久后革大派又抬头，把刘副院长搞了一下，刘副院长没有办法，才找李副院长帮忙。”第二，反对党领导学校。鸣放期间他说：“自政法学院成立，武院长是有职有权的领导”，“钱端升在政法学院是有职有责而无权”。第三，攻击中央机关和司法改革。他说：“三害根源不在学校，而在学校上级”，“司法改革的结论是旧法人员都要不得”。第四，诬蔑党对知识分子的政策。他说：“我们教旧法的人，几年来一直受人歧视和鄙视，好像罗马法中的奴隶，人格低人一等。”

划为“右派”后，于振鹏被撤销图书馆主任一职，同时也由三级教授降为六级教授。

1961 年 10 月，于振鹏因病逝世，离开了这个他活了五十多年的世界，未及官方洗去他身上的不白之冤。

他逝世近二十年后，北京政法学院才走出“文化大革命”的泥淖，为于振鹏彻底平反,“于的上述言论,有些是对具体单位具体人在工作中的一些意见和看法,有些是对思想改造的意见和看法,不是‘右派’言论,不应划为‘右派’分子”。1979 年 1 月 10 日,北京政法学院根据上述报告,作出“于振鹏教授被错划为‘右派’分子,应予改正,恢复政治名誉,撤销原撤职降级的处分决定”。

旧法风骨今安在?

——代后记

这本书理应在前几年出版。2012 年 5 月中国政法大学迎来 60 周年校庆,这本书原是校庆丛书之一。当年交稿后,我满心期待这本有着“献给母校法大 60 华诞”题献的文字在校庆前付梓。但直到这套丛书召开首发式,我才从网上获悉,这本书的出版早就被取消了。

这样也好。这给了我更从容的时间,去审视和润色这本书稿。就这样,它在电脑里一放,又是两三年。自己一个字一个字写成的书放在电脑里,总是个牵挂;而且,我一直认为,对于大多数文字来说,只有出版本身,才能为它赢得神圣。这本书自不例外。该让这些文字和读者见面了。

写这样一本以北京政法学院成立时来自北大、清华、燕京和辅仁的政法先贤的书,是我由来已久的梦想。学者是学问的载体,是一个大学的灵魂所系。正如梅贻琦所言:“所谓大学者,非谓有大楼之谓也,有大师之谓也。”这个道理自不需赘言。遗憾的是,中国政法大学建校六十多年来,却还从未有一本书,专门聚焦于其学人群体的学术与志业,拙著算是抛砖引玉吧。我的本、硕、博都在法大度过,加上多年工作,至今在法大的时间已近十五年。说我把青春献给法大可能有点矫情,但毋庸讳言的是,无论我以后在哪里,法大生涯都将是我人生中一段极为重要的经历,亦将留下永恒的烙印。最重要的是,我在法大受到思想与学术的启蒙,这一直让我有浓重的母校情结,不管我在现实中的法大如何灰头土脸,观念中的法大总让我梦系魂牵。有恩不报非君子也,我诚挚地把这本书作为献给母校的礼物。

这本书中所涉及的学者,正如陈寅恪给王国维的悼词所写:“先生之著述,或有时而不彰。先生之学说,或有时而可商。唯此独立之精神,自由之思想,历千万祀,与天壤而同久,共三光而永光。”不管他们的学问如何,命运如何,他们已内化成法大的魂魄。法大可以没大楼,可以没大院,但不可无大师。站在中国政法大学六十多年的节点上,我们回头追寻法大的高贵血统,自然难以忽视这个优秀的学术团队。也正是因为有数十位当时中国最优秀的政法学者的加盟,北京政法学院才有可能奠定坚实的基础,并让法大的未来更加绚烂多姿。

许章润教授在拙编《法意阑珊处:20 世纪中国法律人自述》序言中写道:“法政学者因为治学对象关系,这世道人心遂常常牵扯到政道和治道,字里行间便多了一份不忍之心。政道无他,一时代一民族打理公共生活的原理和原则,关于政治共同体及其成员的攘让取舍之道;治道有常,将政道落实为体制化安排,就今日人间秩序而言,一般即为一种法权安排。政道不彰,天人淆乱,原是人世常态;治道雍蔽,贪渎横行,更且无日无之。几番风雨,一派萧瑟,终至人头滚滚,于是不得不另起炉灶,好一顿折腾。因而,法学家下笔惊心,情怀难抑,法意苍茫,凡心肠还在,怎能不充盈不忍呢?!”诚哉斯言!

1952 年院系调整中,北京大学、清华大学、燕京大学、辅仁大学的法律系、政治系、社会系等,被剥离出各自的母体,在原北大法学院旧址沙滩红楼成立北京政法学院。由于建校初期人事变动频繁,究竟有哪些学者来到北京政法学院,并无标准答案。有些学者的名单出现在档案中,但是他们实际上并未报到;有些学者确实来报到,但他们在这所新生的法学院滞留的时间很短便另谋前程。在这种情况下,贸然确定一份建校之初的师资名单注定是冒险。根据中国政法大学档案馆在“馆藏展示 · 档案里的法大记忆”之六《我校建校之初的师生员工》一文中提供的信息,北京政法学院成立之初,来自北大、清华、燕京、辅仁四大学的教师,大致情况如下:

北京大学——教授 10 人:钱端升、张奚若、费青、芮沐、楼邦彦、龚祥瑞、吴恩裕、吴之椿、黄觉非、张志让;副教授 3 人:汪暄、阴法鲁、王利器;讲师 4 人:潘汉典、朱奇武、程筱鹤、杨翼骧;助教 12 人:李由义、罗典荣、周仁、宁汉林、张国华、余叔通、张鑫、欧阳本先、陈光中、潘华仿、张文镇、林道濂。

清华大学——教授 4 人:于振鹏、曾炳钧、赵德洁、邵循恪;讲师 1 人:杜汝楫。

燕京大学——教授 5 人:严景耀、雷洁琼、张锡彤、徐敦璋、张雁深;助教 2 人:夏吉生、赵宗乾。

辅仁大学——教授 3 人:李景汉、戴克光、洪鼎钟。

这份名单,基本上囊括了 1949 年时留在北平的最优秀的政法学者。他们的优秀与卓越,建立在两个坚实的基点上:其一,一流的学术训练。他们大都在国外的著名学府接受过完整的学术训练,足迹遍及美国的哈佛大学、康奈尔大学、威斯康星大学、加州大学,英国的伦敦政治经济学院,德国的柏林大学,法国的巴黎大学,日本的中央大学等世界大学翘楚;其二,一流的学术生涯。他们学成回国后,要么直接在北大、清华、燕京、辅仁等民国教育史上最好的四所大学中执教,要么先后辗转于西南联合大学、中央大学、云南大学等高校执教,最后转入北大、清华、燕京和辅仁。

正是因为这样一份灿烂的名单,将北京政法学院成立之初称为法大校史上的"第一个黄金时代",毫不为过。中国政法大学常以"中国法学教育的最高学府"自诩,事实上,就1952年北京政法学院的师资力量来说,放眼全国,能出其右者,真是凤毛麟角。从该意义上说,说北京政法学院是当时中国政法教育的最高学府,倒也实至名归。也正是因为这样一支耀眼的师资队伍,使得北京政法学院"一出生便不同凡响"。我们理当为这些先贤树碑立传,使中国政法大学接上民国时期的政法学界最高贵的血脉与传统。

他们的优秀与卓越无须多言。同样毋庸讳言的是,他们一波三折的命运,也确实令人扼腕叹息。这些先贤1949年之前的命运,与中国近现代史紧密联系在一起:辛亥革命、五四运动、军阀混战、北伐、抗日战争、国共内战……可以说,在他们的青少年乃至中年时代,中国大多数时间都处于战争状态。枪炮作响法无声,接二连三的战争,导致"枪杆子里面出政权"于1949年时成为最现实的政治哲学。但即便在这种环境里,他们依然矢志不渝地选择政法专业,在国内外受过一流的法律教育后,荣归祖国,试图打通政情与法意,为海晏河清后的中国政法事业贡献力量。他们是法治和宪政的追梦人。遗憾的是,1949年之后,这些先贤的命运,与形形色色的政治运动紧密联系在一起:思想改造、院系调整、"三反""五反"、镇压反革命、整风、反"右"、"大跃进""四清""三面红旗""文化大革命"……一直到1978年改革开放,形势才有改观。这些政治事件,尤其是院系调整,促生了北京政法学院,也使得这些先贤的个人命运,在这些政治风波中浮浮沉沉。接二连三的政治运动，似乎比激烈的炮火更折磨个人的命运，这些先贤几乎无一例外地在政治运动中低头、认罪、忏悔，甚至昧着良心，成为批判别人的积极分子。这些先贤中，能够坚持活到改革开放年代者已不多见，大好的学术年华，便在政治运动中烟消云散；更惨烈者，便葬身于政治运动之幽谷，彻底被世人遗忘。

在泛政治化的集体主义年代，谁也不可能明哲保身、离群索居，在二十多年的政治运动中岿然不动。在政治运动频仍的年代，没有谁是安全的；在一段幽暗的政法史中，也不大可能有谁是完全清白的。稍有区别的是，在诸多政治事件中，个人性格不同，应对策略不同，结局也就稍有差异、大同小异了。

本书写作的基本态度，便是以“同情并理解”之客观态度去梳理历史，接续政法的传统。但不可避免，必然涉及对历史事件中每个人物言行的重述。需要向读者尤其是当事人的后人交代的是，笔者无意于站在道德制高点上，简单臧否月旦历史事件及人物，更无意窥视铺陈当事人的隐私；甚至可以说，在写作过程中，笔者对纯属个人隐私的细节，一般略过不提，对于非常年代这些学者的非常表现，亦尽可能客观而简略地陈述。在这种情况下，倘若个别细节与叙述依然不利于传主的正面形象，尤其不符合家属及后人们心目中的传主，还请你们多多包涵。

您能够在这本书中看到钱端升、严景耀、雷洁琼、费青、吴恩裕、曾炳钧、戴克光、黄觉非、于振鹏、徐敦璋十个名字。对于北京政法学院建校初期来自北大、清华、燕京和辅仁的庞大学术群体来说，这十位学者，确实是这个群体中最熠熠生辉的名字。但试图用缅怀的方式追溯法大的学术传统，仅仅这十位学者在列，确实不无遗珠之憾。

事实上，我可以写更多的人，通过这种写作，让更多被遗忘的先贤，重回到这珍贵的人间。只是，限于篇幅和资料，我必须有所选择。几经斟酌，我不得不将写作范围及取舍标准，确定为如下几点：第一，来北京政法学院之前,在北大、清华、燕京、辅仁已是教授;第二,北京政法学院成立时确实报到,并实际上在北京政法学院乃至中国政法大学待过较长时间;第三,相关资料相对充足,不至于使行文为“无米之炊”。我深知,这三条标准,对于那个黄金般耀眼的学术群体来说,难免挂一漏万。无尽的遗憾,只能在未来,通过其他的方式去弥补。

但无论如何,您可以看到,这本书以个人的生命沉浮为主线,骨子里却洋溢着对历史的温情与敬意。无论如何,无论那些尊贵的名字是否在这里出现,这本书都是向这个群星璀璨的学术群体致敬之作!

遥想中国政法大学的命运,从北京政法学院诞生之初,我们便牢牢地打上政治的烙印。校方常言,国家兴则法治兴,法治兴则法大兴,以法大为共和国培养出几十万法律人才而自喜。中国政法大学建校已经六十多年。凡我在处,便是法大;法大兴衰,人人有责。我们不光要向先贤致敬,更需对现实反思:为什么我们曾拥有这么一大批卓越的学术群体,却没有产生与他们的学术背景相应的学术贡献?为什么他们在北京政法学院及至中国政法大学,其经历、其遭遇、其命运却让人击节叹息?他们对法大到底意味着什么?……我深信,只有这样严肃的反思,才能够为法大的未来插上腾飞的翅膀。

另外需要向读者交代的是本书的写作历程。历史研究最需要慢工出细活,但本书的写作却是“急就章”。写作这本书的念头由来已久,但真正执笔写作,却短促而急迫。2011 年 4 月底,我由中国政法大学中欧法学院资助,来到荷兰马斯特里赫特大学攻读博士学位。按当时计划,我要在短短的一年内,提升语言能力,拓宽学术视野,为完成一篇高质量的英文博士论文打下基础,难度可想而知。回想当年,我还没有倒过时差,这本书的截稿日期便飞速来临。开始一段时间,我将白天的时间用在论文上,而将夜晚留给这本书。白天我在跨境破产的制度与实践中穿梭,夜晚我则回到书中每个学者的人生经历与磨难中;白天我放眼中国、欧洲的破产法制，夜晚我则聚焦于书中每个学者的个人命运；白天开始我用英文学习，夜晚来临我则用中文写作。截稿期临近前，我不得不彻底将博士论文搁置一边，全力以赴完成本书的写作。我诚恳地希望无论是我的博士论文还是这本书，都能以较高的标准完成，尽管在实际写作中，这两个任务都不那么容易。

基于前述背景，这本书的写作，可以说是在时间和空间的双重阻隔下，得以艰难完成的。尤其是还有一些实体资料在国内，这导致本书注定会留下一些缺憾。即便在电脑里放了近三年，我依然要说，这是一本注定要被我自己将来重写的书。作为作者，我期待您的批评、建议与鼓励，尤其期待您能够提供更多的史料。

这本书写作的素材，除钱端升一文系连缀旧文外，主要源于中国政法大学档案馆的馆藏。由于这些档案绝大部分本身并未整理归档，同时亦虑及本书非纯学术作品及文本的可读性、流畅性，本书未采用脚注的形式，将文献来源一一标示。但无论如何，笔者在写作过程中，尽最大可能坚持客观与理性，坚持“有一份证据说一分话，有九份证据不说十分话”的写作原则。很多有价值的文献，因为种种原因，并未全部引用或展示在本书中；但是，本书中提及的所有细节，却完全基于这些文献。另外，在曾炳钧、吴恩裕等几篇文章中，我也引用过一些其他同行的研究，这些已在正文中以尽可能明确的方式标注了出处。

码字不易，这一点无须展开说。尽管笔者在写作过程中付出艰辛劳动，但本书的写成，却更该归因于许许多多人的帮助。这本书的构思、立项、写作及出版过程中，有一些人是必须要感谢的：

感谢中国政法大学终身教授江平先生欣然为本书赐序。先前，江平先生将他晚年最重要的两本书交由我来执笔，荣幸之至；而今能够在新书上有他的亲笔序言，喜不自胜。

感谢中国政法大学李曙光教授的宽容。七年前，承蒙李曙光教授慷慨将我收入门下,提点我一窥破产法世界的冰山一角,师恩不待多言;另,若没有这本书的写作,早务正业,我的博士论文理当会更早完成,对他的理解与宽容,我感怀于心。

感谢刘苏里、何兵、慕容雪村等中国政法大学校友,为本书撰写了精彩的推荐语。

感谢中国政法大学档案馆王改娇、李克非、靳向丽、孙学英、钱秀萍等工作人员,按照学校安排,为我提供了档案查阅服务。

感谢中国政法大学白晟副教授慷慨提供《费青文集》未刊稿,使得费青一文修订时获益良多,他亦对费青一文贡献了建设性的修改意见。素未谋面的刘训练先生,几年前就通过电邮发来有关戴克光先生的一则史料,这次也用上了。在书稿搜集资料、写作及修改过程中,钱大都、曾尔恕等这些学者的后人,提供了宝贵的修改意见。马城的学友孙正隆亦利用回国之机,帮我背来一本和吴恩裕有关的书。

感谢艾群女士,为本书提供部分她多年来艰辛搜集的珍贵图片。

感谢中国政法大学党委副书记高浣月教授、中国政法大学党委宣传部前部长刘长敏教授对本书立项、资料搜集等工作的支持。感谢孙黎萌女士的大力协调。

李海艳女士帮助我完成本书初稿的校对大任。她以专业图书编辑的素养,消除了本书中本来存在的种种硬伤。这本书倘若尚有可取之处的话,她的功劳不可磨灭。这几年,我们的生活发生了很大变化:这本书写作时,我们尚在恋爱的长征中;如今这本书将要出版,我们已结婚三年,陈斯荷小朋友也两岁多了。

感谢法律出版社安排本书出版事宜,尤其感谢法律出版社学术分社孙东育女士、本书责任编辑高山先生、黄倩倩女士、本书题字董彦斌先生、美编马帅先生。

从开始构思起,我一直在想为这本书取一个温暖的名字。1949 年 2

月22日，中共中央发布《关于废除〈六法全书〉和确定解放区司法原则的指示》，彻底终结中国的法政传统，本书中涉及的这十位学者的命运也陡然一变，成为"旧法人员"，运动面前魂飞魄散，不得不使尽浑身解数，求取在新时代生存的智慧。百无聊赖中，我又翻起那本《政法界右派分子言论集》，其中吴文翰先生的"右派"言论《为旧法招魂》赫然在目；这让我又想起同时代芮沐先生的另一篇文章《反动旧法学的"魂"招得回来吗？》。新法与旧法的纠结，成为左右那些优秀学人命运的关键词；新法旧法之争，也成为1949年后较长一段时间里中国法学界争鸣乃至斗争的核心。于是，我决定就用这个名字：《风骨——新旧时代的政法学人》。不管"旧法学"的"魂"招不招得回来，我想，记下他们的风骨也好。读者诸君，以为然否？

谨以此书献给母校法大。无论如何，我是爱法大的。

2015年1月25日改订于荷兰马城思吾斋；

2016年6月13日定稿于京郊昌平慕风斋

天
Borderless
下

图书在版编目(CIP)数据

风骨——新旧时代的政法学人 / 陈夏红著. —北京：法律出版社, 2016.7（2017.4重印）
ISBN 978-7-5118-8157-1

Ⅰ.①风… Ⅱ.①陈… Ⅲ.①法律工作者—列传—中国—现代 Ⅳ.①K825.19
中国版本图书馆CIP数据核字(2015)第148690号

风骨
——新旧时代的政法学人
FENGGU
——XINJIU SHIDAI DE ZHENGFAXUEREN
陈夏红 著

责任编辑 高 山 黄倩倩
装帧设计 马 帅

开本 A5
版本 2016年7月第1版
出版 法律出版社
总发行 中国法律图书有限公司
印刷 固安华明印业有限公司

印张 14.625 **字数** 354千
印次 2017年4月第2次印刷
编辑统筹 学术·对外出版分社
经销 新华书店
责任印制 陶松

法律出版社/北京市丰台区莲花池西里7号(100073)
网址/www.lawpress.com.cn
投稿邮箱/info@lawpress.com.cn 销售热线/010-63939792/9779
举报维权邮箱/jbwq@lawpress.com.cn 咨询电话/010-63939796

中国法律图书有限公司/北京市丰台区莲花池西里7号(100073)
全国各地中法图分、子公司销售电话：
统一销售客服/400-660-6393
第一法律书店/010-63939781/9782 西安分公司/029-85330678 重庆分公司/023-67453036
上海分公司/021-62071010/1636 深圳分公司/0755-83072995

书号： ISBN 978-7-5118-8157-1 **定价：** 59.00元
(如有缺页或倒装，中国法律图书有限公司负责退换)